中华传世藏书

【图文珍藏版】

钦定古今图书集成

［清］陈梦雷 蒋廷锡⊙原著 刘宇庚⊙主编

精华本

第六册

线装书局

第十九章　星命汇考十九

《张果星宗》十七

统论限说

大凡《洞微》所急者。限主星也，所贵者禄星也，所重者诸曜顺行也，所发者庙宫也，所畏者忌星也，所好者吉神也，所辅者行年也，所助者三方也，所恶者炁孛罗计也。如善星陷逆则福慢，顺行则福紧，凶星陷逆则灾紧，顺行则灾慢。如遇吉星顺行，即得本宫加数，若遇恶星他宫，则其数减半。大凡吉星居七强，为福紧，临五弱，为福慢。灾星在强宫为灾慢，五弱为灾紧。凡限本宫见星，灾福应十分对照七分三合四分，凡限星在终末之度，即灾福之力则微而不可以定数言也。凡忌星在好乐宫，入限三年内为福，三年后反为灾。大凡限逢忌星，不死亦灾，若火在阴宫，土在阳宫，或为三方，主虽有厄而不亡，故曰：夜忌土星昼忌火，三方不是死无疑。此星若是三方主，虽有灾侵命不离，火阴土阳宫尤妙，好乐位中别有奇，正此谓也。凡灾忌星生时在伏段限内，灾祸只有三四分力，福星生时在伏段，亦只有三四分力，盖被太阳所伏，光芒不见，有如臣居君侧，包藏光美之象。凡一限中见吉凶星同聚，即以入宫先后及逆顺而断吉凶，故先入宫深者先见，后入宫浅者后逢也。凡遇本限及对照三合，并不见一星，名曰空限，主多灾凶，图事不成。若得限主当生有力之位，则反为吉，惟有官禄宫上逢空限最凶，必于四十六七岁死矣。凡当生吉星照身命者，主中年富贵，纵逢灾限不妨。若当生凶星照身命者，中年虽逢福限，四旬之后，亦主迍滞。大都吉凶之应，全借限基，当生有禄则吉，限上无禄则难发，是犹无根之木，虽逢春终不葩花而成实也。故《经》云：若无一曜临身命，自是贤愚别有因。

诸煞倒限

太岁为众煞之主，统众煞行于黑道中，所以为灾不违时刻。看人寿夭穷困，终身不吉，皆因身命宫位、日月命主俱落煞乡，更煞神拱夹，又占高强，纵或得福，横中得财，然限入煞乡，未免死于非命。或吉为凶神所恼，凶为吉神所临，刑害可知，宜加详审。故有十忌：一忌飞星破禄，二忌马落空亡，三忌太岁当头，四忌坐煞向煞，五忌煞星得志，六忌限入鬼乡，七忌妆成鬼局，八忌二煞来限，九忌命主受制，十忌母星克令。立命行限，犯此十忌，为凶至惨。《经》云：寿元不永定休论，处世多屯常冷淡。若见当生日月命，主俱各受制大限。方入煞神之初，或出煞神之末，不见救星，未有不凶者，今列诸煞诗例于后。

劫煞歌断

劫煞元来是煞魁，身宫命主不须来。

若为鬼局应当死，煞曜临之不必猜。

若是无星居此位，更于三合细推排。

天盘加得凶星到，命似风灯不久摧。

三煞歌断

要知三煞最为凶，值难同临不善终。

三合无星更须忌，煞星切莫又相逢。

若还日月同居此，官禄临之福愈隆。

大限相将离煞尾，黄泉之下定行踪。

阳刃歌断

煞中阳刃最无情，身命同临主破刑。

大限若交当畏惧，煞星在上恐难行。

若无凶曜尤当忌，局势参详判死生。

三合更加神煞拱，才离阳刃入幽冥。

亡神歌断

皆言七煞是亡神，莫道亡神祸患轻。

身命若还居此地，贫穷蹇滞过平生。

凶星恶曜加临此，大限浑如履薄冰。

三合更须明审察，煞来夹拱必难行。

的煞巳断

巳中的煞金生处，煞气严凝人畏惧。

莫教劫煞又同宫，便主黄泉寻去路。

若为水命土星到，装起煞神真局势。

世人莫只忌秋生，四季生人尤可畏。

的煞酉断

酉中的煞旺中金，金气秋霜煞气深。

阳刃若还同到此，煞星日月不须临。

若非恶死须言夭，大限才交祸更侵。

太岁当头又冲动，此身安得不呻吟。

的煞丑断

的煞如逢在丑宫，煞神归库不为凶。

更加三煞并阳刃，限数存亡顷刻中。

若是亡神煞星到，虽然不死也为凶。

若为日月三方拱，祸患忧危更不同。

飞廉歌断

煞若飞廉凶又凶，莫安身命在其中。

欲知鬼局十分重，命主阴阳不可逢。

此煞不须和合看，只将他局究其功。

若还行限临其地，煞曜临之不善终。

诸煞总断

星家倒限有真机，第一先将煞曜推。

切莫一途拘泥著，须看命主有无亏。

命星安稳无刑克，此身平善实无疑。

若为命主遭他害，任是神仙也皱眉。

劫煞怕头三煞尾，阳刃两头皆要忌。

阳刃若在相貌宫，破相毁形端的是。

此煞排归八煞中，太阴飞到为凶比。

阳刃劫煞扶两旁，祸起之时难可避。

煞神不可例言凶，煞落空亡迥不同。

日月不临命不到，煞星不在命无终。

若还限脱煞星尾，必定为灾福不隆。

此是天机真妙处，根基浅薄祸无穷。

煞星难曜分生旺，春夏秋冬仔细推。

若是煞星来秉令，也分昼夜论安危。

若为反背须还忌，寿算摧残祸有基。

众煞下临人畏惧，此身安有百年期。

若论阎浮死恶人，命身俱各值凶神。

煞星入命命入煞，日月临之必害身。

更怕煞神来拱夹，刑囚为煞更相侵。

必在死在刀兵下，命似残花满地零。

　　凡论诸煞宫，必有诸煞星。若煞星落空，或日月身命不临煞地，或煞星不在本宫，又且无害。虽论煞星还分生旺休囚，春夏秋冬，与夫昼夜及其向背何如。设使身命值凶神，而煞星入命，命又入煞，兼日月并临，更煞星化刑囚拱夹，尤凶。

杂论倒限

　　限度尤防真照临，如限行土度，忌见真木，加以限主宿弱倒限流年煞星并亦然，三合尤切限度，防战斗。火头孛尾皆为大灾，若计孛凶星，一迎一送，决主倒限，本宫三合仔细详之。亦有当生限无星辰被流年凶星克倒者，凶星战斗者如火孛、水计、计孛、孛罗等战斗者亦倒限。凡命忌星行限，十有九凶，日生火，夜生土，为煞则灾重，纳音逢夺必有重灾，限行到此度为灾必死。为主之星不论化气，会主之星复论化气，煞星化吉为福大，化凶亦凶，照命限者，生克至紧。

倒限要诀

日月夹煞

凡命以日月为紧，但临本年煞地为凶，子午卯酉生人的煞巳宫是也。二曜同居其上，或前或后，皆为忌，须是落空亡方不为伤，若在强宫，尤凶。

善会日月

善星会日月，本以为吉，人皆知吉善，而不知夫善中有恶是其恶也。善者恶之胎，若星曜会于生地则吉，倘或临于空亡阳刃破碎之乡，为灾不可胜言，虽处安静无事之时，而有卒夭暴亡之患，多出于人所不意，大抵凶星居空亡则利，吉星居之则凶，此理之必然也。

忌曜相攻

且如未上安命，本以夜忌土为煞，若忌星居空亡则无力矣。或又日生孛忌之类，攻之则忌土何暇为我害，倘以火助其威，计党其毒，则其势已甚，必至夭亡。

善星失用

何为善星，金木水炁之类是也。一星居强得用，则为我福，或受伤失时，限行于此，流煞少有所冲，必成险厄，多是无事中暴忽之祸，人所不知也。所谓天星不能制地煞。何谓鬼局，金行寅午戌之类是也。

将煞就煞

且如命宫在卯寅申巳亥生人，限行于酉，上盘亦是酉字，又如子午卯酉生人，行巳限，上盘亦是巳字，此谓将煞就煞。

以煞见煞

如命卯丙戌生人，阳刃在午，行午限是此局也。更子午卯酉生人，有上盘之阳刃，下盘之阳刃，上之破碎，下之破碎，巳限是福德，亦为阳刃加的煞，的煞加阳刃，皆为以煞见煞，若遇福地则迟见祸，若遇官宫则速祸矣。纵有吉星日月临之，其死尤速。

出煞入煞

如人行限前是阳刃，后是破碎，如乙酉生人辰上是三煞、阳刃，巳上破碎、天雄、前后俱是煞，限度出入之际，如二十五六、三十六七出限入限之时，更加流年小有凶并，必难保矣。

寿元失陷

人命以寿元为紧，何为寿元，纳音星是也。如纳音受克，乃木生人，木旺金，金生人，金旺火，倘鬼旺主衰，四正三合见之，行限至此值之，少年亦主伤残。

暗炁加临

且如炁星天文无象，如盲人然，亦是老人之象，凡人命照命亦主刑克孤独，主人慈祥，如命宫三合对照之时或临身，主人当有寿，然亦须见合照，无凶星以破之方好，若老人行限值此，设若流炁并当生之炁，此年必主倒限。

论倒限歌

倒限之法，夺星为第一，夺星行限逢忌生起，或宫主相生或化恶背时，决然倒限。火土名忌乃煞星也。二星相会谓之二煞同谋，最为凶害，此等格局，虽有过北斗之资，亦难买无常之厄，如忌夺相会相克谓之二煞反目，十度之外相逢，不过见灾而已，虽丧亡亦可救也。如行限遇之，死无疑也。

限主还元大可忧，五星带夺煞同谋。更兼忌曜来助虐，此命须登白玉楼。

夺星者，如木为限主，怕金夺之，火为限主，怕水夺之，余仿此例推。夺者即克也。忌者昼火夜土名曰忌星，又曰煞星，还元者原主升殿入垣，怕带煞受克。

煞星带刃

火土二曜乃煞星也。况又带夺，其恶尤甚，且又得经得垣，加之太岁月将冲动，为祸不可胜言，限行倒此，虽有扁鹊之智，亦不能救也。若二星更带阳刃、破碎，决不善终。

火土双星带刃来，那堪垣庙两和谐。流年太岁来冲倒，任是公侯也受灾。

带着如火土掌羊刃、天雄、的煞、剑锋、飞廉是也。

凶送凶迎

凶星如忌如夺，固凶星也。金罗计孛火土化恶亦凶，一恶星在后行紧关未关将尽，又有一凶星在初关紧关方来，恶星光芒相射，必为薤露人矣，又如刚星得田财战斗或刚星聚吉战斗，得炁救解，只恐炁之光星一出，或忌或夺，来迎皆主大发，亦速死无疑矣。

凶星行限又将终，更有凶星后限中。凶送凶迎凶铁定，饶君铁汉也成空。

刚星即火罗计孛，柔星即木炁也。

木星夺煞

炁木虽善，奈为仇星，二星不宜会光景之内，木星又带煞，是善以需恶，二星相遇于三十度内，忌计孛金罗于中间间断，至于会合相逢，必登无常之录矣。

木星带夺命难延，五福之中寿不坚。若使炁星同共到，玉皇来诏靳天年。

前关后锁

日月二曜乃君后也。初不为害于人，而人之寿夭何欤，盖日月命田之主受伤故也。若日月为身命之星当生，却被罗计于紧关拦截，掩其光彩，或关煞来犯，或孛火土化恶，罗计夹辅穿钓，有如此者，非惟日月受伤，而吾之身命亦受伤矣。至若太阳为身命田之主，尤其紧切，盖月是身，若是恶星来钓，是坏其所生之主矣，岂不为南柯梦中人也。

身命田星日月曜，两个拦星占前后。限到中间进退难，任是神仙也难救。

刚星带战

刚星为寿主命主当生，遇刚星于紧关内或望合相穿正照，皆非吉兆，傥得煞星为命田之主，或带夺受二星之克，或受害之所伤限数还元，假饶他吉，穿战受制，得志之时必死矣。

刚星穿战实难当，田命逢之怕受伤。他恶化仇年寿促，散财散福见阎王。

异宿相攻

火星行限怕孛星来克，金星限主忌罗睺来伤，日月为限元怕罗计伤之，水星为限度忌土星克之。

火星行限孛星来，金星行限罗睺猜。日月二宿怕罗计，水星土曜两崔嵬。

聚煞交战

火孛计罗皆刚星也。若三刚五战，使根基壮亦无益也。纵得炁木来救，光彩一出，不复解救，又更详其命如何。

火计金罗孛一同，更兼忌夺二星攻。假饶木炁中间救，光景无从亦主凶。

众煞反常

金星带夺于紧关内正度，或锋芒交承之际，或火土两煞星又为主限，而遇金孛罗，兼老人遇于生旺或少年遇于死绝，此等格局多主死。

金星带煞遇罗睺，二煞相生奈例评。老幼反常还不利，阎王来召入蓬瀛。

锋芒交承即刚星交战之际也。反常者，老年行限遇生旺，少年行限遇死绝是也。

限入空关

限到当生所在煞上，无星主事，两旁三合之星亦复辽远，即为空限，若火罗计孛流战于此限之正度，即为梦蝶之人矣。

跟入空关多煞神，星辰辽远又无情。流年冲到招凶煞，定作南柯梦里人。

空关者，限宫两旁三合无星，惟怕流年火罗计孛战斗于本限度内亦死，须元守有刃的雄雌锋廉等煞方验。

太岁歌

　　　　最是凶神为太岁，须把宫辰相正配。

　　　　相生相顺福之基，相克相刑真可畏。

　　　　假如木德是宫神，最怕纳音金克制。

　　　　一生福气少精神，纵有发挥终进退。

纳音所属即是岁星，与命主相生者吉，而相克者凶。

　　　　岁驾岁勋并岁贵，此星最忌入空亡。

　　　　马如空马贵空贵，纵有前程不久长。

　　　　若是崇勋图此地，不能安享坐高堂。

　　　　身空宜向门前立，须要年头仔细详。

岁驾、禄勋、贵人、驿马各宫主星怕落空亡。

　　　　岁宿当权为恶毒，众星各各俱降伏。

　　　　他如克我我无权，一生寂寞多孤独。

　　　　我克他时他受制，手足伤残并耳目。

　　　　岁星宫主要比和，同室操戈皆不足。

此言岁星与命主相生相克比和之论，他指岁言，我指命言。

　　　　流年太岁怕当头，中度逢之实可忧。

　　　　口舌破财须叠见，更兼忌克惹闲愁。

　　　　若还压命兼临限，更值凶神不死休。

　　　　十二宫中皆可畏，惟有子午得优游。

此言太岁冲压命限，中度逢之尤凶，兼有忌曜克星主死，惟子午二宫得免。

　　　　凶神恶煞如何看，须把宫神可参断。

　　　　如逢旺相必为凶，若遇长生多险难。

　　　　休囚死绝祸尤迟，纵有灾危应减半。

　　　　岁星恶党祸难逃，不忧侵命忧侵限。

　　　　驾为太岁号尊君，命忌居前不足论。

奴仆若临终犯上，夫妻如遇夺夫权。

兄弟临之多凌辱，疾厄临之貌不全。

若是命身如坐驾，一生安享福长年。

此言驾宫不宜坐奴仆、夫妻、兄弟、疾厄之地，又忌驾前泊命。

更说岁星元又元，驾星最喜居垣庙。

平生多近贵人财，必有贵人扶左右。

不宜破驾有非星，不喜临朝逢客曜。

少年及第取功名，驾中还有官星照。

此言驾主居垣，平生近贵获财，不宜以星破驾，客曜临朝，喜官星登驾。

岁星若是土为区，行限须当怕计都。

纵使金神为命主，若逢余曜亦焦枯。

能夺土星又无气，处事无权作懦夫。

岁德为尊防泄气，岂知所忌在余奴。

此言纳音属土，限行遇计，谓之泄气，纵使金为命，主不吉。

论限附余

倒限之法亦难取用。有一般难星，而一死一存，须看命躔何度，次论虚实、时候、昼夜、旺相、休囚、死绝，方可判之。如立命辰金为主，所怕者火罗，不死者何必先问命度。如或躔亢度前面逢火罗，若是司令，昼现必死，背时夜生亦不死。又如立命在辰，土计为恩守于命宫前面。逢火罗，甚者必死，或火罗稍弱决不可倒限，其余宫分，并依此例，又如限行空亡者死。

此篇以命宫命度所喜所忌而论祸福，学者参看，不可执滞。

一、凡行限遇煞星，须论金木水火土，分别缓急轻重。如以火为煞，望见生灾；如以水为煞，过后为祸；如以金为煞，对度方凶，以土为煞则缓而迟，以木为煞则急而轻。盖火未然而先烟，水既流而后湿，金正遇而后伤人，土之性缓，木之性柔故也。其为灾祸凶难亦以五行类推也。如以内言之，火罗则心血燥热痰痫等证，水孛则膀胱冷湿白浊遗精等证，金星则肠痈痔漏等证，土计则脾胃噎塞等证，木炁则肝胆风眩等证。以外言之，水则溺，火则焚，金则刃，土则压，木则扑之类。

一、命坐弱宫，主星又低，行限又微，一见好星在前，却不能胜其任而命即

亡，盖素贫贱而行乎贫贱，虽有富贵而不能享也。

一、命坐高强，主又高强，行限又好，一见凶恶之星在前而不能进，盖素富贵行乎富贵，又遇贫贱，则不能处也。

一、日生人自少至老，一见太阴在前，谓之阳极阴生，决主人死，此乃不传之妙，须带刃煞方验。

一、夜生人一向限行太阴与阴星之限，至老一见太阳在前，谓之阴极阳生，决主人亡。

又如命躔房日行限至张月度必死，盖有月光而无日光故也。

又如命躔心月行限至星日度必死，盖有日光而无月光故也。须看有无恶星当关，方可以此断之。

一、子上危月坐命，限行至卯房度，本宫对照皆无星，有忽然死者，盖日月晦明不同危月也。至卯日出之所，正入阳刚之地，是为有他无我，兼以太阳恶弱，倒限无疑。

一、午上星日坐命，限至酉毕度，本宫对照无星，有忽然而死者，盖星为日，日至酉，酉为月出之所，亦有他无我，兼太阴恶弱，倒限无疑。

一、有人命身好，初年行命不佳，未免奔波辛苦无成，人皆以贫贱视之，一旦行限好，平地发迹立名利，故舜起侧微，傅说起于版筑，不可不察。

一、元守之星固好，又恐流年之星为患，如限主恶弱，流年星又凶，则亦能死人，若限主健旺，只是流年为祸，必候星出方好。《经》云：元守虽然无咎，尤恐流曜为殃。

一、行限须要限元得援，故《经》云：得援高强，失援孤弱，限主失躔，莫不卑微。

一、有人命不好而享用者，不当有妻子，而有妻子者何以言之。或有父母在，倚恃父母福荫，故安享受用，父母一殁，便破败不当。有妻子而不能受妻子之奉，至于死亡而后已，一有妻子在前，而命无妻子，未至终身，妻子俱亡，伶仃半世，孤寡至老，皆初年限路稍通，因主其一时之荣，及至末年，限路一弱，气运不佳，皆非所有，世人常有此格。善谈星者，方能悟于此。

一、人命合主有疾，而少年未见，乃是未曾遇煞星行限，故不发也。一行煞地，又见煞星高强，决是重疾痨瘵，有中年患目疾者由此。

一、看生平行限如何，如人一生命好身吉，若行限不好，却不能发福论之。盖命好不如限好，如身命好行限又好，方是好命。盖命为魂，身为魄，限为血气，三者须要相扶，譬如人之一身，血气稍滞，则血不流，故为寒热相攻，疮毒并行，风邪客气得以侵之，若血气和畅，其身既壮，安得有病也。

一、行限须要向明不背方吉。向何向明，夜生人见火金月当限，日生人见日木土火炁当限，皆谓向明，发福可期。如日生人不见日木土星，又独见火金月照限兼行的劫刃锋廉耗空亡等煞之上，未可以吉许之也。

一、凡大小二限，以生日后交神煞禄贵，以冬夏日交命宫行度，从本生命度行起。

一、春月生人，命限连有土孛金水太阴炁计，谓之云雨不解，淋漓花果，触目愁景，主退败可畏。

一、四五月间虽然得雨，然亦不可连接行限见前项星辰，为久霖不晴，皆主冷退愁闷，生意萧然。如有此格，日火行限，谓之久雨逢晴，伸眉舒目，人物欣快，必主骤然大发。

一、秋月生人，连有风雨星行限，主霖雨伤稼。

一、冬月生人，连有此者谓之雨雪载途，皆非好格，冷落寂寞，不言可知。所以晴雨之星，要有相间，行限得晴雨停匀，生意顺快。凡土孛炁计会日皆谓黑云暗日，主大贫寒。

五六月生人，火日行限却在巳午，谓之旱魃南离，生意焦枯。如游年土孛水计，到晦掩其光，反主一发，过了游年，又主祸依然。是以两限俱是火日，亦曰久晴不雨，万物铄落。如忽行一星计孛金水太阴炁星，则云兴雨降，物苗苏醒，勃然发达可知。

一、凡行风雨星而逢日在戌，或行限在戌，三合对照，则云收雨过，落照余晖，遇此格者，主晚年发达。

一、冬月水罗会谓之和风解冻，寒林生春。火会土谓之寒谷回春，皆主发越。

一、春木宜火，日怕孛计。如木会日，可谓蒸烘。如火会日，则春入园林，妆缀红紫，孛计到，风僝雨僽反主贫夭。

一、秋天月居水，宿见金，谓寒潭浸月，大寒节边，未免清秀而贫薄。

一、凡七政星为身主、命主、寿主、限主所泊躔宿，最怕划破多死，化凶亦然，占煞刃尤甚，在后划破尤轻，在前划破尤重。假如限行木宿，怕金同躔，行火宿怕水同躔，行土宿怕木同躔，行金宿怕火同躔，行水宿怕土同躔，行月宿怕罗计，行日宿畏木罗计孛。

又如限行木宿遇金，春月划脉不断。行火宿遇水，夏生划脉不断。金值火宿，秋生无害。行木宿遇土，冬月反好。四季之土，遇木何妨。最须详辩划法至要。

流年论

流年祸福，必从当生祸福为准，以立命宫为定，方判吉凶。且如一般行限，一般流年，星辰到而祸福并不同者何也。必须先看身命限度，当生有无吉凶星守照，方可言之。如立命子，行限寅，当生难守于大限，流年难星亦到，甚者死，轻者病，如有天官符、地官符，干涉田财命限，则有官刑，轻重一般断之，有丧门白虎守命限则有孝服，如当生无难星到，流年有难星到命限者有祸，或者当生有一恩照则吉，余仿此，切不可一例以火罗计孛为凶星，以木氊金水土为善星。又如立命于子，木氊为难，火罗为恩，若火罗照命限未可以为凶，乃恩星也。必得意，遇红鸾天喜有喜，并阳刃亡劫空亡太岁，亦不降福，如逢流孛难星到，火罗亦到，是他星反激起火罗之怒，不能降福矣。又如木氊是流年难星，到命限或是对合，必主不宁，亦须看当生星得地否，更看流年限到何度，如是限到难度，当生难星明健，必主重险。如限到恩度当生难柔弱，流年难星未而祸轻矣。更可详细分别病讼孝服等事，如逢岁破大耗亡劫天地官符必讼，若流年丧门白虎天哭吊客，轻则外孝，重则亲丧，如擎游病符死符披头血刃有病，重轻生死依当生限度上定之，但是凶难守照命宫则祸轻，临照限宫则祸重，吉凶亦然。所紧要者太岁，有太岁守命限一年平安，而有喜事，有太岁守命限，而一年凶灾迭出，或孝服重重，止从纳音生克与命宫限度有情无情，冲守有偏有正，正则必祸，偏则无妨。更于当生星辰上冲并吉凶以断之，便从太岁上数起，一太岁，二天空，三丧门，四勾神，五官符，六死符，七岁破，八暴败，九白虎，十天德，十一吊客，十二病符。从命限所临之地流年星辰吉凶以定祸福，火罗头见计孛上主尾见木氊同时，皆主末关之事，全在太岁神煞上取用。

《流年论》者，乃诸家之论，非果老之义也。姑并存之。亡神即天官符，年符即地官符，星煞躔在正垣为正也。躔在偏垣为偏也。故正者怕太岁冲填，而偏者无妨。

流年都天赋

命为本，限为末，定一世之荣枯。星移度，煞移宫，决流年之休咎。太岁乃诸神之统领，月将为众煞之枢机。月建并煞临身，无吉曜必遭横搅。太岁赶煞入局，遇恶曜定入泉乡。丧门白虎哭声腾，血刃官符公讼起。擎天游奕照身命，则陡顿生灾。豹尾黄幡临限程，则缠绵有病。大耗并计孛火罗于帝座，家破人离。红鸾遇木金孛水于限程，则财丰禄厚。催官星至，须知恩命之荣。食禄星临，乃见文书之喜。添人进口，天喜便遇吉星。足禄多财，三煞不临财位。红鸾乃非吉曜，天喜亦是凶神。须看交并何如，方定灾祥。奚若遇吉则为吉断，逢凶须作凶看。天盅为血光之神，白虎乃重丧之煞。红鸾照命，有喜可消脓血之灾。大煞临身，无病必招刑宪之祸。木孛须为吉曜，土命之人则以为灾。水孛本是凶星，木命之人反能招福。水孛主肾部疾嗽，失脱破财。火罗主心腹血光，是非致讼。欲知阴人龃龉，金孛照命值官符。如逢高贵提携，木孛临身逢天喜。财逢劫煞，须防盗贼之侵。田值官符，未免户争之挠。擎天莫临妻子之位，骨肉相刑。官符怕到兄弟之宫，讼庭争理。死符病符当命限，切忌浮灾。大煞劫煞临田财，须防暗损。凶攒煞聚，九死一生之年。煞值星扶，二满三平之岁。马到迁移逢紫孛，千里称心。禄临主限照金星，四时进喜。血刃伤财，破荡六害。克子防妻，咸池并限。闹林中三煞，冲身泉路口。吊客主门庭之孝，血刃主疮疾之灾。黄幡怕与火罗并，囚中致死。豹尾只宜木金救，险处生祥。凶星得用进权名，恶煞攻身防险厄。弃人间，事岁君，赶煞并限人丧门。从地下，游岁君，攒凶并命临三煞。所喜者左助右救，所忌者后逼前空。更加阑干之凶，必定断幽冥之祸。骤加官职，天喜照限福星临。横进资财，官禄临身凶曜退。勾绞四时多挠，交争不明。劫亡日日为灾，迍邅莫免。更忌星躔留退，尤防煞反攻神。攒凶须作梦中人，聚恶乃为泉下客。有救则吉，无救则凶。若参较乎灾祥，宜酌量乎轻重。仅见斯文，秘之为实。

临行歌

命身

第一命宫要推寻，第二身宫要清切。

值难忌囚总非良，殿驾贵勋为贵格。

命度

歌命度，真要诀，先看太阳何度入。
命宫三十六有奇，阔狭浅深随度立。

身度

歌身度，真要诀，命宫更缓身犹急。
二十七日一周天，行度有乎迟与疾。

限度

歌限度，真要诀，当看当生中气节。
限宫迟速有真机，休泥古人貌宫十。

吉曜

歌吉曜，真要诀，如子遇母有成立。
凶星有用不为囚，禄主有伤何所益。

害曜

歌害曜，真要诀，主若逢之如遇贼。
四正纵横不见他，不是官人也富实。

值难

歌值难，真要诀，身命遇之真抑郁。
十二宫中总非良，此其所以为难值。

禄马

贵者禄马有相得，富者财星入财帛。

贫穷主疾坐天涯，凶贱煞星居疾厄。

四余七政

四星七政各居临，细与诸公说端的。
元守星辰与流年，加合之中细推测。

金垣火殿

金居辰酉为入垣，浑入火星必焚灭。
火星最怕水同行，喜躔室觜兼尾翼。

水殿木殿

水又最怕土同行，最喜参箕与轸壁。
木星亥寅好斗奎，若遇金星必摧折。

土得位

土得辰戌丑未宫，木星若见难培植。

日朔罗月望计

太阳朔日怕罗眼，不惟人祸日犹蚀。
月望逢计又可知，独爱酉张心危毕。

炁孛命　罗计命

炁星入命道家流，孛星守命多机密。
罗计若在命中居，为人慷慨真英杰。

乔庙歌

木气午酉

木逢紫气本来凶，若居午酉又难同。
行限逢之人必吉，此是余奴救主翁。

金火夜生

金星为用火同躔，未可言凶一例看。
昼里生人贫且夭，夜生福寿必双全。

令星宜制

四季司权号令星，若还受克始为亨。
且如木旺逢金克，可许荣华福更深。

金水忌冬

水生冬月与金同，子盛母衰反不忠。
人命若逢申酉限，金星垣庙尽皆凶。

望同忌昼

中弦之月十分明，垣庙皆言是吉神。
限行至此皆无福，月正扬辉怕昼生。

昼星忌夜　夜星昼见

昼见星辰夜见时，限逢福作五分推。
阴星垣庙如逢昼，命限相逢大不宜。

宜夜

火罗金月是阴星，遇夜生人最有情。
若为官福并身命，三台八座有声名。

宜昼

水木土日计属阳，更加气孛一例详。
昼生垣庙临身命，限里相逢福愈昌。

刚柔相济

火罗计孛果为刚，紫木纯柔也不祥。
若得刚柔相济遇，为权为福定非常。

火罗夹金命夭

火罗夹命福滔天，纵犯凶星福亦坚。
金命生人还不足，必然夭死在童年。

雄星宜守财帛

火罗计孛四雄星，加临财帛福犹深。
若也财星更明白，其家必定置千金。

计孛忌守田宅

计孛名为纸笔星，如居田宅最堪嗔。
破家荡产令人笑，命好除非自立成。

得度得时　失位失时

星辰得时最为良，恶曜相逢也不妨。
得地不须为弱论，失时何必在高强。

诸煞克命

克命忌囚暗耗刑，更兼破劫刃锋星。
逢空有吉皆无祸，太岁相冲又不宁。

凶空吉　吉空凶

凶星行限要空亡，吉曜空亡又不祥。
吉曜空亡还减福，凶星空了却无妨。

奴犯主有制吉

士星行限原怕计，只要当生木同制。
限行至此无大祸，他星亦可为前例。

煞星克命限凶

克命之星真可畏，命宫切忌逢刑至。
若还临限又逢凶，恶死身亡须弃市。

刃叠凶主凶甚

阳刃行限最为凶，莫使凶星在限中。
限吉还须有刑克，限凶终是祸重重。

飞刃为害

飞刃星辰阳刃乡，刃星互换实堪伤。
无破无空如逢此，纵有相生亦少亡。

破碎限凶

破碎星辰不出宫，那堪行限在其中。
若非官事并丧服，到此终须百事凶。

鬼曜

鬼曜星辰坐命宫，那堪行限一般同。

无破无空伤限命，可怜挥泪对西风。

一寸金总诀

五星六曜逐宫移，日月得地要明知。

忽然落陷无迟疾，没处有星仔细推。

日月金水

人生日月要分明，恶曜来侵祸不轻。

金水若还来扶助，不教富贵也聪明。

日子月午　日虚月张

日在子兮月在午，移干就湿夭而贫。

若还日虚月张位，何愁南北与东西。

日月罗计

日月同宫守四正，富贵双全无比并。

若还罗计又交临，必主终身多疾病。

日月夹拱

从来日月是尊星，限见无非福禄荣。

夹拱吉星为吉局，惹凶引祸害须生。

官福朝阳　日月陷弱

官主朝阳定作贵，福星随月福须攀。

太阳落陷人终贱，身主逢刑处世难。

太阴在陷

太阴生来在陷宫，侥幸吏辈又英雄。
府县厅前听呼唤，上弦月皎福丰隆。

诸星会恶　朝天反吉

诸星会恶为交战，人命逢之祸不轻。
惟独朝天居亥上，反为伏化吉星名。

众曜同宫　强者为主

若有星辰在命多，必看星辰果若何。
要知须是强星主，若是闲星莫羡他。

各宫一星　命喜逢月

各各宫中只一星，对宫虚拱最为荣。
命中极喜相逢月，得地当为世上英。

恶曜犯月

恶曜如逢犯太阴，也应宿疾便来侵。
不然母道相刑克，要恐调弦又失音。

恶居妻位

妻宫若见恶星来，定主其妻见祸灾。
若是姻缘无克战，也教琴瑟不和谐。

罗星守命　命在午遇罗

命看妻妾薄姻缘，只恐罗睺是祸冤。
午上独居离火位，反为白首度流年。

昼月临儿　夜日守子

男女宫中多窍妙，日生最怕太阴照。
夜诞亦忌太阴临，纵然有子无儿叫。

限月娶妾　金亭风月

男人行限见太阴，娶妻招妾每年寻。
忽然金亭一齐入，咏月嘲风使万金。

四月卯时

四月生人带卯时，斯人不寿报君知。
若教父没身随后，三十年来父不随。

十月酉时

十月酉时月在卯，宜躔房宿始为奇。
若还昼诞行巳限，夫妻不死也分离。

羊刃恶星

刃星最怕恶星同，行限逢之定主凶。
女命定因遭产厄，男人亦是恶亡终。

自刃

阳刃最嫌自刃宫，戊午丙午最为凶。
壬子癸丑相逢著，决定危亡不善终。

五星空亡

惟有金空空则暗，火空则发土空陷。
木空则折君须记，水空河海能枯竭。

碎金诀

父母早克

欲知父母少年亡，日月宫中仔细详。
那更三方逢恶曜，定知昼夜见存亡。

父母恶死

细推父母死何凶，恶煞加临日月宫。
更添水火金同度，卒死危亡不善终。

流落凶死

命主飞来煞位居，孛罗那更守迁移。
此星若化刑囚暗，决配遭刑千里余。

刀兵下死

计都不宜火星投，党起奸雄事事谋。
土孛傍居三限内，手执刀剑取人头。

遭刑法死

从来木炁莫同宫，贯索加临不善终。
三方拱合党其恶，须带麻绳死主囚。

落水恶死

从来计孛号浮沉，大限相逢转不禁。
更若三方遇水土，漂流鱼腹浪波深。

又

巳申亥子是江湖，最嫌煞命主同途。

计孛罗水三合照，定知溺水是呜呼。

劫掠阵亡

劫亡立命鬼星强，主宿仍前居煞方。
不在途中遭劫掠，必然阵上主身亡。

被雷打击

孛前火后水居中，命若庭前烛遇风。
忽然历限居东北，损失人身雷击终。

又

更有一星人莫穷，火罗逆入命宫中。
卯酉两宫逢水孛，天雷霹雳必遭凶。

雷轰天诛

卯人立命子之虚，罗计凶星丑卯居。
纵有主星临福德，雷轰掩耳怕天诛。

蛇伤

身居的刃煞居强，火孛加临为祸殃。
限到煞宫双女位，同宫水火主蛇伤。

犬咬

火孛飞来阴刃乡，更兼计孛主膀胱。
流年计煞侵临限，恶犬长蛇暗里伤。

癫疾

火土炁孛莫相寻，疾厄宫中病患深。
设若太阳同度位，癫狂心乱病沉吟。

又

火土孛居亥位躔，命立低微寿不延。
目下流星重作难，其人必定发羊癫。

风疾

风疾之人胡得然，皆因命里水星躔。
前途限遇刑囚忌，风疾躔身寿不延。

风癫

火主心中素可知，不宜室女又逢箕。
木并刑囚同居此，主疾风癫痛苦悲。

癫疾

庸人病癫不医方，炁孛飞来犯太阳。
同度同躔三位立，也须命里细推详。

火疮

木金最怕火罗刚，聚在强中必有殃。
木人火油汤误死，死时必患遍身疮。

痨疾

痨瘵咳嗽有原因，八煞宫逢水孛星。
更加四孟亡神位，耳病疼聋不会听。

又

计都火孛两相遭，重色轻身骨髓痨。
那堪更遇流年煞，旦夕归泉怎奈何。

喘嗽

金星属肺喜临西，罗火相逢必不宜。
若遭八煞星入命，更添水孛喘无疑。

虚瘅

土星属胃主康强，与木同行内必伤。
薄食呕酸并腹闷，孛加虚肿气光黄。

黄疸

黄肿之人何处寻，土计孛同虎兔临。
七煞刃星两宫立，大腹如军无两襟。

残疾

身命逢凶更坐刑，火罗来往又伤身。
莫言烧折金牛角，赶起狂牛触杀人。

六根不足

计罗居貌不全形，化作凶星更易明。
孛罗三方如照著，六根不足是斯人。

腰驼足跛

腰驼足跛那方寻，水到命宫孛计临。
更加八煞逢囚土，六庚产者疾来深。

背屈口斜

炁计相逢不管他，见星刑战酉宫加。
疑是斯人何破相，身背腰驼口㖞斜。

双盲

木为肝脏怕逢金，遇火须知泄气深。
日月忽临天首尾，双盲为别决难寻。

耳聋

肾水从来怕浸淫，若加孛进祸尤深。
旺中土计相刑克，耳畔打钟不听音。

唇缺

木计飞来卯西宫，那堪二八又逢凶。
更来辰巳上安命，唇缺如何验此中。

颈项瘿瘤

八煞宫中遇孛罗，主星卑弱煞居高。
无疑项背垂瘿瘤，大若红丛小紫桃。

音哑

土计临身少发声，主星泄气语难真。
忽然木火来生鬼，决是终须哑吃人。

面斑

十二呼为相貌宫，炁罗不必此宫逢。
化为刑暗些儿害，斑面分明是此依。

毒药丧身

火罗土计夹身宫，昼夜推详与命宫。
主弱煞强行煞限，必遭毒药丧泉身。

木石压伤

金木从来怕返盈，鬼星得地祸非轻。
那堪计字来关夹，木石伤残致损身。

坠马跌死

又嫌土木是三灾，刑克临身实可哀。
最怕流年来并夹，莫骑老马人南来。

自缢悬梁

寅申巳亥四溢乡，安身立命实难详。
凶星聚限主逢煞，贯索加临自缢伤。

痈疖残疾

计字孛星临命宫，罗居疾厄化为凶。
若非风癫并痈疖，必是伤残废疾终。

六根不足

火为相貌孛来侵，计字三方又照临。
不足有余知少剩，分明好就此中寻。

路亡法终

水孛第九死他乡，路死横尸不可当。
罗日交迎居子午，法场之位见身亡。

婢妾专权

妻星陷弱六宫强，禄贵逢之作正房。
须是火金同到此，家权都是侧人当。

小儿汤火

小儿幼岁甚灾殃，金火飞来命里藏。
更添凶宿为水火，三五之中惊火汤。

盗贼

第九宫中水火刑，罗居当位是贼名。
三方对照须防忌，定然黑夜教人惊。

畜类

身星命主落空亡，首尾同临命太阳。
阳刃若来迎克主，生来不识着衣裳。

第二十章　星命汇考二十

《张果星宗》十八

郑氏星案一

命之理微，圣人所罕言也。后世专是以名家者不啻十数，独通元经传自唐之张果，折衷群言，视诸家最中肯綮，厥后得其传者，寥寥无闻。至元时浙温之安固郑希诚氏，曾遇异人授以通元之学，用诸禄命，发多奇中，人因神之，乃拾其批辞，汇而成编，有得之者，秘录珍藏，不啻隋珠卞玉，其所推休咎，纤悉不爽，视之通元，若合符节。予闻穷星象之理，无逾于通元，得通元之传，无逾于郑氏。兹集也。稽象纬以卜终身，考限度以知流岁，得失穷通，罔不咸备，凡郑氏之精蕴得诸通元者，此其尽述之矣。善学者玩索而有得焉，则由是以进果老之阃域，将绰绰乎有余裕已。予不私其有，而广其传，故不自揣其芜陋，漫书以序诸首。居士陆位识。

命坐旺乡，身居福地，况火助月之辉而身益力，土遏水之势而水不横流，且土为命，水为福，火为宫，各得其宜，造化尽美又尽善矣。于中月南日西土奎计井，故椿庭已寂，雁影分飞，金乃妻，木乃子，金以煞居垣，木会字升殿，故婚事重继，必遇能家之偶，子再三损，而生女后之男，然妻亦必重议其姻，而子亦未胎为贵，于本身自少英俊特达，志气过人远矣。以限路推之，才十四五近高贵，获微名，有凌云之志，遇乎十九二旬，出角入轸，以水土交攻，复有喜中之惧，此后数载，忧虑重重，去岁限交翼火，火月相辉，整家业，立功名，则何所不可。尚限水欠高，所以但居是职，未许高升也。更过一二季，翼火深入命土，赖彼以生，成名必高，禄必厚，惟以今岁流年观之，犹恐得中之失，保内外，防是非，调血气，秋

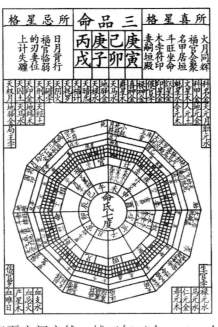

末冬初谨之则吉，来岁春夏之间亦然。越三旬三十一二，人张于功名分上，著高一著，然不于近岁得男，于此则必生智慧福德之子矣。四十，五十，皆当荣达，但五十一后，一凫当途，煞木共度，故不可不谨于严墙之下也。其名巳登三品之阶，过此更添一旬。

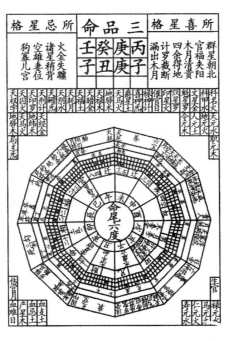

天高西北，无一星不满用而归之，惜乎背命而行，火金皆陷，固未免纯处之病也。然金水朝阳，官福最显。若曰火为命而孛与水旺不宜，又得一土高明则亦足以援矣，但干功名处先难后获，升高自卑，以父母宫论之，然加午位木掩太阴之辉，自少不能具庆。问耦与子，虽长生于申，冠带于戌，又以火气微，水太旺，妻非年低或再娶，则不保其偕老，如前损，或先女而后得男为可。以限路推之，数载之先，龃龉不一，继而后获微名，得处尚不补失，际今三四载，限翼既深，方登品位，参之今岁丙辰，流年天禄在限，非早已添丁，则秋末冬中必有转职，惟流土对冲，犹未免喜中之惧也。此后及来春调和气体，保护家人，其他不足虑矣。大抵明后岁功名分上更高一著。四十六出翼入张，交送之际，固不可不谨，于转接处慎之则有高升之喜。四十八入午，阳刃大耗在焉，忌非耗之耗、非服之服相萦，过此一二载禄元对照，而假杀为权，其名愈显。如改除武职，知军事，不过五六年而登三品之阶矣。五十六离午韬光隐迹，向水竹幽居，加疾，寿可六十而止。

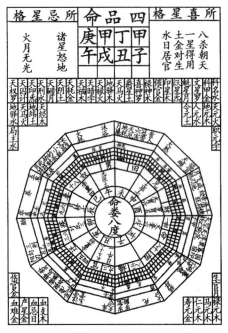

诸星皆退，惟一火顺而居垣，于戌宫安命，是谓八煞朝天，况火为天禄，又为天禄之元，初非昼生，荣登一品矣。由是观之，于功名处，艰辛万状，转接数番，自是名实相称，富贵两全，其荣不过四品而已。于中月火争光而掩映，辰戌之地，水日相远，而不离乎斗牛之间，且炁到午宫，又值沐浴，金临卦气禄马加焉，故父低母一二载，若非土与火命，则亦不能延年。昆弟虽众，所存者少，居士未成名者有之，不得其死者有之。婚事两三重，宜少一纪或两旬，否则必损于先，子分最悭，女亦可许，非螟蛉或婿或犹子可招一二。推限奎壁乃文明之地，故自少学儒术，惜乎火不昼明，却犹舍此人公门，不数年为服而止，三十至四十一，锋刃水火，知他几番险阻，幸援无虞。此外两三载，又是一段光景，四十七入斗木高升，复忌马后叠炮，更喜已出五十五十三，去冬今春向来无虑矣，尚望谨身节用，明后岁来入禄马之乡，又升一步，但木到大梁初交之际，亦不可不谨，寅限六七年俱属垣道，惟金临垣有伤于限木，他迁固不免出寅入卯，居安虑危，守旧斯可，七十四角火冲止。

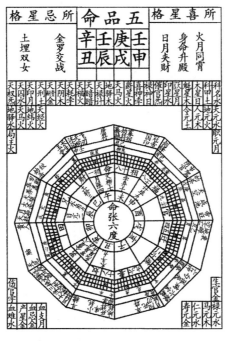

　　月兼身命，得一火以助其辉，固不是寻常造化，况火为天马，为地元，又为田宅，而皆居于卦气之间，若非生于秋末，与夫夜央之后，人在黄堂之上矣。由是观之，功名处虽历尽烦难，且黜而后陟，然一迁二迁，辄登五品之阶，亦必廉、必慎、必勤，守此三者斯可矣。统论诸宫，父没十四五载先矣，母金命长一二岁可延，昆仲四五人，秀而不实者有之，富而后贫者有之，向道者亦有之，妻非岁长则不和，子必土木为可重。推之限路，十载十五载之先，服耗官符，得意则必失意，三十六三十九以至四十二，韬光数年，却又见一番春色，但咸池的杀加限，艰辛之甚，去岁复有官，今春胜夏又不如秋，若秋末不改，则来岁春秋，必有转接。四十八入胃土以命安张月，初交不可不谨，得三方一木高明，借此高升有日矣。五十二出服后，累有荣除，届乎六旬，告疾而止，更享十五年清福。

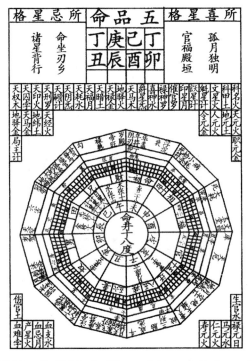

命居刃地，诸星背行，格局似不可取，而喜生于秋令丑时，故众星朗朗，不如一月扬辉，况又独占斗标之位，初非夜过半，月将斜，其禄更厚。由是观之，于功名处，艰辛万状，转接数番，有五品之权，无五品之禄，职居五品之职则止矣。合诸宫总而论之，计犯阳早，不能具庆，土坐刃，且断续其弦，至于子若不迟有，亦必有损于先，直过四十九，两妻生两子，金土干支者贵，继而有木属者，亦可矣。往限行娄金之时，兵刃既接，几险再生，然非耳目有妨，岂永数于今日，过此八九载，自奎至壁，亦是好景。惟今岁炁罗在命，天雄阳刃加临，秋末冬中，出入谨省，来岁春秋，亦宜慎之，盖有他迁，必为佳人所恼。五十九见罗睺，尚有一段生意，于此数年，滔滔纳福，向去危室，二限更高，然大数止于汝矣。

命临官贵，五星皆从，虽日晦于坤方，言无功名则不可，功名处固以方学进身，然非此得遇，则必有友人荐之，盖日为友，水为文，木为禄，是皆不离乎左右也。独一月东行，又逢天禄，岂宜享箕裘，其母随适之资甚厚，惟地雌在焉，故北堂早寂，妻则断继其弦，或先水后金，或先金后水，非此不合。子则两火一金，土命首伤，本身喘急之患，戒酒可免。论限十七岁娶，念二得男，自少至壮，春花秋

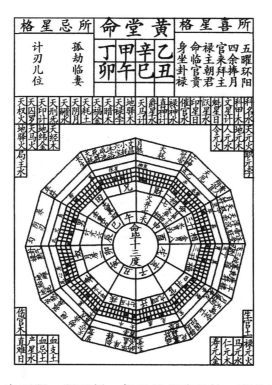

月，至于四十三四，灾而服，服而耗，却又是花残月缺，逝此四五载，限入贵乡，虽有虚名微利，奈限主受伤于木，既丧其妻，复丧其子，得不补失，过此风霜后，花重开，月再圆，今秋来岁，恐鸾凤不可久栖，然一动必一静矣。但未知来岁流年，比今秋若何耳。更得善曜相扶，不妨展翅，如罗近阳气在午，木在辰，则进不如退，动不如静，莫如更守一二年，避此而出，尽美又尽善矣。于功名分上著高一著，登四品之阶，居五品之职，其中虽明晦升沉，早不减黄堂之下位，而其才固非短于清要，优于有司，但五十五六行女土限禄，木克土为财，则明此而暗彼，五十八九及六旬，历牛金到斗木，一步更高一步，女土有吉有凶，固不如牛斗也。

艮方安命，斗标指禄，更喜于三月夜生，盖月正明，木正盛，而木为宅，月为身，各得其所，初非罗入刃宫，水躔胃度，诚为奇特。由是观之，祖业虽微，而能革故鼎新，故自卑升高，自有荣宗气宇，且喜音律，好言词，一致功名，人在红云之上矣。况父母俱存，昆弟无故，妻则断续其弦，子可招一二。以限路推之，往者固不赘，然自三十六至今三四载，轸水度中，火势高，水力乏，见财耗财，得意逆意，丑年既失火，卯年又丧妻，来年尚阴晴未定之间，更当以流年论其动静，明后载果有迁除，则以谨身节用为祝，四十岁。如已断弦，又恐虚度熊罴之梦，否则不

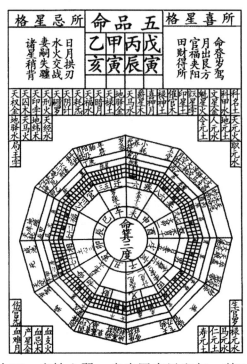

保双亲暨子弟。至四十三，出轵入翼，步步履春风和气，其时名益高，禄益厚，但一字对冲，此数年间，事或转接。四十六七、四十八九岁，惟女子与小人慎不可亲。五十之左右，更许高升，至于五十三四皆已近罗，犹有得中之失，保疾防耗，节饮食，慎起居，舍此罗喉外，从客进业，官登五品之阶。六旬少阻，六十一限行贵地，水金受生，政声愈显。六十三四限遇暮春之木，绿阴幽草胜花时，退步闲居，更享数年乃止。

众星会于子，而命居之，造化固不凡矣。况禄元马元皆引从太阳自北而朝天，而罗计子午两居截断。此子将来非独文昌出色，必能润祖荣宗，有状元之气象也。惟嫌刃并天雄，不离命度。果老谓刃在命，必有疾，加天雄必破相。以此推之，疾固免，其他无足虑矣。二亲须差一岁，且居次别为宜，是我亦出于次胎，非女兄不可保，论限煞在本宫，自少极聪慧，但不无一二周五岁之关，七岁登士入学，十三四见水能文，出髫为计小阻，十七八毕姻，念一中举，此数载在斗牛之间，又以金伤于室，木挠于风，虽能振起文风，蜚英泮水，尚尚掀腾。念六七人寅遇驿马，看花于长安道上，无适而非，得意时也。念年步高一步，历此为五旬，登三品之阶，居四品之职足矣。

所喜星格
群星朝北
众曜拱南
日月殿垣
计罗拦截
漏出福木

科第命
丙辰
丁卯
庚寅
癸卯

所忌星格
刃雄守命
水计相刑
金木对伤

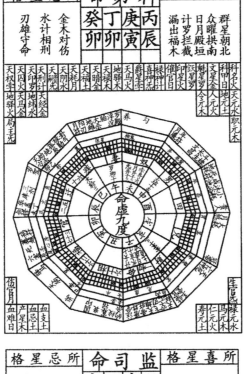

所喜星格
身命殿垣
官福得地
群星西北
夜生合格
土金相生

监丙戌
司辛卯
命丙辰
戊戌戊

所忌星格
诸星背命
水火互陷
炁星蔽月
罗犯太阳

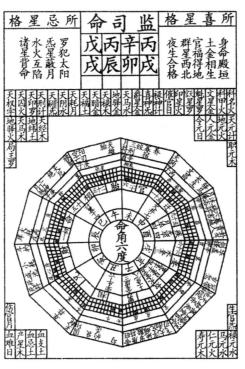

命躔角木，借对宫之水以生成，又飞起朝天注受临官嘉会，亦岂区区名利人

物，于中水漂黄白羊木居劫地，日罗相遇，月炁同躔，于六亲分上固不免有所妨嫌。孩提之时，遽失其恃，不过六七岁，父母俱没，暨壮非惟未有室家，至于奴仆之辈不得一存也。遇午限许议姻事，继而得男，保之为贵，序则金木为兄，经年而不相见者有之，初非生于末胎，早已亡其兄矣。立身处虽是有出继之名，却又不若自成自立。推限初岁艰辛甚矣，惟近此数载，学文稍从容，去岁一金对冲，动必有喜，虽秀不实，亦春风得意时也。又以刃并天雄，复有喜中之扰，非丧失人口，则疾加于身。但调和饮食，戒慎色欲，出此宫乃可免其疾。参之今岁流年，复遇地雌阳刃，秋之中，冬之初末，暨春夏之间，皆不可不谨也。然来岁限行柳土，木能克土，为财尚亦有利哉，向去三四载内，或居下位而摄重权，或近高贵而获微名，每有转接，直至三十六七，脱午交未，限千室之邑，百乘之家，可使为之宰也。更喜协遂姻息，届乎四旬，又高一步，盖以木近太阳，尚存心于爱物于人，必有所济，大抵四旬至于知命之际，黄堂乌府必升其阶，历至元火，则名利足矣，大数不出于毕宿。

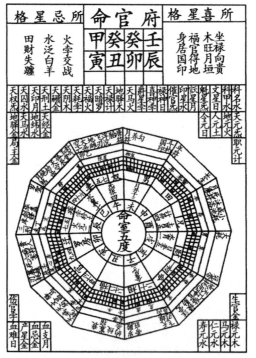

命居注受而临官天禄加临，况对宫木助命火，且身在斗杓，日守财帛，岂非名利向上根基，而其所疵者杀到三宫，孛随火后，木不静于风，水失经于胃，未免好处有所折磨也。合诸宫总而论之，三宫为序，日月为亲，水为妻，月为子，盖以日

月分明，父母祖父俱全，三宫杀重，长兄次兄暨弟俱丧，姻亦年低，金命者乃可延年，子固双贵，非鼠属不免首伤，其间月起高日，母必长父两三载，又虽火配土则可保其将来也。论限初惟依上人为福，十三四见元金，寒热之虞时复有之，至十九二十娶妻妾，后间一年生男，去岁限人牛金，命火克金，而金又克对宫之氐，力甚乏矣，虽是有微名，未中高选，今岁于转接之间又却一步出牛金，念八九岁交过斗木度，赖水有相生之意，正青云得意时也。于此限中则亦何妨展骤，但土木三方而木挠于巽，土有嫌疑于西，非内外服制，则家口不宁，犹恐足将进而趑趄，三十六入寅限驿马加临官，步步高举，此数年间，自悬升州，自州升府，则不能安矣。又必于杂流中反复三载，然后为顺也。于中三十七及四十周天，进损人口，此后复有善喜之耗，兴木土预修禳见成外，尚有创新气宇，四十九履尾火，火恕于亢，大数不过五旬。

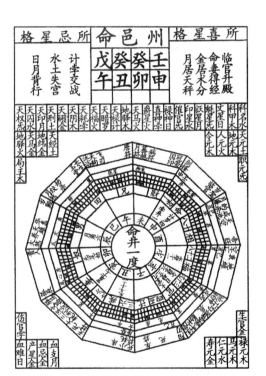

七政南北分行，四余寅申截断，格局固不少矣，而况木朝斗，火朝阳，为官为福为命为人元，其初功名分上必处高位，而持重权，又岂一州一邑之长，但奴入官宫杀临命位，如早已居官，必起于出使，其后或参将或判部，皆有名而未实，继而出师至于转接，居莅民之职则定矣，复以水漂白羊，土埋双女非家破人亡之余，则又不可，故双亲早丧，骨肉分离，宾对出于名门大族，然不少一旬，不许偕老，子

息更难为非，犹子惟偏生，于晚景得之可也。否则纵女妨而又妨，念一岁服，念七岁又服，于中二十四五非中武举则姻事毕矣，三十四十戌限以水破火垣，虽曰步步高迁，知他几番艰阻，至四十一，几险再生，若非平昔心地平直，岂永数于今，际此二三载内，固居下位，幸有高贵提携，励而无咎。今者云散月明，却又是一段好景，七月念一日后，木到兑金，念八九火入井，此数日间本身节欲无虑，八月末九月终不宜官事冗烦，亦当调理血气，十月内忧，十二月复有小挠，明年或后岁纳宠，定许添丁，四十九喜中有惧，五十迁官，五十四入子再迁，但阳刃在焉，五十七八保家人，谨官事。届乎六旬名愈显，大数越六旬有四，更添一纪。

罗近日，土躔奎，宫度皆陷，初非罗日分行，火也相对，加以上下明暗等疾，岂永其数于今日，然水从阳，木升殿，月孛朝天，又乌可以寻常论也。于功名分上起自冷官，升而治邑，至于暮年以疾不可任矣。问双亲，既冠母亡，父非金命则水命乃寿，兄弟三四人，同胞者兄，各胞者皆弟也。宾对亦当微疾延年，有了一双，木命者长，盖以火侵辰，孛犯月，是以弟兄不和，萱堂早逝。以限推之，往限遇朵则服，至于四十或四十一昴末又服，然四十一以至四十三四，出昴入胃土度，而于的杀阳刃场中，见一番虚名虚利，为神杀太重，故秀而不实，劳而无功。四十五岁入戌，不复问功名事矣，际此三四载，居之安平为福。今岁秋之中，冬之初末，限于戌亥交送未定之际，况加流煞往来，固不可不谨慎是非，调血气，保家人，其他不足虑矣。五十九届乎六旬，滔滔履庆，六十二三于月孛左右进埧人口，六十四脱室人危，木星暗合，凡事可托芝兰矣。种竹幽居，尚许红花耐晚，大数止于虚。

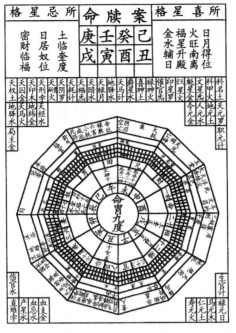

平分灏气，宜于秋夜生人，况土为官，水为财，火为寿，众星朗朗，以助秋月之辉，然月挂天门，土躔奎度，土乃命，月乃身，身清命弱，故必滞于初年，通于中末，而有润祖荣宗之气象矣。以六亲论之，父母俱存，兄弟各胞者损，妻喜迟招，否则再醮，子当先女，否则首妨。问限往限已曾面陈，今不再赘。然近此四五载行亥限，既以限主升殿，又借一月之辉，故能于名利场中创新基址，自此至三十二三皆当发用，功名分上纵升而又升，无过案牍之间而已。今岁流年亦忌闲是非，暨家口不快，保之无咎。三十四三十五六出亥入子，一火对照，天贵加临，更发数年财福，四十六七交女土，赖火气以相生，其福益厚。五十三。入斗木对宫，木炁太高，秋木虽衰，不宜迭见。罗虽火余，不宜援救，至于五十九背罗睽出斗口，不可知进而不知退，知存而不知亡也。

夜将半，月到天门，已喜身官清吉，况金近太阳，是官禄与命主会。果老云：官禄从阳，斯命必贵，以坐命于星则倍佳矣。龙父合兔母而生，已有兄于先，非木命人，则损其一二。妻再醮子宜迟，又以命坐旺乡，地雌飞廉切照，性狠力强，人物劣小而有神通之志。以限路推之，初年惟依二亲为福，至六七岁后乃父高迁，其母尚不得意，以寒月孤居故也。盖月为母，日为父，而日赖一金在傍，月无所赖

格 星 忌 所	命 选 武	格 星 喜 所
寒月单行 孤乩照命 金水失所	丁亥 庚午 丙子 甲辰	日月拱命 官禄朝君 孤月躔金 火木升殿 土归郑国

矣，际此三四年，学文习武，亦有寸进，出鬓入贵人限，自此后当有大贵扶持，于是克勤致功，又何患乎不高升也。二十至三十，少登科第，次中武选，后一载添丁，于此数年，三者备矣。向去酉戌二限尤佳，乃见罗孛则止。

格 星 忌 所	命 听 武	格 星 喜 所
日陷奴宫 土埋奴女	壬戌 癸酉 甲午 辛未	单罗独计 身命升殿 火土相生 福官拱命 水孛助月

火土相助，罗计单行，而火为福为宅，土为官为财，已各满用，又喜计副之，乃功名向上格也。但木垣而退，金水伴月，不宜一字间于其间，是未免有好处之疵也。若以戌初酉末论之，则双亲不远，昆仲亦难为，不如是亦作戌时正可也。戌时则再醮偕老，否则差年，妾不足论也。双子如龙，过则有损，女不在此数也。推之限路，去岁出角入轸，今岁轸水始定，水受金生，一金满用，此限胜前者多矣。又谓水孛同躔，奴星犯主，况先限角木，木星退行，初非知军事，当以吏升，今既高居品位，则以谨身节用，调理血气，保家口，防失脱，三者为祝，否则来岁春夏之中见之，如有荣除不过旧时品职，过则有所不利，大象出卯入辰，一步更高一步，近此四五年，皆有进退纡回。

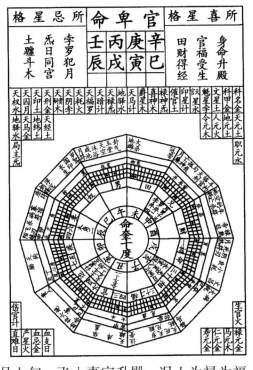

木为命而生，二月上旬，飞入妻宫升殿，况土为禄为福，依火受生，月为身，金为财，于牛于毕，无一不得其所矣。但土伤于斗，而月与罗孛同居，故名利处则必自微而起。以六亲论之，母寿，妻母同居，兄弟三四，所防者少妻理家，过于男子之志气，然兄弟暂聚子极相亲，妻则长也。论往限不再书，见限正行官禄虽曰官卑俸薄，于作用尽从容，胜前三四载之先多矣。今岁天雄在限，阳刃地雌在未，且罗计横行其间，夏末秋中及十月十二月不可妄动，只守株为宜，如家人或小口暨老人不安，于己必无害也。或跨马乘舟皆当谨慎，明后牛金未出，犹有喜中之惧。届乎四旬离牛人斗，借一木高居，则蹑青云步步有升高气宇，至于知命之际，身在黄堂之上矣，继之以寅限更高。

格星忌所	命名微	格星喜所
寿元失所　宰破官宫　日月拱罗	丁酉　辛未　辛未　甲申	身居福地　四余独步　官福升殿

坐北朝南，日月五星趋拱不背，而平分余气于东南，便是高居造化，况四余单行且荧镇岁星，一一笔殿，又岂止一邑之长也。但命水不宜躔土，福木犹畏于金，故气乏力弱，健中之病，好处之磨也。盖不免之。又为日将昏，月在寅，母早丧，水近日，煞居申，父子贵则亡，月为母，日为父，水为嗣故也。妻非低年不偕老，子非先女必首伤。以限路推之，初交寅限三四载，气滞之甚，念八岁入尾出箕，限主升殿，更得禄马扶持，必有一段生意，大率利于亥岁，不利于寅年，今岁秋末冬终，忧喜相继，既当远行，宜调血气，保家口，防失财，守此三者为祝，否则来岁春夏之中见之，如有荣除不过旧时品位，过则必有所不利，大义入辰出卯，一步更高一步，还此四五年，皆有进退纡回。

木炁太盛，土计俱伤，不有一火旺于离明，且恐福高而身不能充也。盖木为福，水为财，火乃身，土乃命，以援在三方而有资于土者焉，于此观之，固不可以贱论也。然秋夜戌时，命居西酉，众星朗朗，不如孤月独明，惜乎不生于未望之先，而生于既望之后，名利事不可谓无，但高则危，满则溢，一命之土，百亩之田，至矣足矣。于六亲分上，惟喜萱花耐老，伯仲间非土命虽女弟亦不许，招妻年

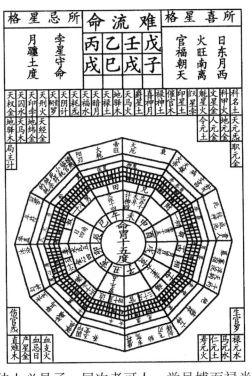

低者偕老，貌不扬则佳人必昌子，居次者可人。学虽博而禄尚薄。问限往者不必再书，见行壁水，水受金生，岂非进取之时，而其所疵者木炁盛，土气衰，未免好处有所折磨也。明后岁室壁交界之间，灾财并行，忧喜相继，出三旬，室限既深，火乘旺位，际此斯当展骥，继之以危，而秋月扬辉，人口增财用足，生平之愿遂矣。惟女土度中不妨退守，五十一岩墙之下则当慎之，五十二至五十六七此数年间，堂堂公道，坦坦亨衢。

财星入命，而金助其宫，官禄乘旺，而火资其势，格局美矣。奈月兼身命，木炁掩其辉，鬼会田宅，日鬼耗侵其境，尽美未尽善也。然日为亲，月为序，火为妻，水为子，则其损益亦必有所加焉。盖双亲苟免早丧于先，而兄弟女兄弟俱不得其死，然婚娶四五重，年低或丑命者谐老，否则亦不能延其年。子先金火命者，最小属水者可人，非此则皆模糊矣。推之限路，十九二十后限人阳刃之场，八九载灾耗难服重重，将近三旬，脱戌入亥，以木入旺宫而喜临官注受嘉会，此去十年，虽一则喜一则惧，然傍高贵取功名，则胜于前者多矣。于中三十七岁又以煞火对冲，倘然一年有子，于此则必丧妻。三十九届乎四旬，是岁流煞继至，可畏之甚，幸限木高无咎，此四五载入危月限，似乎革故鼎新，初非职身劳，又安能居此之位。以今岁流星观之，天雄在限，阳刃地雌对照，固不伤大体，外则官事，内则家口，亦

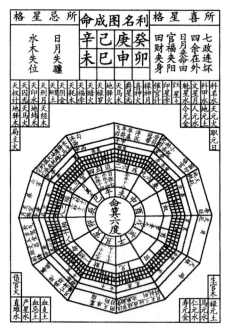

宜慎之，来岁春秋尚有得中之失，于职分上曰清、曰慎、曰勤，守此三者则皆不足虑矣。历四十九至于知命之际，复有荣迁，更出五十五少阻外，千乘之国可使治其赋也。大数遇罗则止。

罗计截五星二曜于东南，格局过于常人者多矣，果合此格，将来名必显，利必昌，尚有光宗气宇其间。日在张，月在翼，父再醮，兄各胞，妻有才貌，子先损，先女，然乙亥命乃我所生母，自微至贵，而其同胞者盖非我序，性资最美，学问尚浅，每于恩爱慈孝处，端的恩爱慈孝，忽焉执拗自是处，亦必执拗自是。以限路推之，见行尾火之中火失经，得土为援，倚上人为福可也。十七八出寅入卯，煞贵双行，忧喜相继，二十脱耗服更有进作规模，此三十年或兴土木，或进人口，无一不新。念八大限入辰土计夹生金位，春色倍增，但三十七遇计都，则不可不谨于得中之失，向去巳午，两限皆高，更望于权名之中存仁守义，至于五十九六十二，柳土度止矣。

钦定古今图书集成 精华本

星命篇

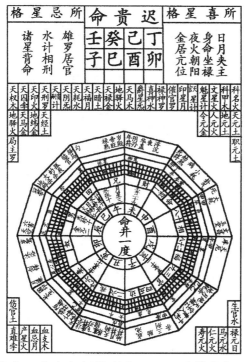

天禄在午，卦气临申，身命各得其所矣，而况斗杓指禄，罗亭单行，岂不是出群人物。但子时中分有昨今之异，虽星宿不异，日则有壬辰癸巳之别，今以前四刻推之，且我非庶出，兄无功名，且寿不堪耐，故我归彼阁，虽再娶而子息难为，非老蚌出珠，则螟蛉可矣，本身亦且微疾延龄，功名处却以儒道进身，奈前限崎岖，不能展骥，数年间仅可与水竹同居，作云水之主而已。际今一二载，限行室火。将中得贵人嘉会，罗暌夜明，于荐贤中方登仕籍，又以暗煞加临，尚恐佳人不睦，今岁秋之中，冬之初末，莅事慎省，明后岁大体如常，闲虑不一有之，然于五十五岁间，危室交离之际，转接之处，不患不高升。至于五十五岁限危煞木对冲，忧喜相

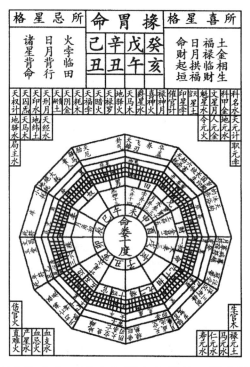

继，吉凶并行，舍此四五年，堂堂公道，坦坦亨衢，惟六十二限至女土之末，虽谓木能克土为财，而土已陷于井木深也。不可知进而不知退，脱女土后福更高。

所忌星格		命胃掾		所喜星格		
火孛临田	诸星背命	己 辛 戊 癸		土金相生	命财起福	
日月背行		丑 丑 午 亥		福禄临财	日月拱福	

一土满用生金，而金为命主，岂非名利向上根基，惜乎诸星背命西行，未至南离之地，是未免有所折磨也。故诸事进退重迭，而无一不革故鼎新，姻重议，子迟招，于职分上亦应转接。以限路推之，十载念先转接处，官以掾升，至三十七八及乎四旬，再整家室，重新功业犹未免内外忧虑，更一二年兔生龙子，而近此四五年复生女后之男，大抵此数年间或县或州，虽有迁除，知他几番艰阻，幸尔有援无虞。今为郡位，尚妨木困娄金，况流年暗煞加临，匪伤其人，则妨于职，然有忧则复有喜矣。夏中秋末，保之无虑也。过今冬望来春，别是一番春色光景。五十六七，出丑入寅，于交送之际，固不可不谨，而其名已登三品之上矣。出六十三四外，其寿直抵稀年。

日临于命，水近阳光，是谓之元武引驾，不可概以背阳论也。此造化于功名分上，一著高一著，以六亲宫推之，父寿序疏，妻宜年低，子当首损，本身亦宜以微疾延年，往限所历者皆平平，见行柳土将半，一计在前，且喜且惧，或游他方，或居故里，或居下位而摄重权，不一二年间屡有转接，但守勤谨两字，则高升有日矣。然越三旬脱此一计后，方可任胆施为，否则见小失大，欲速不达。三十四出鬼

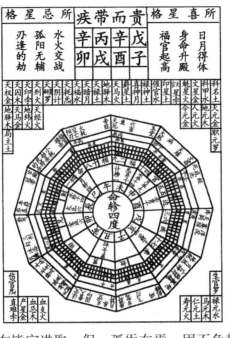

金透井木，届乎四十左右皆宜进取，但一孤煞在焉，固不免耗服相干，四十四五参水限中无往非福，又况水近朝阳，命限俱力，至于知命之际，官登三品之阶，五十八九遇毒孛对刚金，煞星得援，虽奴主居高，终于胃土数尽。

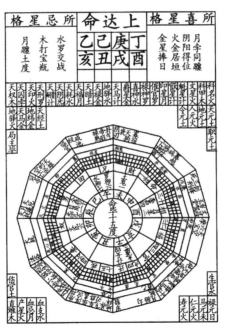

月兼身命，一孛在前，人皆谓之太阴抱鬼，而不知秋已残矣，夜将半，太阴不宜独居，况孛又为田宅之主，彼既坐于玉堂之上，而得此水之余，加对宫福火以助其辉，是亦向上之格也。于中金辅日，禄旺离，其父高居品位，早已登三品之阶矣，但离宫罗近水，角亢日近焉，木打宝瓶，月为阳刃，未免骨肉难为，兄弟惟一人，姊妹多则一二，姻少二三年，外家失倚，子招木火命，小者为佳。以限路推之，宫水失躔，初年惟倚上人为福，而上人亦恐未能善安居，既以早娶，近当得男，又为太阴在前，生男不如生女，念三四出酉入戌，戌火居垣，尽堪展骥，只库墓太早，尚欠任胆施为，念五岁念七岁间以至三十得中，恐有服耗相干，三十一限入奎木暨中，木怒于子而强势，诸事胜前一步，届乎四旬，福德迁移，三方合照，官事转接，则必舍此而居彼矣。

第二十一章　星命汇考二十一

《张果星宗》十九

郑氏星案二

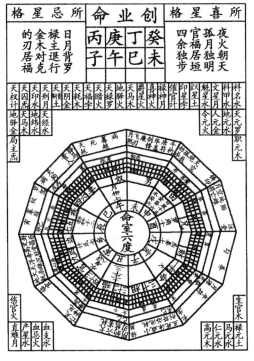

土居垣而泄气，木入庙而退行，人皆以得失论之，然月到天心，命居生地，火为度复为财，且受生于奎木，水为田又为妻，得助于原金，自有荣宗气宇，又乌可以得失论也。但双亲俱丧于先，亲兄近丧矣，异姓不可以相聚，久则或失其所依。妻欠理家之能，子迟而庶出可许，今虽有犹子存焉，保其一不保其二。然同气之妻不如妾，盖彼必归于他人矣。十载先艰辛耗服，以后限行斗木，稍逢春意，于此数年，进不甚先，退不止步，至于三十三四入寅，乃曰披云见日，但交送之际，犹有喜中之惧，兴木土，丧人口，或遇贵，或远游。去冬今春，水木得令，国印临官加于大小限中，又况贵在命禄临身，自此才权两显，虽有闲是非，谨之不足为虑。三四月之间暨六月末七月终，出入保省，大抵此三四载，诸事一新，然其中劫孤对照，自三十六七届乎四旬，非有鼓盆之歌，则虚度熊黑之梦，于身别除则有之，如曰他行动而不动者也。向去再醮生男，则别见一番春色。四十九限交房日，日晦于西，加以生逢旺地，固晚年之所不宜，然其家业成矣。五十三后，更许一段晚福，至于六十三四，遇字则退步修焉。

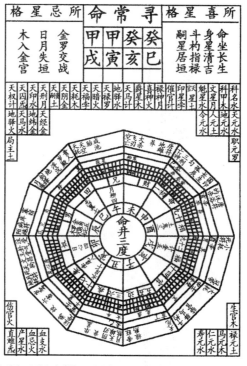

禄坐斗杓为美，木凋天秤为嫌，况与金罗相近，为造化纯处之疵也。箕裘外尽许润色增辉，足衣足食，徐徐发用，欠显焕荣达耳。且木为命为禄，月为身为财，既陷且孤明，故立身或继或赘，浪得继赘之名，依然又是自成自立。母高父一岁，妻低我一年，昆弟五人，我居中列，男女四子，中有一妨。本身未免有血气或下部之患也。论限十岁十五岁，遇井木入参水，水孛相逢，便不是初年光景，以后数年皆是滞撼，盖以早岁崎岖，所以学堂分浅，去年出昴毕姻，为日居月位，纵琴瑟和鸣，尚未许安居乐业。妻家先富盛，后零落，固不可久倚之计，然进亦忧，退亦忧也。今时不若耐守一二年，交过胃土限深，重新基址为可也。目下流年未为尽善，如有他之，则以谨身究用为祝，今冬及来春尚宜调血气，保家人，届乎三旬，出酉入戌，居之安平为福，但于娄金之中不可不慎，四十五十，虽亦进退纡回，皆还发用。

格星忌所	命常安	格星喜所
辛戊 酉申	癸庚 未午	身坐禄马 单罗守命
诸星沉渝 日月无光 亭破火垣 火入金瓶		金计相生 日月夹金

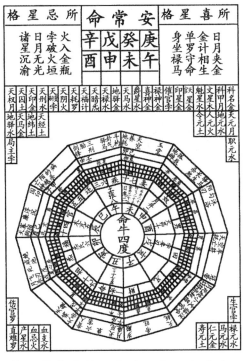

木困金刚，自是一格，盖木为煞，失躔于亢，金为命，受生于计，初非金带孤，加以禄近残阳，早登天府矣。由是观之，虽曰文而名，则名不入流，文不甚盛，却又乏不窘，孤不尽，守节义，敬鬼神，温厚人也。以父母兄弟诸宫论之，二亲非土命难延序，各胞必弟，可招一二，子失恃，惟女可招一二，宾对难为，其或续弦，又不若偏房为愈，不然则兴鼓盆之歌，虚度熊罴之梦矣。若居若处，如年过三十六，不可以此为拘推之限道，自氐土至亢金，孤煞劫木当道，眠纸帐十余年，今将出亢人角，命金克限，木为财，婚姻事可举，后以木困亢金，犹有数年凝滞，名利事将进而趑趄，四十九届乎五旬，限木既深，则此二者皆有可成之理，五十三入轸水，一步更高一步，但于角轸交送之际，恐有耗服相干，如已见之于前，反有添丁之喜，自轸至翼，两限皆清，向去以金遇生，老当益壮，然土障三河，行至张末则止矣。

木命安于斗，木金助水而水对生，格局甚善，其间木坐两岐，土亲昼月，罗破

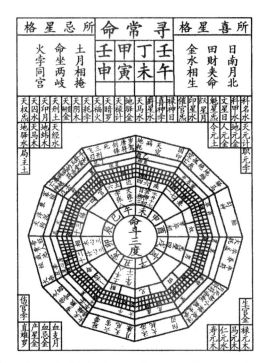

金垣，既已不能具庆，亦必先丧其兄，木命者，妻年高，土属者，亦接亲而未果，子火者首伤，继而得金木者为贵。推之限路，二十、二十一二交贵人旺乡，勇于有为，已遂成名之志，至于二十四五，财禄拥随，及乎二十七八以至三旬，正及服制重重，际此三载大限至亢金入角木，固不免远游，则以平为福。今春庆吊相承，夏中秋末合灾财相继，忧喜并行，如有他之，犹恐有家人之患也。于己躬调血气为祝，过今冬更守来岁，三十七八届乎四旬，轸水限中，权名两显，十五年间滔滔发用，惟五十六七，火孛间不可不谨，过此晚福更高于前者多矣。以大局而论之，兄之室，兄之嗣，及乎女兄之家，虽似不协而亦终不能离此而他居也。俟其必协，则其子以能家称矣。

　　水清月皎，喜于秋夜生人而水近，日月居垣，各得其所，而财有所依，言其无见成则不可，惟煞会酉宫太盛，加以一火对冲，于安处有所未善也。虽计土于两宫夹扶，犹计伤财土，退度细推之，若非有赖于人，终莫能享见成之业，且月为序，火为妻，日为父，而日对迁移，火伤酉宫，月近紫气，是以父子相离，婚姻迟滞，昆仲或分或聚。以限路推之，往时不必论矣，见行室火稍深，土受生气，而紫气又助火力于二方，况亥于木神生地，岂非发用之时，奈劫耗加临，木秋旺而欠兴时气象也。所以进退纡回，诸事不决。今岁秋冬，流土退行，犹不宜妄动，株守为上，

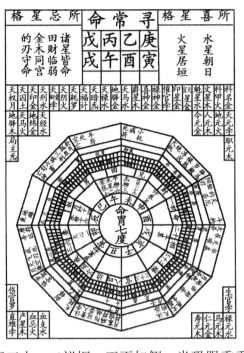

明后年如未有室家，至三十一二议姻，正不如侧，尚恐服重重，以后六七载，方见云开月皎水秀山清。四十二入女土，一步更高，但四十六子丑交接之际，不可不保，大数五十七止矣。

五星皆用，无一不得其所矣，惟有月出艮，身守福德，更会于禄马之间，既以升而且圆，只此一身星便不可以寻常论也。初非生于五月，而命坐飞廉又孛克，则步履青云之路久矣，由是观之，其名未尽高显，固不负终身之发用，其间火旺离宫，水罗坐杀，故妻年高两三载，亦必因亲至亲，子损四五胎，乃获一男一女，母戊申配金命之父，而母亦已亡矣，序绝无人，有一二则皆女兄弟也。论之限路，往不再书，自念八九三旬之内，而经今四五载，财服双行，忧喜相继，又以对宫水映蟾光，然于初交寅限之时，亦必有异常之乖也。今将出寅入卯，于交送之际，惟恐有得中之失，今冬来春不可不谨也。入卯既深，无非佳境，若曰孛破火垣，既借一火高明，固不可以此为忌也。但于此数年得意处，正反服制重重于中，三十七届乎四旬暨四十三四岁，非有鼓盆之歌，则复虚度熊罴之梦，四十七八入辰，此十年内财福拥随继之，后限更高，遇火则不出矣。

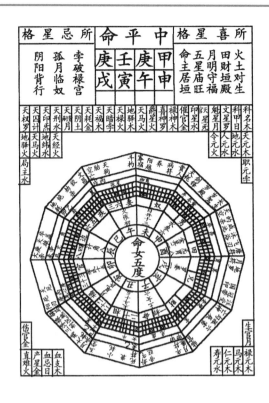

所忌星格		中平命		所喜星格	
		甲申			
		庚午			火土对生
		壬寅			田财垣殿
孛破禄宫		庚戌			月明守福
孤月临奴					五星庙旺
阴阳背行					命主居垣

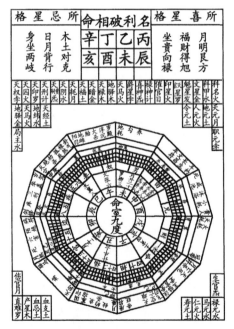

所忌星格		利破相命		所喜星格	
		丙辰			
身坐两岐		乙未			月明艮方
日月背行		丁酉			福财得禄
木土对克		辛亥			坐贵向禄

命坐玉堂，注受临官交会，此子固不凡矣，况火为命为财，月为身为母，各得其所，计为权为福，水为宅为姻，不离本垣，则将来非独享见成，尚有光宗气宇，

果合此格，木母配火父而生于次胎，且我继母也。下招弟亦必一损一得，否则各胞者宜之，冠毕姻而且有貌，差一岁宜之，本身则有破相之疾，盖土为天雄而罗日同宫故也。虽然赖此以压五周七岁之关，七岁后入学，渐有成人之志，十五六离亥入子旺相，唐符在焉，干父之蛊，气象日新，只旺相太早，而于初交之际盖亦不可不谨，乘舟跨马，预作关防，则无往非利也。二十念一，进损人口，念三至四于三旬，一步更高一步，大抵丑寅二限，虽有进退纡回，十四年中，名利两全，又岂止乡里领袖人也。其寿更高。

格星忌所	命寿延疾带				格星喜所
水火相刑	乙酉	庚申	壬子	壬子	命主居福
诸星沉渝					罗月交辉
日月失明					妻元对照
					田财居垣

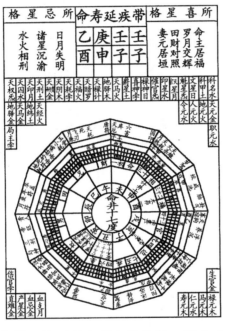

命井十一度

木命住井，而主星在昴，孰不以木到大梁为咎，况水火同居，月罗相近，而能享见成为长子者，盖福金宜对克命，且水火罗夹助太阴之辉，是酉时之所宜也。会诸星而论之，父寿考，生年必属己丑，昆弟众，同胞出者二三人，然二子俱偏生，尚一远一近乃可保全，若嫡出不能保也。弟仁而寿者有之，恶死者亦有之，妻当再醮，子必各胞，本身则有气蹩之患，虽愈久而复作，尚假此以延年，性直不耐事，带几分风月谈谐博戏，访柳寻花，皆少年所未免也。论往限不再赘，然近四十丧偶，四十二再娶，次岁生男，不久而失，五十二服内添丁，六十三四皆远出。今岁出女土将入牛金限，于交送之际，盖亦不可不谨，所喜离煞宫入冠带，诸事逢凶向吉。但以流年观之，羊刃在命，天雄在限，又况罗孛守照，兼六月飞廉加限七月加身，十一二月之间乃生辰，左右皆所当谨，省出入，保家人，防耗失，三者有一于斯，其他不足虑矣。过来季交此限，定尚有一段晚成，大抵六十六届乎七旬，出牛金见原守福金，加进人口，恐阴丁或小口不宁，己躬更复调和血气，则许延寿纳福，出七十二至七十五，与父寿同足矣。

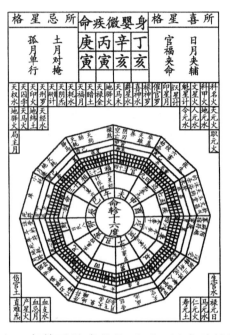

命居库地，身近艮山，言其无见成基业不可，只火助煞计于天禄交会之间，土掩月先于昧爽初分之际，盖水命局中不宜有此，然赖一金足以活，但微疾固不免也。问亲，水母配金父，以序论之，我为长男，其下或木或水又或火金，赘者有之，继者有之，妻宜两敌，否则重议，子利蝗蛉，否则首损。推之限路，自离辰入巳，对宫土破水垣，便不是初年可爱，幸依双亲居阴下，而无耗盗之忧，近此一二载，限行星柳之间，已在火计之尾，故从此以往，非有官事相萦，时复气体不顺，则不如前者多矣。今之冬，来岁之春，调血气，节饮食，谨房事，守此柳土外余否既除，自然平地发财，进业不薄，直至四十六限行长生，家道益盛，只晚年不喜太旺，然五十五行到此限之末，天数尽矣。

太阴为命为身，喜夜生，不宜冬令，喜火助，不宜计亲，彼此相加，有益必有损也。则其虚名盖不无之，但安饱衣资徐徐发用，欠显焕荣达耳。且父成名而早丧，兄以吏而远迁，母假寄居而水与木者贵，本身则微疾延年，人事既以相知，兹不复论。以限路推之，十载先行柳土过半，父如酉命，于此必亡，更过五六载，兄远出，弟依出，以午未两宫合杀故也。生涯处，得不补失，但守株待时可也。至明

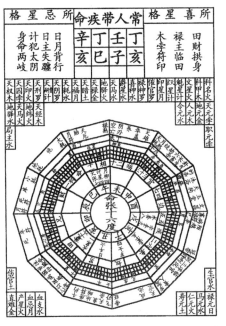

所	喜	星	格
田财拱身			
禄主临田			
木字符印			

常	人	带	疾	命	所	忌	星	格
丁亥	壬子	丁巳	辛亥		身命两岐	计犯太阴	日主失躔	日月背行

后年，虽限人长生，未离井木得中，犹恐有耗服之干，三十六出井木入参水，金对照更加卦气在焉，亦何求不足，然毕初有计月之嫌，西末有胃张之忌，故纵有勋名，不甚开阔，掌文书，施案牍，尽可为也。过则不能安之，历止六旬，家道成大亦足。

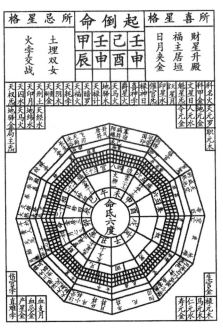

所	喜	星	格
财星升殿			
福主居垣			
日月夹金			

起	倒	命	所	忌	星	格
壬申	己酉	壬申		火字交战	土埋双女	
		甲辰				

木升殿，水居垣，财福两星美矣，惟土忌巳，孛近荧，太阳失助于辰金，月不明于昼，恐弗能安享其福也。于功名处，秀而不实，劳而无功，然必居下位，获乎上有，自卑而升则可矣，性气急直，恶谗好义，虽勇于敢为，必也临事而惧。以父母妻子论之，金土双亲，已于三四载之先相继亡矣，土金木三子，其女之数亦如之，妻则断续其弦，须少七八岁者乃能偕老，更添侧室，必有可观者焉。问往限，遇土丧妻，自二十七八届乎三十以至四旬，知他几番好景，反成虚花，其间龃龉不一，四十三四惟喜添丁，此后出星入柳，又是服制重重。观之今岁流星，夏间则当有喜，奈天雄在限，阳刃亦同，尚恐喜处生忧，出秋冬与来岁，或从师或出使，曰忠、曰慎、曰勤，守此三字，虽蛮貊之邦行矣。如膺公摄重权，亦奚所不可，恐有家人小恼，保之无虑。四十七遇火，更有荣迁。四十八九历鬼金到井木，未免得中之失。向去六七载，灾财并行，吉凶相继。五十七出此限外，则居之安平为福，至六十二三限到毕，而计都在前，退步闲居，凡事可托芝兰矣。

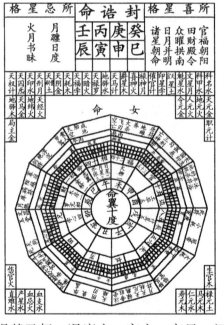

气质火，火近阳，根基已好，况度主、宫主、官星、福星，皆聚于离明之地，既谓之朱雀捧衔，又谓之一字连珠，此上格也。但火日争光，过于男子志气，然主中馈掌家权，且深知妇人之道，夫则今是昨非，年高大者则先损子，则先难后获女，后得者为佳，而夫以木为荣，而子以火土为贵，然女亦土火为耀也。序不保其往，父终卒于军，间往限不再陈。近此四十载，火日之间吉凶并行，忧喜相继，自去岁至今，将离午入未，革故鼎新，渐入佳境矣。惟以今岁流年观之，阳刃地雌交并，则亦未为善矣，防耗失，调血气，出岁不妨。念七念八届乎三旬，透鬼金入井木，非特起家有道，有诰自天将紫矣，申酉两限皆高，惟于四十九上，宜保越土入娄，见计乃止其数。

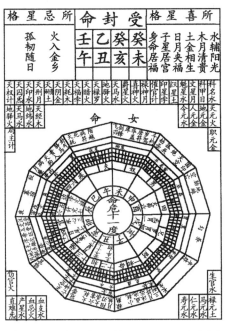

七政连珠拱命美矣，但一火脱四余之外，于田宅宫居之，而金有所妨，故未尽善也。况日居火位而水高，罗在三宫而炁近，木月共度，而计字相逢，父必卒于军，母性不可近，序难同处，子晚得男，夫则先塞晦于先，其后可观。论往限不再书，见行箕水，乃木临冠之地，妇人不宜得之，此数年间，时复气体不顺，三十六七脱箕入尾，居之安平为福，四十三四交卯贵人注受，况以水辅日，而夫星又显，有紫诰自天将至矣，迤郵亨嘉，至五十八孛尾慎之，限主虽受生而傍杀。

金近火，火躔亢，是乃财源克命，固不可不为凶论也。况太阴会福升殿，夫宫夹贵朝天，格局美矣，但巳午为临官旺地，而日与月居之，非妇人所宜，故未出三周五载，双亲相继而亡，夫亦年高偕老，子则先损而后可招，同气皆兄，一益一损，本身亦以微疾延年。以限路推之，初非金火交界之间，步步龃龉，今出轸入翼，自去岁从夫后，脱暗向明，起家有道，但时下流星未顺，非气体不宁，及月水节滞，过秋末冬中，则又恐来岁虚度熊罴之梦，念三四岁保娠慎服，出此外一路平夷。念七八张月，虽昼月无光，亦许居之得地，然荫子荣夫则亦何所不可，惟于二

所忌星格	命常安	所喜星格
木入齐瓶　孤日单行	丁酉　己酉　己巳　戊辰	财星克命　众曜环拱　身居福地　田子居宫

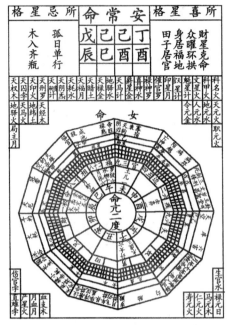

命　女

命元二度

十八九水罗交战之中，不可不保，度柳土，透鬼金，入井木其福更高于前者多矣。

所忌星格	命疾带子无	所喜星格
金火嗣月无相光犯狗　孤燕临儿为天相	辛巳　乙酉　甲申　庚辰	四余独步　七政拱命　日月夹财　福禄互垣

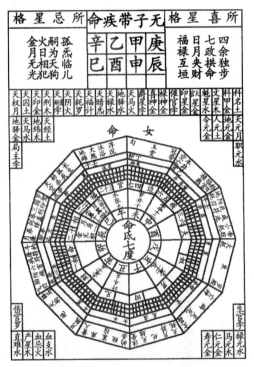

命　女

命氐七度

七政顺行拱命，四余皆独立无杂其间，此诚向上格也。惜乎妇人当之，然助夫有理家之能，只终身无子，又为阴阳坐煞，罗入母宫，故自少失恃，父亦不得其死，然果属庚申之木，又有甚焉，女兄早出，先盛后衰，弟故只力，各胞为美，本身非月水节滞，必加微疾以延年。论限三周五载及暨十五岁，双亲俱亡，念三四出适，三十服，三十四进益人口，际此三四载，居安虑危，以平为福，今年八月大限出张入星，木掩阳光，调理血气为祝，自此至于四旬，恐有得中之失，或小耗，或远服，否则越此见之，四十三四后限交柳土，既深滔滔，助夫发福，又见再新基址，四十八届乎五旬，进益人口，但土命初交井木，家道自昌，于己躬未免有恙，更过五六载，罗喉在前，犹宜慎之，脱此，晚福更胜于前者多矣。

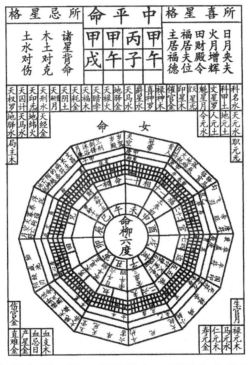

诸星皆晦，一火与月交辉，虽曰寡不敌众，而以夜火为胜也。于中火近月，旡逢罗，土居申，日在斗，以此放之亲宫，生我者嫡，同胞者姊，夫稍高，子先女。推之限路，初限灾而稳，中限在申高则危，要得高不危，满不溢，惟在乎末限而已，见行井木已在坤地，去前年于交送之际，不因一木稍高，几致一场耗服，又得夫星在前，继之以喜，今岁流星甚驳，夏末秋中不无坎坷，若戒谨小心，则吉无不利，至于秋末冬初，犹宜戒谨，过来年却喜优游纳福，然土旺水伤，有得有损，以此观之，自二十二周天暨二十四六间以至三旬，或门户挠，或堂上忧，或虚度熊罴之梦，论福气则亦无所亏矣，大抵后限俱胜于前，四十五十皆还助夫发用。

附：杜氏星案

杜全者，浙之括苍人也。早遇神人，授以星术，著名于成化间，尝游永嘉，算多奇验，好事者录其批词，仅二十余章，汇句成集。余窃叹曰：大厦之成，固非一木。然杞梓梗楠材各不同，无非栋梁榱题之具也。况见风一毛，窥豹一斑，而全体可知矣。位崇谨识。

晓天喜见日初升，收敛群阴万籁清。身命福官岐界立，魁文金水更多情。他年此子必冠群，英室中情隔角堂。上合商参子先应，未果果又别枝生。七八岁低，灾厄关津。十四五岁，性快聪明。申限可学，莫尚浮轻。五五之外，半雨半晴。二十八九，花萼凋零。才过六六年后，斯时成利成名。自此见字，灾厄再评。

水金朝日正当时，首携龙角振羽仪。大限忻逢向明地，棱棱头角拜丹墀。月为官飞登岁驾，日为福光照紫微。此儿他日为奇杰，一跃龙门不用梯。妻子重帏，灾似不知。五六八边防水火，莫教跳跶失高低。初行限内，灯火观书。福德限里，奋跃天池。运行官禄迁移地，柏府霜清乌鸟啼。六十二三，以疾辞归。传经于子，寿过古稀。

田财得局有源流，明祖传芳孰可俦。立命雷门为天市，一恩独守喜悠悠。福星高起真为福，官禄朝阳贵可求。日月反明，父疾母优。有时瞻云，使我兴忧。妻小性必刚，子先损两头。梢头有真果，叶下实兼收。三十二三，入官禄游。喜生吉梦，增名禄流。孛阴奴灾混羞，过此行行来。五七秋风，丹桂带香幽。渐当进履亨衢上，气奋云霄贯斗牛。二十沐恩，见字淹留。买扁舟自归去，享年罗下西游。

金水福官相会，生身守命非常。我生全靠此为良，耀我中年气象。底事孤阳失辅，隔离重拜亲房。妻因半道喜中殃，子先多半实。地里有膏粱，三十七后行杀木。琴弦断绝可悲伤。三十九岁，殃带恩光。职居廊庙分，秋容晚节香。

命坐天门最上层，太阳金水喜同行。主居福地应无忝，身入科元亦可登。性敏可将诗礼训，妆台几度暗花菱。子分两样，绿橘黄橙。七九岁时灾出血，十一二岁胃脾惊。过来二七二九后，头角峥嵘气宇生。五五外来而立后，春风蔼蔼显门庭。五十二三一欹，六十二三伶仃。

命坐端门最上头，神羊独立在南周。讨罗截断身飞出，金水扶阳主人游。性如火发冲牛斗，杰然特出异常流。才交弱冠年来后，一跃龙门拜冕旒。

命主当头登驾，福星人命为奇。一轮皎月正扬辉，孛令三方得倚。夫配当家家旧，子招对对英儿。三十二三寅限，正当喜进芳菲。此限十年春色，纵然灾祸，何疑卯宫？又有十年，好子秀夫，佳乐有余。金计冲年，不无风雪。向去之后，将及古稀。

半轮残月正婵娟，对照蟾宫魄尚圆。恩水当头尤可爱，福金与日喜同垣。由此坤造内助职，专夫得偶子成联。只怕先招有气艰，五五一二喜当设，有灾缠奴字中间。向去后鱼水，相逢花柳鲜。五七戌宫用元火，火明一十五年安。夫儿共庆丰年乐，使婢驱奴享自然。行至亥，亦如然，子限天空字作冤。八八之边生一疾，出斯七十七年还。

命主幸居官禄，福星相会临官。身居闲极地，生意已堪观。最恨当头罗计，伤妻重觅良缘。梢头山果熟，野薇杂芳兰。四十六七岁，镜尘重揩拭。声欢混彩鸾，老蚌明珠，拾得如蟠。过了七七又重欢，老圃黄花香又蕃。二十年富贵完，火下一灾应不倒，怃罗七十五归山。

水居双女已夸灵，得令当时彻底清。木月喜其当斗府，堂前昼晦未全明。沽酒待价，挫我豪英。妻位双鱼终有似，子宫两曜亦如名。五十限行官，未遂我妻情。背罗余孽，略有伶仃。五十五六限行酉，恩地承恩贺美称。此八年，金捧日，秋光皎皎快良能。权应任使应无愧，亦在留心自恐矜。六十一二入亥限，重见刑严动不胜。唾面自干犹有忤，除藏大器强怡情。归来老圃秋香净，继世多夸有俊英。子丑限中有余彩，行来寅地渐昏冥。

阴阳最喜夹恩星，登驾当时压俊英。罗守财宫终有业，福居禄地亦多增。此子他日事业重，更妻儿相，招亦防相凌。十一二三岁时，恐有灾惊。二八之外逢恩宿，便见春风喜气生。三七之年与三八，斗口箕风略棘荆。若至三旬八，亦虚利和名。递归辰限，二十五岁，一段春风属老成。五十七九六十二，重把流年仔细评。

主人妻宫是七强，一身最喜贵人帮。恩金美丽居三合，生旺连绵福寿长。妻主半途防有恨，子宫被计主刑伤。六六之岁，大限官乡。家财巨积，五姓蜂房。蓦然一厄，天降灾殃。宛似舟行巨浪，英气却受乖张。财破妻失，自己无妨。黄花香晚节，秋景桂花香。重增新事业，甫整旧门墙。八十一二，雪拥蓝关。

水日福官相会，木月傍母安身。又加气与火罗亲，事业他年可问。只忌命宫，金字相刑，不免忧身。妻当阳刃再求婚，子先多未果，其后又诜诜。十八九边，二十一二，须臾鞫害亦无门。过来福地时将至，众能为吉气喜新。交及午宫官禄限，求名求利总能成。五十一二，罗中风雪。出此未限，依旧春晴。

单罗守命岂相宜，化作天元禄主奇。金日同宫身命好，他年事业主迁移。木为福，福不离。土为恩，恩守氏。果知人事亦相宜，妻家早早惭相罄。子息森森，先女儿气。须绍克其实，医师四岁惊嘘。土计援之，六七九三左右。小晦切莫忧疑，冠年年加一岁，合卺喜开眉。三七加二岁，喜后有一悲。四八年来后，种杏满园肥。一联三限吉，坦坦履亨衢。利名双进作，寿数古来稀。火不离垣礼有常，安身傍母老能祥。官来福地名当著，田入财宫业必昌。对月妨妻应有定，朝天看子必能彰。良相之心，愿勿惭忘。三十九，四十旁，午限分明用太阳。杲杲光辉虽得令，要推和煦效春光。流年太岁，阴小须防。其他年分，橘井泉香。四十三四五，恙患哲人当。此外更无闲事扰，使人种杏满林芳。行来未限气生力，子当贵显沐恩光。

一火当头凶，化身星遇贵堪依。计罗当首尾，妻子利残迟。二十九三旬之一限中，有贵出入东西。氼字又通风浪，阴人之辈必用防之。五七左右见原气，不觉晴空有雨飞。过此后来三限好，寿逢原计路方迷。金木相刑主受亏，幸然有字解无疑。妻应年少性重火，子息先招未是儿。三十八九交限，如同接木损枝。已后发旺，财喜相宜。一十五年，谋遂心机。卯辰二限，黄菊东篱。已限亦好，龄过古稀。

主居财帛近高强，身入官宫更吉昌。三合有恩生意厚，福星入命计恩良。罗睺亦恐妻重配，仇木先为子息难。三十一二，午限阳光。三十二五之岁，晦月亦要知防。未限月失所，兴荣不久长。刃头一风雪，余载总轩昂。五十二三四，霏霏雪满堂。过来行见火，一疾见阎王。身命不宜闲极，偶逢一贵提携。金同水日遇光辉，金火福官相聚。肯使人生虚度，应当案赎羁縻。不堪木气掩月，初年累及母妻。子息先花后果，蓁蓁亦有数枝。念二念三之际，迭逢血刃奚宜。过却念五三八外，度行尾火是思期。步当上进程途远，次第春风入草庐。行限福地时偏好，木下秋霜点步衣。六十二外，来人官禄。春风得意马骄嘶，一派坦途，名利相随。见氼有阻，来书即归。

水火岂宜同位，三方有幸逢恩。凶化吉，吉堪论。安身宜傍母，片月朗东山。妻利重新有庆，子佳终似先难。一过二十外，大道坦然。行半百后，月娟娟，晚节黄花香更繁。带卯又加十五载，子荣孙秀福骈骈。直逢元水，风雪绵绵。

第二十二章　星命汇考二十二

《耶津真经》

总论

四正宫神，暗加管摄。

四正者，举一而四者相贯穿也。如子午卯酉、寅申、巳亥、辰戌丑未是也。人多以三合论讲，而不知四正生克为急，如木在子卯酉有金，暗受伤克，如水在申巳亥有土，亦暗受伤克，如金在丑辰戌有火亦然，余皆仿此推之，可知根本之强弱矣。

天元得地，行用者昌。

天元者，甲乙年是也。为科甲若又为命主官禄福权之星，居高强，得水为助，必富贵，如受伤，必贫困矣。

月令当权，乘气之旺。

月令者，寅卯月木也。如春以木为令，又以为身命主及官魁福禄之类，乘旺得水助之，为富贵之命也。

正垣气旺，傍我无权。

正垣者，七政各居十二宫为正垣，吾尝谓言宫不知度，言度不知宫，人多不知此处为妙，如生旺在子，子为正垣之所，危之近处，滨土之水，浅水之下，皆近岸湿土，自危一至危五皆土也。次则斗，二十一起合还土度辰室角，十一二合为亢午张，一至三度合为星未井，二十九三十合还鬼戌奎，十七十八合还娄，此皆历验，非臆度。

界限分明，彼木此火。

此八字以寅卯界限之说言之，盖尾三度属卯火为主，余度在寅，以木为主，若以寅尾为火，则误矣。

主居退留，余曜难救。

五星以迟留顺逆为最急，主星亦关利害，入顺度则平生作事顺快有福，如入退留，一生作事进寸退尺，兼为人不刚果，流于慈懦者有矣。

母居退留，为福不力。

生我者为母，如入退留，则是欲生我而不力也。

母星无生，何暇顾子。

如以火为主，罗为奴星，木为母星，若木不生火反生余奴之罗，或乙丁人又为刑囚，是我父母有用之气，反党余奴刑囚之辈，何暇顾我生我而为福哉。

母克于用，福力潜消。

如土为主，火为母，若火不来生土，却为金同行，则所恃之母气反与金相战，纵有力以及火，子亦少减矣。

敌强难攻，用力有损。

相刑相战，则处世多迍，相顺相和，则终身安静，人多以我克者为财，言之则谬者多矣，若以金为主，限见木炁，以木为主，限遇土计之类，二星作党者强敌也。见之重则刑囚，轻则贫病，必然之理也。

两母争强，姑息太过。

如土为主，限见火或罗则发福，如火罗同会，若吉而实凶，盖母与余奴方争权未息，纵能爱子亦无力矣。

太阳当空，祥曜潜伏。

太阳者，君也。如七八月巳午时生，安命在卯，如躔房宿火为主，将后行巳午限见日，如或金水木土与日同宫，为科名科甲官魁福禄，遇太阳必伏，诸星必无炎也。

月兔无光，晦朔倚日。

人命生于晦朔，命在月度，此时月与日同会，若日月前后有吉星必吉，凶星必凶，设若日近火罗土计者凶，日近金水木者吉也。晦日每月三十日也。朔日每月初一日也。故月无光。

河汉艮坤，为士必秀。

河汉者，天文也。秀士者，人文也。河汉始于丑寅，尾于未申，人命在此宫者，必为秀士文人，次则戌生亦然云。

杀克于奴，本主自旺。

如人行险阻而遇贼，必先将奴仆杀伤，而本主得免也。如木为主，金为煞，金不克木而与炁同行，是与炁相敌，而力不及木矣，故本主之得自伏也。

余奴犯主，纵吉为凶。

如木为主，炁为奴，木出与炁同，非享福发财之命，甚则早夭。以年带煞，十常八九。

限遇煞奴，十难一免。

如木为主，金为煞，炁为奴，限行见金之煞，又遇煞奴三合，若无水火救之，十中难免一也。一云：如金见火为煞，限行不见火而见罗，为煞之难星，亦不免也。言救者如木见水生之，金见火制之，乃得水火救之也。

母无余炁，借木解仇。

此言巳申与箕壁之水宿，以金为母，金无余暴，得木炁居于强宫，以克制土计之仇，谓之子能救母。

煞无余气，逢火灰烬。

此言木为主星，金为煞而无炁，若行火罗，亦能焚烧山林，毒于金煞也。

正煞暗煞，转祸为福。

正者正盘，暗者加盘，天机祸福多在加盘。如子上立命，以土为主，行限寅见木为煞，如是暗盘，巳上有火在焉，木生火，火生土，为暗煞，有力，又如戌上立命，奎度行子限见金，如巳上有水，暗中有救，必能转祸为福也。

正生暗煞，化吉成凶。

亦子上立命土为主，行寅限见火而生，若巳上有水孛伤火，乃暗受伤也。

朔望食神，阴阳非利。

日食朔，月食望，如日正食之时而人生，又在四日度，日既食而无光，此命岂能有福，如望夜失明之时而人生，在月度中立命，亦然也。

界限中安，离家迁祖。

所谓界限者，天文本无界限，而人有之，如轸十氐二之类，立命于此者，出祖过房依于人，否则不住祖屋，迁移不定，若诸星多在过宫上，亦主不安也。

上盘下局，如合参商。

命书所谓天官地位十二神消息，其中一看行度，则于加合之中宜细推详，有加著加不著，宜观太阳过度，二盘克合子午卯酉之正，各于上下二盘写一星，然后以一星加合，则上盘下局之星加合，了然可见，生我在与不在，合与不合，详之。

钓合冲临，分劈阔狭。

此即同宫千里、异宫尺寸之说，而谓钓合者，申子辰之类，冲临者，子午卯酉对冲之类，如立命在子，火在午吉，木在午凶，万一命在女四五之间，木在张十二三之间，照命度不及，岂能为灾，若木在柳七八度正照，则为祸必矣，余星阔狭，宜分劈之，以定其详细。

四正宫神，互相管摄。

四正者，如日之虚房星昴，木之角斗井奎之类，互相管摄，凡有星辰，先看星落何方，有何生克制化，若论凶吉，依星而断。

同宫千里，异宫尺寸。

且如子上立命女虚危，虽是同垣，何止千里，若危十一危十二立命，亥上危十三十四有尺寸之隔，此何以异宫论也。

二母争权，姑恤太过。

如木星见水孛或临本宫三合，独见方为福，若同见，二母争权，反为祸也。其余例此而推。

一星得地，初无二用。

或土宫立命或命主星或别处三合见火星本吉，设若三合火局见金，火旺炎上，便去克金，却不能生土也。余皆仿此。

水火相战，其势俱败。

如水命火同在命，或三合或十五度之内相照，虽火受水克，我亦不宁，其势俱败，余仿此。

日月争权，到底无光。

如日为命主夜生，本无光，或与月同宫，或见三合，月为合主，日生本无光或日同宫，或合照，是自争权，无成于福气。

禄嫌冲破，衣食艰难。

如甲生人禄在寅，立命在申，禄当头为命冲破，终是艰难奔走，限逢之亦然，余仿此。

马忌空亡。

如己巳生人马在亥，行限至此，或命身值此，更加以凶星守照，必主灾，此乃甲子旬空戍亥之故，己已属甲子旬中也。

母主无权，福气不大。

如命在子土为主，限行遇火，或三合为水孛所伤，其母受克，子必无力，福气不大，余仿此。

向前得力，今后无功。

如命在亥木为主，行子限三合，见一水单行，必能发福，若又在限，到辰再见水孛，必无再发之理。

若是无形，终难制有。

五星乃有形，余气无形，五星相克，此理甚明，如炁近土，孛近火，乃余气侵有，其力终缓，或戍立命主火星在子，金木同宫，辰上虽有炁，亦难制水克火之虚，况子宫水旺之地，其火受克不浅，以此合言天命。

党恶则乱，制恶不行。

如木命行限遇金，本自受克，如土计临三合助威为煞气重，若同火罗，则制其金恶不行矣。

独阳不产，孤阴不生。

若男人命遇太阳居四正为得地，左右无吉星，三合又无为，独阳不生。女命遇太阴居七强亦得经，入庙三合，皆无吉助，为独阴不生，为事多克战无成。男命看四正，女命看七强。

刑囚入陷，纵恶难施。

如甲生人命在戍，火为主，水化刑本能克我，三合有土计制之，或入陷地，彼受制之不暇，岂能施恶于我哉，或土计自陷，又恐不能制水。

暗耗虽强，逢生反益。

如甲生人命在酉，金耗为主，限逢土计，不以为耗，又如甲生人命在亥，木为主，化暗得宫，有水孛生之，其暗反明。

四正月日，最怕西沉。

如子午卯酉四正之地，为日月之垣，独酉为西沉之地，若日月居其上，终无显达。

三方禄马，最喜拱照。

如乙生己酉丑之人，命在未，马在亥，禄在卯，三合拱照，一生衣禄不少。

安身傍母，福禄尤佳。

如土为命主，火为土母，月火同宫，不以伤身论，又如命在辰金为主，土为母身，与土同行，不以蚀月论，乃富贵格局。

奴贼临身，妻儿必克。

如寅亥木为主，炁为奴星，若炁与月同行，或傍，其人必孤，又如子丑土为主，计为奴，若计与月同行或傍，其人必受刑伤，不然夭寿，余皆仿此。

主数遇陷，有救不凶。

如木命人木陷于子，或入金宫化刑囚，或值命限到此木受克剥，三合有水孛能解金厄，转凶为吉，未免劳心耳。

母若当权，为福莫大。

如土命丑上立命，以寅卯为隐官之地，若有一火罗独守在上，是母当权大吉，余皆仿此。

同室操戈，必招祸变。

如立命在子，不问主星克星，有水火同垣，金木同位，虽彼自相战克，与命宫不相干，终是穷饿室庐，祸起萧墙之内也。

飞星破驾，终是废人。

凡论命必殿驾为先，假如甲辰生岁驾在辰，金为驾，辰酉立命金为命主，若火罗飞入辰宫，乃为害曜破驾，必主人贱。

劫煞抗冲，威烈以怒。

如壬子生人命在巳，乃的煞之地，更有刑刃星于其上，是谓煞见煞，行限必夭。

三元并驾，禄又加官。

如甲子生人禄马俱在寅，甲生人，又木为天元，是木为三元，若临身必显达，畏子丑午未，命凶。

相类相生，当观向背。

如立命戌火主丑宫躔斗九度，又有木躔斗十，此谓之向生，发福必大，若火斗十、木斗九谓之背，虽发亦减。

相刑相克，须验实虚。

如命在巳水在申躔参，有土在辰躔角，彼自受制，安能克我，若有木炁临照，彼虚我实矣，土若躔氐，更有火罗合照助其实，是彼实我虚矣，行限至此必夭，若其间有金照临，又能生我之水，反凶成吉。

元守推详，流年尤急。

《经》曰：元守虽然无咎，流年尤怕为灾。此二句不可忽之，且如火为命主，行年火星到命限，焉得不为祸，占煞尤重。

是以人命禀于五行，而五行之吉凶，皆由生克之所致也。然命限之主星，亦以元守之星参详而论，更以流年之神煞冲临吊合，或吉或凶，或虚或实，祸福自见，安得有不验哉。

《五星壁奥经》

清台四十星格

水星随日至天宫，锦绣文章达圣聪。

人以日为命，以月为身，日至午时为天中，日生人喜见之。此命在午宫，日在午入庙，水星随之，无他星相杂，水为贵，元寅有罗星为文星，主此九卿之位。

禄主秉文居马上，立朝謇谔势豪雄。

戊戌生人马在申，土星为禄，主文星。其星居于马上，兼福星以助其福，命在巳宫，元有太阳，水星岂不为贵显者哉。

众星北拱来朝命，富贵双全难比并。

此为坎宫坐命，日在酉火，月在戌土，气在亥水，金孛在申，木罗在未，计都在丑，十一曜皆拱命，谓之众星北拱，是以难得。水之东流，星之北拱，理势然也。设使在东西南坐命，亦不为贵。

一水东流正度箕，侃侃忠诚宣圣政。

此以寅命而论，水星在寅，金星在辰，水星在寅，尾上本不得地，惟至箕宿最为得力，兼命坐寅丁人以金为禄主，寅命以金为福主，福禄之位俱是金星。金入庙于辰，诚可谓富贵之美也。

身命福德俱纯粹，雍容廊庙掌陶钧。

此酉宫安命身居在子，金月同宫，为金星助月，火与炁满用在卯，火为科甲，禄主太阳在亥，水星同日水为寿元，居福德之宫。三宫俱纯粹，正为一品之贵也。

火罗计孛无冲激，黄发庞眉寿百春。

此丑宫立命巳宫安身，日月同在巳，更孛居巳为禄，金与罗在辰，水在卯，为贵元，土与炁在申，计星在戌，凡恶星聚则为凶深，吉散则于福浅，此命自丑上行限转至子上，凡恶星住处便有吉星救之。所以限数不倒，至行足百六限而尚存。

时值三台为限主，优渥殊恩迁弼辅。

此未宫立命，土星在酉为科甲，罗星在酉为魁星，三台者日水金或月金水也。此命水金日在午三十六，一出酉宫土罗限而至戌上午上，见三台傍照而为限主，真福旋应若此甚速。

生逢九事直强宫，嫦娥亟把高枝与。

九事者，四元三命身命也。此命子上安命，月在午为身，金水木在申为马贵寿元，土在寅中限，命主得申上五星傍照满用，独土星为中限星为命星，又在福德强宫见之。是为九事全备，万中无一也。岂不贵耶。

马来朝命又归垣，魁桂英声四海传。

酉生人马在亥，此寅上立命，日金同宫，木为马元，其星虽不在亥，却朝归本命，寅上入垣。况又太阳金星同宫，岂不为美哉。

福不离宫仍得用，诏书遥拜九重天。

此命在午宫，中为福德宫也。更得日水在申，日为马元福主，水为禄元，谓之福不离宫，又兼水星满用同宫，为食禄之命。

岁星在外内荧惑，奕世簪缨无纪极。

此以丑上立命，与火星同宫，木在未为贵元，荧惑火星也。岁星木星也。木火相会，当审轻重。水来会火则为福，火去会水则无力，此命宫在丑，火星坐命，对宫得木以生之，谓之火在内，木在外，为福最远。

木宿位主客罗睺，外台历遍分茅职。

此言午宫立命。木罗居戌为贵元马元。木罗会舍当观先后，若罗睺先入，木星后至，则不为福，惟此在午上安命，戌上得木先到宫，罗睺后入，木为主、罗为客，正所谓木罗会舍。

寿元乘马顾三宫，享用荣华禄万钟。

此命立丑宫，日水在丑，身星月在亥，木在巳为寿元。未生人马在巳，未命人木星为寿元，木居巳而顾亥上本宫，亥上太阴为原守为福命宫，日水为吉，身命俱纯，安得不贵乎。

太乙抱蟾归福德，决非百里之才客。

此以巳宫立命，未宫太阴孛星同宫。此命二月酉时生，命宫在巳，水为命主，未为福德宫，太阴为宫主，孛星未上入庙，名为太乙抱蟾格，有此星辰，终非百里之才也。

金水拱身禄入命，铜臭官升俱难并。

此以卯宫立命，金星在辰，水星在寅，又兼太阳太阴在守命，此命己生人太阴为禄，主其星入命宫得地。前有金，后有水，谓之金水拱身格，主富贵双全。

魁文照命福扶身，职高禄厚宁无定。

此寅宫立命，又木计在寅，谓之木计同寅。申宫有月为文魁，金为福星，罗为魁星，并照命而福主又助太阴为福。夫有文不可无福，有福不可无文，文福皆齐，安得不为贵乎。

阳德运阴爱度天，萧曹鼎治冕旒前。

此以子上立命，太阳在巳，太阴在辰，日月以十二宫分为转运，然人命以望日月度天则为福，入地则为映，此命安子。日月从辰巳以度天，其福岂浅浅也哉。

金星与月宜互垣，爵禄连绵不计年。

此以命立午宫，金水在未，月木在辰。十二宫之宫主星自亥子至申卯，星辰皆不可交互，惟金星与月，太阴与水，宜互垣局，此命为金月互垣格，主福之绵远莫若于此。

四角有星权极重，蛮夷胆破三更梦。

四角者，寅申巳亥也。皆有星辰谓之四角有星，身命立于四角者，主一品之贵，此命立命在丑，喜午上有日火、未上有水土，所以亦主其贵，此孛罗气计居四角而官显而权重也。虽日命对宫，亦喜有星也。

三方不背福弥深，出应治朝祥比凤。

此命立子宫，有太阳木星在午为马元，金星在辰为禄主，太阴在申为身，此命对宫傍照，俱是得用吉星。又无火孛罗计杂之，其出而应世，比之祥凤岂不贵乎。

夜生延月至天门，驷马高车职任尊。

日生望日，夜生望月，皆得其贵。此命亥宫立命，亥为天门，太阴居之，正谓月到天门。况日土水在卯吉星拱合，乃月将中之际，又为孤月独明，有此美格，安得不贵。

日诞望阳归地户，家徒四壁度朝昏，

此乃寅上安命。太阳在申，申为坤，坤为地，日到此将西沉矣，日生之人望日，日至中则富，日没而藏之，其望之失其所矣。

两头恶曜攻妻位，剪发齐眉辞俗累。

凡人命中妻妾宫有吉星则招美妻，凶煞则损妻，孤寡则无妻。此命立巳宫，亥为妻宫，却见火罗居戌，孛星居子，两头相攻，主不招妻。此命已作出家者，是有此格。

四正明星背命宫，枵枵之腹无心害。

坐命对照不可无星，既无四正，当得明健方好。此命亥宫立命，四正无星，官禄有日，水孛气土又杂，所以至拙，不通事理，居世而无为焉。

不堪水火逆阴阳，催促光阴不久长。

此命立戌宫。日水守之，太阴在酉为身之主，火星守之，此谓太阳为命之主，而水星不得地以逆之。太阴为身之主，而火星不得地以暴之，所以身命俱值。星辰暴逆，故不得长寿也。

那更荧金侵福禄，家财剥丧实堪伤。

此卯上立命。巳为福德宫，金水火主之，此乃丁人以金为禄主，其星失位，被火克之，所以福禄主受祸，故为破祖之人也。

火孛归宫初匪祸，翻身一跃龙门过。

火孛本为凶，若得地则为福。此命立戌宫，火为命主，又化为天轨星，主福禄。寅宫有孛星得地，化为天后，乘旺各安躔分而为福。岂不为外台之奇遇乎，身为外台。

土罗得位实非殃，壁水进身清誉播。

此立命午宫。土罗相会，土星为地，罗睺本不喜同宫，同宫则相扇为祸。此命午上土为喜，罗为庙，二星得位，所以不为祸而为福也。土至午宫化天道星，主喜，罗至午化天统入庙，主此大贵由是也。

恶星加限入官宫，失禄诛身不善终。

此立命午，计孛在丑，火星在巳。此命虽贵，行官禄大限至酉三合，原有火孛计都，而流年又被火孛计都所加，所以为官未免恶死，且火星在巳化天刑，主凶。

忌曜伤身来疾厄，黄泉渺渺去无踪。

此命立在申，身居丑上，乃疾厄宫也。水孛气土在身，流年又被忌星临之，而逼其身，所以主劳疾而死，身宫受克，与命宫相同，内外受克，同一理然也。

遇禄未尝沾寸禄，只缘计在三阳辱。

此命在戌，计星在寅。此六壬生人以计星为禄主，然计星不喜在寅，三阳之地最不得地，所以虽遇禄而不得禄也。

见官依旧不为官，盖为科星遭陷伏。

此命在丑，金为官星。木在子为科甲，土在申为科名，炁在申为魁星，此为官星入命，却因科甲、科名、魁星俱陷二六宫中，所以虽为上舍，未及出仕而先卒也。

命丛恶极祸难禁，不有刑伤命必沉。

恶曜在方主之内而不背者，最凶。此命宫在未，罗睺守之，计都对照，傍临俱是凶星，火星在戌，四正宫见之，此人若非废疾，必遭恶死也。

身得纯全青易拾，休声洋溢著儒林。

此命立在子，身在寅。遇紫炁木星，又为福德宫分，所以为取青之易也。云云。

金水二星若失位，肌肤分裂难逃避。

金水本吉星也。今则躔于戌上，况六己生人以金为囚，二星俱不得地，且此命坐戌宫，则为相激，所以犯重刑而裂肤也。

刑囚两曜苟伤身，王法无情命辞世。

六甲生人以计都为囚，以水星为刑。此命甲生人立命辰宫，计星守之变囚，水星在戌对宫变刑，二星皆不得地，且又化为刑囚，人逢此等之凶，岂不遭此难也。

十一宫高五位强，金冠霞帔有官裳。

十一宫者，福德宫也。此命在酉宫，身居亥上，木炁守身，得地，金水在巳，为男女宫，身居福德，占高强，当有官裳封赠之命。

五位不纯十一杂，遵驱听使侍人傍。

此命居午宫。罗睺土计在申，乃十一福德宫也。罗土相杂，孛火金在寅，男女宫故相伤，所以无福而贱也。

水星若旺桃花上，百婿千夫无定向。

寅午戌生人卯为桃花煞也。若兼水星临之，水主淫荡而无定性也。此女命立酉宫，身在卯宫，水星守之，况子午卯酉咸池互换之宫，岂不为淫娼之命也。

金宿还居驿马中，逐人奔走身飘荡。

此女命乃子生人。马在寅，身居马上，与金星同之。正谓金骑人马，金主淫又躔其位，女人逢此马星在身，而金又主淫泆，岂不随人而奔走者乎。

已上四十星格，大略以十一曜乘旺失陷而论之，以定其祸福、富贵、贫贱、寿夭之数也。其他神煞亦不较量，譬如有吉星会局临于身命，高强乘旺定为富贵，必以深浅而定高下，有四余之星会局，攒煞，必以凶恶而定祸福，其理之必然矣。且有吉星居人身命而不为富贵者何哉，乃落空失地之故也。有凶星在人身命而不为灾害者，亦落空而遇救援之故也。要审吉行吉地，凶遇凶方，则神机见矣。

第二十三章　星命汇考二十三

《壁奥经》

灵台一百二十格

起处逢生居相位，

此命立巳官。金水守之，亥官木火对照，此为金水会蛇。金生在巳，水又入垣，金又生水，亥官木星入庙。水又生木，木又生火，谓之生生不绝，合此格者岂不大贵。诗云：巳官太白喜长生，变曜名为天禄星。与水同宫最奇特，高官厚禄佐王庭。

背中反旺作朝官。

此卯上立命，木星守之。凡子上坐命为背水，酉上背金，午上背火，卯上背木，临而复旺，皆主贵。诗曰：木入幽州号太微，背中反旺特为奇。切防变作刑囚曜，命若逢之大不宜。

阴阳夹贵凶同断，

此亥官立命为天门，坐命此有火孛守之。戌有太阳，子有太阴夹之，须见金水气土为贵，火罗为凶，所以有吉有凶断之，殊不知孛居亥变天聪。诗曰：孛星临亥变天聪，此位朝天入帝宫。虽有灾殃终不害，任为官禄亦亨通。

罗孛为权煞不干。

孛罗相会，本非吉宿，此丙生人子上立命。罗星居午为印，孛为权，所以反贵也。诗曰：孛星临午名玉气，此地朝君长富贵。变为禄贵与官魁，名显身彰应品位。

禄印独高官必显，

巳酉丑安命，金为天元印，水为地元印，木为寿元印，若居四正高强，主大富贵，此乃巳宫命。水为命主，水星居巳居垣，名荣名星，故贵。诗曰：水来双女号荣名，乐旺之宫万事亨。若得金星同会此，黑头早著翰林声。

德官俱陷福无因。

此子宫命。寅为福德，木为主，卯为官禄，火为主，且福官二主俱在丑宫陷弱之地，则其福薄矣。虽入仕途，亦多淹滞。

阴阳入庙嫌凶宿，

此命午宫立命。太阳守之，未宫安身，太阴守之，却为阴阳入庙为贵也。却因孛星在午，罗星在未，身命二宫俱犯凶神，故云嫌凶宿。诗云：日月周秦是本宫，怕逢罗孛却为凶。那堪身命还居此，富贵荣华总是空。

罗计同宫遇食神。

罗为天首星，计为天尾星，逆天而行，逢日月则蚀。此命在丑立命，计都守之。未上安身，罗星守之，罗遇月谓之遇食神，必主横夭刑伤。

孛命归刑千里外，

此午宫安命。孛星守之，日为命主，月为福主，火为天元，金为禄元，今则孛星守命，须看天元命主福禄俱陷，方可作凶断。若得一星居高强，亦可减半，丁人怕此午生忌之，乙人见之为禄，主吉。丁人以孛化刑故忌之，乙人以孛为禄主，故喜。

炁星交限百年春。

此论未宫立命。戌为官禄宫，火为官禄主，火星入庙，在戌更交限有寿，夜生最吉，日生减半，怕逢水孛则凶，最喜炁土，则为福。甲壬生人主贵，丙生人亦不利也。

日伤火见阴阳位，

此命未宫立命。日月二星同火星在申，申为阴阳也。又见火伤之，日月犹人之眼目也。火来伤之，必主眼疾。诗曰：阴阳本是目之精，二曜同宫怕忌星。或在逆流并伏晦，更居相貌盲双明。

灾至奎垣疾厄倾。

奎垣言亥宫，木星也。奎木狼木升殿也。此午上立命，亥为疾厄宫，木为疾厄主，木在亥，此火罗在午守命，午上火罗入庙，疾厄主星入垣，主一生少疾。壬癸生人得此格者，主富贵。

水命对交非学士，

此申宫立命。水为命主，且命主在寅，为对宫也。诗曰：无定星辰是水星，此星游荡最无情。命宫对照如逢此，空读诗书业不成。

此主为游说之客。

土居疾厄是闲人。此子上立命。巳上安身，土星守之，此命身居疾厄之宫，又逢土居双女，非吉也。诗云：疾厄之中怕忌凶，最嫌土宿此中游，或然身位同居外，手足伤残疾不瘳。

土移木位还荣贵，

此命宫在亥，土星守之，身宫在丑，木垣居之。此身命主星互垣于紫微局者，主大贵显也。

火在金乡主贱贫。

辰酉属金，火居之，卯戌属火，金居之，谓之火入金乡，金乘火位，皆贱格也。此命辰酉卯戌安身命者正合之。诗曰：火到金乡必主穷，金乘火位祸应同。除非身命相移换，垣局高时福又隆。

吉曜逢凶为陷害，

此命午宫坐命，太阳为命主，今有木孛守之，是为吉而逢凶也。此命孛先守之，虽得木星救助，然以先入为主，故为凶也。乙生人以孛为禄，得之吉。

木星独贵解灾迍。

木为岁德，仁而且慈，能解灾害，此乃巳上立命。木星在亥，对照火星在酉，计星在丑，孛星在卯，三合皆凶，喜木德在亥，入垣救而解之。诗曰：恶曜相刑十二宫，临宫晦气煞重重。幸逢一木星来照，独木非惟解祸凶。

三生犯煞刑徒格，

以年日时为三生俱犯刑煞者，主徒流，此命巳上安命。亥上为年，寅上为日，申上为时，俱犯计孛火罗为煞，寅刑巳，巳刑申之例，正谓之三生犯刑煞。诗云：年时日配作三生，犯煞从知必主刑。那更阴阳相反背，徒流边配害非轻。

五位归宫贵绝伦。

此命亥上立命。木星守之，卯为迁移宫，火星守之，丑为福德宫，土星守之，皆得正垣，谓之五位归宫。诗曰：五星入庙各归宫，身命生来向此中，必是少年登上第，荣膺宠命至三公。

仰斗顺星官必显，

星辰躔度所贵者，必庙旺于顺也。此命酉宫立命。日在辰，月在寅，夹于妻宫，诸星南上仰斗，主显达。

垂针背印福难亲。

凡见恶星计孛垂照，谓之垂针格。此命亥宫立命，罗睺守之，计孛垂照，更身命福禄宫主俱陷，主一生不达，六乙生人以孛为禄，不在此论。

忌居子息难为嗣，

此命卯宫立命，火土二星俱临男女之宫，难为子息。诗曰：夜生逢土昼逢荧，忌曜逢凶最不情。那更加临男女位，定应克陷总无成。以昼夜论之。

囚到迁移浪荡人。

丁人以孛为囚星，若在迁移宫，主人浪荡，此命立命寅上。木为命却居于子，乃陷弱之地，为木打宝瓶也。金为禄主，却居于卯，卯火克之，孛囚于迁移，主一生浮荡无依之命也。

出地入天朝上格，

此命亥宫坐命。太阳守之，太阴在巳对照，谓之出地入天。诗曰：巽为地户亥天门，日月来朝福气全。神煞若无相破害，双全富贵寿年延。

坐干就湿作穷民。

此命子宫立命。太阳守之，太阴在午，太阳为身主，以身居午为干，以子为湿。诗曰：午属乾宫子属湿，最怕阴阳相出入。坐乾就湿作穷民，难免刑徒井水溺。

木罗会舍分强弱，

此命丑宫立命。计星守之，罗星同木星在未，谓之木罗会舍。若罗星先入为弱，木星先入为强，变刑囚则为害，变印官则为福。诗曰：木罗会舍细推详，祸福须分弱与强。变作刑囚灾害至，若为印绶始为良。

福禄同宫看重轻。

此亥宫坐命。木为命主，寅为福德宫，木为福德主，寅亥二宫皆以木为主，命主福主同宫，所以为贵。诗曰：福禄同宫富贵全，日生为贵夜徒然。忌星一见分轻重，设使为官少俸钱。

命在旺中还受克，

此命卯上安命。乃甲乙生人属木，以木为主，此则卯命。木星同金星守命，木旺于卯，却被金星同宫，为金居火位，反为贱格。此为火克金，金克水，所以为害也必矣。

禄居煞上带生成。

此巳宫立命。水星之居垣，子午卯酉为煞地。诗曰：煞地偏防坐禄星，禄星坐煞晦天明，或然吉曜相生旺，官主归垣禄又成。

阴阳拱命为真主，

此子命，太阳在卯，太阴在酉。诗曰：日月分明拱命身，此星夹辅最光明。更无凶宿来刑犯，福禄相扶富寿深。

金主文章有誉声。

此卯上立命。太阴在巳，金水会于身。诗曰：金星再得水星扶，二宿同宫福最殊。那更其官于福德，声名远远冠皇都。

起处受伤真破碎，

此命酉上立命。辰上为身宫，会水木守之，火金在卯，此为命主，属金。金居卯，被火克之，谓之起处受伤。诗曰：论星须论起宫星，起处星辰怕带刑。若被恶星相克破，定因破碎福无成。所以起处不吉也。

身中还有必亨通。

此命立宫皆无星照之。诗曰：四空临命本于虚，善算诸星论有无。身宫但得星辰照，管取亨荣福有余。

三生得禄权兼贵，

此命立戌宫。生月午，木星守之，日在寅，火主之，时在丑，土主之。诗曰：灵台所重在三生，年日时中审重轻。若得齐居权福地，少年荣达至公卿。

四正全无道与僧。

此命卯宫。四正无星，惟紫气居福德宫。诗曰：四正无星细讨论，琴堂居福福斯兴。士农工贾初无此，技术之流道与僧。

命会木阳须见禄，

此言午宫坐命。太阳度下，又逢木星同宫。诗曰：日木同宫极于美，命宫得此实光明。兼于禄主还同位，五福俱全福自深。此午命酉为官禄官，若金星为禄主，同位更为大贵。

身逢土孛必遭刑。

此言亥宫立命。身居巳宫，土孛在身。诗曰：土星怕与孛星行，身吉逢之祸不轻。那更八宫同位分，破伤夭折必遭刑。八宫，疾厄宫也。若疾厄有土孛，定主刑伤。

子依母位娘先死，

此言亥宫立命。水星在未为男女宫，守月在申为母，为子依母。诗曰：水为子兮月为母，两星最怕相移处。或然互见在其宫，母不伤时须克子。

臣犯君宫父早倾。

此言午宫立命。太阴在午，日在未。诗曰：两曜本宫居午位，日为君象月为臣。莫教臣犯君宫分，母若存时失父身。

四煞居阳徒配格，

此言亥宫立命。火星守之，孛星在巳冲之，身在寅宫，计星守之，罗星守之，且寅申巳亥为阳宫，况四煞主之。诗曰：寅申巳亥名四煞，计孛火罗交互居。身位命宫双值此，刑囚不善陨身躯。

三空坐命道僧名。

此言酉宫命，炁星在卯冲之，炁主孤，月在辰，金水在戌，三合皆无星。诗曰：命宫三合无星照，紫炁孤神独对冲。纵有吉星俱陷落，断为僧道入元空。

计罗入命防刑夭，

此言酉宫立命。罗星守之，计星相冲，金为禄主，居寅，水为权，亦居寅，火在未为印，俱不得力。诗曰：罗计带刑来入命，印权福禄尽沈沦。若还百六遭逢此，不夭须为徒配人。

火孛当冲带恶行。

此言亥宫立命。火孛在巳冲之，孛化囚。诗曰：火宿偏于巳位游，孛星照命变为囚。或然四正无星救，定主其人稔祸忧。

日里怕逢荧惑照，

此言酉宫命。火星守之，孛星冲之。诗曰：坐命嫌逢荧惑星，日生为忌最无成。此星守限并方主，反祸为祥却寿荣。

夜间切忌土同行。

此言巳宫命。身与同宫土月相会局。诗曰：太阴怕与土同行，夜里生人却晦明。数算不离三主度，作为迍滞百无成。

一星见月终须贵，

此言身在巳宫。水月同居，为一星见月。诗曰：木为文兮火为武，金为兵兮土为辅。一星见月喜非常，三主俱高佐明主。

四曜逢阴必路横。

此言命在卯宫。身在丑，罗星守之，太阳在位，火孛计同宫，四宫俱是阴宫。诗曰：火罗计孛号凶星，与日相逢日晦明。身命位宫三合照，决然路死见尸横。

三限不留须显达，

此言申子辰坐命。土水木为三限主，限星居顺段更不留逆，则主为官显荣。此命水在巳，为中限，木在亥，为末限，土在子，为初限，三主皆得位，所以为大吉。

两宫坐禄利名成。

此言辰命。金星守之本位，身居未为官禄宫，身命俱得位。诗曰：丁人以金为禄主，金又逢龙名誉彰。官禄逢身增气象，定教衣锦在朝堂。

孛居妻位防心恶，

此言申宫。孛星在寅，寅为妻妾宫，孛乃奴星，女人属之。故云"防妻之心恶"。诗曰：月孛从来号恶星，主人凶暴性非轻。或然第七宫中见，安得妻无狠戾名。

煞入男宫必外生。

此言酉命。巳为男女宫，孛星居之，谓煞入男宫者。若庚生人以孛为男女星，其害又轻。诗曰：男女宫中怕孛星，此星入位最堪惊。就中若是重逢煞，定是螟蛉与庶生。

水宿临人多性巧，

此言木上安命，水星守之。诗曰：水居巨蟹命相逢，身入高强总一途。禀性自然多敏捷，为人巧智比公输。

土星照月百无成。

此言卯宫立命。酉宫为身，太阴度下，土星同照。诗曰：月曜偏嫌土宿联，忽然相会大留连。夜生遇此多沉滞，百事无能寿不延。

忌星行限终沉滞，

此言行限最忌火土二星。诗曰：洞微最怕忌辰星，此曜临之极不情。昼是火星夜是土，限行值此事无成。

吉曜当权必泰亨。

命在辰宫。日在午，月在未，二曜当权，又居官禄福德二宫，行限逢之，岂不为吉。诗曰：行限从来爱吉星，吉星守限更临身。强宫又见当权地，富贵荣华第一人。

八煞有星权不少，

此言八煞星在福德、官禄二宫，限逢之吉。诗云：八煞宫中号最高，吉星临照禄坚牢，福官二位宜居此，权宿来加可会遭。或有言八煞即疾厄宫主星，或有言疾厄宫，乃恶弱之宫，吉星岂可居之，未知孰信。

七强无曜富难言。

此言戌命。木在巳宫，气在亥月，火在酉日，金水在卯，吉星俱陷强宫，三合无星合，主于贫贱，于斯为下格矣。

卯阳酉月为高贵，

夫卯为日出扶桑，酉为月到金牛，身命二宫正逢之。且木星在未，木入秦川占强宫，得此贵格，岂不为尊贵之命也耶。

福木官金至大官。

此言酉命。身在寅，金星居官禄，而木居福德入庙，子得金星及三合无刑耗驳杂，为大贵显之命，正行限福官二宫必贵。

日孛当刑三岁死，

此言申宫命。日与孛星同居。诗曰：太阳元是火之精，最怕同宫见孛星。倘使更加刑战地，少年不死也加刑。

炁星照命百年龄。

此言子上立命。紫炁守之，金星在辰得地为寿元，木星在辰为禄元，所以主寿也。诗曰：紫炁元为道德星，此星守命最康宁。寿元得地禄元壮，限数如松岁岁青。

一星满用终须贵，

此言辛生人金星在酉。辛属金，辛禄在酉，酉又属金，亥卯未坐命，以金火月于三限主，谓之三满用也。其他并仿此而论。

二主居高必有权。

此言亥命。太阳在午，木在未，土在子，日木土于三限主，昼生人太阳星在午，以日木土为三方之主，二主俱占高强，岂不为贵显而且有权也。

夭折计罗伤本主，

此言未宫立命。日居午，月在子，罗在午，计在子，夫日月二曜，人之身命系焉。若被罗计二星对犯，则为蚀，定夭折命也。

公侯日月拱端门。

此言午宫立命。日在卯，月在酉，午为端门，人君出入之处，人命立午宫，为近君之位。况日月拱之，主有封爵禄之贵也。

两宫坐贵三朝禄，

此言命宫在申。水星居之，身宫在巳，亦水为主。庚生人庚禄居申，申为水局，又木星在亥入垣，与身对照，主为大贵命也。

二主临财万顷田。

此言子宫立命。土木二星在亥入垣，身在寅宫，木主之。且亥为财帛，且土木二主居财帛之宫，必主大富之命而且贵也。

弱处无星须享福，

此言命在卯。木星守之，月在酉照命，罗在亥，计在巳。日与水在午，金在未，炁土孛在子，凡此五弱之宫，并无吉星，所以为贵。诗曰：五弱之宫无吉宿。有星临处尽居强，管教享福无亏损，富贵荣华寿命长。

强宫有曜必延年。

此言戌宫立命。火星守之，太阳照之，月在未正垣，土在子，炁在丑，孛在寅，罗在午，计在子，七强宫俱有曜居之。诗曰：强宫有曜最圆明，星入强宫倍有情。命若逢之为美备，官高福厚更丰荣。

命朝北地为时杰，

此言命坐亥宫。亥为天门，月在未宫，气在子，土居丑，罗寅，日木在卯，金水在辰，计在申，孛在酉，火在戌，谓之朝北拱命。诗曰：亥日天门坐命宫，众星朝北拱其中。夜生日诞俱聪慧，富贵荣华福倍隆。

宿拱南离乃世贤。

此言午宫立命。金水在巳，日在辰，罗在卯，孛在寅，气土在亥，火在戌，计在酉，月在申，木在未，俱拱命宫。诗曰：星辰高照不低垂，午上巍然坐命基。宿拱离方为贵格，更多金壁富财资。

木打宝瓶人必破，

此言身命在子宫，又逢木星，谓之木打宝瓶。诗曰：木星本是吉星辰，只恐当来打宝瓶。身命更同宫内坐，一生作事实艰辛。此为五星贱格。

金骑人马寿难坚。

此言寅宫坐命。金星守之，为金骑人马，火在申冲克，斯为下格。诗曰：金德从来号吉星，命身逢此主聪明。或居人马于斯怒，寿数难延福更轻。

阴阳拱主朝真禄，

此寅宫命，日在卯，月在丑。诗曰：日为阳曜月为阴，遇者应须吉庆深。若拱命宫无忌曜，一生享福富千金。

金水陪箕主疾颠。

此言寅宫立命，火金同宫。若行箕星度下，箕星好风，金在寅，为不得地，火又克之，必主风颠，不然亦有脓血也。惟丙生人与巳生人尤甚，盖丙人火为囚，金遇巳而囚故也。

水计相刑须恶死，

此言丑宫立命，水与计都在命。太阴与罗在未对照，盖水计最怕相会，此命戌生人见之又为丑戌相刑，必主刑害恶死。

木罗同会益天年。

此申宫立命。木星同罗星在寅对照，且木罗最喜同宫，况居寅位于庙旺之地，主为五福俱备，禄贵兼全之命也。

福宫吊出星尤壮，

此言辰宫立命。日居辰守命，况日本为福德宫之主也。今入辰守命，且水金木在巳会照，辰乃金为主，又名福命互垣，岂不为美而富贵者也。

禄位飞来福更鲜。

此亥宫命，木为命主也。寅为官禄宫，寅亥二宫皆属木，又木为官禄主，寅与亥合，飞来三合无凶星合，主高官而厚禄也。

孛入男宫须克子，

此言酉命。巳为男女宫，孛星守之，主克子，惟六乙生人以孛为禄，反主丰厚。诗曰：孛宿从来不可逢，所临之处必为凶。若居男女多伤克，六乙生人禄更丰。

火移妻位必重婚。

此言亥宫命，以巳为妻妾宫也。今土宿火星居之，必为妻妾之害。诗曰：夜忌土星昼忌火，更在奴宫必于祸。若是移来妻妾宫，更须再娶方安妥。

月居闲极须增福，

身命二宫祸福一同，自命宫至第三宫为闲极，兄弟宫也。若太阴居之，必须增福，此言酉宫立命，太阴在未而论之也。

日背阳生最可怜。

此言日木二宿在子，火星在酉，皆相违背。诗曰：昼生最喜日中天，若背阳生实可怜，身命主星如落陷，贫穷防更夭天年。昼生喜日，夜生喜月，若昼逢月，夜逢日，皆背也。

财上添财难聚积，

此言命在子宫，水星在亥，为财帛星。诗曰：财帛宫中爱吉星，水星来耗事无成。主财一似汤浇雪，转见艰难过此生。

疾中逢疾更流连。

此言戌宫命。以卯为疾厄宫，土星居卯为忌星，又化为囚星。诗曰：第八宫为疾厄宫，此官变曜细推穷。若为囚忌来居此，疾厄留连主血凶。

福星居福为朝士，

此言酉命。月在亥，亥为福德宫，太阴到此为月到天门，正谓福星而居福也。得此贵格，当列朝班，而富贵双全者是也。

禄主居寰至大官。

此言亥宫立命。以寅宫为官禄主，且辛生人以紫气为禄主，况此命紫炁在寅，为官禄，主归案，如无刑破，官至卿相也。

金木拱身多富贵，

此言身居子，金居丑，木居亥，亥之命在申宫，亥为官禄居垣。诗曰：金木由来最喜逢，二星得地拱身宫。此为入格非凡事，富贵双全福更隆。

火罗夹命主伤残。

此言申宫命。罗在未，火在酉，夹其命，且酉为相貌宫，金为主，今火居其地，主伤相貌。诗曰：暴败之星是火罗，两头夹命灾殃多。伤残刑害非为利，人倘逢之奈若何。

吉星钓出清闲富，

此言戌宫命。太阴在辰，木金同宫，太阴最爱金木相遇，况二星在辰逢龙得地，所以为贵。诗曰：从来金木到辰宫，贵格称为是遇龙。早岁禹门期变化，晚年却主寿山丰。此入贵格论。

恶曜逢阳反覆间。

此言申宫立命。日与土孛辰宫同位，然太阳人君之象，最怕与恶星同宫，此命遇土孛太阳相会，傍临命限。主一生多反覆，不然则夭折，夜生忌土。

身命在垣须并赫，

此言命在戌宫。火为主，身在酉宫，金为主，二星归垣，主人富贵双全，甚为美者也。

德官照命主安闲。

此言午宫安命，金水在命。金为官禄主，水为福德主，二星皆在命宫，合主其贵。且金水二星主聪明，若流逢魁星，必主文魁天下。

三元聚限交时发，

此言酉命。金月火在戌对照，巳酉丑安命。日生人以金月火为三限，三元行限聚在强宫，若交此限，无不发福者也。

二主逢囚至老难。

此言命在戌宫。以火为主，身在酉宫，以金为辰。今则此命金火同居辰宫，孛星在辰，又化囚星照命，主一生贱薄之人也。

火孛计罗权显大，

此言戌宫立命。罗星在寅，计星在申，孛星在未，此星皆恶宿，居高强得变化，主大贵。诗曰：莫言四曜恶星流，此诀当从活法求。若变天权增福禄，荣华富贵两俱优。

气阳金主福阑珊。

此言寅宫命。日金水在寅，炁星在申对冲。诗曰：气阳金水是良星，命若逢之福最明。唯恐变于刑暗耗，改祥为祸百无成。命在寅宫逢金星，谓之金嫌人马，斯为下格也。

生旺四强财有气，

此言酉宫立命。酉属金，土居子，土得位，木居卯，卯为木局，火在午，火为得局。五星到此系生旺四强之位，必主大发，富贵荣华之人也。

克成三折破难荣。

此言酉宫立命。土在亥宫，火在巳宫，金在卯宫，水在丑宫，五星到此系成克陷，主破财，难成就，蹇滞之命也。亦为下品也。

土在女宫防夭折，

命在巳宫，土星守巳为双女，为土入奴女，贱命也。且水星在戌，戌属火，而水居之，且克其火，亦为贱格。诗曰：五星最喜顺流行，怒气相逢横祸生。夜忌土埋双女位，命逢年少定亡倾。

金居亢位足官荣。

此言辰宫立命。太阴居酉，辰酉属金，金星入垣，金号太常，斯为贵命。诗曰：金星好乐入辰宫，庙处相逢最有功。若变权星并福禄，少年食爵至三公。

身宫清吉休愁命，

此言命立酉宫。火孛居之，酉本属金，而火入于此，此为火入金乡，又谓火烧羊角，二者皆贱格也。更喜身居亥宫，月金木同宫，为月到天门，金居卫分，水监营室，皆为贵格，且命宫凶星而身临吉宿也。诗曰：凶星入命细推论，未可为凶一概言。若得身宫星曜吉，为权纯粹福祥源。

福德坚高不问官。

此言亥宫立命。福德宫有金木入垣，计星在寅，为官禄星，喜福德有吉星，则官禄凶星不足为害。诗曰：恶星虽入在官宫，未易轻言便断凶。倘有福星为福德，也须福重禄荣丰。

臣答君言添福算，

此言命在午宫，日守之，太阴在子照之。日者君之象，月者臣之象，命宫太阳归垣局，名曰日强天中，又得太阴子上，主福寿双全而且贵也。

金乘火位定孤单。

此言卯宫立命。火为命主，且金在卯，谓金乘火位。酉为身星，本属金，火星居之，为火入金乡，彼此受克，安得不孤寒哉。

孛孤罗独能为害，

此言命立卯宫。独罗守之，身在酉宫，又为妻妾宫，计孛守之。诗曰：孛罗二曜合何如，身命临之必主孤。三合对宫如遇此，男人失妇女伤夫。

君睦臣和事不难。

此言命立午宫。太阳守命，月在未为身，身命皆得令，所以为大贵。诗曰：五星所重在阴阳，倘若归宫最耀光。身命更来相并立，一生清贵福非常。

天德相逢为将相，

此言亥宫命，木与土星守之。甲生人以木为天元星，亥卯未安命，木是天元，即兼为福德之主，又为紫微格局，主出将入相之能，文武兼备。

印官聚会作公卿。

此言辰宫安命，水星太阴守之。申子辰立命，水为天元印，官禄宫在未，太阴为官主，二星会于辰宫，在命主为三台八座之贵也。辰属金，水入辰为水润金明。

女人怕带男人曜，

此言子宫命，计孛在命，罗星在午冲之，火星在辰合命。诗曰：火罗计孛主威张，女命逢之不可当，必定克夫并害子，更防年少命倾亡。

日里防逢夜里星。

此言未宫命，日火守之。夜生金火月，日生日木土，若日生而遇夜星，更于囚怒，必主刑害，若为权禄福主反吉，不依此论。

囚忌显时人破散，

此言辰宫命。土孛在戌冲照，夜生以土为忌星，本不喜与孛同宫，更为囚星照临身命，必主徒流刑害，孤克下贱之人也。

得官聚处禄丰亨。

此言寅宫命。金水在巳官禄宫，此水为官禄宫主，金为福德宫主，二星会于巳，居垣得地，乃爵禄荣身清贵之命也。

罗曜偏宜居午位，

此言午宫命，罗星守之。诗曰：罗睺顺土入离宫，庙旺安身喜庆隆，若变福权兼禄主，不愁爵位不荣丰。午乃入庙。

孛星只利在天门。

此言亥宫命，孛星守之，为孛星朝天。诗曰：人命生来怕孛星，此星为祸最非轻，若居乾亥天门位，富积金珠更贵荣。

火居坤地灾销烁，

此命申宫，火星守之。诗曰：福星须要细推穷，躔度元分十二宫。唯有火星坤上位，却临凶处不为凶。

木入秦州富并吞。

此言未宫命，木星守之，为木入秦州，主贵。诗曰：木星偏喜入秦州，强弱须当仔细求，还是权魁并福禄，一生富贵尽优游。

《望斗经》一

上篇

说尽阴阳之理，漏穷神鬼之机。

阴阳者，无极之处阴含阳，太极之后阳含阴也。

人虽能于万物，命皆由于五星，欲问富贵荣华，蕴习天心之诀，要知贫贱寿夭，深通望斗之经。

天心者，应天之心印也。

宫分二六，星分四七。

二六者，十二宫也。即子丑寅卯辰巳午未申酉戌亥是也。四七者，即二十八宿，角亢氐房心尾箕斗牛女虚危室壁奎娄胃昴毕觜参井鬼柳星张翼轸是也。

周天之数，约行三百六十之有五。分野之间，除太初三十度之余。

《经》云：在天一度，经地二千九百二十里二十步，宫有阔狭，度有长短，以太初之度推之、黄道别之，一宫而有三十度明矣。

先别黄道之移宫，次推星辰之进步。详观本末，省察盈虚。使其体若差，则将用何补。

黄道度有诸历不同，星辰有进退迟疾。本者命也。末者限也。若以体为本，用为末，何患命不真哉！

夫观宋属东升父之基，赵为西没娘之祖。官号天上，田名地下。虽云明晦不同，各有阴阳度数。

子午卯酉名为四极，天四柱也。卯为东升，命由此出，酉为西没，身属此生，午号官禄，此限最强，子为田宅，富贵荣昌，安身安命，无不发达，此之谓也。

天倾西北，论乾为尊。

西北乃系乾亥壬之正宫，乾乃天也。天生水，金水相生正在天门之地，身命居之，必主富贵权能之有卓为者。

地阔东南，详巽为重。

东南乃属巽巳丙之正位，丙旺火，火加坤而生土，是以曰地二成之。火土相生，乃是地户之位，身命遇之无不进作。

是以乾布天金，金生五行之异宿，巽藏地土，土养万物之精奇，义知天地之纪纲，信秘阴阳之终始。

此四句乃承上文乾巽而言，以结阴阳之理而言之。

或有宫，或有度；或无曜，或无星。或吊起有功，或飞来有庆。

《经》云：当论宫则论宫，当论度则论度，或四方无星，三方有曜，暗加通关尤紧，或限遇凶星，暗中有吉，或限遇吉宿，暗中受伤，宜精推之，暗加例以子加卯，丑加寅，辰加亥，戌加巳，午加酉，未加申。《经》曰：诸宫以卯加房五度推之为准，通关例以子加丑，丑加寅，寅加卯，一途而推，万无一失。

主去欺宾，为财为库。尤还独富，宾来欺主。作福作官，宜守清贫。相违则破，相顺则成。

假如子上安命，以土为主，以木为宾。木生于春令，客生得时，主星落陷，母星无气，自己弱衰，决无成立之人也。

官彰禄隐，誉播乾坤之贵。爵拥魁从，名传邦邑之荣。

官星者皆以星取。诗曰：甲炁乙木是官星，丙罗丁计戊才成。巳火庚金辛见水，壬阴癸土定科名。禄星者，禄元星也。诗曰：甲火乙孛丙柴头，丁是金星戊土求。巳是太阴庚是水，辛煞壬计癸罗睺。爵星例。诗曰：子未元求土，猪猴火里生。马牛收下水，逢兔是孤神。虎蛇皆属木，鸡犬便逢金。辰龙惟见孛，为爵必官清。魁星例。诗曰：甲用太阴乙太阳，丙罗丁计立炎方。己金庚水辛逢孛，壬炁癸水最为荣。

阳君火木守荆周，片言入相。阴后水金归秦赵，一举成名。

荆周乃是阳明近离之位，火木相会，名曰"朝阳"，大限见，无不贵显也。言秦赵乃阴后之宫，水金正位，限命遇此，必富贵矣。

杀会文昌，权谋异众。科名见贵，学问过人。

杀星者，乃大杀是也。诗曰：大杀子人先是猴，丑鸡寅犬问元由。卯蛇辰午巳逢未，午虎未兔申龙头。酉猪犬鼠难回避，循环亥土却逢牛。文昌星例，诗曰：甲乙巳午报君知，丙戊申宫丁己鸡。庚猪辛戌壬逢虎，癸人见兔上云梯。科名例，诗曰：甲乙生人木向荣，丙丁火宿实亨通。戊己土星魁众彦，庚辛太白定科名。壬癸水星真可贵，必作金魁榜上人。贵人者，玉堂天乙也。甲戊庚，牛羊之类是也。

包含万象身居楚，智过千夫命守幽。

楚者，巳宫也。身者，太阴也。人以太阴为身星，母也居巳宫，谓之身居楚地。幽者，亥宫也。人命立亥宫者，主有威权过人。

一主专权，敢掌当朝之大事。四余独旺，能教众国以来降。

一主者乃是命主星也。四余者乃是炁孛罗计也。《经》云：喜独居于一位，怕相逢于诸星，此之谓也。

囚刑有用，田财有气，威镇边疆仓廪备。福禄无情，身命落空，贫居蓬户忍饥寒。

身主化刑，命主化囚，谓之有用。难星化福，魁星化禄，谓之无情，限命反背。《经》曰：有用刑囚暗耗，无情福禄官魁，刑囚相会，尤闻否泰之嗟，禄耗并行，必有兴衰之叹，此之谓也。

数比龟龄，寿星得地。年齐鹤算，仁曜归案。

龟龄鹤算，言有寿也。寿星者，纳音也。仁曜者，天干主也。得地归案，言五星归垣，入庙旺也。

宾主相和，则名扬四海。财星会辅，而富集全家。众憎指背，难煞侵宫。半世颦眉，直刑克本。或观来往，犹分背去。

宾主者，如子命以土为主，水为宾也。财星者，财帛主也。亦因我克他者是也。难煞者，难星会煞也。直刑者，直难星也。

秋蟾升殿，生成诗礼之家。夏日临垣，长在富荣之室。

秋蟾升殿，张月鹿也。张五度至十二度也。夏日临垣，昴日鸡也。毕八度至十六度是也。得之者，文章可夸。更遇官魁爵印，必主笔墨成名，文章科第。

魁宿若随，三十六龄辅相。官星如掌，二十四考中书。

魁星例诗：甲用太阴，乙用太阳。此例见前。

能侍父母，福权文印佐阴阳。远弃妻孥，刑囚暗耗凌金火。

侍者奉事也。弃者逐也。福权刑囚暗耗者，皆化星，又文星也。印乃印星也。文星例，诗曰：甲罗乙讨丙戊金，丁火己煞庚木星。辛人见土壬逢日，癸人见月定昌荣。印星例，诗曰：甲木乙日丙火星，丁月戊土己罗神。庚金辛计壬逢水，癸人见孛定科名。

父南子北，四余忌掩双睛。兄楚弟秦，三宿刑伤一主。如相克则相冤，使相生乃相喜。

四余者，乃炁孛罗计也。诗曰：日月最怕罗计伤，炁孛为杀最难当。更兼朔望相逢看，决定父南子北方。三宿者，三宫主的煞是也。如身命遇此身星，必定兄弟秦楚而相隔别也。若此星相克，最凶。若相生相顺，又反凶而为吉也。

四正无情，凶神贴体，此辈必贪饕餮。三方有力，煞曜刑身，斯徒所作虚花。

四正者，四马也。若禄马逢神煞冲见，若又无冲破，必主饕餮人矣。三方者，三方主也。若众杀加身命，三方变刑囚无援，必主虚花，浪荡无实之人也。

谋高胆大杀皆降，志拙饥寒身怕鬼。

杀降者，我克他也。怕鬼者，他克我也。

命安马地最超群，主到官宫当富贵。

身命坐四马或遇长生临官，必主超群过人。身命主同入官禄，又有吉星相助，必主富贵享福之人。若遇空亡，则不然也。

失序失经名必败，得时得度性能为。

失经序者，如木败金乡，金败火位之类也。得时得度如木居木位，遇春生金，入金乡逢秋令，此皆为发达有成之人也。

财积如山，壮宽似海。勋居极品，誉播三公。官福二宫生绝异，田财两位有精奇。

财富田业许多者，是财帛入局；况又相生得时，管主富荣而勋高。名誉者，官福二主得地，遇高强官印吉星，必主大富贵。

命弱限强，发成无久。命强限弱，终不荣超。

《经》云"命强限弱，如逆艇上溪；命弱限强，似槁苗得雨"也。

笑里藏刀身见刃，怒中无毒杀居空。

暗毒者非特身见刃，若遇凶恶煞星亦然。倘若杀落空亡者，其人不足长，怒中无毒。累试累验。

玉堂安命宜修学，官印扶身贵莫当。魁星岁驾，胸藏万斛珠玑。文会书斋，笔扫九天云雨。催宿如催限数，取利求名。喜神而喜身宫，横财可取。

玉堂者，天乙贵人也。官印者，官星印星也。岁驾者，太岁也。文者，文星也。书斋者，长生临官位也。催宿者，催官星也。喜神者，喜神星也。若人身命主度限主三方四正官福强官，或见或不见。君子遇此，可以为官。庶人逢此，可以达圣。纵遇退留，或主迟发达之人。

官魁乘旺，福禄归案。阴阳得体，互换有情。屋内金钗十二，堂前珠履三千。

官魁，星名。福禄者，福禄主星也。阴阳得体，如日月得地顺躔也。互换者，反处归垣入局也。命主有带者，主高明富盛也。

身与四余同度，柳必好为偷。奴和三主共躔，箕须当落魄。

柳度者，乃天岳星也。若身主与四余星同度，决主为梁上之人也。箕度者，乃蒙泉之地也。奴星与身命二主在此度中，断为凶危破落之人也。

主若旺宾，权尊禄位。宾如胜主，偃蹇伤残。克己待人财遇鬼，侥幸致富鬼生财。悭吝一毫秋怕计，搜人万状夏逢罗。

主者，身命主也。宾者，客星也。财怕鬼星，鬼喜财宿。更逢秋计夏荧，众星驳杂。如此星宿，则断作侥幸悭吝之人。此理极明。

金木水阳居海角，貌胜阿难。计罗土孛镇天涯，威权罗刹。

佛中有阿难僧十分美貌，鬼中有罗刹十分凶恶，凡人命带此星者亦然也。

方隅有犯，寿命难长。体用无情，福缘易消。

方者三方，隅者四正也。体者命也。用者限也。《经》曰"奎角不露而显于隐，三方四正命限若无情，断为薤露之歌"者。

阴阳犯弱，罗计相逢；纵有一善扶持，也教双亲早丧。六位身逢，此曜偏生；庶出九宫命会，斯星异姓过房。

若日遇火罗，月遇土计，朔望遇此凶星，虽有吉星之助，二亲亦难久存。六九二宫，名为恶弱之地；辰戌丑未，名为四弱二曜。失经，必主偏生过房。若十二宫有此，亦然。

夺项霸之材，海角带刑兼克本。染伯牛之疾，天涯为难复缠身。

项霸，项羽楚霸王也。海角者，六宫地网也。天涯者，十二位天罗也。假如四维立命遇杀，又见官印以克身，虽有项羽之才，不免自到而死。假使卯宫立命，六宫奴仆在戌，十二宫相貌在辰，遇此凶杀相会，主有是疾。举此一例，其他仿此而推。

此乃仙机之首卷，号为人骨之篇。专言大数以定荣枯，中篇说根本之由，末究吉凶之理。

第二十四章　星命汇考二十四

《望斗经》二

中篇

卜商哭子，五位荧星为恶曜。

卜商字子夏，孔子弟子，伤子死而哭。五位者，男女宫也。荧星，火星也。但火星入此宫，忌见水孛交战，故难免子夏之伤。

庄子丧妻，七宫太白见凶神。

庄子名周，性好散逸，讲老子之学，丧妻不哭，作《鼓盆之歌》以自解。七宫者，妻妾宫也。太白，金星也。如金星临妻妾之宫，又遇火罗所伤，故有此事。

仆马聚群，奴婢成类，六宫无战则繁华。

六宫者，自立命宫至第六宫，乃奴仆宫也。此宫若星宿相生相成，无凶曜会临，主奴仆成类，牛马成群，而无疏失者也。

雁行成阵，棣萼联芳，三位有刑分汝我。

雁行、棣萼，皆兄弟之多和而且乐之谓也。言兄弟宫则有吉，吉星相生，主有此和。若有金、木、水阳长生，禄马、贵人相会，主兄弟联芳。三位者，闲极宫，亦兄弟为闲极。若相克，如水火交战，必主汝我之分。

极宫凶恶雁行孤，妾位相和夫偶盛。

极宫，闲极宫，即兄弟宫也。自立命宫第三宫是也。此宫如遇水火相战，恶星刑克，主兄弟不成行，独立而已。妾乃妻妾宫也。自立命宫至第七宫是也。此宫有和顺之星而无相克，主夫妇和睦，常得妇人之恩爱也。

四位空而无星，终身独立。三方陷而见杀，只手为人。

四位者，四正宫也。三方者，三方主也。如寅午戌之类，正若四正无星辰通关，吊起无力，孤神傍照，断为独立终身。《经》曰：四空坐命，非道即僧命也。三宫又陷恶杀，众星相刑相克，纵有兄弟亦无，不如只手为妙。《经》曰：三方落陷，为人终是颛蒙。

命会欃枪，造扮娇媱之女。

欃枪者，孛星也。《经》云：金水如逢月孛，为色招凶。女人身命遇之，更逢阴错阳差，主娇媱。

身逢天尾，悭贪节俭之人。

天尾者，计都星也。如身命逢此，外主偬倪，内主一毫不拔之人。

父子不和，阴阳交蚀。夫妻反目，妾位相刑。

阴阳者，日月也。人之身命主也。又日月二星，切不可蹈火土计罗，必主父子相离之叹。妾位者，七妻宫也。若遇众星相克，更逢火之陷月，主夫妻反目不和也。

不重不轻，推看十宫谁掌握。

人之安命不论高低，皆看官禄宫主之强弱，可断人之祸福。若官魁、印绶、贵人、禄马有用，刑囚，禄主居禄，昼阳夜阴之类，管取成名发达。如昼火夜土，四余交战，日月薄蚀，刑囚如拱无情，官禄主遭刑害，破家荡产之人。

无衣无食，便详十一孰为凭。

十一者，福德宫也。《经》曰"身宫清吉休愁祸，福寿坚高不问官"云云，正此之谓也。

众恶临夫夫叠损，群凶聚妾妾重伤。

此二句同见前意。女命以立命宫第七位为夫宫，如有恶曜加临，主克夫。男命妻妾宫有恶曜临，定主重妻。此自然之理。

金孛与水同躔，迷花恋酒。水木和身共度，咏月嘲风。

金孛二星者，本是风花雪月之星也。况身命二主同躔共度，断云男如崔子，女似真妃。水木星者，本是风流偬倪之星也。况身命二主与之同度，断曰"管弦楼上醉春风，花柳丛中为活计"此之谓也。

金水一经，春有利名秋必折。水荧同步，冬须破落夏能成。伏逆则凶，顺行则吉。

金水同躔者，本云相制遇春生。《经》云："春木旺火，若无金斫削，遂至愚顽。若遇秋生，登高木落，霜雪凋零。又遇坚金，岂不折哉！"水火同度者，本曰"相克"，若遇夏，《经》云："火盛而无水淘溶，遂归愚浊。倘在冬生，旺水壬癸神衰败。"纵生于豪福巨处，亦当破耗饥寒致死之人。

日躔阴度，月镇阳宫逢蚀神。早丧父母，居命分多克妻孥。土遇水，火遇金，金谷园中而做主。金见火，土见木，箪瓢陋巷以安身。

黄者，土也。辰者，水也。金木火土相生相克，自古有之。如晋石季伦之金谷园中，享用繁华之乐者，乃是命带土。如水限中带水，如见金，众星福禄归窠，日月得地，必主大富贵，享用一生之命。又如颜子心修文学，一箪食一瓢饮，上崇孔圣之道，下修自己之心，乃是命带金。如火限中带土，如见水，乃众曜退留，不免陋巷安贫而夭命矣。

子养外来生处绝，儿孙二姓绝中生。

生处绝者，是长生处逢自绝之地也。假如木生在亥，以亥为生列逢罗。绝中生者，是绝处逢长生也。假如金星在寅甲子金，为绝处逢生，其余皆仿此推。

妾夺妻权金怕火，孙传后裔水欺荧。

金怕火者，《经》云："男以金为妻，位水欺荧；男以火为儿，推之有准。"故《经》云："水火同行妇克夫，水火同宫夫克妇。若还夫妇不相伤，断定送老伤男子。"

天狗临儿，儿孙决无继续。地丧战室，室家断定相刑。

天狗者，天狗星也。子人见戌，丑人见亥，寅人见子，卯人见丑，辰人见寅，巳人见卯，午人见辰，未人见巳，申人见午，酉人见未，戌人见申，亥人见酉为例。地丧者，地丧星也。以子人见寅，丑人见卯，为僧道之人。凡人身命带此二凶星，主伤妻害子。

寡宿当临。好守烟霞深处。孤神对照，宜居泉石林中。

寡宿孤辰，乃紫炁也。《天乙经》云："天得紫炁，日月朗明。地得紫炁，祥瑞而生。人得紫炁，万里光亨。"又孤宿一云官星，孤宿者妨妻害子，克陷六亲。只云官鬼者，必宽恕恺悌，有权有职。诗曰：紫炁清闲僧道人，慈悲斋戒只孤身。寿比南山松柏固，空房对月度青春。

鬼旺财衰，虽荣亦淫。官轻禄重，纵富无名。

鬼旺财衰，客星淫也。官轻者，官星落陷也。禄重者，禄主星有气得地而占高强宫也。

权重若遇高强，家积千钟之粟。耗刑而加地下，居无滴水之村。

权重者，权福星也。耗刑加地下，临田宅之位也。

五鬼克身，终是亡身缧绁。三刑克本，定教命丧泥涂。

五鬼者，五鬼星也。假如壬申生人，五鬼在子；癸酉生人，五鬼在丑；丙寅生人，五鬼在午；丁卯生人，五鬼在未。《经》云"羊刃如逢五鬼，定须凶犯徒流"此之谓也。三刑者，三刑星也。如子刑卯，午自刑之类也。更巳酉丑三宫的杀，又逢地杀星，主相刑克，加之以阑干、贯索、卷舌、伏尸、暴败等星者，定遭刑宪，死在途路定无疑也。

燕赵有水计而不和，秦楚遇孛罗之交战。不是蛇伤虎咬，也是雷打浮沉。

燕乃寅位，赵乃酉位，秦乃未位，楚乃巳位，皆为恶弱之地。若燕赵二宫水计相攻，秦楚二宫孛罗交战，更逢浮沉之杀，血光血刃刑克身命，煞逢生旺，决主遭厄无疑。

晋楚无情多缢死，周齐相反众猖亡。生本者威而不猛，克身者贵亦伤残。

晋乃申宫，鲁乃戌宫，周乃午宫，齐乃子宫。四宫亦恶弱之地。若论晋鲁水火交互，周齐二位日月反处受伤，又逢众杀福禄无情，刑囚克本，是以伤身，有猖亡自缢之灾。若逢生我本原者，则威勇刚直，有始无终。若逢克我者，虽有富贵之家，享福亦终为害矣。诗云：霜雪命中怎不怕，见刑身陷亏造化。命被寿促恶星临，其人死在雷霆下。又血光犯命必伤残，刑犯凶时祸厄难。六尺之躯亡虎口，不然或是溺波间。又巳卯二官忌曜临，命身化煞哭尤深。二火经躔四正官，死因锋刃未怕土。冤刑身死定蛇伤，不然虎咬君休怪。又土临八煞光灼灼，火在财官福不全。若是刑星又为忌，灾忧蛇腹定当年。论前火官遇众煞凶神，更逢于血光浮沉等煞，定主凶危也。

金孛为媒多侍妾，火罗背约夺人夫。炁计加临无似有，镇辰交会有如无。

金星者，妻星也。孛星者，妾星也。金强孛弱，妻主能为。孛强金弱，妾夺妻权。若遇火罗众星夹煞者，必主傍人夫主也。炁计乃是孤神也。镇辰者乃是相克星也。若七夫妻官值于四星，或带恶星众煞，更在四败刑杀之官，必主孤寡重叠。

众杀聚身，非悬尸则刎颈。群凶损已，不产丧也多惊。

众煞者，非特亡劫阳刃二煞之属。假如火金阳刃水火交逢，金罗往来，日月被伤，此皆为杀曜，往来俱能害身。《经》云："交逢阳刃，互带悬针。杨贵妃身没马嵬，戚夫人体为人彘。"若有昼阳反月，福禄吉神相拱，虽有大凶，命宫不畏此也。

曜隐金神，扬鞭嫁婿。刑如火宿，丱角从人。咸池见字，期我桑中之约。寡宿逢罗，多辜枕上之欢。

火金星者，乃是夫妻星也。《经》云"男女以火金为夫妇"是也。十干化曜中，以权刑为男子星宿，女人带此，主是正女，丈夫之根基也。咸池者，四败宫也。本是桃花杀名，男女身命怕临之，况又逢月字占咸池，才子佳人事事宜，期我桑中清夜约，免教钻穴隙相窥。孤神寡宿宫者，本是孤宫，又逢奴罗，兼逢孤气，男女值之必主孤独。《经》曰：清风明月谁与共，高山流水少知音。又曰：闭门不管庭前月，一任春风桃李开。

金非怕火，孤处一生衣食足。火若愁金，闺中半世枕衾寒。日换三妆，身营柳鬼。夜眠无伴，命度虚危。

太白秋生，何患当年之火。火若冬生，难制春天之金。柳鬼度者，咸池沐浴。虚危度者，孤煞度中。如逢子午，必主孤孀云。

貌胜西施肤不朽，贤如孟母命归基。窃玉偷香身坐马，迎新送旧主咸池。

西施，古之美女。孟母，古之贤母，孟子母也。偷香者，贾充之女，窃父之异香与韩寿私通。贾闻寿身香，疑之，究家人，家人以是告之。充恐事觉，遂以女妻韩寿。

相貌宫者，主人相貌。若金木水阳身月会者，乃西施之美不若也。孟母星归基得地者，乃孟母之贤不如也。四马者，长生、临官为最，沐浴自败，桃花可畏。若遇四位，韩寿有偷香之誉。如遇咸池者，张生有迎新送旧之欢。《经》曰：若遇咸池一煞真，逢水妖娆主乱淫。沐浴进神徒见贵，必教倾国与倾城。

夫婿寄生，一七主星互换。公婆真假，二三四位相依。

一者，一命宫也。七者，七妻妾，谓之一七，乃命主星与夫妻主星互换也。二三四位者，乃是财帛、兄弟、田宅主星相依也。如逢互换，必主过房出祖，花烛不明。如遇相依，必主半真半假，公姑残房入舍，或外家冷落，又主寡合之人也。

凤眼桃花，外假慈悲而自重。鼠眸禄马，内实淫荡于私期。太乙独占咸池，风流倜傥。水金如临沐浴，泛滥妖娆。

凤眼者，庚辰生人见酉是也。鼠眸者，甲戌生人见卯是也。咸池沐浴者，子午卯酉四败之位是也。太乙者，月字星也。水金者，妇人星也。或人身命遇凤眼者、鼠眸者，更兼月字一星，必主淫荡之性。《经》曰：桃花沐浴乱人伦，叔伯姑姨也合婚。忽然刑煞同宫度，官法因奸不赦君。如逢月孛水金会者，又《经》云：朝云暮雨千万般，瞒人作乐夕阳晓。日许多情，岂不风流。

两贱扶身，烟花粉黛。双凶挟命，自缢投河。

两贱者，金孛星也。双凶者，计孛星重叠也。如身命带金孛同行同度者，又值桃花滚浪，其人定主风流下贱。又如身命身中带孛计重叠者，又遇火罗交战，众杀刑身命，血刃暴败者死。若不产死，也主自缢投河而没。

闲居命里守孤帏，主到闲宫眠半被。

闲极星主者，本是孤帏之宿，若身命主星入闲，闲主入命，乃是互换孤神。如此更值紫炁奴罗，必主其人四十不婚，婚则便离，只是在家半道之人也。

四正无星，三方落陷。壮岁若居台省，末年饿死阳山。

四正者，假如子午卯酉等四方主也。三方者，三方主也。倘若安身命四正三方俱无星辰，纵有星辰亦皆落陷，虽则祖宗有力，任少年享福，不免末年如伯夷、叔齐饿于首阳山之下。

六八随身，身居萍梗。九三伴命，命寓柳营。

六八者，奴仆、疾厄宫，名为恶曜。九三者，迁移、兄弟宫，亦号凶宫。更兼身命落在此宫，或在三阳之宫，或在江湖之地。水孛交逢，孛罗来往，四余驳杂，星辰退逆，若遇此星者，《经》云："若非柳营绝塞之军，必是萍梗他乡之客。"星使然也。

日到日躔人特达，月升月殿性虚灵。

日到日躔者，乃是南有星日马，北有虚日鼠，东有房日兔，西有昴日鸡，太阳在此，名曰入躔。主为人特达慷慨，临危不危，临险不险，有救人也。月升月殿者，乃是南有张月鹿，北有危月燕，东有心月狐，西有毕月乌，太阴在此者，名曰升殿。主为人清秀，胸中锦绣，诗书通晓。更出入主人所钦，多智多能。《经》云："惟有太阳临位，而荣贵无灾。月曜入宫，而清慈获福。惟容光而且秀，取人事而最足。"又云："日居月位凶何有，月到天门福自增。"

水宿归经，处世身居翰苑。木星度驾，平生足履王庭。

水木二星者，乃是清闲多学识之星也。若归经者，如水入箕参轸壁，木入井角斗奎之度是也。又云：水逢秋生冬旺，木遇春生夏茂。兼登岁驾，管主出身于清贵之地，而显名于诗书之士。

耗碎败财，不是守成之辈。刑囚欺本，无端破落之徒。

人以财帛宫为次吉，主一生财帛发达，享福之基。如遇福禄阴阳众星相生，归垣入庙，有刑耗，皆主发迹。若遇众凶杀破碎，五鬼空亡，暴败无情，福禄众星驳杂，虽有家业，亦不能守成，一生破败。刑囚二星者又为难，名曰"天刑""天囚"，须是我强他弱，反凶为吉。倘或他强我弱，管主破落一生，主一成一败，官非重叠。后遇吉限，亦无长久成立之人。

蹭蹬文章，学堂失次。精奇术艺，天乙当权。

学堂者，乃是玉堂位兼长生临官位，太阴水木星是也。若遇得地得时，自长生临官，太阴须度分上下弦，水木得局归垣，管主文章冠世。若此众星落陷，只是老儒，无发达之人也。天乙者，紫炁也。乃是清闲巧学之星，喜独行，主人多学文武，多智谋略，一生消闲衣禄。《经》曰：紫炁清闲艺术人，鬼毕兼带格尤精。能文能武多谋略，空里荣华事事新。又曰：紫炁之星木曰孤，为僧为道九流徒。

四余并刑，因官丧己。三命遇煞，为斗伤身。

若四余星与身命主相攻，或有刑囚加夹，加以贯索四凶星，亡神劫杀暴败相冲并，当主人遭凶横法，亡身丧命决矣。

阳限火罗灾害紧，阴宫孛计祸难禁。有福必伤父母，不然亦损双明。

阳宫者，子寅辰午申戌是也。阴宫者，丑卯巳未酉亥是也。若火罗昼生，忌于阳宫。孛计夜生，忌于阴宫。如遇此星者皆主凶厄，有救必伤六亲，无救伤身破相。

礼火休逢旺水，义金最虑炎荧。岁为用而怕金，辰掌宫而惧镇。犹嫌众凶相克，那堪两忌战刑。若不终于非命，定教恶疾缠身。

礼主火也。火败亥子，火旺丙丁，金败巳午，金旺庚辛，木败申酉，木旺甲乙，土败寅卯，土旺戊己。如我旺他衰，反吉。若他强我弱，兼四余相伤，五星相刑，刑囚劫杀，鬼门勾绞，禄马无情，阴阳薄蚀，太岁遭凶，留连攻并，如此等杀，重则伤身害命，轻则官符耗破，不然压身破相。如此之命，信不差矣。

炁临水曜，谋为有分。相逢罗宿，俗计无缘。半俗半僧闲伴主，孤衾孤枕命随奴。

紫炁蚀神者，皆是孤克之星。若在陷弱之地，孤独蒙憧。若在高强之位，又与水曜相会，为人敢作敢为，驱神逐鬼。若遇恶曜罗计，又是孤中之孤。诗曰：紫炁逢入紫炁辰，吉星同照信精神。孤寡空亡闲极位，主为僧道九流人。闲极者，兄弟宫主星也。主者，命主是也。如此一宫主星，互垣或相克，乃为进一步与佛齐眉，退一步俗缘未断。命者，命主星也。奴者，奴仆星主也。此星如相逢相刑相克，或遇孤神罗㬰，管主衾寒枕冷之孤也。正是：不如舍杖闲风月，纸帐梅花独自眠。桃李无言三月春，翡翠衾寒谁与共。

仇乡叠见，伸讼曷频。刃处双逢，凶顽无匹。

仇乡乃是五鬼羊刃，又带刑囚、亡劫、的煞重叠。《经》曰：官怕刑星所禁，福嫌囚曜相侵。刑囚如锁官禄，为官也陷天条。刃处双逢者，乃是羊刃重见，如自刃飞刃之类，陷之则主凶顽，而终必刑囚也。自刃例：戊午、己未、壬子、癸丑、丙午、丁未，飞刃例壬午、癸未、丙子、丁丑、戊子、己丑。诗云：飞刃自刃两重见，两般逢此便为灾。杀曜四强同水火，少年遇此死为灰。此十二位羊刃，月忌众凶星相克。

夜土为灾，戊己之人亦难救。昼荧兴祸，丙丁生人实堪忧。

戊己土，乃是仁元星也。喜于昼生，在六阳之位。或入庙归垣，或入庙乘旺。纵遇夜生，福减半，衣食无亏。若遇亥子二时坐于六阴之宫，或退留或落陷遇恶煞，或失躔遇失时，决主破败，非灾重叠。若不刑克，必主伤身。若昼生，诗曰：勾陈戊己占中央，四季全逢命不祥。辰戌丑未如全备，少年月里姓名香。若夜生，落陷遇凶恶，诗曰：夜生戊己属勾陈，落陷逢凶最不情。亥子二时遭破败，若使为官是夭人。又曰：第五土星无忌夜，且说生时临命下。少年刑克性昏蒙，黑色短肥言语寡。纵然庙旺居强位，计喜同宫尤可怕。丙丁火星，仁元是也。喜于夜生。有气或入垣局，或入庙得地得时。又逢生旺，皆主功名早达。若逢昼生巳午二时，又在空亡陷弱之地，或退或留，或遇恶煞失躔，定主灾危，不善而终。若夜生得地，丙丁巳午火焰最旺。若昼生，入落陷之宫，诗曰：第四火星兼在昼，且看命宫之所守。少年孤苦老无儿，百岁何曾得开口。第五宫中难哭儿，第七宫中随丧偶。忽然火星在其上，福禄亏兮人损寿。又曰：假令昼生火在巳，午未寅申并空亡。三十六七为尽处，不是破祖死他乡。又曰：夜生土计日罗火，各自相逢断为祸。袁天罡判云：火在阴乡土在阳，纵有灾殃还轻。如火在阳宫，土在阴宫，为煞最验。

客曜占强，六亲冰炭。宾星破主，五属华彝。忌囚流克，煞难直刑。察夫无根之稳，断为薤露之人。

客曜宾星者，如土人见木煞也。主星强而得地，方克退余奴，必主成立有气。如主弱客强，定主六亲缘薄。若不克六亲，亦主出祖离宗。忌囚者，忌囚星也。杀难者，直难凶星也。如人身命遇正二太阳，三四太阴，五六火星，类马遇空亡，禄遇冲破，羊刃、三杀、劫煞、暴败、众星相刑，又兼见忌囚、煞难等星者，管主其人夭折，或无病而伤害，或远行而遇厄。故《经》云"太岁迫凶而入局，梦入南柯；流年会煞于当头，歌兴薤露"是也。

阴阳失力，双亲重拜。首尾相亲，半道相逢。

阴阳失力，乃是阴入阳宫。阳居阴位，或遇落陷受伤，或遇孤辰寡宿，又遇昼火夜土四余相攻，必主重拜之双亲决矣。首尾者，乃罗计也。名曰"天关地轴"，廉贞魁木星也。《经》云："罗计在天横行，而众星莫陷。"阴阳陷之，必定薄食。木炁遇之，刑克孤独。水火遇之，必遭刑戮。故《经》云："廉贞若临身命，嗣续有伤科名。更入命宫，妻身难刃。"正此谓也。

财从白手而生，运限有气。魂逐黄尘而去，循数无情。刃刑更属官星，能裁典章之理。暗杀而逢贵禄，搜穷神鬼之机。

财生白手者，乃是客星主高强，五官居垣局，官福两宫有气，阴阳两曜顺躔，又遇长生，禄逢生旺，杀遇贵人、四余、乐庙，皆主一生白手发达，成家立计之人也。魂逐黄尘者，乃是禄逢冲破，马遇空亡，限逢倒杀。命值流星，运逢众曜相攻，刃头煞尾罗计重逢，刑囚加夹，太岁迫凶，如此诸煞，决为不久。凡人值此，皆为刑夭。官星者，甲炁乙木是官星也。如官星得地，逢羊刃刑囚暗煞加临者，纵在贵人禄马之中，亦是曹吏一生之命，不为上贵。

千仓万箱，田财化义。一富二寿，官福生仁。有犯刑囚掌握，又加权印相从。决有星纛朱幡之贵，断为一呼百诺之人。

义，金也。仁，木也。金星秋生入垣局，入庙得地，又有为用之星，入旺庙田财之位，诸吉星相生，必主千斯仓万斯箱人。又如木德星生于春月，入垣升驾，得众引用。又在官福禄庙之宫，诸吉星之方，管主一曰富二曰寿。人有招刑囚者，如身命二主也。以身为刑，以命为囚，或以命为刑，以身为囚，母星亦然，皆为有刑囚也。权印，乃是十干变曜也。如以体为权，以用为印，或以体为印，以用为权，如此皆为权印相从也。若入庙，若入局，兼得令，又得时，加以官魁科爵，管主名荣五马，后入霜台清贵，取一呼而百诺者也。

财主若遇天空，家徒四壁。田身复逢库印，粟腐千囷。

天空，空亡宫也。财主，财帛星也。若财星落空亡中，或逢破碎，又兼众星伏逆，纵家积千金，末年定当破败也。库印者，四库之中逢印绶也。若田宅主星身命二主入在此官，又得地，众星顺，管有粟尘贯朽之富也。

宾来怕主则俭假无情，主去欺宾而取财不义。投机随身，高行及己。刑囚克本，固疾缠身。金孛如躔昂毕，鼓舞终朝。水日若度参箕，笙歌一世。

昂毕二宿，乃风花雪月之星。东箕西参，亦是清闲名职。春花秋月之度，命值于昂毕，必主风流倜傥鼓舞人也。如遇参箕，必主清闲一世。只谓金孛水日如此同宫，必然。

少吃多闲，三方变忌。朝飧暮计，二主逢空。

若三方星主化为刑忌，身命二主坐落空亡，倘无吉星之助，又无福禄阴阳相扶，决主人劳役到老。

六曜朝垣，夫荣子贵。五星聚貌，脸媚肌香。已嫁如未孤辰贴体，失婚似有贱曜磨身。遇木则红妆国色，见火则佛口蛇心。

六曜，炁孛罗计日月也。五星，金木水火土也。朝垣，归垣入局庙也。聚貌，十二相貌官也。如此星相会者，皆主其人荣达清秀而美貌也。孤神，炁也。贱曜，金孛水也。命遇罗炁乃为孤煞，身逢金孛名曰贱曜。其人先奸后娶，未婚先嫁也。若逢木德之星，名曰美貌之曜，决主寡居人物，正是"回头一笑百媚生"。或逢荧惑之星，名为恶煞，口甘心苦，搜根捉影之人。正是一种邪心人，莫测天然，面是背非。来极验。

高堂观不可同行，河上台何堪共度。自己不遭妾辱，其妻也主淫娼。

高堂观、河上台，乃是命主官、田宅官、夫妻官、迁移官四官主星也。若逢此四宫主星辰，又兼月孛金水之星也。或四主星互换，加以刑囚拱夹，若不为娶妻妾而遭官灾，亦主其妻有私通之祸也。

弃旧从新，大忌贱垣合马。未婚先产，尤嫌水孛相冲。逞扮者身临四败，众憎者命会孤刑。云水之徒罗遇炁，风尘之女孛逢金。

贱垣者，月孛金水会也。合马者，乃是长生临官马星主相合也。四败者，子午、卯酉、咸池、沐浴、合桃花煞也。若人之身命，遇金孛水月月，会四长生临官马者，必主送旧迎新。如逢沐浴咸池者，多主风尘。纵有吉星之助，亦不免偷期桑中之约，自己做媒人，婚嫁之重叠也。罗炁二星者，乃是孤神也。此二星相逢，多是九流之士。倘若有亲，到底亦是孤克。诗曰：金孛同行兼见水，风流暗约无堪比。若逢当年水命人，未曾嫁夫先产死。孤神例。诗曰：奴罗计炁是孤星，命限逢之大可憎。若使为婚须克退，高僧术士九流人。

五宫福水，子显真英鸳鸯。七位权金，娶妻美貌鸳鸯。

五位，男女宫也。福水，化曜也。如逢福水生于春令，又昼生得时，又有母星相生，吉神相逢，入在男女宫，主子息如天上麒麟，人间鸳鸯也。又如金星乃妻星也。而化为权，在夫妻宫，又得令，又得地位，兼有吉星相扶，管主其人娶妻美貌，贤能有权。如水上鸳鸯，岂不美哉！

少年行空，做事如醉。老来行库，生涯益昌。

空亡位，本是财伤命蹇之宫。少年行之，主人昏迷失财源，进退似醉。若遇煞神，反凶为吉，决定矣。库乃四墓也。墓中老人之喜，必主黄花晚节，愈老愈精神，老当益壮。

儿女当伤，室家合战莫言安。有刑兼害，限遇孛罗必有丧。

儿女，五男女宫主也。室家，夫妻宫主也。此二宫主星辰怕相刑相克，设若大限未到，未及刑伤，若见四余必主刑克。《经》云："断定其人当克。"如若妻子无伤，直须限见火罗计孛，必定妻亡子丧。

抱膝长忧身怕鬼，忍饥待死命嫌休。金脆火炎须夭折，水深木弱必漂流。

身命者，身命二主星也。鬼者，客星也。又克我星也。如木克土之类是也。休者，乃是春生水休，夏生木休，秋生土体，冬生金休是也。若身命遇鬼内休星，则主抱膝忍饥必矣。金木水火土，须是相顺相和，必主连绵衣锦。倘遇相攻相克，必定夭折。《经》曰：金脆火炎，多则损己。木柔金重，利则伤身。水清而不忌土多，土弱而不禁水盛。又云：金刚无火，不成器质。木繁无金，必主愚杂。水多无土，乃至泛滥。火炎无水，定主伤残。宜细推之。

惟犯三章，伏尸躔中遇鬼。频遭百辱，卷舌度内逢刑。

百辱三章者，刑杖、徒流、典法异名也。如身命坐四凶恶之躔，必主频遭缧绁之辱矣。伏尸、卷舌、阑干、贯索，此四者主徒流之患，今举子午卯酉为四恶也。

身遇炁计，清闲技艺。命逢金帛，制造裳衣。

《经》云：炁居命位，清闲技艺之流。金入财帛，制造衣裳之士也。

星柳经中安，首尾闲摊似鬼。虚危度内有，欐枪见识如神。

首尾乃计罗二星也。如重叠入柳鬼躔中，主游手好闲赌博人也。欐枪孛星也。主人多能。《经》云："孛入元枵，权谋百变。"

九三若会暗金，私淫棠棣。一七如加权印，内乱缌麻。

九迁移宫，三闲极宫，一命宫，七夫妻宫，四位是也。棠棣，兄弟也。缌麻，五服之内人也。暗金者，暗金杀也。春逢亢金度，夏逢鬼金度，秋逢娄金度，冬逢牛金度也。

太白逢凶妻魍魉，火罗欺嗣子螟蛉。

金火是夫妻星也。魍魉，凶恶也。螟蛉，桃花夹子息宫是也。

寡宿临夫，清风明月谁与共。孤刑克命，高山流水少知音。

此四句言女人之命，如寡宿在夫宫，主有此清冷独守。

四位相欺家必败，本宫聚煞寿难坚。

四位田宅宫也。本宫命宫也。《经》曰：身来坐煞寿难坚，金入荧宫终失位。

一七变仇须失业，六三如反走他乡。

一七者，命宫、夫妻宫主也。六三，奴仆、闲极宫主也。如身命遇此官星，若相反相克，又四正无情，必主凶恶退败夭折，不然奔走他乡之客也。

风高者岁星入楚，刑流者辰曜归扬。

岁星木星也。辰曜水星也。楚巳宫也。属巽为风，弱木遇巽风，决主风高难免。扬乃丑宫，名为刑流之宫。众星日月，到此不明。《经》云：攣眉常不足，只嫌水到扬州。

孛计占财，悭贪吏辈。炁金居命，节俭僧门。那堪一水加临，必主无知破荡。

孛计二星，本云曹吏之星。《经》云"善掠人之财物归于自己，为缘水计会都"是也。炁金乃是清闲细算之曜，又主孤克。《经》曰"孤神傍命为人难"是也。此四星独行以为佳，忽有一水加临，必主破荡。

信失礼亏，弃功名于物外。仁乖义绝，睹富贵若浮云。

信，土也。礼，火也。仁，木也。义，金也。人以金木水火土为主，此五星落陷，及为身命主，若失时失序，官福宫退留，此星遇身命，必主其人睹富贵若浮云也。《经》云：李广不侯，官高禄薄。仲尼非相，文旺身衰。

一学士者，身居清吉。一腐儒者，命遇天空。

身，月也。清吉得地也。如月居天秤，月照白羊，月临云汉，月归东井，月到天门，月朝南斗，月生沧海之类也。又遇上弦酉戌亥，下弦子丑寅者，必主翰苑词林之学士，天空正空亡之位也。如身命落在此宫，众星伏逆，到底老儒。《经》曰：空亡为害正愁人，才智英雄误一身。只可为僧并学术，鸡窗芸馆度青春。

暗耗欺游，街衢叫卖。刃刑并煞，市井屠沽。

游乃九迁移宫也。煞乃大煞宫也。命以迁移为五弱之宫，诸星莫入于此。大煞宫名为凶暴飞廉，若加刑囚暗耗羊刃凶神，如同身命在迁移宫。若不出祖离乡，必主街坊叫卖无二之人。若身命一主贵星回入大煞者，必有进身发达，主兵权。如逢落陷者，只是为市井一屠沽而已矣。

绣面纹身，貌神会杀。截头刖足，体主加凶。

貌神、体主者，相貌宫也。若遇六杀受伤，五星驳杂，众杀相攻，必定纹身刖足。

暗忌相攻，与四邻而不睦。田园被制，使三代以无传。

人之安身，须是左右有吉星相助，如人有四邻，遇凶星众杀，必无亲邻之分。田园，田宅宫主也。若有吉神福禄，必主家道见成一生。若逢刑克，众杀相攻，定主三代无传破败矣。

官星落陷名无久，财主归案富不休。

官星，甲丙乙木是官星。财主，财帛主星，或我克他也。官星落陷，《经》云：青衫才到手，官鬼便随身。财主归窠者，如木入木躔。身居月殿占财宫之类，《经》云：财星归垣便得地，一生富贵足田庄。

左吉右凶心狠毒，前虚后实愈多谋。

左右前后皆安命宫，或前三后三，或横泥关之类。

魁遇学堂，功勋生于毫管。官逢大煞，名利出于旗枪。

魁星，甲用太阴，乙用太阳也。学堂，文星天乙是也。长生临官位是官星，甲丙乙水是官星也。大杀飞廉也。丁人先是猴。

阴阳拱辅田财，平地置富。福禄顺迎官印，唾手成名。

阴阳，日月也。田财，田宅财帛主也。拱辅，拱夹扶助也。福禄，化曜也。官印，官印星也。顺迎者，顺度也。《经》云"众星喜顺不喜逆，其顺就者，祥风畅雨而和以致"是也。若人身命遇此者，主笔下成名，更旗枪得贵，田园富实，一生安享福禄之清静人也。

金火不降，举手伤人之辈。木罗能志，回头无恨之人。

金火不降，乃是金本怕火者。金生秋令，又归垣兼土计，必主其人根甘蒂苦，使尽心机之人也。木罗能志，乃是木生四时，喜于罗会，主人敢作敢为，谋略特达之人也。《经》云："众煞不降，杨修有捷对之机。木罗有气，苏武陷羝羊之牧。"正此谓也。

日论行南行北，月分上弦下弦。若有蚀神来往，最嫌朔望相逢。

古云：看命必须看日月，日月若蚀无分别。昼生太阳喜于六阳之宫，夜生太阴喜于六阴之地。若日行南方，乐在辰巳午，必振门闾。若行北方亥子丑，虽荣不久。若论太阴生于上弦，进步申酉戌后，主权谋。生于下弦，进于亥子丑，真必功勋冠世，笔下成名。蚀神者，火土罗计也。《经》云：日忌火，夜忌土，看三方昼从阳，夜从阴，总同百福皆从火土蚀，甚凶危，如遇计罗字，蚀半也。

昼生父必分尸，夜诞娘当产丧。

此承上而言。《经》云：昼生掩日之辉，去父又能损己。夜生掩月之彩，去娘又主伤妻。须此计罗，诚为恶曜。

福禄顺随，功名盖世。爵科乐庙，贤辅当朝。少年身到凤池，水阳度楚。壮岁名题雁塔，金木居圉。主到田园，承父基而发迹。田来本主，守祖业以荣昌。

福禄者，福官二主归垣也。爵，爵星也。科，科甲星也。楚乃巳宫，齿乃亥宫。主，命主也。田园，田宅位也。田，田宅星主也。凡人命有水逆阳，金木归垣相会，兼以福禄有用，爵科官印高强，更居巳亥天门地户之位，君子见之即名成于一举，小人见之发迹非常。田财命主相生相顺，虽退度未至，亦主承祖基而先有人。

大概者当论宫则论宫，当论度则论度。先究一身之要，次详三命之源。同宫千里分前后，异宫寸尺看留迟。

当论宫、当论度，详见一身或身主、命主是也。三命者，释云：禄身命是也。《经》云：干为禄本，定一生职位高低。支作命基，布三限寿元终始。是假如甲子金为主，绕维处必为三命。如甲属木，木绝在申，以申水为禄主。如子属水，水绝巳，以巳水为命主。以纳音金为身，金绝在寅，以寅木为身主是也。为三命之说明矣，若论星者须细详熟论可也。同宫异宫者，《娄天经》云：且如子上安命，躔危十一度，与女十一度同宫，何止千里也。若危十一度，与亥上危十三度，术者宜详躔度可也。《望斗经·首篇》注云："在天一度，经地二千九百二十里二十步。"

太白当秋欺病火，清辰旺月不愁镇。木到春荣金退志，水源夏绝火呈辉。火入金乡，须明次度。水居土室，亦较当时。

火入金乡，秋金无虑。水居土室，旺月不伤。

烎木相攻，体如刀削，土旺四季，肌必重肥。

木烎当春生，名曰主强奴弱，余月遇之，名曰奴强主弱。若不夭折，必主身伤，不免体如刀削。土逢旺月，其人必主丰厚。余月虽吉，未至重肥。忽遇木烎，有老无终。

春夏火罗能作孽，秋冬孛计愈兴灾。

火罗者，春夏生旺之时，行酷毒之月。如逢重叠，必主兴灾。若见独行，不能为害。计孛奴星，秋冬最忌。若逢逆度，又忌交逢，必定伤残，值之必遭官刑。《经》云：“常闻火星与罗计孛重叠，到限不可远行，不遭溺水，必遭毒药。”

荧星近土，终作无成之子。太白逢辰，永为破落之徒。

荧，火也。辰，水也。此两句乃是我生他也。名为晚气受伤，必无发达。

五星伏逆，和睦亦能获福。四余无党，相顺必定加祥。坐度得经，十有九富。安躔怕鬼，百无一成。

五星，金木水火土也。最忌迟留伏逆，倘若落在陷弱伏逆之宫，得其经、得其令而相和顺，亦能进作。《经》曰：“五星须要比和，以得时而为贵。”四余，罗计炁孛也。四余星亦无党类入坐乐旺庙之乡，或坐喜位，管发成有日。《经》云：“四余不宜充实，宜独行以为佳。”又云：“单罗独计皆为福，只孛孤荧最有情。”得经者如木入垣局，春令归垣入度，决主富贵。鬼者，客星也。如木本以金为鬼是也。如逢金伤木，百无一成也。

海角伤身，夜盖渔翁之网。天涯克命，朝随肥马之尘。

海角天涯乃辰戌，天罗地网名曰恶弱之位。天乙不临之地，身命遇之，主为下辈也。

孛计同行，为人好逞。金罗背去，气性多虚。女人带此必惊风，男子逢之为浪荡。若遇刑囚与暗耗，定教凶夭并孤贫。无情者宾来压主，不义者主去欺宾。

孛计金罗，乃是凶恶贱星也。若遇福禄权贵喜星助者，必主成立。忽遇刑囚暗耗凶恶之曜相会者，男主凶暴，好中差削而破荡；女人带此者，必主产伤血光之难。

文若会兵，断作才能之相。主如逢煞，决为降谪之官。

文，文星也。兵煞，乃大煞星也。主，命主也。文官吉星显于大煞之中，管可作才干有能之职。主逢煞位，若无吉助，必谪官也。

福地安身，管主一生闲到老。财飞入局，尽教百事不求人。计孛穿身童岁死，长庚伴月少驰名。

计孛本是凶星，最忌穿夹身命，或加隔于三日之宫。切与众煞凶曜相攻，如此决无长久。长庚，金星也。《经》云：长庚伴月，须论到败之时。亥独与燕，俱是云汉之位。

文能求贵，仲尼壮岁合封侯。武解成名，李广当年宜佩印。

《经》云："仲尼不做相，文旺身衰。李广不封侯，官高禄薄。"即此一理也。

主入天中，业如垂露。财亲耗难，富若浮云。

主，命主也。天中，空亡位也。财，财帛主也。耗难，凶星也。若身命财主遇之，皆主无成。

鼠眼回头，逾墙接妇。凤眸顺视，渡水从夫。见红鸾能惹王孙之肠断，逢喜神暗牵公子之魂消。

此节论女人。

鼠眼、凤眸，并见前注。红鸾，天喜星也。以子加卯，丑加寅，亥加辰，戌加巳，午加酉，未加申为例，对宫是天喜星也。喜神，乃喜神星也。以甲罗、乙计、丙炁、丁水、戊月、己土、庚金、辛木、壬孛、癸火是也。若人身命或带或逢或生桃花、沐浴、咸池、凤眸、鼠眼，又兼金水孛罗者，皆主陷乱。若更会红鸾喜神者，主是铃唇剑舌，婵娟刃煞，尽世人不知也。

娶得便离，东西共战。嫁而反背，对面相刑。

对面东西，乃命盘卯酉妻妾宫位是也。若遇凶星反背，必主相离别也。

妻变仇凶，六七年中亦别。子为恶业，二三岁上偏伤。

夫妻主金是也。子男女火是也。仇凶忌孽乃相刑克也。如遇此凶星，纵生数亦主凶危。

五位逢生，儿孙满眼。七宫无煞，琴瑟和鸣。

下篇

小儿命数，祸福宜详。宫度失留三岁死，前凶后恶堕胎亡。四煞刑肤，胎内须当破相。三刑克命，产前必定伤身。

小儿之命，指南中有关煞之分明，更须详五星最切。若宫主星、度主星退留伏逆者，更失度逢煞，又凶度遇恶，皆主难养。前凶后恶，乃是安身命，或左或右，或遇三煞、羊刃、鬼门、勾绞、亡神、劫煞，三日宫之前后，一命六度逢四余，如此凶煞皆主胎亡。四杀，四长生、四临官、四衰、四绝中之亡劫也。又是四余星也。三刑者，子刑卯午身用之类是也。命，命主也。小儿之命未有根本，或以十月为胎，或以八月为息。为胎者有气，为息者怕逢凶恶，皆主胎亡破相也。

月逢忌土，貌遇恶罗。若不哑聋，必主余指。若非膀胱，也主双盲。

月，身主也。最忌夜逢土计。貌，相貌也。最忌奴罗。如人身命逢此，若无吉星之助，定主其人压身破相难免，稍有吉神，其祸减半。《经》曰：生时疾厄临人马，又与鬼门同分野，主陷或逢土水刑，所伤若翼非喑哑。太阴火土处何方，东出相逢最不祥。八煞恶星如照限，便知自疾实遭伤。一主生时躔度逆，又兼罗计光相射。临官兼犯太阳时，左眼失明何戚戚。月逢罗计少光辉，右目盲来又发稀。主凡日月逢此曜，自疾由来且庶几。忌朔望逢之，更凶。

纵有吉星之助，也怕凶天难当。

承上言吉星者木煞也。或福禄、官魁、母星、解神、救神，其凶危减半。

月在凶躔双共乳，身躔次度两同胎。奴来主舍，主起奴宫，不是随娘嫁娶，如须换父成持。生命复生生两子，克身重克克双儿。

凶曜次躔者，乃是危十二三四度、张十四五六度是也。更十二宫位，星宿之协度亦是也。《经》曰：亥有双鱼，巳有双女。亥为登明，巳为太乙。若身临此宫，又与六凶之星同坐次度，多主双生也。诗曰：双生巳亥见金常，命入寅申分北方。木会次躔南是丙，丁金土月有阴阳。男会忌星同月宿，此人须换妾为娘。又曰：双鱼双女主双生，会入寅申计孛侵。男女两途分朔望，望过一子一为阴。又曰：三刑隔宿更空亡，华盖重逢主过房。必是偏生并庶出，不然重拜两爷娘。奴星入命，主星入奴。又逢逆行，相貌相反，必主重拜双亲。生复生，乃生处自生也。如金人见辛巳之类是也。克重克者，乃煞处逢煞也。如遇此者，皆有凶危矣。

三日加凶三日丧，七煞无助七朝亡。使一主之不亏，决终身之无咎。

夫三日宫者，乃系人一身祸福之本也。恶星躔之，灾祸遂至。吉曜临之，福禄可随。诗曰：欲识人间三日宫，太阳前后定无踪。生时忌曜来临照，宿日伤残三日凶。又曰：三日宫中昼火逢，夜生遇之一般同。限星恶曜如交著，定是危亡幼岁中。又云：更看生后三日宫，月到何星度分中。金木相逢俱是吉，若交见水性偏凶。又曰：还愁至此逢火土，孛计奴罗焕灾祸。第一损寿二损财，所向多危多折挫。七强者，对宫是也。更一宫、二宫、四宫、五宫、七宫、十宫、十二宫，主星也。吉星临之必吉，凶星遇之，不满月内，必主凶危也。更将关煞一同进之，必妙。一主乃是命主也。《经》曰："本主兴隆遇凶，危而反吉"者是也。

交朋有信，体用相和。结义无情，主宾并战。主拜官宫则身辅帝阙，官刑主位则身犯天条。

体用者，命限也。主宾者，我彼也。体用若相顺相和，必有合成之义。若逢并占，必有结交之伤。官宫，十官禄宫也。身主，命主也。主得局入官宫，可计成功。官星化杀，必主杀身。《经》云：官怕刑星之所禁，魁逢暗曜以相侵。刑囚有削官禄，为官也犯天条，此之谓也。

享福优游，身安福德。多灾坎坷，主怕官宫。贪浊无厌财命绝，清辉彻底命财留。

人命以福德宫为福也。以官禄宫为禄基也。命财二宫主星也。若身安福德者，《经》曰：福禄主星入命来，身居禄德亦无灾。命主若还居福德，少年富贵入三台。若主怕官者，乃亦是安命防禄也。《经》云：人生官禄最为强，身命逢之大吉昌。最忌他强而我弱，多生坎坷有灾殃。财与命二宫主也。

谋欺孙子煞随身，计斩庞涓身逐煞。

官逢天煞，必主化煞为权。杀去伤官，必然中计。

主宿随身，名不求而自得。财星背命，利多取亦无成。三主困于三河，浮舟作计。九宫流于九位，望海为生。攀莲托宿，四位遭伤。陋巷安居，田星落陷。

主，命星也。身，月也。如命会太阴，坐于强宫，或入躔升殿，管计成名有之矣。财星，财帛主星也。若财星背身，管取无成也。三方，乃是禄主、身主、命主也。三河者，闲极主也。三河之地，午位是也。九宫九位者，乃第九宫主也。如论三九二宫，乃恶弱之宫。弱水无情之位，若遇之者主泛海为生。《经》云：游闲二宫相背反身，如范蠡蓬荜归湖。四位四星，乃是田宅主位也。若身命主星兼田宅，主落在空虚之地。如无吉星助之，必主虚度一生，无实之人。

先贫后富主欺三，先富后贫闲极克。

主一命宫主也。三是闲极主也。此二宫主星，最忌相克。《经》云：体用轻而本重，财始逸而终劳。初怠终成，正忌在先，而财须先难后获。乃主居弱而限居强，强弱不分，始终何益。凶微吉重，乃先弱而后强。吉少凶多，必始强而终弱。

孛若欺金妻用妾，计如刑火息为儿。

孛本贱妾星也。金是正妻星主也。若金星于秋令，或在强宫得地归垣局，管得持家能干之妻，而琴瑟和鸣。倘若金星落陷弱之地，必主妾夺妻权。计乃奴星也。火星，男以火为儿，子星如遇火星，生得时得地，相生相顺，必主士子聪明俊伟。倘若火星在于弱宫，失时失序，退躔退度，又加刑计凶神相攻，必主绝嗣。以息为儿，或螟蛉之子而送老矣。

患阻长年值难，和年作梗。无灾一世福官，与命相成。

值难者，值难星也。年者，行年之流年。福官，乃官禄、福德二宫主也。命，主也。如人身命遇值难之凶星，加以流年凶星相并，必定患病连绵人也。若身命主星旺在官禄二宫，管主无灾一世。

夙夜无忧闲伴主，朝昏劳役命随奴。

闲乃闲极主也。奴乃奴仆主也。身命落在此宫，劳役不免。

气孛对身，兄弟恰如秦楚。计罗蔽日，父子一似华夷。

秦、楚，二国名，皆强常战争，如炁、孛二星与身相对，主兄弟不和。华，中国。夷，外国。若计罗二星蔽太阳星，若身命二宫逢之，主父子如华夷相敌也。太阳，君父也。故有此喻。

水金合会咸池，和花为债主。孛金如逢沐浴，与酒作冤家。

水金二星皆好淫，与咸池星相会，在人身命，主有贪色。若限内见之，更流年遇水金会局，亦如是也。孛金沐浴，一同此意。

暗刑临主，斯人能谨于言。囚忌当宫，此辈好谈话柄。

暗刑忌囚，乃化曜也。若此星皆用，必主其人博览古今，好吟论发挥之士。

四位俱空，披头散发。孤神傍主，圆顶方袍。

四位，四正宫也。孤神，罗炁主命主星也。《经》云"四空坐命道兼僧"也。圆顶，头陀也。方袍，僧也。

垣城合马妇非为，帝座逢虚儿不肖。

垣城者，日上生处为垣城。若与马合，主其妻非为之事也。帝座者，时上旺处为帝座。时为儿女宫，若逢虚，主其子不肖。

众煞不降贫且贱，一星得用富而骄。

众煞者，如亡神、劫煞、三煞、羊刃、的煞、暴败之类也。不降，他克我也。管主其人贫贱一生。或命主也得用，归垣局得时，稍吉。

三悲九哭战年宫，累被妻子之削。

三悲，丧门也。九哭，白虎也。若身命限遇三悲九哭之位，兼以流年相战命限者，必主其年有六亲冰炭，妻子无情，丧门重见，又忌妻孥之削己也。

五鬼六衰欺岁驾，频遭官吏之羞。

五鬼者，驾前神煞第五位也。六衰者，死符也。若太岁与五鬼六衰星相来并，命限逢之，兼有凶星攻照，管主一岁之灾。

五曜顺兮，心清似洗。

洗者，清秀也。五曜，金木水火土也。若用五星顺垣顺度，其人必主聪明，享福清闲也。

四余并兮，口浊如羝。

羝者，口边泥水也。四余，炁罗计字也。遇四余相攻相战，或交并或反背，必主人心口如羝水也。

贱宿随身，将奴作婿。淫星傍命，以婢为妻。

贱宿，余奴星也。淫星，金字水也。傍妻妾宫者，主有是事。

闲主七强和正命，妻宜暗昧。游神一位辅其身，夫婿猖狂。

若闲极主星、夫妻主星、命主星若相会，必主花烛不明。游神，九迁移主星也。一位，命宫主星也。身者，身月也。此二星若交会合，必主猖狂为婿决矣。

海角欺宫，多睡多狂多侵独。天涯压本，半颠半腭半腊黄。

海角、天涯，乃是辰戌恶弱之宫。小儿身命见之，必主多睡、多狂、多颠弱，常夜眠如泥汕也。

燕赵并行，身流西北。荆吴双立，命丧东南。

燕赵，艮兑方，属西北，戌乾亥，居子癸丑之位，如金木相攻，必主身流西北方而不返也。荆吴，巽方也。属东南甲卯乙辰，巽巳丙之主也。如水土相攻，主人往东南而丧其命也。

楚酃之邦逢土计，宋徐之位见荧罗。体不中于鱼腹，身必亡于兽足。

楚，巳也。酃，亥也。土计，煞神也。宋，卯也。徐，戌也。此四宫乃身命宫，奴仆男女福德之位也。最忌凶星，火罗又是恶曜，又巳亥乃天门地户之宫，主人身命所出，皆得天地覆载，父母所养，附以命宫为次。戌宫乃与命宫稍遇土计火罗，名为恶党，遇此星在此宫，主鱼兽难。

或有劫煞，多是流星作梗。更逢土坠，必推岁煞相攻。审有吉神之助，便无凶曜之侵。

劫煞，乃是应天所谓十六般亡神、十六般劫煞是也。流星，行年流年星也。人命限最忌行年凶星会煞，必主灾殃，土坠、跌蹼而亡。岁煞乃是行年太岁与年煞众煞相并。《经》云"逐年流星可推，须怕流星退逆"是也。若遇行年有吉星，皆主其年进作而无凶危之祸也。

详其体用，审察主宾。

体，命也。用，限也。主命，母星也。宾，客星流年也。《经》云："命限高强，何患行年众煞。体用如逢衰弱，必遭流曜为灾。"宜细推可断。

洞微既作凶神，便推流年相应。

洞微，大限小限也。流年，雷公急脚，斗底黄泉也。《经》云"若大限之得时，不怕行年之急脚"是也。

深穷宫分若何，敢断尽于人命。

或限中遇凶神顺逆，或逢倒限恶神，兼以逐年流星重叠，禄尽马倾，星移斗转，或弱木遇刚金，或火逢于水孛，又木逢重土计难，土遇木重罗叠孛，四煞刑身。《经》云："马出空亡而忌跌，禄元将尽福将轻。"或度主逢于四直，或运限中反伏吟阑干、贯索以无情，卷舌、伏尸而迫局，是乃类尽命终之时，可详究之。

论命望斗之初篇，经号仙机之首卷。可传世代之名儒，莫与豪家之贵客。如能穷此真经，千金必然易得。

《望斗经》三篇，皆究五星之奥妙。若非儒门精艺，不得知也。况庸俗乎？

第二十五章　星命汇考二十五

《琴堂步天警句》

总论

吉曜未来先作吉，凶神过去始为凶。

先前见了曾为福，此后相逢定罔功。

假若火人行水度，须看水起在何宫。

若缠旺位兴灾害，死绝休囚方免凶。

人之命且如辰乡有吉星为福，主卯限未便有发用起来，至如辰限则是受用了。设有凶星在卯，正在卯限不能为祸，过卯交辰，方有余殃。如子上安命，丑上见火罗，初年必发一段福力，至于辰巳二限三合四正再见，必无再发之理。如水行过，必不重见。又如卯上安命行轸水限，最以水为忌，如水生于申，旺于子，他得势，我必衰微，受制宜矣。如或败于酉，制于土局，彼自受制，何暇为祸。初不待三合四正，见之皆为祸福于人。

若论功名何所据，甲人端的将金取。

先看官禄在临官，又看此宫星所制。

为官蹭蹬老无成，第十宫中逢难火。

爵星若陷印星制，懦弱无权雄且鲁。

以科名、科甲、魁星、官禄，定人之前程，不亦难乎？何如用人以金为官星，金星受制于火，虽是官，我未免蹭蹬无成。若使官星高强，爵星印星弱陷，是为人真闲悖耳。官为上，官禄次之，其余不必论。余依此断。

主星若是朝君位，定是当朝做贵臣。

设使母星依日月，必能大富贵其身。

崇勋岁驾相关摄，日月朝之定出伦。

若是凶神侵禄驾，阴阳相拱是难为。

假如亥上安命，木为命主。若木起朝君，居前为引，居后为从，似此必是朝贵之命。更兼水孛强健，便以贵命论。若是水孛依日月，却不能贵，是为大富造化。或有阴阳拱禄必致富，拱驾必致贵。如拱忌难星，必见足败其命，徒然得贵人敬重，不得贵人之力。

坐命如居四马宫，动摇不定飚心风。

田财二位如逢此，成败兴亡顷刻中。

若是女人临此位，嫁夫招婿必重重。

临官帝旺那逢着，多是逾墙暗里通。

四马之地寅申巳亥也。立命于此，男子居之，主心不定，田财二位逢之，名有动摇，如女人于此安命，必然招夫重叠，若是临官帝旺相逢，更主淫荡，盖寅为人马，申为阴阳，巳为双女，亥为双鱼，皆重叠之故耳。

子午卯酉是四恶，唤作阑干并贯索。

子行卯限定遭灾，午命酉到难着脚。

行限若教逢恶曜，人离财散家消铄。

此关唤作鬼门关，十有九人难过却。

子午卯酉乃黄泉之门，亦是贯索、阑干之煞。如子上安命，卯末端的一关；午上立命，酉末端的一关，十试九验，如此应响，及有凶星凶恶煞临之，其死无疑。如无凶神恶煞，亦难逃一灾。

男命须防八煞星，女人切忌刃锋辰。

煞星照限遭官祸，刃宿伤人乱血经。

受制不能为我扰，党之愈重见灾迍。

男逢阳刃女逢煞，纵发为灾亦稍轻。

男怕八煞，女忌阳刃。八煞主官灾，阳刃主产厄，此理甚明。男逢阳刃，女逢八煞，则不为害。

命入寅宫多口舌，骂人骂鬼无分别。

为人清秀更文章，多因身命躔奎壁。

立命若居心与毕，堪作师巫并艺术。

那堪室火上安身，回禄多灾焚屋宅。

寅乃喉舌之府，奎壁乃文章之宿。安命于此，必多口舌骂人。若于奎壁则为文章之士，又如心月狐，毕月乌，甚有灵，惟堪作巫医艺术之人。若室火安身，则有火焚之厄。

煞神为煞最难当，煞地无星不必防。

更有凶星来煞位，相逢必定见灾殃。

闲神人煞何干预，吉曜临垣始吉祥。

若遇空亡难看用，牛乡午位更无伤。

申子辰生人劫煞在巳，寅上安命，最怕逢金，乃是金生在巳，逢此煞能为煞尔。若煞地无星，不须防也。若是闲神居之，与我无干，亦不为祸。设若水孛居之，反为吉祥。如甲午生人，辰巳为空亡，纵有恶星居上，亦无所施其恶。余皆仿此。南斗之地，狮子之宫，杀入自伏，则不为祸矣。

生星克辰固易言，若言制化诚难取。

申命不怕土居西，西命何怕子上火。

西宫有土土生金，子宫有火火生土。

纵不为福亦无凶，十二宫中皆仿此。

春月生人，命限连有土孛、金水、太阴、罗计，谓之云雨不解，淋漓花果，触月愁景，主退败可畏。四五月虽得雨，亦不为佳。连接行限见前项星辰，为久霖不晴，皆主冷退愁闷，生意萧然。如有此格，日火行限，谓之久雨逢晴，伸眉舒目，人物欣快，必主骤然大发。秋月生人连有此，谓之风雨星行限，主霖雨伤稼。冬月生人连有此，谓之雨雪载途。皆非好格，冷落寂寞，不言可知。所以晴雨之星，要有相间行限，晴雨得匀，生意顺快。凡土、孛、气、计、罗、会、土，皆谓黑云暗日，主贫。人命五六月生火日，行限却在巳午，谓之旱魃南离，生意焦枯。如游年孛土罗计到，晦掩其光，反主一发。过了游年，又主祸依然。是以行两限俱是火日，亦曰久晴不雨，万物烁落。如忽行一星，如罗计孛金水太阴芘星，则云兴雨降，物苗勃然，发达可知。凡行风雨星而逢日在戌，或行限在戌，三合对照，则云收雨过，落照余晖。此格乃主晚年发达。凡太阳坐命，极主劳碌不闲。一云慷慨盖日，运行不息故也。冬月水罗会，谓之和风解冻，寒林生春。火会土，谓之寒谷回春，皆主发越。春木宜火日怕罗计，如会日可谓蒸烘日火，则春入园林，妆缀红紫。罗计到，风俦雨俶，反主贫夭。秋天水房水宿见金，谓寒潭浸月，大寒，未免清秀而贫薄。炁会月在前，谓庆云捧月，在后谓浮云蔽月，化凶不妨。凡炁入申为人猴山，不过做事混沌。凡木炁为祸，不过冷落是非，留连不宁。所以木星为祸迟，淹延不安，气木为人执拗，不惺忪。凡水泛扬州，损自己之财，命逢炁吉。如是受克之星高强，必招妾弄权之人也。

　　　　但见妇人好淫冶，不怕贵人不怕马。
　　　　身宫若在冠带位，临死好淫重叠嫁。
　　　　更加火孛恶星来，月下花前多引惹。
　　　　不为妓妾也为娼，亦是人间女豪霸。

　　妇人淫荡非为贵人驿马，最怕冠带安命。不惟嫁夫重叠，而且淫欲不止。婢妾娼奴之命。

　　　　贱人格局是寻常，安命安身细酌量。
　　　　若在马前并马后，主星受制暗无光。
　　　　只嫌奴宿侵吾舍，奴隶为身离远乡。
　　　　纵有吉星来救助，亦须直立傍人墙。

　　贱人之命，如在马前安命，马后安身，多是贱格。如甲子生人或卯或丑上安命，是马之前后也。若更火为卯主土为丑主，失陷本为奴隶之命。又如计丑罗卯，必为口体奔走他乡，是为马以阑边尔。设若有吉星救助，亦傍贵人门墙，无植立也。

　　　　行限须防太岁冲，不能克破亦能凶。
　　　　若还灾病重重见，行限亭亭在此中。
　　　　要免此灾除是喜，二神当道煞逢空。
　　　　若从太岁上行限，灾难无侵福更逢。

　　太岁当头立，诸神不敢当，太岁之神大可畏也。行限若冲太岁，必见破必见克。若在中心对冲，尤为利害。自古道喜神压煞除，是喜事可以压煞也。设若太岁上行限又有喜神，而无凶危术者，不可不详。

　　　　有甚星辰能致富，不论田财先论库。
　　　　木人端的在辰宫，破夺侵欺财不聚。
　　　　财帛宫神不必论，若还木命须干土。
　　　　生成旺相必兴财，若陷刑囚拘不住。

木为命，库在辰，最怕凶神破库，又怕金星泄库，所怕者金煞也。金宿侵库者，紫煞也。有此星辰在宫，生平不聚财，惟守耗财而已。若是孛为福禄守辰宫，必得妇人财，亦能骤发。又看土在何宫居财帛，有气更有火生，必发。居陷弱，不发，更破财。

> 十二宫中何所忌，加临元宿更推求。
> 宝瓶最怕飞来木，紫炁临之必不忧。
> 丑宫又喜金临照，木气分明是我仇。
> 大喜火罗为福德，若还水孛转为仇。

子宫怕木，却不怕炁。何为喜气，以窃木之气，是以木不为患。多有癸丑生人子上安命有炁化凶者，在命发积也。丑宫喜金，怕木炁，盖命为官禄，以克其木，与煞是为仇，况且为金局之地，又与子宫不同。然其所喜者火罗，所忌者水孛。为是，火罗乃是吾家之命母，水孛乃是吾家之贼也。

> 寅亥二宫皆属木，惟有水孛能为福。
> 逢金端的是焦枯，遇火亦能为恶毒。
> 寅上火罗箕不怕，罗睺能煮双鱼腹。
> 更嫌土计两强梁，设若侵垣多不足。

二官属有所喜者水孛，所忌者火罗金，此诚然。盖木有二说，亥上冬令之木，寅上春令之木，冬令之木其势衰败，怕火焚之。至于春令之木，其势荣茂，虽遇火不能焚也。所怕者土计而已。土计乃吾家之贼，焉得而不畏之。寅有箕星属水，行箕水豹度下，遇火罗则不怕。经文云"寅上火罗箕不怕"，即此理也。俗本作"寅上火罗俱不怕"，俱字非也。今改正，术者当从。

> 卯戌二宫皆属火，卯宫与戌不相同。
> 卯宫不以罗为忌，戌上逢罗定是凶。
> 最此两宫喜木炁，但于水孛莫相逢。
> 火命若还逢木炁，必是当年运限通。

二宫皆属火，喜木气，亦喜土，所怕者水孛金也。金能为凶，制吾命母之木炁，所以怕者不同戌上，最怕罗在子丑之间，不能为虑。寅亥逢之必夭折，卯宫之火却不忌罗。盖火败之地，不能为虑。

> 辰酉二宫从太白，却于取用有差别。
> 西垣最忌水孛逢，水孛必能为我泄。

辰宫又喜水孛逢，若遇火罗必消烁。

土计能为命母星，木炁闲神何所说。

辰酉二宫皆属金，喜土计，但取用不同。金旺到酉，怕水孛泄其气。辰宫水局，喜水孛以润相生。却最忌火罗，喜土计。此两宫功用皆然。若夫木气虽是财，亦能为命母之蠹，号为闲神，忌曜。

申巳二宫皆属水，申宫独得水之清。

西方多得金之气，何怕当头土计侵。

最是巳宫忧土计，昼生尤怕火罗临。

二宫之水皆防孛，若遇刑囚转祸深。

申巳两宫皆属水，申宫乃金临官之地，怕土计轻也。巳乃四月之水，最怕土计二宫也。尤怕者孛也。孛为水余，能泄水气。若夫巳宫之水，忌者火罗；申宫之水，忌者木气。火罗炎炎，能燥其水。木气闲神，能泄其水。所以忌之。

狮子之宫号太阳，明知金水必为祥。

至尊之位皆无忌，只怕当年木作殃。

炁乃余星何足畏，无形安得蔽其光。

秋冬行令俱零落，春夏之时乃受伤。

太阳之位不怕火罗计孛，最忌者木也。木乃八煞之主，能蔽日光。秋冬则枝枯叶落，春夏则叶茂枝繁，却能遮蔽日光。紫炁乃木之余宿，在天无象，焉能为害。多有癸丑气在申，遇此限亦有发者。虽不发者，然亦无大祸矣。

未上分明是巨蟹，独以太阴为主宰。

喜逢木炁火罗金，土计却能为蚀晦。

躔在心张危毕地，夜里生人尤可爱。

土星若健木星弱，生平反覆多成败。

未上月为主，怕土计。若木炁强，何忧乎土计。木气弱，土计强，未免成败。若躔于四月之地，其福于人可知矣。

得富非难得寿难，寿星惟把令星看。

令星若是逢生旺，寿算巍巍并泰山。

不怕克星惟怕煞，根基浅薄福阑珊。

从教主曜逢生旺，也作颜渊夭命看。

令星者，春木、夏火、秋金、冬水。土者，四季也。论令星生克，以此占人寿长短。盖金木水火土，在人为仁义礼智信，但能致寿。如令星八煞，必是夭折之命。若不陷于休囚死绝，而入于长生、帝旺、临官，无不长寿。

岁星最是分凶吉，却把令星明得失。

令星若陷岁星强，创业为难却富室。

岁令二星俱明健，富贵荣华无劳力。

更要命主有相关，系是人间高贵客。

人之造化，最重者纳音，次重者令星。此二星命中根本。若高强壮健，更与命主有相关，乃是人间之上寿命。若岁星强，令星柔软，终能致富，难享现成。令星强，岁星弱，成败进退人也。

土孛从来最怕官，单行作党一般看。

九流艺术为伦品，杂学多能不一般。

若有长生多智识，若居死绝岂能安。

譬如木炁临身命，便作巫医格局观。

孛星主巧，土星主多能，官禄乃官星之地。如有孛土二星，或单行，或作党，破我官禄，便是九流人物。其人多学多能，加之木炁临照，便是师巫造化。更加白虎胎神临之，必骂神咒鬼，善谈祸福之人。

日生专用日水土，夜生却以金月火。

若是当年有用星，以是发用皆无阻。

设若闲神无用处，此时生用皆为祸。

却将昼夜细推详，不必拘泥三方主。

日生论日木土，夜生论火金月，此理甚明。假如土之为命，若是昼生遇火，是有用之星，必能为吉。夜生遇之，愈见光彩，不分昼夜，皆能为福。如是昼生，金神当道，乃闲神，非惟泄气，可能为祸。却不可以三方主为拘泥。故曰："女人最忌男人曜，日那须防夜里星。"

最怕小儿逢直难，刃兼劫煞不须嗔。

甲壬戊反从申起，夹丙旬人数起寅。

数至本年方是数，三九六十二为真。

小儿若直逢斯难，父母徒然生此身。

甲子、戊子、壬子旬生人，从申上起子，去未上去逆数，至本生年住，庚子、丙子旬生人从寅上起子，逆至本生年住，却又从本年起，自正岁数至本年安命宫住。若逢三六九直数也。更逢直难，其杀身必矣。此乃休扣和尚秘诀传之者。

安命安身如向贵，职掌文书为吏辈。

命身若在贵人边，职掌阶前无座位。

若是刑囚破贵元，为胥不了终鞭配。

贵星生我我星强，出入贵人终见爱。

如人身命坐贵，能为贵人。如向贵、近贵，是曹吏造化。此最有理。如丙子生人，甲上安命，水为命主，出门逢酉上之贵，酉上或三合逢金，贵人必然敬重。六丁生人，以孛罗为刑囚破贵，必为鞭背之人。行限逢之，必然主不利也。

金水元来是情星，相顺相生必有情。

中有闲神来间断，为人刻薄义恩轻。

女人却把为淫宿，生旺其间必杂行。

若是朝君居岁驾，君前父侧不能移。

金水二星谓之情星，可相合而不可杂。如有相顺相生，必有义有恩。如有一星中间断，必无仁义之人。不问何命，当以此断。女人反是，当以金水星为淫星。金水分明，非娼则婢。如近君岁驾，则不然。以此用之。无失矣。

多是女人为水性，水从上下多淫佚。

罗睺相向逆而行，血经来往为无定。

火孛同行午未宫，到老已招劳倦症。

设使八煞遇罗荧，胎前产后多灾病。

妇人以火罗为忌，火罗主血经也。罗若逆行，自辰至巳，必是月经不定。设若水顺流而行，为人必主淫荡。火星孛星致多灾，只为入宫见火。此一句专主妇人论断。

五黄系是朝廷客，三禄临垣多破克。

为人清贵有文章，六白一白并八白。

生逢四碧必为灾，口舌官符为七赤。

八白九紫山林客，压身破相为二黑。

此乃方道之书。一白，主人秀气。二黑，宜为僧道，破相可免。三绿，主人先破后成。四碧，主人多灾病破祖。五黄，主贵。七赤，主凶狠，为军卒。九紫，主人清闲，为山林客。以上从太岁顺数至命宫住，看发何数，以定祸福而论。

隔角星辰相照应，参详经纬定周流。

本宫元宫当研审，莫把加盘大隐幽。

天地人盘多错乱，恰如楼上驾高楼。

若还无曜当加合，既有星辰莫远求。

天地盘加合，不必过而求之。如本宫既有星辰，三方四正，可以参祥。如本宫无星辰，便当加天地盘，以验吉凶。若是十二宫隔角上不同，三方四正俱照得着。

官中迁转论官星，财主尊隆定富人。

财若压官官不显，资财必重利名轻。

官星若使财星克，纵合为官彻底清。

两主相生俱壮健，必膺富贵一般荣。

为官必看官禄主，论财须论财帛星。财星克官星，宜致富。官星克财星，为官清要。财官比和无相克战，是两至造化富贵。

假如命在亥中居，却有金来损室庐。

三合加临无救解，分明最喜气之余。

奴星反为敌相抗，本主依然得自如。

更有财星强位立，福根反壮祸根除。

亥之为命，木为主宰星也。最怕者，金也。如有金星在命，或三方照，或行限临之，却有紫炁合之加临，乃木之余气，抗金不敌，木之本立却无伤也。如更木星入库旺，必能转祸而为福。

自古男儿志四方，主星不喜库中藏。

主如入库为人晦，纵有文星也不光。

若是妇人偏喜此，为人守志在闺房。

若还孛彗来侵库，奔走他乡自嫁郎。

库者，藏也。男命主星入库，纵能为官亦晦。女人主星入库，必能守志闺房。若孛彗侵库，必发淫奔之人。先贤以为彗星，宜也。此等奥论，非儒家不得言此，况庸俗乎？

《琴堂五星会论》

论富贵六十九格

太乙抱蟾

未宫，月之乐宫也。月与孛同宫，在未孛入秦鬼，尤贵。谓之太乙抱蟾。未为月殿也。谓之蟾宫。凡人安命未宫者，逢此主大贵。诗曰：太阴在未号天圭，千载欣逢明圣时。月孛更来同会照，蟾宫折取桂花枝。"未分秦国孛，入秦逢鬼宿"是也。

金水会蛇

巳宫属蛇，金与水同会于巳宫，在轸度则贵。巳宫属水，轸星属水，逢金而生水，所谓金水会蛇。凡人巳宫安命及身者，逢之为贵。诗曰：巳宫太白本长生，变曜名为天禄星。与水同宫为奇特，高官厚禄佐王庭。

计罗截断

计罗截断者，漏出有用之星辰，昼东南而夜西北，皆主于贵。凡人有昼生夜生，会之者皆主富贵，要兼身主旺而后贵也。

身居闲极

身者，身主星也。人命以逢卯安命，遇酉安身。今人不知安身之法，只以太阴为身主者，谬也。闲极宫者，兄弟宫也。乃命宫逆至第三宫也。如身主星居之，主有清闲富贵。

二主临财

身主星与命主星同入财帛宫者，其人主富厚。财帛宫，命宫第二宫也。喜坐

实。忌空亡干犯之，主消败也。

官福居垣

官禄星、福德星二星，吉星也。凡官禄、福德二宫，此星各守一宫本位者，主贵也。子命以卯为官禄，寅为福德，火木二星是也。

日月守照

日乃太阳星也，月乃太阴星也。凡人身命二宫，或日月守之，或对宫照之，皆吉而贵也。凶星不敢犯，更主人少病也。

二曜朝阳

二曜，火星也。水数一，火数二，故曰"二曜"。与太阳同居午位，谓之朝阳。身命二宫逢之，主贵更丰荣。为官，当居显秩之职。

一星伴月

一星者，水星也。水数一，故曰"一星"。与太阴同宫，为一星伴月。在未宫方是，未乃月之乐宫，命立未。逢此二星，主大贵命也。

火月同宵

火者，火星也。月乃太阴星也。夜生人立命在子丑二宫者，遇此二星在命方是。若乃日生人在子丑立命，亦不为吉也。

官福互垣

官禄宫、福德宫主星，或官禄宫主星入福德宫，福德宫主星入官禄官，二星相互谓之官禄互垣，要本主生旺，则主大贵。

官福夹拱

官福二星与命主、身主二主星相夹拱者，主人有贵。如子命人，官福二星在亥在丑，为夹拱也。

福德引援

官福二主星，或在身命二宫前为引援，在身命二宫后为拥从，主人大贵。要或在命主身主星前后，亦是不拘身命宫也。

身命坐贵

身命主星，或身命宫，在贵人之地，谓之身命坐贵。如甲戊庚牛羊丑未即贵人之地，或立命安身在丑未者，主大富贵也。

文魁拱命

文魁二星者，主文章科甲也。在三方拱命，主人登上第也。如甲生人，文在罗睺，魁在太阴，或子上安命，文魁在辰申是也。

福禄夹身

福星者，天福星。禄乃禄神也。此二星主福禄。若人身宫遇之，左右而相夹者，主其人有大贵。如落空亡克陷，则不为大贵。

煞前主后

主者，命主星也。煞者，克我者。如亥命以木为主，以金为难。在戌，火为主，水为难。在子为前，在戌为后，故有前后之分也。

身命互换

身命外台，命为内台。二星互换居垣者，入命宫主人富贵。如寅亥属木，木为身命主，更得寅亥立命安身者，皆为得令。

金木逢龙

金木二星同入辰宫，在角在亢者，谓之角木蛟、亢金龙。辰，龙之肖也。谓之金木逢龙。况金入此宫号太常，逢之主荣迁也。

日月趋朝

日月为太阳、太阴也。亥为帝阙之地。如日在子宫，月在丑宫，谓之日月趋朝。诸星在寅卯之位，随而从之。亥命者，大贵也。

背君朝主

午者太阳所主之宫，未者太阴所主之宫。人命宫逢之，皆主大贵。但忌木星作殃。

出乾入巽

乾，亥宫也。巽，巳宫也。计星在亥，罗星在巳，谓之出乾入巽。反此，为乾坤定位。人命立乾巽二宫，遇此二星，皆主其贵也。

戴天履地

以亥为天，丑为地，诸星皆在亥子丑寅之方是也。亥为天门，取"天开于子，地辟于丑，人生于寅"。安命于此四宫，名此格。

廷尉辅阳

廷尉者，水星也。阳乃太阳，如同一宫，又谓之水护阳光。若同太阳在子宫行虚度，是谓廷尉辅阳。子命人遇之，大贵也。

五曜连珠

五曜者，金、木、水、火、土也。如土丑、火卯、木寅、金辰、水巳，相连不间者是也。此五星各得其所，是以为贵。只要身命逢之，为吉。

七政入垣

七政者，金、木、水、火、土、日、月是也。如土子、计丑、木亥、气寅、火

用星对照

用星者，主星所生之星也。如木星为命主，木生火，火星为用星也。与命对照，能克制难、忌，则大吉也。身命逢之，可以言吉。

四雄朝拱

火罗土计为四雄，在丑宫谓之拱斗，在亥谓之朝天。凡人命宫在亥在丑者，遇之则主大贵而无疑也。

诸星得位

如日行奎宿之度，月行娄宿之度，罗行翼宿之度，计行轸宿之度，孛行柳宿之度，气行斗宿之度，谓之得位，而无所杂也。

诸星得经

诸星各居本宿之度，如木角金，亢金牛、木獬土、女日马、月鹿火、虎水蚓之类，得其所经之宿，谓之得经，而不失皆为贵也。

火土得牛

火、土二星同在丑宫，谓之得牛。丑宫，牛斗也。同在酉宫，亦谓之得牛。酉宫，金牛之地也。更立命酉丑二宫，遇之主富贵也。

木罗会舍

木星与罗星同在戌宫，行奎宿度，谓之会舍。戌与卯合，戌宫与卯，取属火而谓之也。罗乃火之余，得木而生之，故喜而会之。

水火既济

水火同宫，而水居水度，火居火度，各居本度，谓之水火既济。如在亥宫有壁

水、室火，巳宫有翼火、轸水，申宫觜火、参水也。寅宫则尾火、箕水，皆谓之既济。身命二宫逢之，并作富贵而推。

金助月华

未宫为月华也。金星同月居未，谓之金星助月。金与月同在巳宫、申宫，又谓之金助月华。身命更得此三宫，亦主大富贵也。

主星朝君

主星，命主星也。君星者，太阳星也。为君、为父、为乾、为男、为阳、为刚。凡人命主星近而傍之，谓之朝君，皆为近贵之命也。

母依日月

母星者，生我之星也。如主星属木，水为母星也。水能生木者是也。若得近太阳、太阴之傍，是谓依日月之光而得富贵也。

令主得助

令主星者，领君之命而行令者是也。如生年为君为命，月建为臣为令是也。命主逢恩而得助，犹木而得水为恩，富且贵。

天元得地

天元者，天干之辰也。如甲乙天元属木，居寅卯辰高强之宫，谓之得地。余皆仿此。如命主身主亦在高强，是为此论。

青龙扶砚

青龙者，甲乙木也。凡甲乙生人，在于春三月之间，正木旺之乡。若与日月同宫，则贵人命主身主为木合之者，正此谓也。

朱雀衔符

朱雀者，南方丙丁火也。司夏令之神。丙丁生于夏，三月与日月同宫，谓之朱雀衔符。身命主属火，更会此局，主大富贵也。

元武持旌

元武者，北方壬癸水也。壬癸生于冬，三月与日月同宫，谓之元武持旌。旌者旗也。元武水神也。言持旌，犹言得令也。主贵。

祥云拱月

炁星，木之余奴也。与月同宫，谓之拱月。气在前，月在后，则为扶月。反此者，谓之蔽月，则失其光明矣。命主合之则为贵也。

拱夹端门

端门者，午宫也。天子出入之门，故为尊极。若日月殿驾，及身命二星，三方左右拱夹者，谓之拱夹端门，皆为贵人之命也。

金木水日会毕

金星、木星、水星与太阳星，同至毕星度下，主人聪明，而且富贵也。毕星在酉宫有六度，命主酉宫合之者，主有此也。

五星并随日月

木、火、土、金、水五星，并与日月同一宫者，主大富贵也。或人命宫身宫二主星，亦得同之，富贵无疑。亦不被克陷也。故吉。

火土昼逢

火、土二星，喜昼而不喜夜，喜明而不喜暗。明则显，暗则隐。惟辰酉二宫甚利。更有辰酉二宫坐命者，谓之大贵大富之人也。

拱夹帝座

帝座者，时支也。若贵人、禄马、殿驾、日月、身命、福德、田财处，前后一合，拱而夹之，俱主富贵。

日月同宫

日属阳，月属阴，如同一宫，谓之阴阳得合。若在亥宫，谓之日月朝天。亥乃天门也。若在巳宫，谓之日月朝北。皆主富贵。

日月互垣

垣者，紫微帝星居之，日月左右互之。命宫遇此者，主上贵也。

天地通关

通关者，以子通卯，丑通寅，寅关丑，卯关子，辰关亥，巳关戌，午关酉，未关申，申关未，酉关午，戌关巳，亥关辰，子卯相通，丑寅相通，辰亥相通之类。如立命在子宫，通关在卯。若卯宫有禄及殿驾、贵人、文昌、天厨、天月、二德、红鸾、天喜、解神及有火、罗、命母诸吉，则一生吉利富贵。如通阳刃亡劫，则破碎有煞气。鬼在恶曜，则不吉。

水孛扶印

水、孛二星同宫，在未宫谓之水孛同秦。秦地分野在未，孛庙在未立命。逢之若带印星，谓之水孛扶印。印乃生我恩星也。

水孛助禄

禄者，禄神也。人命有之，主有天禄而食之。如甲生人，木孛二星为禄神。木既为禄，喜水生之，谓之助禄。举一则知其他。

福禄随官

福者，天福贵人也。如甲生人，甲爱金鸡，乙爱猴西，为福星是也。人命逢官星，更有福禄二星随之，主富贵双全而无忌也。

金水辅阴

阴，言太阴星也。喜居申酉戌亥之地，更得金水辅之，则吉也。辰酉二宫，金之乐地。申巳二宫，水之乐地。遇太阴而辅是也。

火金逢月

火、金二星，与太阴星宫又同度，谓之火金逢月。人命宫得太阴守命，又遇火金，此作贵推之也。

金土富豪

金星若在财帛宫，土星在田宅宫，主人富豪。但人命主合之，皆为富贵之命也。

木月清贵

如亥命人命主是木，又在亥宫，谓之木临营室。与月同守此宫，谓之木月清贵，惟亥命得之主贵。丑子命得之则不吉也。

身命逢宫

身主、命主二星，若临官贵之宫，皆主大贵。若在本命宫或对宫守临照拱，皆为贵也。

水涵蟾魄

蟾，月宫也。未上见之。假使太阴星在未宫，又值水星同宫，谓之水涵蟾魄，极其清彻。凡人命主及命宫逢此者，贵不可言。

逢生坐实

子寅辰午申戌六位属阳，为之实地。丑卯巳未酉亥六位属阴，为之虚地。《经》曰："逢生坐实占高强，名利两荣昌。"

官禄守籍

如子宫立命岁殿登籍在子，更得官禄二星守之，是为此格。且官禄二星，人人得而喜之。只要在高强无克制者，方贵。

火气官高

气者，木气也。逢火星木又生之，是为得助。官星得之，岂不为贵乎？故谓之火气官高。身命二主逢之，拱夹照临，皆为清贵。

月挂柳梢

月，太阴星也。如太阴行度，在未宫躔柳度，谓之月挂柳梢是也。但人身命二主亦在未宫，或立命在未宫，方断有此贵也。

水清宝瓶

宝瓶，子宫也。水星临之，名曰"水清宝瓶"。但凡人命立子宫者有之，是以取贵。若得金星助合，富贵荣华。土木加之，不吉。

孛挂朱衣

孛者，月之余气也。此星十二宫皆为祸。惟至亥宫过天门，不敢为祸。谓之"十二宫中皆脱裸，却来亥上着朱衣"。亥命主贵。

命坐玉堂

玉堂，二星名，左为玉，右为堂。如甲生人以丑未为玉堂，且立命在丑未二宫，谓之命坐玉堂。主人极贵，近君王之命也。

文昌照命

文昌者，南斗之辰，人命逢之，主有才学过人。如甲生人，文昌在巳亥宫立命者，巳亥相照，谓之照命。余皆并此而取贵也。

三台辅命

三台者，帝垣之星也。如子生人，辰为三台，戌为帝座。凡人立命在辰戌二宫者，拱临守照，皆为吉贵也。此吉不忌克陷。

禄勋坐命

禄勋者，如甲生人以火为禄，寅为勋。如寅宫立命，又见火星入命者，谓之禄勋坐命。主食天子赐爵。其余依流年推之取贵。

日帝居阳

日者，太阳君主星也。正居午宫，诸星不敢犯之，惟忌木气掩之而已。人命立午宫者，逢之主大贵。只恐主孤而无子也。

以上格局主富主贵，各有攸当，若得合五六位者，非公侯即将相也。合三四位者，又非六卿之职乎，即官列职不减一二，若大富之命，合格必多，小富必合少也。盖富贵一致，理所同也。亦须活一法而推，不可胶柱而鼓瑟矣。如金助月华，火金逢月之类，如寅亥命岂不谓之安身傍鬼也。太乙抱蟾，一星伴月之类，若卯戌宫，又岂不谓之身逢煞难者乎。学者于斯，可不究其精微之奥哉。

第二十六章　星命汇考二十六

《琴堂指金歌》

总论

人生富贵皆前定，干系身与命。

此二句，乃一章之纲领也。凡人富贵、贫贱、寿夭、贤愚，俱是五行排定。盖干系在于身命二主星也。命即命主，身即身主也。

逢生坐实占高强，名利两荣昌。

身命二星，须要逢生曜，坐实地，占高强之地，则富贵两全。曰逢生者，如子丑宫，坐实者，乃主填实于四柱支辰是也。曰高强者，乃命宫、财帛、田宅、男女、妻妾、官禄、福德七宫是也。《五星论》曰：若论五星无多诀，先从命主无多说。世人只论当生是，死法原来不知活。内外两台君且听，命主入身身入命。互垣须是福来随，管取一生常吉庆。

身命逢官是贵人，登驾近明君。

身主星与命主星，会逢官禄主星者，及天元禄主者，当为金紫之贵也。登驾者，言近天子之驾而近君也。主其贵非常。

身命临财万顷田，官禄喜居垣。

身命二星同入财帛者，巨富。官禄互居垣者，大贵。合格，纵逢煞星亦富贵。乃须看虚实，以定其轻重。如子宫安命见木，寅宫命见金，卯宫命见水，辰宫命见火。虽是杀星，俱作财福入命。或身命主值之，则为身命遇财福，是用煞为权。主平生仗义假公，贪名好利，以至富贵也。第过则不吉矣。

福星守福为真福，官曜居官作显官。若是命身无驳杂，定知享福弗艰难。

言身命逢福守福为真福，遇官而居显官，皆要命宫无杂可也。

身命得助嫌虚脱，会逢煞空发。

身命逢生曜，谓之得助。最喜坐实地，却嫌虚脱，即空亡也。若遇难星，则又喜值空虚也。且如卯戌宫安命，火、罗、木、气、月同躔子午之宫，是得助也。若是甲寅旬中生人，乃子丑为空亡，则是虚脱，反为破耗之命。如火罗与水孛同守子丑，则谓之会煞逢空，反发福。或值流年身空，同此断。

身命遇煞不逢空，处世有刑凶。

此申上文之意。言身命二空遇煞逢空，则平生发财福。若坐实，则有刑凶。如寅卯安命，木气为主，与金火同躔卯辰二宫，及八字中又有卯辰二字填之，则是生实不逢空，则祸必矣。余仿此。

身命日月要入垣，失宫福不全。

四主俱要入垣，则能为福。若失度、落陷、虚弱、反背，纵吉亦欠全也。入垣者，即土在子丑，木在寅亥，火在卯戌，金在辰酉，水在申巳，日居午，月居未是也。凡看星辰，以日月清净为第一。盖天地之日月，如人之两目，精神所聚，须要明朗。若与煞难同行，不失明则早丧父母。次看身命宫，逢恩、官、财、福，则富贵。反此，贫夭矣。

身星最紧命次之，恩福要相宜。

五星以太阴为身主。盖太阴为母象，凡人之血肉筋骸，则母之所遗，故以月为身也。实较重轻体用，自觉身为最紧，故斯表而出之，以身为先，以命为次也。且天之所赋为性，人受为命，岂可差殊而观，要与命同其好恶。然又须恩星并福曜相扶持而拱夹，身命方为至妙也。

身星若陷总无凭，福逢要身承。

大抵身命二星，吉凶祸福须相等，而无偏胜之理。然膺爵禄，享荣华，则在于身。故财帛官禄虽好，身星落陷，则亦无如之何矣。而亦无长久之福寿也。

田财官禄与身宫，却与命元同。

凡田宅、财帛、官禄及身主，当与命元同论休戚。此又以命元为重，身元为轻也。大概为承富贵者身也。致富贵者命也。故取用侔矣。如子丑宫命喜火罗，忌木气，余以类此。盖生命之主星，亦主田财官禄，身主克命之星，亦克田财等星，此即五行颠倒之法，是人家之理。譬如人马，但亲爱主家之人，则兄弟子孙奴仆见之，亦相亲爱。其憎恶之，主家之人亦憎恶之。

鲁邦立业水同镇，官福俱伤尽。

戌属鲁分镇，即土星戌宫安命，以土为官福主。水为难星，若同度共宫，则反受克被伤。此亦上章之意。

身命辰酉都属金，最怕火罗侵。土生金水亦生气，因金亦同类。火畏财帛喜土生，但依身命行。

此盖身命辰、酉二宫也。如二宫安命，其官福皆喜土、计、男女、财帛，并畏火罗，以能克命主之故也。辰酉属金，以身命为主。

火能生土亦生金，上下究原因。识得五行颠倒颠，方是大罗仙。

此论子丑宫命，例同土。但命主喜者，身主、限主亦喜之。命所忌者，身主、限主亦忌之。妙术浅见难识，盖物随化类以通神，知妙者，孰能如之。

秦晋楚宫关土计，真是太阴忌。

秦，未也。晋，申也。楚，巳也。此三宫安命，以月水孛为命主，并用土计为难星。太阴又为三宫之身主，又以为忌关者，难星也。

周邑立命木气逢，此乃太阳凶。

周邑，午宫也。若午宫安命，以太阳为主。太阳象君，诸星不敢犯之，惟木炁能掩其光，故为凶也。《醉醒》云："只怕成林木作殃。"

七强五弱十二宫，俱忌难星逢。

凡诸各位，并不喜逢难星。虽为祸有轻重，而妨害无亲疏。如卯戌二宫，以水孛为难。若水孛在命宫，则平生晦滞或多疾。如财帛见之，则不住财或悭吝。兄弟宫见之，则寡兄弟，少朋友。田宅宫见之，则破祖业克父母。男女宫见之，则男女有害。奴仆宫见之，则小人不足，因福而致祸也。夫妻宫见之，则妻妾丑貌有克。疾厄宫见之，则官刑疾病，中午暴卒。福德宫见之，则贫贱劳苦。相貌宫见之，则无貌破相。以上各宫所遇虚实，仔细参详，祸福无不验矣。学者不可不察。

年月日时为贵地，祸福皆非细。

日月五星守照四柱，则福不可量，凶则祸不可测，故曰"非细"。逢身官禄、田财、福德、恩曜有用之星，则为人仁厚忠信，富贵有寿。值八煞、奴仆、闲极无用之星，则为人凶恶贫贱，丑陋夭折。大凡天地有星，斯为我用；他处有星，弗为我有。更胎宫有吉星，为生成富贵。有恶曜，则出于贫贱轻薄。或生背父母，或母不明。

四柱有星强四正，灾祥祸福应。

四柱支辰有吉星或凶，惟居之，胜居于四正强宫为祸福，则如影响。

七政四余分喜怒，逐一细详过。

七政者，日月五星也。四余、气、孛、罗、计，其喜怒好恶，逐一细详。盖火罗性最速，遇之即发，亦易退。水孛性最迟，过了方发，亦难退。木气土计性颇迟，却耐久。惟金星日月，自始至终。火头孛尾，最为利害。

胎上逢恩非凡裔，庶出孛罗计。

胎宫，如正月生人巳上是。若逢恩星守之，非乔木故家之裔乎？盖四余值之则祸生，庶出，轻贱。

胎宫带杀克日月，未产先流血。

如十一月生人，则卯为胎元。或辰酉午三宫，复以火为煞。若火与日同躔，在母腹中便主伤父。与身同躔，则母必不免于产难也。若火与命元同宫，则百日周岁有关难脱。能过此，亦大幸也。

胎中蓦越稍减轻，产际主虚惊。

如子年生人，则子为岁驾，亥为蓦越。若七月生，亥又为胎宫。虽不见煞，临产亦主虚惊。如见煞，祸莫量。

马前冲蓦诸神煞，直难祸尤烈。

如子年生则子为驾，丑为天空，亥为蓦越，午为冲，此四宫之祸福最紧。诸煞临之，为害莫当。更逢直难之星，凶祸尤甚。大小二限遇之，必主恶亡。其或禄马官福及有用星入此四官者，则为祸亦不少。直难，即直头星也。

大凡驾上喜日月，诸煞分优劣。

岁驾上最喜日月居之，不论有用无用，皆能为福。盖太阳象君父，太阴象后母，岁驾乃至尊之位。盖君后父母居之，岂不为子女之福乎？故克合之者，无不聪明。其余星辰，各有善恶。如恩福财官所居，则能为福。煞难所临，则必为凶祸矣。

月支一字看身逢，行限看西东。

月建支上最喜太阴居之，不问强弱皆吉。盖太阴为身星，即月也。以月居月生，非得所而从其类乎？其为我福不待言而可知矣。故不须看限道之所宜。在望前则喜向东南，在望后则喜向西北。凡行大小二限，皆从交生后，始过宫推断也。

命守垣城福伴恩，壮岁秉威权。

垣城，即日月支也。若得宫主命主居之，及恩星在福德之宫，则主二十五年以后，为秉威操权之人也。

恩临帝座身守福，晚限承天禄。

帝座，即时支也。若值恩星临之，更值身正守福德者，生五十年后承爵禄，初限若吉，当别议迟速。

福官守籍喜相生，犯籍主刑凶。

籍，乃帝籍亦时支也。若官福二星遇有用之星，相生相助而同守之者，必主富贵。或与杀难共登籍侵犯者，必有刑伤矣。必须验其身主，或强或弱，以定其祸福可也。

恩星坐驾少年荣，时逢末主兴。

恩即命母，驾乃年之支辰。如生于子午卯宫安命，木星飞入子宫是也。若此主少年富贵，时逢之晚景光华。若居日月，中年显达。依此推之，万无一失。

忌曜于斯分头顶，四柱关系紧。

忌即难星，例依上推，然彼吉而此凶。如守驾则初年艰辛，守日月中年破败，守末主孤贫。若杀星居日，尤为不喜。诗曰：三生值杀休逢日，四正临刑怕见刑。吉曜不来相救助，一生劳苦不成人。

禄马贵人所专地，太岁关者是。

禄马贵人所居更为太岁拱夹，或垣城有所关系者，虽在弱宫亦贵。且禄宫谓之崇勋，最喜身命宫关福德以守之。及日月殿驾拱夹，则膺爵禄而坐享荣华矣。

纷纷格局且休言，最紧是流年。一纪循环遍，原守岁相参。

大抵诸格之吉凶，无如流年祸福最紧。盖流年太岁，一年过一宫，十二年则循环遍十二宫。原守即当生星也。岁即流年星也。凡看命当看当生所守星，复审流年所遇之曜，互相参究。何者为福，如恩星财福之类。何者为祸，如难星奴仆之类。则灾喜之验庶征矣。此星家之切论，看者尤宜探索。

更将日月加临视，祸福如符契。

不惟一岁之祸福可验，而一日之吉凶亦可见矣。日即值日之宿，月即流年太岁也。太阴为身，行度其速，故日月之灾福系焉。且如命坐己、未、申三宫，以月为主，喜金水月木，畏火罗土计。看流月值何宿，遇亢牛娄鬼乃生命之宿，则迁官进爵，近贵得财。遇角斗奎井乃克难之星，则散祸消灾，故厄解难。遇箕壁参轸乃本行之星，则室家和好，事业平安。遇心危毕张乃本行之宿，则朋友康宁，内外亲睦。遇氐女胃柳，则口舌耗散灾迍。若二限陷弱，身命主星逢刑遇杀，必有不测之祸，重病死伤。遇尾室觜翼乃生难之宿，则颠倒灾死血光。若二限空虚，身命主遭恶值难，党起凶威，必有异横。乃看诸星性情，以定灾福之急缓者矣。其余依此而推。

流年九位逢罗火，家遭回禄祸。

流年，太岁也。九位，乃迁移宫也。回禄，火灾也。若太岁行于迁移，遇火罗二星，必主家遭火灾，否则扑祸。如庚申年辰宫命，又火罗二曜同会申上者，即此是也。

行逢限主有生意，贫贱忽富贵。

盖命强主弱，守成之命也。限主高，命主低，创业之命也。故行限须要限主逢生坐实，则能发达，否则寻常人耳。如子宫命行寅限，如与水同宫，则木逢生此宫限，主有生意骤然发福，岂浅浅者哉。

若逢后限不如前，只恐半周天。

假如子限平常，丑限尤甚，行丑限一半，便不能出。以其不能出，知其不能行尽此限，故曰"半周天"也。大凡限主虚弱，或逢煞难，及体用受克，此曰平常。

不然限岁定推迁，虚实一般般。

限即大限，岁即太岁。虚者空亡，不问当生流年。实则以吉言，虚则以凶论。若限遇二恩有用之星值空，则喜流年以实之论也。克我之曜坐实，却喜流年以空之，故曰虚实一般。假如申辰旬生人，寅上坐命，木为主星，飞在甲寅，虽是空亡，若得流年太岁申字填实，则施为称意。或子辰年月三方限起亦福，用星跳出当年申限，主应难发。

限宫又值十年虚，魂魄出幽都。

幽都，地名，言阴暗鬼神所居。

限主福薄又逢空，非夭即盲聋。

用星，即限主星也。如甲子旬生，酉宫坐命，行丑限，主星在戌。此限主落空，更值甲寅太岁，则限空又空。再值流旬星复空，则全无拘束。如朽索之驭六马，幼逢则夭，壮老逢之必盲聋也。

初年至老限俱空，壮健福不亏。

自初至终，所历限宫值空亡陷弱。若命元限主居壮健之地，衣禄则不亏。

限空原脱岁亦空，不可例言凶。

限星无主既脱落，当生空亡之中，而行限又遇流年空亡，如此不可例作凶断。

然其中亦有吉道存焉，所谓空尽最为奇。

空亡一诀少人知，阴阳分两推。阳宫灾祸应阳年，阴空减半元。

琴堂之论，专以空亡为要。且空亡有两推，有阴有阳，有全有半。如甲子属阳年，戌亥为空，则戌是阳为全空，亥是阴为半空。丑为阴年，则亥为全空，戌为半空。余皆仿此。如阳年为阳宫，其吉凶祸重，阴宫亦轻。流年空亡之法，亦同此而推之也。

其半仍要定真假，轻重量多寡。

真即实地，假即空亡也。轻为半空，重为全空，多则重，谓连空二三位。寡则轻，为减半及有真也。假如甲戌生人，有用星辰在申，为全空，乃得八字中日月时有申字填起。若是酉宫，则为半空，乃空不尽为轻寡也。又如甲申生人，有用星辰在午空为正空，更值戊子月及庚寅日，此三宫皆值甲申旬中，一连三位俱空，为重而且多也。

昼日夜月难一例，金鸣火终昧。

日月无云则明，故昼生喜日空，夜生喜月空。又金空则鸣，火空则发，且金始终吉，火有时熄，始终凶也。

小限宫中起生月，名为月限诀。循环逐一明灾喜，数周而复始。

假如甲子生人，戌宫坐命，遇寅年，便从命宫子逆数至申，却值寅，则是小限。如五月生即申宫起正月，逆行至辰，为五月，则是月限也。凡一年之休咎，则在小限一宫之内。若十二月之吉凶，则又散居于十二宫焉。如小限在申值恩星官、福、田、财吉宿临之，是年必然发福。若杀、难凶星值其年，必然灾祸。月限亦然。如正月看申宫，二月即看未宫，三午，四巳，依宫逐月数周十二宫也。大抵比小限及月限，值财帛遇生吉星则发财，见克凶星则破财，至兄弟则因人荐举，值凶则兄弟朋友乖争。在田宅见吉则宅舍有喜，增进田业。遇凶则门户多事，家资破耗。在男女见吉则生贵子，或子女有喜。遇凶则子女有凶灾，或损人丁。妻妾见之吉则妻有喜，则凶则妻妾有灾祸。余依例而推之。

逢生遇煞逢凶吉，类应年月日。

生星为福，煞星为祸，各以类应。如木星，则应亥卯未寅年月日时。值金星，应巳酉丑申年月日时。火星应寅午戌，土星应辰戌丑未。其为福之星，若贵人则于所应之期，荣膺趋擢，否则招进财喜。若遇为祸之星，仕进则降黜，庶民则破家退财，病者殒命，囚者遭刑。此法克应最灵，精之则无不准矣。

月为兄弟日为妻，子息在于时。年为身驾依此取，父母胎元记。主星各看居何地，虚实从其类。

此不以十二宫主为例，但取四柱支辰而论之。如庚申年，即以水为本身岁驾，便看水星在何宫。戊寅月则木为兄弟，即观木在何宫。丁卯日火为夫妻，审火在何宫。丙午时太阳为子息，看所守何宫。己巳为胎元，则取为父母。审水星何在，其名星逢生坐实。及遇杀星，逢空则吉。或逢克坐实，及遇吉逢空，则凶。又以月管初主二十五年，日管中二十五年，时管末二十五年。必须推究本属虚实，及会聚是何星辰宿度。若吉星同行，则以吉论。若凶星同行，则凶可知。此与五星不同。

身命二星如相克，元机不可测。初末平分一百年，生杀细推研。

凡星研主星宜相生，宜比和，不宜克战。如相生，则一世机之，有大动用，亨通。如克战，则平生处置乖违，施为蹭蹬。其机深奥，岂浅见所能知。大抵人生百岁，则以命主管初五十年，身主管末五十年。其间生煞制化之理，又宜参详。假如命立子以土为主，喜火罗，忌木气，此五十年元守行限，逢木气则凶，遇火罗则吉。五十年后属身主所管，如身在寅则以木为主，喜水孛，忌金星。流年逢水孛则福，见金星则灾。余仿此而推。

命弱官福马元强，虽荣不久长。

身命者，根本也。官福马元，枝叶也。大凡根盛则枝叶自茂，苟根本微弱，枝叶虽茂亦不久也。如身命主星无力，官福马元虽有强健，不过暂时之富贵，焉能臻长久之福哉。

立命不定或多移，身命主两岐。马入迁移更祖姓，身命人无定。

身命如居两岐夹界之中，如氐尾牛斗之类者，主为人心性不定，今日计于东，明日复于西。若驿马入迁移之位，及迁移遇身命之主，或身命被驿马迁移照破，必主平生作事进退，非出祖而过房。必移根换叶，不然萍梗之人，他乡之客也。

妄想心高不满意，用神坐虚地。

身命、官福、田财及有用之星，并守强宫实地吉，若陷空亡则凶。主乎困苦，心高而谋事多不遂意。

贵人禄马官福同，拱夹怕逢空。官福禄马最喜夹，太岁冲必发。

大凡贵人、禄马、官福之宫，得日月身命左右夹之，或三方拱之，极吉。遇太岁冲起，必发福。若日月身命夹的杀、劫刃，阴煞者凶，太岁冲动必破败。假如庚午生人申宫立命，福德官禄马在申，太阳在酉，太阴在未，及身命前后夹之，若限行其宫则必富贵。或身命日月在子，辰拱之亦吉。又遇寅太岁冲起，其年必发财禄。或值甲戌流旬空亡，又不吉。又如庚寅生人，酉为阳刃的杀，或命主日在戌，身主月在申，左右夹之，行限遇之最凶。及逢太岁冲起，其人非刑狱，则水火之危必不免。年空，则美矣。

刃煞莫夹官禄乡，夹著祸难当。

官禄之乡，不宜阳刃的杀夹之。若值煞难在其中，而运限逢之，灾祸必不可当也。

前夹地尾后天锋，虽荣不善终。

地尾者，计都也。天锋者，阳刃也。壬癸生人，以子为天锋。若身命在未，计在午，左右夹之，虽荣恶亡。

金木为杀更坐杀，非命遭王法。

如丑命木为煞，亥命金为煞。若飞临空亡、劫的、羊刃、蟇越之上，或三方拱吊，限道遇之，更流年杀曜冲刑者，必囚楛而死于刀锯之下。盖金木二星，素秉肃杀之权，众煞更增其势，岂有不为祸者哉！

左右二杀月居中，仍看三日宫。

且如庚午生，立命子宫，太阴居卯，或金或木或寅或水或气在辰，左右夹之，必主自幼难养，多生疾病。何则？盖水气为难，金为阳刃为的煞。仍看三日之官，以同论轻重。三日即生日后第三官，如子日生卯官是，或曰取太阳前三十六度为是。

前后二杀夹日月，身殃母有疾。

前后即左右也。若左右煞难，日月居中者，生身多厄，父母多疾，并有克害。

灾多喜少凭何信，福曜居阳刃。

阳刃之煞在天主屠戮，在地专宰割，故为祸尤酷。盖人之安闲劳苦，皆系福德之星要居善地，斯能坐享荣华。若临凶位，如阳刃之类，则平生侥幸而匪诚恪者矣。

阳刃的杀忌三合，拱命祸最毒。

凡身命二主及命限二宫，俱要恩星吉曜相临，日月三方拱之，则为享福之人。如值阳刃、劫的、恶煞三方拱照，主贫且祸。

三方见杀别无忌，祸福元中秘。对宫见煞别无灾，大概少舒怀。

凡恩杀吉凶之星三方拱吊，则祸福最紧，对照则缓。吊拱如申子辰之类。对照如子午卯酉辰戌丑未之类，且人行限三方见煞则紧，见恩则为福亦大。对宫见煞亦微灾且无害，见恩为喜不甚妙。

前是太岁后是杀，小限宫中夹。

如小限在卯，太岁在寅，杀在辰夹之。如酉宫命小限在寅遇丑太岁，而罗在丑逆转，火在卯顺，亦为夹小限。此乃真关。若人遇之，断不可出此年。小限之诀，已见前类。

体用克星相战争，便是此中行。

体者身命也。用者限元也。身命主与限元主，同刑杀，相争战，克于大小二限，太岁又冲照者，此限此年必死。

的杀阳刃须要畏，逢空胜为制。的杀刃蓦不逢空，限遇不善终。

凡的杀、阳刃，其凶势虽可畏，若值当生流旬空亡，则不能逞其凶势矣。故曰"胜逢制"。若的杀、阳刃、劫煞、陌越，四宫无煞星居之，则无妨害。如值恶星临之，不逢空亡，限行其上，必有非横。

主煞坐实又同宫，妙处要当穷。

如甲子坐于七月，以金为主。与火同躔于申，乃金旺火病之乡。又会起申子辰水局，则金势愈盛，火气失令，反为富贵。

主强须要杀无气，不能为我制。

主即命主也。主得令，杀无气，定为我制，则不能为祸矣。

杀星与主不两立，强杀主必失。

此反上文之意，以明杀强主弱，则其势不可受矣。

杀微得助愁愈盛，受制威难逞。

杀星得助，为祸尤甚。若受制，则力微不能逞其威矣。

若还有用不为凶，权重凛威风。

杀若有用，反假为权。子宫命，木为煞，同火在寅限，乃限主逢生，火罗有气，此限必主有权特达。

土埋双女如作主，大胆力如虎。

土埋双女，木打宝瓶，水泛白羊，金骑人马，本凶兆。若为命主，反以吉论。主人心雄胆大，气豪力勇。

杀星守籍驾临忌，身弱长憔悴。

岁驾帝籍位，最喜星守占，如官福、田财之类居之，更身命健实，富贵亨通。

若杀星忌曜临之，更兼身命陷弱，因憔悴必为贫苦之人也。

官主虽强福主弱，好处多失脚。

凡官禄宫、福德宫，宜俱强实者，而福主星弱，居官不得以享其官禄也。

杀星全没身命实，福好终身吉。

杀难陷弱落空亡，身命坐实，福星明健，一世安然也。

恩福明健主身高，坐实老英豪。

福恩身命四主星得地，明净高强，无杀凌犯，不陷弱落空，更坐驾籍实地，则其自幼至老，英雄豪杰。

一贵当权众杀伏，将相威风肃。

凡得一有用星镇命当道，则诸煞听命伏从，不敢逞其凶。犹一将当权，三军虽勇，谁敢不从其命令哉！

两般化杀不为忌，天禄并身主。

两般，即时籍、天禄及身命三主星也。如丙生人未为天禄，二人命安子丑二宫，月在寅宫则木气是天禄，又是身主，故不为忌。又戊壬生人命坐巳申，月居子丑，计为天禄，又为身主，故水与同行，亦不为忌曜而论也。

忽然生煞同其局，向背分荣辱。

如子丑宫安命，土为主，火罗为生，木气为煞。若火罗木气同土躔于亥宫，木炁同在寅宫，火罗在箕度，木气在尾度，土在其中，谓之向杀背生则辱。余仿此推。此法细微，宜熟详之。

凶星浑吉吉为凶，先后定穷通。其间转遇生又成，气象倍光明。

凡主杀仇囚等星同聚一宫，其吉凶祸福浑然无别。须要定其进入之先后，及所遇得失。若恩先入居，恒则以吉论。杀星进于先而得地，则以凶论。更得展转相先不失次序，尤为妙也。

春金夏水变为囚，金命喜逢秋。

春金、夏水、秋火、冬土，皆为囚曜。若用为命与令者，则又不忌。盖命得假为权也。

得令值杀杀为权，妻子福不全。

凡命元得令而值杀星，即用之而为威权也。盖杀为权者，主其人豪杰勇猛，志气轩昂，有果敢之勇，有决断之才。但只有克妻害子，而福不能全也。

其间却有元机秘，按图难索骥。

大抵阴阳造化之妙，非孤陋寡闻之士骤能深测之者也。亦非言语文字所能及。尽在员机默悟，潜心力学。若拘拘于章句之末，而不能活泼泼地，是犹按书图而求骐骥，岂可得哉！

天地人盘识者稀，实可克生虚。

天盘即加盘也。地盘即通关也。人盘即元守之宫也。此虚非空亡之虚，此实非四柱之实。盖吊起为虚，元守者为实也。且加盘之法，如子加卯，复以卯加之，辰加丑，巳加寅，累累顺布于十二宫也。若夫通关之法，丑通寅而复通丑，子通卯，卯复通子，循循逆转十二宫也。若克生虚之法，如子宫命行寅限，若遇木炁为凶祸，显得加盘巳申之火通关，丑上之罗，乃是伏恩以化难，反为发达之地矣。若得二宫而有金则能制之，虽灾不大，甚而稍轻也。若有水以助之，为祸则亦深矣。其或巳宫有木，丑宫有气，限至于寅，暗逢其难，必致于灾危之事也。但得金在于寅，则能制其恶，而又且为吉福之限矣。若使寅宫得其水星则为党也。助其凶杀且为祸甚速也。更重得火星为化难，其祸则又轻矣。余宫遇有此等，仿此推之，不可拘泥于一端，而无通变也。大抵天盘为虚，人盘为实，而实可生虚，克虚则虚不能生实克实也。此琴堂虚实之理，元妙至精，非儒者不能变通。

并无恶煞云何灭，天机安可泄。

身命二宫并无恶煞，大小二限亦无凶曜。而忽然有死亡，必是吊盘之上暗伏，拱夹中逢忌曜。

命限堂空反致发，吊盘中间活。

当生流年星杀俱照身命，限主吊盘主暗加生助，恩星照助，并流阳阴解援，禄马贵人照印，故致吉也。

生曜临官禄作殃，暗地受其伤。吊生吊限亦吊命，祸福明如镜。

凡恩临官禄福德本吉，今反作殃，是必吊盘中暗受刑伤之故也。非惟二宫为然，若身命限宫逢吊盘有生助克制，则为福为祸，明白可断，犹镜之照妍媸也。

天地盘中元又元，神仙妙不传。左旋右转合乾坤，星离取次论。

天地盘解见前。此盖申上文之意。谓其元妙，非凡庸所能测，乃神仙不传之秘。左旋，天盘也。右转，地盘也。星离者，乃十二星宿各随之而左右旋转也。

吊起飞来明此理，泄却天之髓。

此亦申上文之意，如加盘上有星辰，皆能吊起照临，暗合飞来，而神功妙用实难测也。若克明之，而造化根原尽呈露矣，非泄却天之髓而何。

世人开口重为官，提起与君看。为官须要福基厚，福薄则难久。

凡星家莫不以官星为尚也。殊不知为官须要福德宫遇吉逢生，坐实高强，则能享悠久之福，乃为贵也。若根基浅薄虚弱，虽荣华亦无久远之传也。

天官守照日月扶，恩近相中书。

天官即官禄也。若独守福德之官，而得日月左右三方拱夹之，更同恩星强实者，此宰相执政之人也。

恩星扶官身曜明，位任执权衡。

福星拱夹官禄主及身星明健，或坐驾帝籍之上，命主高强，或近帝座，或出入禁闼，任权衡之职也。

官福居垣主受生，金殿玉阶行。

官禄福德居垣坐实，如命主受生，乃为近贵人也。

阴阳左右递逢主，朝中贵朱紫。

日月居身命左右引从，或夜生身命主从月，昼生身命主从日，必近侍天颜，司权要之人也。

禄马夹身还夹命，马首朱衣引。

禄马拱夹身命主坐实不落陷，宫主高强，必大贵。

身福恩官俱宜看，无拱三品断。

身恩官福得地有用，则贵无疑。然无日月殿驾拱夹，亡劫的煞佐使，所以不得在公卿将相之位矣。

六曹五品四品宣，身禄近君前。

六曹，六部也。凡仕进在京，职位近清光者，必身命、官禄、岁驾随太阳而亲近君位也。

六曹以下京官走，身禄居君后。

京官散职以下而近天表者，必身主管禄，居岁驾之后，殿籍之中，身强福厚，则又能享隆盛之福也。

宣官三品不居京，君侧欠恩星。

宣官，古之诸侯，今之节度使及宣抚之类。然品位虽高，而不立于朝廷之上者。乃太阳殿驾之侧，恩星所不到而身不临。

府州县职俱守印，四正官星紧。

守令之职，上应列宿，故得掌印职而居于堂上。必身命官禄四主居四正强官则如是，否则佐式杂职。佐式，辰戌丑未，四正，子午卯酉，杂职，寅申巳亥，仍宜看虚实，审强弱也。

煞杂流空身福奇，马陷镇边陲。

大臣将相之命，必多合格，必带煞曜。然格局虽好，而煞被流旬空亡。身命虽奇，而马落陷弱之地。即此封侯万里者也。

贵人不必看生星，合格正高明。

贵人之命，专看恩官身命俱强，坐实合贵格。如殿驾夹拱命，日月拱夹，水孛扶身印之处，是合格也。

五星格局最颠倒，若贵阴功好。身命限途皆宜取，不发观风水。

凡日月五星无情散乱，身命格局皆不吉冷淡，致身官贵坐享荣华者，必阴功之所扶，祖德之所荫也。又如命宫官福总宜，限逢星辰咸利，并无发福之期，又淹留困苦之者，莫非风水无气，宜深察之。

士夫功名要问除，催官天马俱。催官天马太岁吊，合杀方迁调。

凡仕进迁调，须看催官、天马。若二星得太岁、月建冲动吊起，则是年月内恩波之宠可望。若又难曜恶星三方拱照，则迁调矣。

催官天马在阳宫，东南食禄丰。在阴其年必西北，此论真奇特。

此专论流年太岁。若天马催官逢子寅辰午申戌之宫，其年职任必转东南。逢丑卯巳未酉亥之宫，定西北府县也。如论道里远近，二星在四正中，则京畿直隶。四墓一二千里，四马乡三四千里也。

官福拱财身得地，既富还能贵。

官福二星拱夹财帛主，及财官居强坐实，则因富得贵，纳粟奏名而起也。

阴阳坐镇看夹拱，田财官福耸。

日月守官最喜夹拱，如遇官福二星，则贵，在田财二星则富，若值四柱支辰拱夹，尤为妙。

身命主居官禄良，帝籍号天堂。

凡身命二主最喜居官禄福德之宫，合此则富贵。若居帝籍时支上，此谓之身命镇天堂也。最利。

生曜行随日月明，金玉必丰盈。

生曜，恩星也。或日或月，与同宫共度，居强坐实，分明有用，即富贵也。

财曜田星互换守，富贵真稀有。

田财二星相互换，不空无煞难，则富贵之最者也。

富人之命胜为官，田财二主看。

凡贵人清高，安享福禄，反胜享爵之贵者，此必田财三星逢生坐实，居垣得地，或日月拱夹之也。

吏曹之人祸福专，刑害见伤官。

凡吏胥之人以作福作威为己任，故必身命带刑害杀星伤官，禄主曜居陷弱，又变克制，或身命与生杀同行，逢刑无救，所以有享用亦有刑害也。然吉则由之而贵，凶则由之而刑丧，不可不知也。

刀笔常招上贵怜，身倚玉堂前。

玉堂即天乙贵人宫也。刀笔之吏而得名公巨卿爱而宠之，必安身坐命于贵人前后左右也。假如六辛生人午寅二宫为玉堂，太阳为贵主，若身命立于丑巳二宫，谓之傍玉堂。若与太阳同宫，谓之倚贵人。此必招上贵之怜也。又如六庚生人丑未为贵地，申宫命即被飞入未上安坐。或三合木炁对照丑上之贵人，必招贵人之憎恶。虽得傍贵，乃鞭背之待也。

坐贵向贵杀守命，刀笔操权柄。

吏人之命坐贵向贵，而煞星来向命者，此刀笔之权。

白虎带煞人命时，空门多是非。

太岁前第九位乃白虎位，若同杀星入命宫，必多招公讼是非之事。

坐贵带杀格局好，主陷为僧道。

杀即亡神、劫杀、的杀、羊刃、陌越也。或坐命其中，或身守其上，或与身命同宫，皆是好格。如计罗截断漏出有用之星，日月拱驾，金水会蛇，月居闲极，太甲抱蟾之类，合诸格而带前诸煞者，此将帅武勇之命也。又如主星陷弱，独立无辅，身命俱空，一月得所者，此林泉之士无疑矣。又如建节封侯之命，必合格，多如日月拱夹，一星伴月，金水辅阳是也。此若富人五星日月拱夹，田财身命入财帛，田财二星居垣互换，计罗截断漏出田财是也。

女冠师尼主星多陷弱，或守疾厄相貌之宫，或华盖守命，孤气临身，或命立夹界，无分晓之所，所以一世孤寒无托也。住持僧道与吏胥同，亦有权杀，只命落空馅五弱之宫，官星空陷反背，孤寡星犯身命太岁。如庶出，过房入赘，多身命宫及身命主临四马之地，或坐两岐之中，所以事多更改，身心不定，难为妻氏。紫炁华盖主庶出克害，不然林泉之客也。虚实分明白。辰戌丑未四位为华盖，凡立命四官，多僧道之流，林泉之客，主克害，若身星与紫气同宫居华盖之上亦然，仍宜看虚实以断之也。

孤寡休囚罗计克，多为僧道格。

僧道之命，身居孤辰寡宿之间，休囚冷淡之处，略无生意。及单罗独计，一木紫气照命者，尽然。

地驿余奴前后拱，执鞭为仆从。

地驿，驿马宫主也。余奴，气孛罗计也。如寅生人戌命水为马元罗，余奴在酉，水在寅，是前后拱。余仿此。

贫穷何用专权杀，妙法须求活。

贫穷之命不必论星，若身命财福落陷，更合贱格，如身命居奴，奴星入命之类是也。

命坐长生身坐虚，非吏亦非儒。

官福田财失所无气，命坐长生，身落空亡，必自暴自弃，无定之人，艺术之士。

命空身空限全弱，头白鸡窗客。

身命限主空陷失地，乃皓首穷经，终身草茅之士也。

禄居破碎劫冲时，贪酒又能诗。

禄居的杀之中，劫冲时籍之地，则贪酒能诗之士。盖时主文章逢冲则发，禄主酒食，遇破则贪是也。

平生一文不能聚，财陷的刃据。

田财二星陷弱，劫的阳刃据二宫，则尺帛贯钱莫聚。

财福重空田宅无，奔走口难糊。

财福二星既值当生空亡，流旬又空，乃重空也。若田宅星又空，虽奔走蝇营徇禄，而衣食亦不能足也。

身命俱空魁独露，艺业多辛苦。

文魁星居强坐实守照，身命主俱陷弱落空。纵有谈天论地之奇术奇艺，亦未免辛苦艰难愁叹也。

身居闲极命天德，交情容易合。

身居闲极，命坐天德，无煞难相侵，则重义轻财和气。

杀星守貌福刃并，谋害没人情。

相貌之宫乃人性情之所钟，善恶之乡也。吉星照临则为人君子，若煞星来据，更与福德阳刃同会，必寡情薄德不仁也。

孤星乌宿性虚灵，杂学艺多成。

孤星，心月狐也。性最灵。乌宿，毕月乌，性能预知。然人身命逢之，主聪明博学，精通艺术之人。

福财身命人迁移，兴贩是施为。

福财身命四星入迁移宫，则兴贩经营而是用也。

水木同行财帛宫，舟楫往来通。

二星居财帛实，则江湖之客。落空，把梢舵之徒也。

金星与木主同宫，风斤月斧工。

身命主同入田财宫，必操绳墨弄斧斤之人，坐实得地，亦能因之富贵。陷弱空亡，则奔波劳碌者矣。

水德若同身命陷，音乐并渔染。

水星同身命本为吉用，今乃若陷失据，则不能为用矣。非作乐音技之徒，即渔夫染匠之辈。

生逢太白入天财，绫罗惯剪裁。

金星入财帛，身命官福失陷，必裁剪之人，亦能富也。

主来伴月夹荧镇，陶冶知前定。

或身或命与火土同宫，拱夹陷弱宫，陶冶之流。

木弱如还遇火金，铁石艺中寻。

木星为主而落陷弱之宫，又逢金火二星同守命，或入田财宫，若非攻于金铁，是必治玉石之人也。

木气二星到财帛，竹木艺为业。

二星同入财帛宫得地，则商贾之人。失陷遇凶，则工匠之辈。以上数格，遇人之命偶合此格，乃如是断之，非谓此等之人合此格，然后为此艺也。仍须看虚实强弱以定断之，不可胶柱而鼓瑟也。

妇人看身兼福德，子息与疾厄。金水虽清妒淫贱，木命荣大显。

金水乃酒色之星，妇人不宜见之。若寅亥安命，得金水清白，主招荣显之夫。他宫安命，金水虽清，多为侍妾使婢之命也。大抵妇人之命，要身命、福德、田财、夫子诸星居强坐实，不落陷弱，则能富贵。疾厄宫有好星曜，无煞难克制，则无产厄并刑害。若夫星坐闲极，必为夫所弃背。坐迁移宫，夫多出外或嫁远乡。或值禄星入奴仆，主自喜庖馔。安命临官冠带者，乃巧媚妆饰，体容娇态，每好纵情于春花秋月之下。若会咸池驿马，水孛同居，多风流淫佚，暗盼私通，否则重婚再嫁、劳碌。若得官禄田财有气，虽享富贵，亦不贞洁。更逢水孛、火罗、阳刃，主血光或侵犯身命主或争战身命宫。轻则血光缠身，重则生产丧命。大凡妇人喜太阳守命，若夫星陷弱，必夺夫权，心性悍暴，为女中之豪。伯夫宫，即男命之妻妾宫也。

福星不起身居二，富贵荣闾里。

女命以福德身主为要，余星次耳。如福德不起本垣，太阴居财帛逢生坐实，必富贵光于闾里者矣。

身星守贵坐禄强，荣富足衣粮。

女人之命以身元为重，命元为轻。若身主坐实临禄驾籍之上，更官福二星好者，必能荣夫旺子，安享富贵福禄矣。若身临煞难，坐于华盖之上，及疾厄之宫，不好者主瘰疾缠身，孤独之命。

身命坐马劫煞冲，孤独更贫穷。

身命坐驿马之宫，而被劫煞、的煞冲照，必劳碌孤苦。如戌生人命坐申，木为劫，若在寅为劫煞对照矣。

奴仆余奴马上见，奔淫为下贱。

如寅午戌生人马在申，若寅宫安命，与尫金同守申上是也。余奴依此。若犯此格，虽富贵亦淫贱也。

主脱若会咸池马，花柳丛中雅。

身命主空脱，若会咸池、驿马二星拱夹，多主淫贱。

咸池星守驿马宫，女淫生产凶。

咸池即桃花杀也。如寅午戌卯宫，火星乃咸池也。若寅宫安命，火星居申，却是咸池守驿马，必主淫奔之贱，而有产厄之凶矣。余皆仿此推之。

马星若守在咸池，酒色性无期。

如申子辰生人，马在寅，用寅木星是也。若亥宫命，木星在酉，必好色贪淫，性情无定。他仿此。

阳命见之多薄德，性好贪花色。更兼名利两无成，带杀主遭刑。

即上文之意，若人犯此格者，不惟女人为忌，男命见之亦不宜也。决轻贱贪淫，利名无成。若更带杀克身命者，必因事而遭刑戮者也。

紫气一星赶月明，妻克子螟蛉。

炁星独随月而行，克妻害子，虽螟蛉亦难招也。实则应，虚则否也。若寅午戌三宫则不然耳。

值刃伴身生日支，妻子早分离。

凡月到阳刃随身主坐于四柱中日支之上者，必难为妻子，或妻有损害，或子有伤残，纵吉亦不免于乖争反目之诮。

妻星遇难又逢直，三次明花烛。

凡妻妾星飞出与难星同宫者，或难飞入妻妾宫而遇直头之星，必主克妻，有两三重矣。

鱼女之宫太白来，珠蚌毓双胎。

亥为双鱼，巳为双女，二宫皆含双意，必产双胎之子。如辰酉时生人，柱中时管男女，辰酉二宫属金，若金星居于巳或亥，以此论之。

男女宫中日月来，必定损头胎。

此男女宫中更逢日月到，定难招头子，先损后成。

小儿只要论关星，直难犹不应。

大凡小儿之命只论关星，及童限难星，直头星不足虑也。且如正、二、三月生，则日月为直头。盖日月乃天地，光明之至，日月守命，乃所喜之星。如午未二宫安命，日月乃为命主，岂有主肯自为祸乎？又如五六月生人，火为直头，只辰酉二宫最忌。若卯戌二宫又为主星，子丑二宫又为恩星，岂可一概而论之，以为杀难哉！此宜详审。

流旬空发有神通，此本名为御史空。纵有恩星俱到正，一时空了欠从容。

假如甲子年则戌为空，乙丑年则亥为空，要阳年空阳宫，阴年空阴宫，虽有凶恶星杀到此，则虚无冷淡，何得以从容施其刑宪哉！此至论也。不可不察。

斯文本是神仙诀，术人休漏泄。此乃术中元，非人切莫传。

此篇作于唐而秘于宋久矣。岂术人不传，盖由不得其人，故不妄传耳。故曰"非人切莫传也"。予观五星并四余之秘，颠倒错乱，载于经书者，孰得其传焉。今之术士只以度数宫分而推，其拱夹颠倒反逆空陷，全未究也。看命焉得而有信验耶！

第二十七章　星命汇考二十七

《磨镌赋》

总论

命惟一理，人为物灵。五星经天，相克相生而不定。二气赋命，其生其死之弗齐。

天地之间惟人最灵，事事而能之，故云灵。五星在天为木火土金水也。故有生克之义。二气，阴阳之气，人禀之以赋命也。

须知取用多门，然则参考其阁。

言术家作经传者多门，而参考其理则一也。

详观制化，更识安危。富贵双全，盖是用星制难。

如午宫安命，木炁为难为凶，被金克之，如罗星为难被水星克之。余皆仿此。

贫寒一世，只缘仇主伤恩。

假如立命在于子宫属土，火为恩星，被水克之，罗为次恩，被孛克之是也。

恩居四正定超凡，

如恩星用星守命，会妻妾宫、财帛宫、官禄宫，值此者是也。

难居当头何足说。

如难星当头照命则不吉，若无救至于倒限有救，主疾病破财之说。

仇难守命，非过房离祖，定是异姓同居。

仇星我生者，难星克我者，二者守命，主过房离祖，或二姓而同居者。

忌难临身，非庶出偏生，必须填房入舍。

身者，身宫主星也。若身主遇忌难二星相临，定主庶出之人，不然为填房入赘之人也。

或刑伤骨肉，或出自贫寒。要明大化之机，不可一例。

大凡看命要识五行虚实，乃生旺休囚，明尽造化，可论吉凶，不可执一。

取彼舍此，认假成真。

如取彼为论，则为定见，不可从他凶吉，取此以为定见则不可从他凶吉，以假为真似有不验，以真为假则有验矣。

难星若占田财，断无祖业。

田宅、财帛二宫皆为强宫也。若福星、恩星临之，则富厚，若难星临之，主人无祖业也。

恩星如守田宅，广置田庄。

恩星，生我之父母也。如守田宅，犹祖与父庇下，岂不为福平。

凶中变吉，盖缘仇主受降。吉里成凶，却是恩星受制。

如官禄宫福德宫主星逢生坐实则吉，若是反此则为凶也。

难星秉令限宫，终身成败。破碎刑伤财库，衣禄难辛。

如行限宫，遇难身得令，如无制伏，则主人成败进退多矣。

忌准同行当获福，恩仇如遇主无成。

若忌难二星同行，自相克反吉，恩星到限忌亦到，则主破害之事。

引鬼入室，贫不自聊。

如立命子宫，又值水字守命，木气合水字拱照，主此人贫贱一世之命而无福。

难星为用，不可战克。化难生恩，福来不小。

难星同行相克，凶，无克反为福，更难来生恩反福。

忌会仇星，必主刑伤。

忌仇二星同宫，凶尤甚也。

恩星守限遇仇来，祸生不测。

如恩星守限，遇仇星相攻相克，必主大凶也。

难若当头逢用制，福却难量。

如行限遇难本凶，若是用星正照克难，又大发也。

二母争权，决不为福。两鬼自斗，岂是无灾。

二母如二恩也。月水相见之地，两鬼皆克我者之类，依限而推。

恩星纵显，重见无功。难仇虽轻，再见必死。

如恩当头得地升殿，仇用遇之，再见无功。

逢恩不发，盖因恩在仇宫。

单逢恩则发，在于仇宫则不发矣。此以限宫逢之而言此也。

遇难不凶，由是难居用地。

如逢限地遇凶地必然为祸矣，若在于用星之地，则吉，不可以凶言。

难守难宫祸不浅，恩居恩地福无量。

如难星守于正宫，而祸来则不浅矣，如恩星得地升殿，则发福而不轻矣。

难在恩宫，转凶成吉，恩居仇地，纵发亦轻。

但凡难星若居恩宫反吉。恩星若临仇宫，而反凶矣。

熟究造化之机，难尽明言之断。官星贯日，定为显达之人。恩用居官，亦是荣华之客。

官禄夹贯太阳富贵，恩用二星守照官禄宫，尤贵显。如官与太阳同官同度，当此为例，恩星用星居官亦如是。

更无驳杂，何用狐疑。当看高强，次推轻重。恩居用位，纵逢仇忌也掀彰。难宫直待，用恩来方能荣显。

行限遇难本凶，若得恩用二星当途，方许发福。

忌星守照，须看三方。恩用照临，必分正合。

忌星三方拱照则凶，恩用正照力，转重拱照力轻。

恩无余气，借用星而解仇。用若当头，尽难星而作祟。

巳命金为恩，无余气借木气二星，则富贵。更若太阴守命，虽限逢凶难，不为害。

向背固宜斟酌，昼夜更要推详。夫妻本是难星，逢克化反能偕老也。

如辰命木为妻，火为难，若同居，齐眉到老也。

儿女主是恩宿，逢生旺反主刑伤。

如酉命土为儿女，火星同行，虽相生，终为难星，主刑伤也。

恩守命宫，有福有禄。

恩星守命，必主富贵两全。

忌难临身，破形带疾。

如难星与身命二星同宫，纵然发福，而亦主刑伤。

己身苟免，母命难逃。命立土宫，诸宿喜躔火度。限行木局，三方忌见金星。

木气高强，祸来无地。火罗坐命，福必滔天。

二曜五星，制化不同。三方四正，照临有气。青云得路，恩星身命两朝阳。白手成家，命主恩星同守宅。

既欲求名赴举，须看富道禄神。为难忌则不荣无疑，化用恩而登科无虑。

且看有无驳杂，庶几论命不差。行限若遇恩星，置田换宅。宫内如逢难曜，重疾破财。或重或轻，有党有救。难星有党得地，祸不可言。恩星坐实逢生，福尤堪恃。平生成败，只缘身命有亏。

身命主失而逢难，则一生成败反复之间耳。已上本文甚明，然亦有注之者，反生枝节。

祸福依稀，盖是恩仇相杂。

恩星与仇星相混杂，则为祸福反掌耳。

身命入恩，逢时发达。

身命躔难度难宫，须至老亦主艰辛。

辰酉立命，土会太阴，须当获福。

二宫安命，太阴会土计乃恩星也。反言富贵，又不以土计犯太阴论。

寅亥立命，金气临身，将何以为。

二宫立命，太阴会金气，谓之安身傍鬼，非金助月华。

火罗计孛本是凶神，化恩星获福莫量。木气金水本为善宿，为忌难见祸最速。土命人行金限遇火，不能克金而发福。土命人行木限遇水，反能党木以生灾。

如子丑宫命行辰酉金限，乃金旺火衰，盖火生土，土生金，所以得助获福，如寅亥木限逢水旺，则水助木克土，所以生灾。

限逢难在高强，无救必然倒限。倘若恩居忌弱，有党亦不为祥。所可喜者，恩星秉令或显逢生。最可嫌者，难星司权兼以有党。恩居强宫逢生吉，难星秉令有党凶，行限遇之无救。

《兰台妙选》一

上篇

人禀三命，

天元、地元、人元谓之三命。

数周六旬。

自甲子起至癸亥，每甲管十支辰，共六十日也。

虽仗根基之稳，

如春木，夏火，秋金，冬水土，四季各得其时生旺，此谓根基稳固也。

未饶格局之真。

格者，取用于生月何神为用，以定其格局者，支辰见申子辰、亥卯未、巳酉丑者谓之局者是也。

有禄马之往来，反居贫贱。

禄者官，马者财也。失地反贱。

坐凶煞之交互，却主光荣。

凶煞者，七煞、羊刃、伤官也。有制得地，反主荣贵。

盖缘格局高而凶煞伏藏，

如甲以庚为煞，遇丙火制服，藏于地支之下，谓之藏。

根基弱而贵神向用。

如甲木生于秋八月为基弱之地，酉中辛为官贵无伤，可以向用。

是故马化龙驹奔凤阙，器业峥嵘。

午属马，辰属龙，酉为凤，以此取象人得丙午、壬辰合酉，可以类此。

蛇化青龙入天池，功名赫奕。

巳属蛇，辰属龙，丙午、丁未为天池，巳人得辰而为青龙，更逢丙午、丁未则腾跃必矣，亦须得时者为荣。若生居闭蛰之时，止是虚名虚誉而已。若辰见巳，反为以大就小。《经》云：蛇生龙穴则进，龙生蛇穴则退。

耀日月之光，则宝剑冲于牛斗。

如壬申日柱中得丑为妙，金性至申酉而至刚，故以壬申、癸酉剑锋金以取其象。金即宝剑也。二十八宿丑则属牛，分野以壬申、癸酉而得丑为剑，气冲斗牛。柱中若乙丑为正，若得癸丑则为剑之匣矣。已丑丁丑则非癸丑为匣，纳音属木论。

逞江河之量，则灵槎入于天河。

无根之木，得丙午丁未为妙。甲木乃阳木无根，可言槎也。虽五行之内，无土并不生旺者为正。若有土栽培，则不漂流于水也。天河，即丙午、丁未是也。若本无根之木，而得丙午、丁未于柱中，正合此格，定断以湖海之士，逞江河之量，信不诬矣。

兔入月宫，卯年亲于己未。

卯之肖为兔，己未是为月之宫也。若卯年生人见己未，是月宫也。己未生人得卯时亦可借用，但月虽遇夜方明，亦须要辛卯，方谓之玉兔。

麟逢凤沼，辰命跨于金牛。

辰为龙、为麟、为龙池，酉为鸡、为凤沼，金牛乃酉上所配之星也。若辰命得酉为麟逢凤沼，酉人得辰，亦可借用。

荣庆双亲，必要子归母腹。

五行生我者为父母是也。我生为子孙，母腹，胎也。且如以金生水，则金为水之母，水为金之子也。木生火，则木为火之母，火为木之子孙也。所谓母腹者胎宫长生宫皆是。金在卯须得己卯，己卯属土，土能生金，又如木在酉，须得乙酉，乙酉属水，水能生木，木生在亥，须得癸亥，癸亥属水，水能生木，此谓子归母腹。余皆仿此。若金生人遇丁卯乙巳，木生人遇癸酉辛亥，则是胎中受克，生时是鬼也。非贫则夭之命，水火土命皆仿此。

休垂后裔，则是水绕花堤。

两木在内，两水在外者是。凡有根蒂枝叶者。谓之花，五行之木皆可引用，命中若得两木在内，两水在外，木不至于火炎，水不至于漂荡，便为水绕花堤之格，盖水之性本清，花之色本艳，性与色两相宜，水之德本智，木之德本仁，仁与智者相会相资相德，无藩离之捍隔则生福，有基庆源无涯矣。

藏珠于渊海之中，癸亥喜逢于甲子。

甲子、乙丑有名无形之珠也。东方朔以蚌蛤名之，癸亥三元俱属水，所以为渊源，故癸亥乃渊源之水，谓之藏珠于海也。

腾身于云汉之上，宝剑为化于青龙。

壬申、癸酉为宝剑，壬申、癸酉生人得壬辰时乃化为龙，庚辰、甲辰亦可引用，若戊辰水必化，丙辰虽化而未免蟠于泥矣，二者不合此格。

壬辰逢癸亥而龙跃天门，

辰则为龙，亥则为乾，合为天。或者一见辰生人得亥时，便为龙跃天门，不知龙与天门皆当得其正为佳，取壬辰为水。

己未遇酉宫则月生沧海。

己酉见己未，太阴入庙在未，故己未火象于太阴为入夜之时，又为沧海之宫。

若己未生人而得酉时，正合此格，乙酉、癸酉、辛酉为妙，己酉、丁酉次之。

蚌珠照月而焕然烁众。

甲子、乙丑为蚌蛤之荣，月宫乃己未是也。盖蚌蛤采太阴之华，二者最喜相见，甲子、乙丑生人得己未时正合此格。若己未生人得甲子、乙丑时，亦可引用取之。

金马嘶风而卓尔超群。

午为马，庚午、甲午为金马，巳为巽风。庚午、甲午生人得巳时，乃合此格。辛巳为最，余则福轻。若本生驿马在日而时宫见巳，亦可引用。又如申子辰，马在寅，得壬寅属金，是为金马。而逢巳时，亦为此格。余皆仿此。

云龙风虎，带顺者早擢甲科。

云龙风虎者，寅卯辰巳也。寅为虎、卯为雷、辰为龙、巳为风，但得寅卯、辰巳一顺为妙则力重，倒乱者则力轻，断分贵贱。

争斗伏降，更贵者少登天府。

争斗伏降者，下四位克生年，一争二斗三降四伏。又云：独力不怕，更有贵神助之，大富大贵，坐空则福轻。

日月分秀兮，有泽润生民之德。

戊午、己未天上火，火在天上，故戊午得太阳正位，己未得太阴正位。然日明于昼，月明于夜，日月各自分权。盖太阳出入于卯酉，晦于戌，故戊午生人须得亥子丑为应格。二者若晦而不明，则何以言福。惟日月各自分权，明则为福也。

桑柳成林兮，怀任重致远之才。

壬子、癸丑为桑柘，壬午、癸未为杨柳，若壬子、癸丑生人得壬午、癸未，壬午、癸未生人得壬子、癸丑时皆合格，亦要当时为荣，若凋零材衰朽，虽成材必不成材矣。

脱体化神，超凡人圣。

六十花甲子之体各有大小，各有轻重，各有入圣。金命甲子、乙丑、壬寅、癸卯、庚辰、辛巳、甲午、乙未，得壬申、癸酉、庚戌、辛亥；木命壬子、癸丑、壬午、癸未、庚申、辛酉、戊戌、己亥，得庚寅、辛卯、戊辰、己巳；土命庚子、辛丑、丙辰、丁巳、庚午、辛未、戊申、己酉，得丙戌、丁亥、戊寅、己卯；此三者，皆为脱体化神。如火命丙寅、丁卯、甲辰、乙巳、丙申、丁酉、甲戌、乙亥，得戊子、己丑、戊午、己未；水命丙子、丁丑、甲寅、乙卯、壬辰、癸巳、壬戌、癸亥，而得丙午、丁未；则为超凡入圣。要之有所变化者，皆有所成就。非若拘拘自守，执一不通而无超达也。

攀龙附凤，志气冲霄。

辰为龙宫，酉为凤沼，以辰合酉，皆可以攀龙鳞而附凤翼。但其中有辰酉见庚辰，或庚辰见乙酉，则非。盖乙与庚合，辰与酉合，乙禄卯刃在辰，庚禄申刃在酉，辰酉二位中有紫暗大煞故也。当推详其外有无刑煞，若其外刑煞重，则为凶命也。

龙虎包承，

辰为龙，寅为虎，命有寅中藏巳，或有丑，或有卯，或有巳中藏寅辰，皆合此格。

凤凰恋禄。

天干三字同，而一字异者，为三干凤凰。如三甲一乙，三乙一甲之类。年月日时之中皆藏寅辰，有凤凰而又见禄，合此格。

昆山片玉，

金生人见戊寅是也。或戊寅生人而得一金，皆合此格，二金三金非。

桂林一枝。得之者，勋高覆载之中，职处朝廷之上。

己未生人于秋月而见之乙未，乃合此格，乙未生人而得己未亦是，二木三木者非。

丙丁入于乾户，乃驾海之长虹。

丙丁生人见乙亥、辛亥是也。丁乃西方朱雀之神，赋炎上之性，造化借用为虹。乾户即亥上，是乙亥与辛亥为正，丁生人得辛亥，乃为此格。

庚辛值于巽宫，为啸风之猛虎。

庚辛之位属金，为西方白虎之象，巳为风。若庚辛生得巳时，合此格。辛巳、乙巳，亦为妙。

烈风雷雨，多利民济物之心。

烈风雷雨者，乃戊子、己丑、丙午、丁未、戊己有寅，寅中有箕，箕星好风，酉中有毕，毕星好雨，更如卯春夏生显，秋冬虚贵。

源远流清，禀秀德真儒之气。

源远流清者，水命见寅，卯为源远，纳音见金为流清，若有土则虚名。

三奇拱贵，则勋业超群。

乙丙丁乃天上之三奇，甲戊庚乃地下之三奇，壬癸辛乃人中之三奇，乙巳人拱鼠猴，丙丁人拱猪鸡，甲戊人拱牛羊，壬癸人拱兔蛇，庚辛人拱马虎，其中带三奇全而拱贵者，亦合此格，其贵非常。

五福集祥，则伟人间出。

年月日时胎各出一旬者，止有四旬者则非。

云凝薄露，逢寅卯而方荣。

丙午、丁未人居冬月，是为霜露。若年月上俱带严凝之气，则造化天寒。忽于日时见寅卯，则温和之气可解此冻，合此格。

月照寒潭，遇申酉而必贵。

己未为月水，生仲秋之后，谓是寒潭。己未生人得水，须有申酉，方可言贵。盖四时之月，秋月最明，四时之水，秋水最清也。

凤舞顺风，而威震千里。

酉宫为凤，巳宫为风，酉人得巳及生于五月，乃凤舞顺风。然风不谓之风而谓之顺风者，须是丁巳、乙巳、己巳方为合格。又须五行中无刑煞，无冲击，无破溃方可。若其中不争，则酉见巳为破碎，巳见酉为卷帘，二煞鲜有不为凶者矣。

马骤天廷，而官封万钟。

马即驿马，乾为天廷，即亥宫也。如巳酉丑生人马在亥而得辛亥，正合此格也。余亥主福则轻，辛亥得金气故也。

风雨作霖，有尊主庇民之德。

巳为巽，巽是风，丙午、丁未是雨，或有龙、有水、有云是也。亦可言雨，此格生秋间，万物有赖大造化之格局，春雨如常，三冬雨反主单寒贫贱之徒。

地天交泰，负经邦论道之才。

申为坤，坤为地，亥为天门是乾，乾为天，天位于上，地位于下，上下之势然也。而在《易》则为否，非交泰之象。必地在上，天在下，阴阳之气方为通接交泰，乃合此格者也。

龙虎拱门，名登天府。

五行中以对冲，为天门。如酉人对冲是卯，则卯为之门，不见卯而得寅辰，一则为龙，一则为虎，是合此格也。

贵人捧印，文占甲科。

印即墓库也。火以戌为印，木以未为印，金以丑为印，水土以辰为印。丙申、丁酉生入以猪鸡为贵，得酉与亥拱一戌戌，为火之正印，壬辰、癸巳生人以兔蛇为贵，得巳与卯拱一庚辰，为水之正印，乃合此格。其他仿此而推。

更逢官星入局，重紫重金。若值贵煞相扶，三公三少。

既合前印之格，更带官星入局，贵人与刑煞相扶，则贵不可言，入局乃得地。如贾侍郎辛酉生命，既合龙虎拱门，而寅为贵，丙属火，火生人为得地。又如姚尚书丙申、庚寅、乙酉、丁亥既合贵人捧印格，丙丁猪贵为吉神二位夹扶，丙用癸为官，癸属水，水临官在亥为得地，故为美备。

官居五府，盖为五行入垣。

五行金木水火土，垣即墓库也。金人乙丑，水人壬辰，木人癸未，火人甲戌，土人丙辰，皆为入垣。或年月日时胎各带库，或本命一路皆逢印库，不为鬼库者，乃合此格也。

位入三槐，必是三奇逢德。

天上三奇甲戊庚，地下三奇乙丙丁，人中三奇壬癸辛，命带三奇，逢天月二德者，其富贵位入槐庭。如乙丙丁生于正月，甲戊庚生于十二月，壬癸辛生于六月者，是也。

三台驿马，遇禄而荣拜玉堂。

本命连珠得三位者为台星，四位而虚一度位者亦是，有三台而无禄马犹可言贵，若更带禄马尤为妙也。

十干官星，见贵而上超金阙。

十干，乃甲乙丙丁戊己庚辛壬癸是也。如年月日时胎带甲乙丙丁癸之类。是甲官辛，丙官癸，丁官壬，癸官戊，则十干皆带官星也。更见天乙贵人，岂不谓之美哉！

龙居沧海，早得路于青云。

辰为龙，壬戌、癸亥为沧海，辰生人得壬戌、癸亥乃合此格。但春夏秋间得此格为伏藏无用，惟冬生妙，乃当藏即藏也。

虎卧荒丘，少脱身于白屋。

寅为虎，辰戌丑未为土家三位，故借为荒丘。若寅生人有辰戌丑未者，皆合于此格，若二位一位者主福亦轻，不得大福。

月桂芬芳，而蜚声寰宇。

己未得四木为吉，己未为月，三四木为桂。若己未生人下得四木拱集，如月中仙桂芬芳，乃合此格，更要秋生方为贵也。

官贵引从，而螽羽鸳行。

篞音镏，冲也。鸳行如鸳鸟分序而立，如臣立子君侧。

如壬寅见己丑、己卯之类，壬寅见己卯为贵人，壬用己为官星，以卯为前引，以丑为后从，乃合此格也。正合壬贵兔卯藏。

三奇暗合，而仗宪漕台。

庚辛壬暗合乙丙丁，己癸乙暗合甲戊庚、丁戊丙暗合壬癸辛，皆为三奇暗合，造化得之最清，惟支辰重浊，冲击者则破。

一气为根，则刺史吏部。

年月日时皆水、皆土、皆火、皆木、皆金。但木须向荣，遇清中和气；火须自焰，不致火炎；土须厚重，始能持载；金须不刚不柔，无太过不及之患；水须有归，不至泛滥无统，方合此格。

拔茅连茹兮，愈坚愈固。

天干地支虚一夹一者是也。如甲年丙月戊日庚时中连乙丁己，如子年寅月辰日午时中自连卯丑巳，是谓茅既拔而茹自连。若年生月，月生日，日生时，自上接下者，亦是也。

暗灯添油兮，弥久弥明。

甲辰、乙巳覆灯之火，水可借为油。甲辰、乙巳生人入夜而遇水，合此格，日生者非。

金柜藏珠，早繁华于黄屋。

金命之禄马，中央一辰是也。如辛巳生人得戌是辛，禄在酉，马在亥，不见酉亥，只在日时有戌，乃为合格。盖戌后有亥马，戌前有酉禄，虽不见禄马，而禄马藏于其中是也。

灯花拂剑，植勋业于枫宸。

壬申、癸酉为宝剑，甲辰、乙巳为灯，壬申、癸酉生人得甲辰、乙巳，或甲辰、乙巳生人得壬申、癸酉，皆合于此格也。

月白风清，

四时皆有月，而不如秋月之明，四时皆有风，而不如秋风之清。人命生居秋而见己未与巳巽，或巳生人于秋而得己未，或己未生人于秋而见巳，皆合此格。

花红柳绿。

四时皆有花柳，皆不及于春也。人命生于春三月，见木若得壬午、癸未为妙，壬午、癸未杨柳也。或壬午、癸未生于春是也。

得及时者，官爵至于卿监。遇贵神者，名位显于华途。

以二格喜其及时，不喜其失时，喜其遇贵，不喜其背贵，既得及时而复遇贵，贵全显矣。

魁星指南，有揽辔登车之能。

甲辰、乙巳、丙午、丁未、戊申、己酉、庚戌、辛亥、壬子、癸丑，此十位皆为魁星，此一旬生人而得南方巳午未之日时，正合此格，亦须参酌生旺、贵人、神煞之轻重，稍为有用皆可言贵，使于四方，必不辱君命矣。

玉兔东生，负升堂入室之学。

卯为兔，辛卯、癸卯为玉兔，辛卯、癸卯生人居东方者，乃为此格。若己未生人而得辛卯、癸卯格局，尤正。

水火既济，何忧雁塔功名。

火之性炎上，水之性润下。若火在上而水在下，则上下相违，而在卦以为既济。盖上者年月，下者日时，以其天干为上，地支为下者，则谬矣。

棣萼芬芳，定有蝉联富贵。

年为本，日为主，此言其本与主，年为兄，月为弟，日为兄，时为弟。此言其年主月日生时，人命中年月一体，日时一体，合而言之，止出二位。

透顶连荣，而挺生贤辅。

本命以一辰为顶一位，透出一位，相连互换不绝者，乃合此格。以年遁月，以月遁日，以日遁时，上不至于乾，下不至于枯，连荣之谓也。

异香满路，而间产英豪。

年月日时之天干，见年月日时之地支，为天干贵人者为此格。所谓衮衣补阙，满路异香。若年干之贵列于月日时中，不相凌犯者，亦合此格。

杨柳拖金，

壬午、癸未为杨柳木，生于三春而得一金，乃合此格。失时而带重者非也。不为拖金。

石榴喷火。

庚申、辛酉为石榴木，生于九夏，三个月共有九十日，而得其一火，乃合此格。失时而得火多者非也。谓榴喷火正在五月。

苍松冬秀，

岁寒松柏之后凋也。庚寅、辛卯之木，非其他比也。盖其他之木，春而荣，夏而茂，秋而死，冬而迫于隆冬之气，独松柏之木，四时不改其色，枝干长青。须在三冬之景，愈见苍翠。故庚寅、辛卯生人，一路皆属于冬令，尤为劲节之操。

丹桂秋香。

己未生人得木，是丹桂生于秋月，乃为此格。蟾宫有桂，非木则无以借用，生于他时则不芬芳。所谓秋风生桂枝，得之者科名有分。生不遇时，不在此例。

聚精会神，而玉带金鱼。

水为精，火为神，水火得地，乃精神俱足，亦为合此。然所谓神者，乃五行英灵之气，自生自旺者是也。故精神聚会者，无不显达也。如火居巳午未，水居亥子丑之地而无克害者，亦可以语此例也。

寒谷回春，而锦鞍绣勒。

木生居三冬受严凝之气所挠，极无生意。当困阻之时，而忽得寅卯辰三春之令，乃为寒谷回春之象，发达最易者也。

极妙者，雪腾雨施。

子为坎，坎为云，丙子、壬子为云，丙午、丁未为雨，而丙午、丁未生人得丙子、壬子，丙子、壬子生人得丙午、丁未，皆合此格。但春月不宜休囚，夏月不宜太旺，三秋最喜有气，冬则为忧死败。春而休囚，则必妨于农事，夏而太旺，则未必不失于淫，秋而有气，则能救苏万物，冬而死败，则必至于作寒。要之此格惟秋月得之者为最奇。

最奇者，绿绕红围。

绿谓柳，红谓木也。柳乃壬午、癸未杨柳也。红谓庚申、辛酉石榴木，凡木皆可。人命得壬午、癸未在年与时，其他木在月日，是为绿绕在外，红围在内，合此者可取。

贵人登于月台，笔下文章灿星斗。

贵人者天乙贵人，月台者即己未是也。甲戊庚生人得己未时合此格，更若贵人互换，尤妙。

黑煞朝于北斗，胸中志气盖乾坤。

壬癸乃元武为黑煞，北斗乃是丑，壬癸生人得丑时乃合此格，癸人得两丑更佳，其他刑煞则未必为福者也。

拱揖端门，早遇九重之诏。

五行以午为端门，子为帝座，子午生人若日时虚拱，午前有巳，午后有未，则为一拱一揖，而端门清肃，子人得之荣达。

会同帝阙，进端一品之荣。

亥位乃为帝宫也。后乎亥，则有戌酉申；前乎亥，则有子丑寅。若亥生人而左右前后会同贵气于本命，乃为此格。本命非亥，而年月日时虚夹一亥，亦可借用。

墨池泉涌，而器识渊源。

墨池，癸巳是也。泉涌，水长生是也。如金命人得癸巳，乃合此格。更得吉神扶助者，必然贵矣。

学海波深，而才华超卓。

学海者，水命人见申子辰全是也。无土有金即贵。明有龙虎，暗有风雷，辰龙、寅虎、巳风、卯雷。凡命中带寅午辰者是明有龙虎。寅与辰拱得卯、辰与午拱得巳，暗拱风雷，得之者，无有不贵。若明带风雷，暗藏龙虎，亦贵。

显带官星，隐藏禄马。

官星宜显不宜隐，禄马隐者反妙。如癸丑生得戊戌，是癸用戌为官，戊与癸合拱得亥子，是癸禄在子，丑马在亥，合此格。

职位何愁不显，进修岂患无成。

以上之格取青紫如拾芥，又奚患栖迟而无成就者哉。

乾清坤夷，设施不苟。

戌亥为乾，申为坤，乾必清，坤必夷，乾而遇云霄风雨则不清矣。坤而遇刑煞冲战则不夷矣，惟乾无挠于上，坤无挠于下，上下帖然而安，方合于此格。

天清地实，抱负非凡。

天轻清于上，地重浊于下。天而不虚，何以著日月星之取照。地而不实，何以载不齐之万物。如何谓之虚，有空是也。何谓之实，无空是也。如壬申生人见辛亥是壬申乃甲子旬无亥，所以为天虚。辛亥乃甲辰旬有申，所以为地实。若天地并归生换空亡者，则非也。

雷雨迎春，逢辰卯而沾濡万物。

震为雷，毕为雨，丙午、丁未亦为雨，有雷雨生居十二月之间，此乃有迎春之意。若寅卯辰在日时，乃合此格，谓将进之气。

扶桑出日，见巳午而光照四方。

戊午日卯为扶桑之地，以午生人于卯月日时或得巳午，正合此格。盖造物本由其渐，卯则方明，至巳午则普照天下，有骎骎向明之意。人命得此格，前程岂不光远哉！

毕乌登于日宫，贵邻五府。

癸酉、辛酉为毕乌，戊午为太阳之官，癸酉、辛酉生人而得戊午，或戊午生人而得辛酉、癸酉，皆合此格。若乙酉、丁酉则非，谓之毕乌也。

箕豹隐于山谷，名冠百僚。

寅为豹，又为山，若寅生人而又得寅时，乃合此格。但庚寅喜甲寅、丙寅，壬寅喜戊寅格局为妙，寅为艮，艮为山，乃取之。

真武当权，

壬癸乃北方合煞之神，壬癸人但得子巳丑者，乃合此格。盖子正北方，巳中有蛇，丑中有龟，真武当权，知是大才而分端。

勾陈得位。

戊巳为勾陈正带夹拱，皆贵格。勾陈得位，不亏小信以成仁。

金舆引从，

甲人禄在寅，辰为金舆，命前三辰为引，命后三辰为从。更兼拱夹禄在驿马共带三奇者，此为极品之贵格也。

火土入堂。

甲辰、乙巳为覆灯火，丙戌、丁亥为屋上土，甲辰、乙巳生人见丙戌、丁亥全合此格，夜生者贵，日生者则非。入此四格，持旌节之权，秉兵符之任，巳上四格人命带之，兼得贵神禄马扶助，必为出将入相。

水居湖海之中，禀汪洋之硕量。

子为湖，壬戌、癸亥为水，海者，若水命人得子，又得壬戌、癸亥，则志量汪洋，施设宏大，前程久远。

火震雷霆之地，着烜赫之威尊。

卯为雷霆之地，凡火命人若生巳午而得卯时，乃合此格。若休囚死绝，或遇水深，虽卯时不能济，当以生旺取之，主威势之权衡。

武跨将坛，虽繁剧而其神不乱。

凡命中带凶神恶煞得为有用者，皆可言武，非特以武以生为言也。子午卯酉是也。若子午卯酉生人时官带煞有用，乃武跨将坛，最主为人能剖繁治剧之政事。

贵临印绶，纵富贵而其志不骄。

天干为阴，阴生阳，阳生阴，为印绶。如甲见癸，乙见壬，丙见乙，丁见甲之类。是以甲为阳木，癸为阴水，阴水生为阳木是也。贵即天乙贵人，命中若得印绶下带贵人者，虽贵极品，亦不易其所守。

德合双鸳，坐槐庭而布政。

天干地支神遇合为鸳，若双合者则谓之双鸳合。命中干支带双合，而上有天德月德，或加临官，乃为此格。一位见合而见德者，格局不正也。

官星四干，居棘寺以输忠。

四干者，乃年月日时四位之天干也。生者，乃官星遇长生有气之谓。如甲用辛为官，而得辛巳，辛用丙为官，而得丙寅之类。凡官星休囚歇灭者，非也。

天关地轴建元，万卷诗书。

乾为天关，坤为地轴。乾中有亥，坤中有申。若辛亥见戊申，正合此格，春夏大贵。

日精月华动地，三台宰辅。

卯酉为日月之精华，日月交阴之地，卯酉生人在于秋月，必主大贵，宰辅之职也。

位极功高，列四方之正位。

子午卯酉为极四方之正位，寅申巳亥为东南西北之四维，若命中带四方正位，或带四维造化者，无不贵显。若缺一借一，与夫缺一符用，皆可合此格。虽辰戌丑未，亦可借用仿此。

名昭位著，转一气之洪钧。

年月日皆属冬令，而时上忽然得寅，乃合此格。木人与水人为最，火人次之。盖木逢春则生旺，水逢东则顺流，火寅则名健，至于金则绝休，土则死病。

双门夹禄，得之者凤阁鸾台。

如癸生人禄在子而亥丑谓之夹禄，且如癸酉生人见丙子，又辛亥乙丑是也。禄居子，马居亥，库居丑，正谓双门夹禄也。

三秀盈门，遇之者玉堂金阙。

年月日时多带天月、二德、三奇者是也。

活禄兼于活马，入格则麟阁标名。

禄之旺，马之生，更得天德相助者，乃合此格者也。

大煞并于喜神，入局则凤池显贵。

正月大煞居戌同位，合此格者，更得贵神之助，主功名显达。

苍龙驾海，而金印悬腰。

甲辰、戊辰为苍龙，壬戌、癸亥为海，甲辰生人而得壬戌、癸亥、壬戌、癸亥生人而得甲辰、戊辰，皆合此格也。

朱雀腾空，而旌旗翳目。

丙丁火乃南方朱雀之神也。若丙丁得巳午未之地，乃谓之朱雀腾空。丙丁生人得巳午临于日时，方合此格，可以言贵。

三元集旺，产超卓之英才。

三元即天干地支纳音，此为天元、地元、人元也。命中带五行自旺之气，若四孟、四季，则无自旺也。

四字俱生，抱出群之大器。

四字乃年月日时纳音四位，乃命中带自生，居于四位乃合此格者。如水生亥，火生寅主贵，惟寅申巳亥有此格局。四仲、四季，则无自生之理。

桂林凤隐，佩印乘轩。

己未生人而见两木是为桂林，酉为凤。其中带西方为凤隐。若有二木非己未不可谓之桂林，要见己未生酉时，方合此格。

海藏龙潜，膏车秣马。

海藏者壬戌、癸亥是也。辰为龙，壬戌、癸亥生人得辰时乃为此格，盖海藏非龙则人得以玩亵，龙非海则无以藏形，可以相有而不可以相无也。

人格者佩印乘轩，及时者名登显位。

此言前二格各得其时，入格乃贵，桂林凤隐宜于秋，海藏龙潜宜于冬，方言福。

雷霆得门，遇之则名利超升。

戊子、己丑霹雳火，为雷霆之象，卯为雷门，生于春夏月也。如戊子、己丑生人见卯，卯生人见戊子、己丑及生于春夏，正合此格。不宜水多，生于秋冬则不及时矣。

福生有基，逢之则资金满屋。

四位集福于帝座，主发于四方是也。不逢凶神恶煞，此乃大富之格也。

三奇会于龙虎，叶赞扶持。

三奇者，乙丙丁、甲戊庚、壬癸辛是也。命中带三奇而支神有寅有辰者，不问顺与乱皆可，况三奇入庙在辰，故合此格。

四德见于旌旗，藩宣屏翰。

天月二德凡两见为四德，旌旗为亡神劫煞是也。如亥卯未亡神在寅，劫煞在申，则是寅为旌，申为旗。如巳酉丑，亡神在申，劫煞在寅，则是申为旌，寅为旗。余皆仿此。如四季带亡劫，见两天月二德，则合此格也。

胸中豪迈，贵人居词馆之中。

天乙居词馆，乃五行临官是也。如木临官在寅，庚辛人得之。水土临官在亥，丙丁人得之。其他仿此。若不见天乙贵人，又得福星贵人、天官贵人、太极贵人皆可引用。

笔底纵横，魁星入垣局之内。

魁星得甲辰一旬干位皆垣局，即五行之正库是也。甲辰、乙巳得甲戌，丙午、丁未得壬辰，戊申、己酉得丙辰，庚戌、辛亥得乙丑，壬子，癸丑得癸未，皆为魁星入垣，合此格也。此外并无。

贵人在玉堂之上，咫尺龙颜。

壬癸生人见卯为贵人，须得癸卯乃为玉堂，壬癸生人见癸卯，正合此格。

文星入词馆之中，从客凤阙。

乙亥、丁巳为文星，如乙亥生人见丁巳，丁巳生人见乙亥，最为妙也。

一旬内三位四位，为公为卿。

年月日时在旬内是也。又兼逢官星，又见贵人纳音相生，正合此格。

五行中自生自旺，不富即贵。

金辛巳自生，癸酉自旺，木己亥自生，辛卯自旺，水甲申自生，丙子自旺，火丙寅自生，戊午自旺，土戊申自生，庚子自旺。若命带自生自旺，便见亨通，若休囚死绝者，必不发福。

得天地之和气者，早充观国之光。

寅卯辰为天地中和之气，命中年月日时带卯辰寅三位俱全者，正合此格，四位而间一位者则非。更若木人与火人得此绝妙，如水命人福轻，会金人得之未必为福，三春水盛、金衰、火旺、土赢。

居坎离之正位者，高预南宫之选。

子宫为坎之正位，午宫为离之正位。以甲子生人而得甲午、丙午、戊午时，或庚子生人而得甲午、庚午时，壬子生人而得丙午时，是子喜见午，格局尤正。甲午生人而得丙子、戊子时，丙午生人而得壬子、戊子时，戊午生人而得戊子、庚子时，庚午生人得甲子、丙子、庚子时，是午见子，格局亦正。其余摘出者，未必合格。况子为水之所钟，午为火之所钟，子午中水火坎离相会者，极妙也。

一旬包裹，独操千里之权。

如甲寅见癸亥，甲子见癸酉之类。

一路连珠，早擅四方之誉。

天干地支相连，故云：天干十脉之调匀，地支相连如珠玑。

虚一时用者，文主台谏，武居将坛。

如甲子见壬申数内，八十内缺一位，九位与癸合是也。

得一分三者，生当封侯，死宜庙食。

如甲寅禄五行中，寅午戌马居申，申子辰马居寅，凡禄神数三合是也。

五星七星拱揖，轻清者学士翰林，重浊者胄子武弁。

如甲子见戊辰，为五星拱揖，见庚午为七星拱揖，余皆仿此。

四位八位包藏，有用者名士大夫，无用者富家巨室。

丙寅致己巳为四位包藏，癸酉为八位包藏，余皆仿此。

蚌珠吸月华兮，见水位极公卿。

甲戌为蚌珠，己未为月华，癸亥或下逢一位水，合此格。

萤火照水滨兮，遇秋贵为卿监。

丙申、丁酉为萤火，下逢一水是也。生于秋夜，正合此格。多则泛滥，若非及时，则为贱格。诗曰：萤因腐草出，难近太阳飞。若见三秋月，冬生囊聚奇。此至微至妙。

三十六大贵，值之者黄甲标名。

自本生年至时顺数三十六位是也。盖三十六者乃阴阳至贵之数，人命获之，岂不贵哉！

二十四统全，得之者青云稳步。

一岁有二十四气。自立春以始，积五日则为一候，积三候则为一气，二气则为一月，所以一年统为七十二候。二十四气命中一年，数至时，得二十四位是也。盖自始而终，包含生施大德，合此格大贵。

七日来复，喜气候之循环。

自本命顺数至第七位是也。甲子见庚午，己丑见辛未，丙寅见壬申之类，盖七日之气若离一阴必就一阳，若离二阴必就二阳，若离三阴，必就三阳，以其相对而分合，此者皆是有贵也。

六位后先，喜阴阳之对偶。

六位者即本命数至第六位是也。如甲子得己巳，乙丑得庚午，为先六位，己巳得甲子，庚午得乙丑，为后六位，盖一为阳，二为阴，数至于六，乃三阴三阳不偏，多主荣贵。

大衍虚一，常人必无。

大衍之数五十，其用四十九之数，得之者合于大衍，自本命数至四十九位是也。

天地中分，奇才以产。

五行以干为天，以支为地，所谓中分者，支干各分一半是也。如甲子生甲午是甲子至癸巳，三十之数已足，甲午再起一半，天干是中分，地干是中分，乙丑见乙未，丙寅见丙申，皆是天地中分之格也。

体一用一，犹一元默运之初。

体者本命也。月则自年而遁，日则自月而生，时则自日而起，是年为体，月为用，月为体，日为用，日为体，时为用也。统而言之其端皆起于本命，月日时同出一辰，是体一而用亦一也。

居三隔三，象三才既分之后。

一生二，二生三，三生万物，故数至于三者，无穷之生施也。所谓居三阳者，自本命顺数至第三位者是也。如丙寅得戊辰，戊辰见庚午，庚午见壬申之类。盖一而二，二而三，是天地人三才之既分也。三才既居造化以成万物之原，人兹以立，人命合此三数，安得不为奇哉！

一旬中睦集和气，麟阁标名。

年月日时共出一旬者是也。又为一旬包裹唤天格。探真歌云：四位循环共一旬，还同兄弟一家人，玉堂厚禄数千户，金榜题名显二亲。合得者宜此断。

十三位炳现魁星，凤池显职。

自本命数至第十三位是。如甲子生人得丙子，乙丑生人得丁丑之类，皆是十三位，但见魁星，惟甲辰一旬十位是也。余则无之，十三位恰如甲辰旬中十三位尤妙。

二仪贵显，学问渊源。

本命相连一位，日辰相连一位，皆为二仪。如甲子见乙丑，庚午见辛未，乙亥见丙子，辛巳见壬午，丙戌见丁亥，戊子见己丑，是两位连珠。而遇天乙贵人，乃二仪贵偶。若二偶连珠，丙前见亥，见鬼煞乃贴身鬼位，反主生祸，须是贵偶方为吉也。

八位官星，文章俊迈。

本命顺数入八宫得官星是。如甲子生得辛未，甲寅生得辛酉，庚申生得丁卯，庚寅生得丁酉是为八位官星。此格得之者，多居侍从之列，非寻常之可比也。

火明木秀，逢春月以为荣。

一气所至，则金鼠登魁。斗柄所指，则火生逢寅。三阳交泰，万物生辉，火至此光辉发越，木至此敷荣茂盛。夫东方木色青，南方火色赤，青赤相间则文华。如戊午则见辛卯，己未则见庚寅，命中有木与火，生居三春，乃火明木秀。生居夏，则火太炎，木已死。秋则并归死绝，冬则无气。

金白水清，遇秋天则为贵。

三秋令西方白帝司令，当此时以金则白，以水则清，本命中有二金在下，二水在上，或一金三水，一水三金，相间生于秋月，则贵，春夏冬间，金未必白，水未必清，不合此格。

虎卧凤阙，附凤非难。

寅为虎，酉为凤，寅生人见酉，酉生人见寅时，乃合此格。况寅宫有箕星，酉宫有毕星，箕星好风，毕星好雨，生逢其时，有风雨作霖之象。若虎憎鸡觜短，以其元辰日论之，则差之毫厘谬以千里。

鱼跃龙池，攀龙诚易。

鱼即亥，亥乃双鱼也。龙即辰，辰属龙，亥生人得壬辰时，乃合此格。辰人得亥则非，亥遇辰亦非，然以龙嫌猪面黑，果时无刑战，有官星贵人，此鱼跃龙池格无疑也。

三奇三合，为邦家柱石之臣。

三合寅午戌，三奇见前，干带三奇，支带三合，最好，三奇乃阴阳精气见在三才者也。况支逢三合有忽然相契之义，其福气浑涵，相资相得，岂不为贵哉！

重盖重金，作庙堂瑰伟之客。

辰戌丑未为盖，命带二金则重一金，此格极贵，或乙丑、乙未、庚辰生见庚戌，或庚戌生见乙丑、乙未，互相见之，不畏刑冲。

五星朝北，虚斗宿而名动缙绅。

五星即五行，金木水火土也。即非五星北方正位。北辰躔斗牛分野之宫，视于尤重，命有戌有子有寅虚拱一丑，乃五星朝北，更带五行全，格局乃为贵。

万派流东，拱雷门而声震天地。

千源万派，无非水也。朝宗之势，未始不一。盖天高西北，地陷东南，水自西北以发源，自东南而顺注。天上有星皆拱北，世间无水不朝东。命中若三四水俱朝东，日时虚拱卯位，乃合此格。

故阴阳之理，欲探其端倪。而造化之机，当识其变通。

五行或隐而显，四柱或晦而明。或无生旺而寿康，或乏贵官而显达。势若难辨，理或易晓。格局可据，如对镜以别妍丑。机缄悉露，若临水以照须眉。斯理一融，至神自悟。

第二十八章 星命汇考二十八

《兰台妙选》二

中篇

命中贵贱，格分细微。详究渊源之旨，洞知造化之规。穷四柱之兴衰，深明得失。括五行之进退，便晓盈亏。纯粹全而高明，驳杂深而微贱。数切推于顺逆，杀要详而通变。

人谓鬼人而生必乖时，物谓鬼物而杀反破吉。

煞中逢鬼谓乖时也。生时遇众煞所聚，反克年于是吉位逢凶，谓鬼物也。日时生吉时之官，反恶煞冲刑克害。珞琭子曰：人有鬼人，物有鬼物，此之谓也。

甲辛带煞而伤体，刺面悬针。刑刀逢凶而克身，分尸锋剑。

甲辛二字为悬针，更逢巳酉二字，乃配字。或更日克本主者，为刺面悬针之格刑刀者，三刑上带羊刃在煞宫。于刑克本生身命者，为分尸锋剑之格，刑死不见尸。

或有降福以就祸，或有降尊以就卑。

必先富后贫，先贫后富，禄马贵人逢死绝，气衰不能逢旺中之鬼，气囚不能救生旺之财。降福就祸者，吉中有凶，降尊就卑者，先旺后衰，先明后晦，先通后塞，谓火焰光即晦，木叶落无荫。

白虎衔尸则殒身涂炭，元武披发则明镜尘埃。

白虎者，甲乙下有庚辛者，庚辛金，乃白虎煞也。元武者，壬癸水命中见寅卯辰者，心主凶危。

信失礼亏，仁空义塞。风动灯灭，水涌土溃。

土主信，火主礼，土火受冲，同归空绝，故谓之信失礼亏。木仁金义，木困而受制，金困而受克，故谓之仁空义塞。甲辰、乙巳乃灯光之火，木多招风，或甲乙不可动，犯则风动灯灭。一土孤虚，四木浮泛，必有崩塌之祸，则水涌土溃。犯此格此局者贫者流，富者夭，或在僧道之命，亦主荒迷性恶之类。

破刑之体而阴鬼蹑足，荡产之家而干鬼临头。

胎克时，时克日，日克月，月克年，下克上，谓之阴鬼蹑足。干鬼壬癸全，或见胎干克时，时干克日，日干克月，月干克年，故谓之干鬼临头。此为极凶之兆，后学宜细推之。

天诛神殛而杀犯雷公，火焚水淹而鬼截根蒂。

雷公煞者，正二三月在寅，四五六月在亥，七八九月在申，十十一十二月在巳，犯之者重重克身，五行煞重者疑被殛死。鬼绝根蒂者，五行死绝逢鬼是也。

仇雠金煞，富贵定不长年。火煨古骸，疲废必无鹤发。

仇雠金煞者，二酉二巳，乃蛇须殃谷，鸡须分碎是也。一木四火，乃火煨骷髅，是乖中不乖，和中反乖，必然夭死者也。

木衰火炎兮有心而无力，金寒水冷兮有力而无心。

木衰而不能当旺火之光，火上木下，富贵极天，木上火下，贫而无福。金寒水冷者，谓四位庚辛见一壬生冬，或纳音四金一水，冬月而无气也。

白虎焚身兮，宁无徒刑。青龙退鳞兮，岂逃汩没。

白虎，庚辛金也。交于离丙丁为白虎焚身，且如一庚三丙，一辛三丁，至重者青龙甲乙是也。怕见壬申癸酉，金损气也。

鳏寡孤独而最殃，破刑伤滞而灾深。

孤神曰孤宿之神，曰鳏寡、曰孤独，四位俱刑，鳏夫寡妇，独女独子是也。空亡克身也破，金神曰刑，羊刃曰伤，三刑曰滞。

五行怕夺纪纲，四千最嫌繁冗。

纪刚者，谓下三壬、一亥、三甲、一未、三辛、一丙之类，分夺秀气，不专也。繁冗者，谓下一壬、三亥、一甲、三未、一辛、三丙，是繁冗不匀而无秀气也。

印破马破，必是巧胥滑吏。刃横刑截，岂非市井屠沽。

印破马破，指正印被冲破刑克，前刃后刑更怕相克。刃横刑截者，如乙卯鼠，前有庚辰，后有庚子，乃市井屠沽之辈也。

耗鬼值杀而财若浮云，天中绝迹而家无儋石。

耗鬼值杀者，劫杀同大耗或六害三刑同耗克身也。贫当天寿，贵反刑伤。天中者，甲戌、乙亥墓绝之火。又见甲申、乙酉水日时逢空带鬼煞，天中绝迹之谓也。

自缢兮悬丝帛影，自残兮截命伤魂。

若自缢，命中带戌亥，有患恶煞重叠者是。自残，如辛酉见庚戌后见壬申，前羊刃后亡煞，皆克生年，诚可畏也。

局内有伤，格中有破。朱门饿莩，贫死夭亡。遇此格者，家徒四壁。若无救者，寿岂长年。

局内有伤，谓五行自旺处逢鬼相克，福身刑空破败。格中有破者，合前贵格重逢，贵煞相冲是也。朱门饿莩者，入格之命，下见三空四空，三刃四刃，三劫四劫之类。生于华屋，死于穷途，必主九流僧道艺术之士也。

烛影当风，岂有长久富贵。丘壑滞水，何须去问功名。

甲辰、乙巳灯烛之火，怕戊辰、己巳巽风，或下有木，木能招风，风动灯灭。丘壑者，辰戌丑未是也。更不宜壬癸水多，谓之水入丘壑，则不流也。

羊刃重重而克命，沟壑土埋。金神叠叠以伤身，阵前分首。

大抵羊刃之煞最可畏也。三重克身带煞，必主征伐而终。金神亦为煞中之要，二重克身，必主牢狱征伐而死无疑。

蛟龙失水，华摘弹鼓之人。凤凰焚巢，浪流失业之士。

辰生人见亥戌丑未四时荒丘之地，纳音无水，则龙失水无归。凤凰乃酉字纳音，火多则有凤凰焚巢之祸也。

太阳损明，戊午不禁于水溢。太阴薄食，己未岂堪于土多。

戊午太阳火，水多则损明，水克火也。己未太阴水，土多则薄蚀，相克也。

夫妻反目，刃劫临于日宫。父子悖逆，劫刃坐于时位。

日逢羊刃，则夫妻反目。时逢羊刃劫煞，则父子悖逆。如更相克，尤为重害，据理而推。

根苗薄浅，则家资劈若齑粉。财库空虚，则衣食轻于缯缯。

根苗者，如木命人见火多，为火飞烟灭；水命人土多，则壅塞不通；金命人水多，则金沉水底；火命人土多，则晦暗不明；土命人火盛，则土崩而不能载物。财库空虚者，财库在空亡是也。

威而不猛者，禄贵有害。屈而不伸者，造化无情。

威而不猛者，谓禄马贵人有空煞空亡之害。屈而不伸者，谓煞四墓伏藏不能伸舒。干支各不相缀也。

寒冰冻结，毕世天涯。绝迹灭形，终身多疾。

寒冰者，或壬癸命见子丑亥全者生于冬月，乃北方煞，冻结凝滞也。绝迹者，年冲月破，互换空亡，羊刃克身，命有冲击之患。此二格最不好，女多淫乱，男多疾病。

龙蟠泥沙，多招危辱。鬼投母腹，幼必离亲。

辰生人四柱纳音而无水者是也。故龙无水而不能活，无变化之意。鬼投母腹，年月日时四水而胎，无一土者是也。

剑殒锋芒，勾陈失力。源清流浊，天乙星嗔。若无救援之神，必是摽掠之辈。更临空煞，终始穷寒。

壬申、癸酉见火多，必殒剑锋。勾陈即戊己也。戊忌甲，己忌乙，如见木多亦畏之。源清流浊者，水命下见土多也。水轻土重，如壬轻戊重，癸轻己重，水被土浊故也。天乙生嗔者，甲寅见丑、甲申见未也。此谓之天乙生嗔。

裸身带花，女播淫奔而男迷酒色。

咸池乃桃花煞，更在沐浴之地是也。

飞廉值煞，男犯徒流而女落风尘。

飞廉正五九酉，二六十三七十一卯，四八十二午，周而复始，见煞更带之者不宜也。男子见之主犯凶恶，女人亦不宜也。

资财浅薄而黑煞临门，父母刑伤而枭神入命。

逢黑煞乃壬癸二字带煞，是命前五辰为宅，命后五辰为墓，黑煞不可入墓也。宅墓受煞，落梁尘以呻吟。枭神者，二重三重倒食是也。若克年于纳音，重。

探阴阳并格局，等分有象之幽元，旁烛无穷之造化。用之则百发百中，明之则万举万通。究此精微，留传后世。留心博考，音旨分明。验往察来，贤愚可见。

下篇

且夫神机妙论，默契精微。谈元虚以言人物，即本经而照是非。必三元可据，四柱堪凭。格清为台阁之臣，局妙居钧衡之任。

日轮当表，毫光岂被猛风吹。

戊午为日轮，巳午为当表。如戊午生于五月，又逢巳午日时，谓有辉光于天下。如有毫光，风吹不得也。人命得之，有贵禄则为文官，有吉煞则为贵神，亦有威权声名。

人立画桥，沉影不随流水去。

己亥木逢壬寅金，又逢丙午或癸亥水，为驾海画桥，此格得人可以言贵也。

桃花滚浪龙门，宜三月之先登。桂影横波凤阙，占季秋之早步。

庚申为桃花生于春月，有水多为奇，遇贵神禄马必龙门之一跳高登。桂影者，辛卯辛酉，木人见巳未即水多者，或丙午癸亥皆是。故八月半以前为妙，巳后则福轻也。

风生粉簌，若夏月必是清闲。

太阳盛暑之时，能喜风荫，己巳为生风，逢庚寅更值夏月，若遇禄马贵人，则为极贵大臣，旁招贤士。若命宫无禄马贵人，亦是乡间显达之人，若生不当时，及死绝带凶煞者，为下贱之人也。

水结池塘，生冬月必然浊溢。

冬天丙午、丁未天河水生，逢庚午、辛未，土高有水多，又是夜生，为水结池塘，有水土之怨，人生遇者，生必嫉妒，残害宗支，为人沉毒。生春夏乃佳，可以滋生润物，又不可水多，遇寅卯为淋漓之患，伤义之人。

文星入于河汉，得时者为仕途清政之人，失时者为浊世劳力之辈。

丁巳、乙亥为文星，乙亥生人见丙午、丁未遇八月生，则众星明朗，谓得时必清政之人，若生余月皆是失时，于丙子见丁丑、癸亥亦是，要生于秋月，无不贵也。

一声平地，播四海之威名。一德升天，清四方之德化。

一声平地者，言雷也。为正东。艮寅、甲卯、乙辰巽，己亥者雷也。独乙卯真雷，乙属木，木旺卯，又卯为雷。以乙卯生人，三四月逢辛未、戊申、己亥者，必播四海之威名。秋季即虚名之兆，冬月生人，有贵人，亦是虚名之兆。一德升天者，言天月二德遇乙丙丁为升天，乙丙丁人遇天德亦为升天。或四月逢辛未、戊申、己亥者，必播四海之名。秋季即虚名之兆，冬月生人，有贵人，亦是虚名之兆。命值此格者，名标万里，德化四方，为人间享福之人。性爱人惜民，心中不藏事，无嫉妒，与人善处。盖十二月内皆有天德升天，当详之。

帝旺亲于帝座，生居坎离者，参朝谒帝之人。

凡人遇坎离上逢旺气临于帝座，同贵人禄马命上，定是参朝大臣。何以知之？

盖坎离子午为阴阳之初，阴阳造化，子午运用，遍历四时，为万物之始，故为子、为午、为冬、为夏、为正南北，人遇之为朝而南，故圣人端北面南，坐子面午，是谓明堂也。然子见午为水火既济，惟子午二字欣逢于帝座旺加临贵禄之神，以此为贵显之人也。贵人喜则为台主谈笑，贵人怒则为宰相纪年，水人遇之得其正者，真不怒而威，为卿相之贵。

官禄会于官星，格在子午者，拜书受恩之客。

子午是明堂，禄元当卯。丁禄在午，六丁生人见壬午，六己生人见甲午，六癸生人见戊午，此为明堂上近真禄星会官，更吉神相聚，德合同临，岂不贵哉！

天泽生逢仲夏，用辛亥者入格，则德润乾坤。

天泽，天河水也。仲夏，五月也。盖天河之水冬月为水结道途，故伤物无所不折，惟夏月为天泽。丙午、丁未人生于五六月逢辛亥者是。辛亥乃天门也。得其全谓之天门降天泽，故有德润乾坤。四月逢丙午、丁未、辛亥尤妙。盖四月用辛亥为天德，极好起例，以天德三壬四辛是也。

月华生于仲秋，用甲辰者入格，则光辉天下。

月华是己未也。仲秋八月也。见甲辰更当近夜之时，灯火配作金运，八月又是金白之时，故金运得此时，或八月十五日前是也。己未逢甲辰，己用甲为官星，甲辰逢己未，甲与己合见未贵人，二者皆大贵公卿，小者为监司，故谓之光辉天下。八月十五日以后，虽贵不显，皆时不奇。

日合辛卯，成功烜赫贯山河。

日在戊午，是生夏逢辛卯松柏，沽苑地轮，光穿入枝。是谓日合辛卯，逢巽地巳时，必为山河节度之臣。不全者无贵，下辈之人，赶脚之命。

月时庚寅，慈性明灵光世宝。

己未生人，于八月之时，月兔清洁，光射星河，遇庚寅之术倒影江波，故有慈性明灵之宝，中秋尤妙，十五以后不佳矣。

吉逢羊刃，身属武职镇边疆。吉遇悬针，掌握兵符威华夏。

羊刃逢禄马，生旺之神入格，轻清者必为武帅之臣，重浊者教习槌棒干仆之命，五行四柱无气者，盲目愚奸之人。悬针遇吉，贵人禄马生旺喜神兼格局清者，为兵权武将之臣，浊者教习拳手，干仆之命，凶神犯者必是徒流之辈。

本乎天者，观于贤人之心。本乎地者，会于众人之见。

本乎天，谓天干合起禄马贵人，吉神入格者，进招贤者，为长善善遏恶之人。

本乎地，谓禄马吉神地支官贵入格者，为乐闲能干事务和气之人也。

广扬硕德，只缘龙虎会风云。

辰龙、寅虎、巽风、卯云，四字全，更带禄马贵人，主慈善心，德与佛同也。

大阐经纶，善为斗牛见月露。

丑为斗牛之星，如己丑遇己未，生于夏末秋初，其人大阐经纶，掌乾坤于笔下，为国家栋梁之材。己丑为天上真牛斗之巢，夏末秋初，天清月明，己未丁未为月露，得金为最贵也。

格清失逢于禄马，判为平作之人。局妙陷屈于贵人，断是道途之士。

此言人命遇与不遇之说也。或逢禄贵而无格，只做富人，无气只寻常人，或人格真而少禄马相催，亦是平作道途之人。

三刑逢木墓，化为曲尺之星。三奇逢戊辰，亦作剪针之子。

木库未带辰戌丑未全，为曲尺之星，加贵人扶必为大臣。三奇或遇戊辰，反为恶弱之兆，缘辰中有水，戌中有火，水火交驰，陶熔变化，如有三奇到，为剪匠或雕木之人也。

三奇勿遇，文章空负不成名。六合正逢，家资实若藏珍宝。

进修之士，不遇三奇，虽有文章，功名不遂。乙丙丁、甲戊庚六奇如遇，更得入格，功名可望。得天干地支合于日时为六合，必主富足藏珍之命也。

吉命更逢刑煞，无成破败之徒。

入格者反倒煞重，流浪之士，无成败害之人。

正格又值破空，斯滥穷途之哭。

人命入格，反被空亡冲破，遇煞逢凶，为穷途哭人，无破则一生迍邅。

五行枯淡，而性情卑微。四柱秀荣，而为人慷慨。

人命生不当时，无气死绝，禄背马贵人空，谓五行枯淡，必为言不敢言，行不敢行，立不敢立，性情卑小。如四柱有气入格者，是星会生旺而为人慷慨，秀荣俊伟。

才满三峡，文章居词馆之中。

三峡，水急也。学问渊源，才捷如三峡水也。人逢天河大海润下，更逢己亥最荣，盖水临官谓之词馆之中也。

学富三场，文星在学堂之上。

人能勤学笃志，必文章星在学堂，海中金、白镴金、剑锋金遇丁巳时乃是，更加吉星贵人禄马，必主文章。

命推禄马，格判台根。发运各得其时，审察洞乎消息。为富为贵，乃上下以咸和。若滞若迍，本禄源之相战。运筹帷幄，必然贵禄兼全。掌握藩垣，善是煞权同到。禅腕飞龙之辅，攘拳搏虎之能。风光显赫于乡闾，声价主持于帝座。解使戎夷率服，能令草莽归降。文章茂拔萃之才，谈论吐珠玑之赋。富饶乡郡，德润方隅。可谓一人有庆，兆民赖之。

是以联珠附马，石崇排金闳之筵。

联珠者，根枝不断，附禄马者，乃大富，如石崇有奇异之宝。

互换逢方，武帝送穷船之日。

互换交遇天地之间，有财者大富，但心不足，必效武帝为天子送穷船也。

水人火局，当招六路之财。

如水人居寅午戌火局者，必招陆路之财，如作商旅，财上见才，必因伤而成财，逢空必因高而败财，余放此推之。

甲人巳午，必达钧衡之任。

甲见己为大财合，更带马官星，其人必达仕途也。余仿此。

阴阳未兆，一气化生。著三才遍历于四时，播四象化根于万命。分别贵贱，使学者无不精明。撰述真机，今智士可以易见。用贻后代，慎勿轻传。虽显诸仁，宜藏诸用也。

第二十九章　星命汇考二十九

《三命通会》一

原造化之始

　　《老子》曰："无名，天地之始；有名，万物之母。有物混成，先天地生。"列御寇曰："有形生于无形。天地之初有太易，有太初，有太始，有太素。太易者，未见气。太初者，气之始。太始者，形之始。太素者，质之始。气与形，质合而未离，曰浑沦。"《历纪》云："未有天地之时，混沌如鸡子。溟涬始芽，鸿蒙滋萌。"《律历志》云："太极元气，涵三为一。"《易》曰："易有太极，是生两仪。两仪生四象，四象生八卦，八卦定吉凶。"《易疏》云："太极，谓天地未分之前，元气混而为一。"《蒙泉子》曰："太初者，理之始也。太虚者，气之始也。太素者，象之始也。太乙者，数之始也。太极者，兼理气，象数之始也。由数论言之，可见浑沦未判之先，只一气混合，杳冥昏昧，而理未尝不在其中，与道为一，是谓太极。"庄子以道在太极之先，所谓太极，乃是指天、地、人三者，气形已具而未判者之名。而"道"，又别是一悬空底物，在太极之先。不知道即太极，太极即道。以其理之通行者言、则曰道，以其理之极至者言则曰太极，又何尝有二耶？向非周子启其秘，朱子阐而明之，孰知太极之为理而与气自不相离也哉？

　　所谓太极者，乃阴阳动静之本。体不离于形气，而实无声臭；不穷于变化，而实有准则。故一动一静，互为其根；分阴分阳，两仪立焉。仪者，物也。凡物未始无对，而亦未尝独立。天以生覆而依乎地，地以形载而附乎天。有理斯有气，阴阳之谓也。有气斯有形，天地之谓也。天地不生于天地，而生于阴阳；阴阳不生于阴阳，而生于动静。动静不生于动静，而生于太极。盖太极者，本然之妙也。动静者，所乘之机也。阴阳者，所生之本也。太极，形而上，道也。阴阳，形而下，器也。动静无端，阴阳无始，此造化所由立焉。

柏斋何子曰：天，阳之动者也，果何时动极而静乎？地，阴之静者也，果何时静极而动乎？天不能生地，水不能生火，无智愚皆知之。乃谓阴阳相生，不亦误乎！盖天地水火，虽浑然不可离，实灿然不可乱。故阴阳谓之相依则可，谓之相生则不可；谓之互藏其宅则可，谓之互藏相生则不可。此言的有见也。

夫天地未立，道本天地；天地既立，则太极之理，散在万事。由是而五行生焉。五行一阴阳，五殊二实，无余欠也；阴阳一太极，精粗本末，无彼此也。五行，质具于地而气行于天。以质而语，其生之序，则曰水火木金土，而火木阳也，水金阴也。以气而语某行之序，则曰木火土金水，而木阳也，水金阴也。又统而言之，则气阳而质阴也；又错而言之，则动阳而静阴也。盖五行之变，至不可穷。然无适而非阴阳之道，其所为阴阳者，则又无适而非太极之本然也。

柏斋何子曰：五行一阴阳，阴阳一太极。周子固谓太极不外乎阴阳，阴阳不外乎五行矣。自今论之：水，水也；火，火也；金木，水火土之交变也；土，地也。天安在乎？有地而无天，谓造化全，可乎？若以谓天，即太极。故朱子以"上天之载"释太极，"天道流行"释阴阳。观《易》曰："易有太极，是生两仪，生四象，四象生八卦。"八卦之中，有乾有坤，则天地皆太极之分体明矣。以天为太极之全体，而地为天之分体，岂不误甚也哉！其说似有理也。

夫五行之生，各一其性；四时之行，亦有其序。春以生之，夏以长之，秋以肃之，冬以藏之。春而夏，夏而秋，秋而冬，冬而复春，而相循无穷。盖五行异质，四时异气，而皆不外乎阴阳。阴阳异位，动静异时，而皆不离乎太极。至于所以为太极者，又无声臭之可言，是性之本体然也。故五行各一其性，所谓"各具一太极"也。四时自有其序，所谓"运用一太极"也。五行四时周而复始，所谓"统体一太极"也。而性之无所不在，又可见矣。夫天下无性外之物，而性无不在此。无极二五，所以混融而无间，所谓妙合者也。无极是理，二五是气。真以理言，太极无妄之谓也。精以气言，阴阳五行不二之谓也。凝者聚也，气聚而成形也。盖性为之主，而阴阳五行为之经纬错综，又各以类凝聚而成形焉。阳而健者成男，则父之道也。阴而顺者成女，则母之道也。是人物之始以气化而生者也。气聚成形，则形交气感。遂以形化，而万物生生，变化无穷矣。鲍鲁斋曰："天地以气交而生人物。观其所交，而气之所至，可以知其类之所从出矣。"天气交乎地，于人为男，于物为牡。地气交乎天，于人为女，于物为牝。男女牝牡又自交，而生生化化不穷。人物既生，气随天地之气升降交感。人得天地之中气，四方之气无不感。物得天地之偏气，而亦各随所感。故观天地之气交，可以知人物之初生矣；观天地之气感，可以知人物之相生矣。朱子曰：乾道成男，坤道成女，凝体于造化之初；二气交感，化生万物，流行于造化之后。此理之常也。若姜嫄、简狄之生稷、契，则又不可以先后言矣，此理之变也。张九韶曰：论人物始生于天地肇判之初，则由气化而后有形化，张子所谓天地之气生之是也。论人物始生于结胎，受形之初，则由精气之聚而后有是物，朱子所谓阴精阳气聚而成物是也。由是言之，则人也，物也，气也，形也，孰有出于阴阳之外哉！

夫命禀于阴阳，有生之初非人所能移，莫之为而为，非我所能必。于是有生而富，生而贵者；有生而寿，生而夭者；有生而贫，生而贱者；有生而富贵双全，巍巍人上者；有生而贫贱，兼有落落人下者；有生而宜寿，而反夭阏；有生而宜夭，而反长年之数者，谓由于所积而然与？亦由于所性而然与？谓由于所积，则贫可以致富，贱可以致贵，夭可以致寿，古之所谓人能胜天者也。谓由于所性以得乎，富贵者终于富贵，贫贱者终于贫贱，寿夭者终于寿夭，古之所谓命不可移也。夫谓之积则不可专以为命，夫谓之性则不可专以为人。将以付之于所积，与未知命之所禀，富贵、寿夭、贫贱何如也？将以付之于所性，与未有富贵、寿夭、贫贱，可坐待者，而人为似不可缺也。或曰：命禀有生之初。诚哉是言也！何人生天地之中，有五行八字相同而富贵贫贱寿夭之不一，其故何也？答曰：阴阳二气交感之时，受真精妙合之气，凝结为胎，成男成女，得天地父母一时气候，是以禀其清者为智，为贤；禀其浊者为愚，为不肖。智者，贤者，由是或富，或贵，或寿，必有所得，所谓德足以获福也。愚者，不肖者，不能自奋，日益昏蔽，则贫贱与夭，有不能免，所谓下愚不移是也。其富贵两全者，原禀轻清之气，生逢得令之时，兼以财官亨通、禄马旺相；其运与限，甚吉甚祥。纵有少晦，不系驳杂。其贫贱兼有者，原禀重浊之气，生逢失令之时，刑冲驳杂，无些顺美。虽无祸患侵扰，未免塞滞不前。又有富而贫，贫而富，贵而贱，贱而贵，寿而夭，夭而寿者。又有为贤为智而反贫贱，为愚为不肖而反富贵者。天地间人，万有不齐，此亦四时五行、偏正得失、向背浅深之气之所致也。故当时元气虽禀轻清，然而生于衰败之时，行休囚之运，富者损失财源，贵者剥官退位，寿者夭阏不禄。其元气虽禀重浊，其人生中和之令，行旺相之运，贫不终贫而为富，贱不终贱而为贵，夭不终夭而为寿。虽然修为在人，人定胜天，命禀中和，性加积善，岂但一身享福已哉！而子子孙孙荣昌利达，理宜然也。命植偏枯，性加积恶，非惟自身值祸已也。而子子孙孙落落人下，得非报与？由前言之，虽系于命，亦在于人之积与不积耳。《易》曰："积善之家，必有余庆。积不善之家，必有余殃。"殆此之谓欤？

耕野子曰："天一气尔，气化生水。水中滓浊，积而成土。水落土出，遂成山川。土之刚者成石而金生焉；土之柔者生木而火生焉。五行具，万物生而变化无穷矣。"

浚川子曰：天地之初，惟有阴阳二气而已。阳则化火，阴则化水。水之渣，滓便结成地。渣滓成地，即土也。何至天五，方言生土？水火土，天地之大化。金木者，三物之所自出。金石之质，必积久而后结。生之必同于人物，谓金之气生人，得乎哉？且天地之间，无非元气之所为，其性其种已各具太始之先。金有金之种，木有木之种，人有人之种，物有物之种，各各完具，不相假借，不相凌犯，而谓五行递互相生，可乎？今五行家以金生水，厥类悬绝，不俟厥理，颠倒失次。不知木以火为气，以水为滋，以土为宅，此天然至道。而曰水生木，无土将附木于何所？水多火灭，土绝木且死矣，夫安能生？周子惑于五行家之说，而谓五气顺布，四时行焉。不知日有进退，乃成寒暑；寒暑分平，乃成四时，于五气之布何与焉？其曰"春木夏火，秋金冬水"，皆假合之论。土无所归，配于四季。不知土之气，在天地内，何日不然？何处不有？何止流行于季月之晦？季月之晦尚有，而孟月之朔即灭，其灭也归于何所？其来也孰为命之？天一生水，乃《纬书》之辞，而儒者援以入经。水火者，阴阳始生之妙物也。故一化而为火，日是也。再化而为水，雨露是也。今曰"天一生水，地二生火"，戾于造化本然之妙，可乎？其折朱子以四时流行之气论五行，天地奇偶之数论五行，太极图阳变阴合而生水火木金土论五行。其折五行配四时，如五行家四时各主其一，春止为木，则水火土金之气孰绝灭之？秋止为金，则水火土木之气孰留停之？土惟旺于四季，则余月之气孰把而不使之运？又安有今日为木，明日为火，又明日为土，为金，为水乎？

按：王氏之说有理，而非达观之见。《珞琭子》曰："以为有也，是从无而立有。以为无也，天垂象以示文。"夫天垂日月、五星、三垣、二十八宿之象，观天文会通，其立名分野，是亦人为之耳。而义象符合，至灾祥占卜，或属类某事，或指见某方，应于某年月日，如探左契。虽天道元远，亦不外人事。与五行阴阳家以十干、十二支分为五行，因日与天会而为岁，月与日会而为月，日有三十，时有十二，以人生年月日时所得干支，立为四柱，以推一生吉凶，亦理之自然者也。王氏以"春属木而土何在"，不知五行旺相死休囚，各主其当时不当时，用事不用事而言，非为春木旺而土则无。十干、十二，支错综为六十甲子，周而复始，不假安排，即造化之所在也。非为今日属木，明日属火，便非天道之自然。不思"人立而天从之，人感而天应之"，即天象立名分野之义，天人合一之道也。观一日有早午晏晚，自有温凉寒热气候，是金木水火土备于一日，五行之不相离如此。谓今日木，明日火，又何莫而非天道之自然也耶？且朝廷造历，颁之天下，其载一年三百六十五日，中间一年之神煞方位，每月之天行德旺，而一日之中又有黑黄吉凶，事之宜与不宜，人遵之则福，违之则祸，是果无理强造而率天下以必从哉！又相人术观气色之青黄赤白黑，而决祸福应于某年月日时，青则甲乙，黄则戊己，赤则丙丁，白则庚辛，黑则壬癸，一毫不爽。察病亦然，观《素问》可见。是干支虽所以记日，而造化不外是也。又人之精神梦寐，预兆吉凶，占之者或以意断，或以物象，或以字解，或以音叶，皆人为之也，而吉凶不能外焉。是有是人而后有是梦，因是梦而求是人，造化且不外，而况干支五行？自有天地，便有此理；因有此理，便生是人，人与天一也。外人以言天，外天以言人，皆诬矣。若伏羲画卦，仰观俯察，远稽近取，是得天地人物之理而八卦所由作也。今之谈阴阳者，虽穷极天地之变，探索人物之微，彰往察来，因著知微，与天地合其德，与日月合其明，与四时合其序，与鬼神合其吉凶，亦岂能外干支五行，而别有造化，以尽天地人物之大哉！今王氏知尊《易》而不信阴阳家说，是知有理而不知有数也。理数合一，天人一理，神而明之，存乎其人焉耳。

论五行生成

天高寥廓，六气回旋以成四时；地厚幽深，五行化生以成万物。可谓无穷而莫测者也。圣人立法以推步者，盖不能逃其数。观其立数之因，亦皆出乎自然。故载于经典，同而不异。推以达其机，穷以通其变，皆不离于数内。一曰水，二曰火，三曰木，四曰金，五曰土者，咸有所自。水，北方子之位也。子者，阳之初一，阳数也。故水曰一。火，南方午之位也。午者，阴之初二，阴数也。故火曰二。木居东方，东，阳也。三者，奇之数，亦阳也。故木曰三。金居西方，西，阴也。四者，偶之数，亦阳也。故金曰四。土应西南长夏，五者，奇之数，亦阳也。故土曰五。由是论之，则数以阴阳而配者也。若考其深义，则水生于一。天地未分，万物未成之初，莫不先见于水，故《灵枢经》曰："太乙者，水之尊号。先天地之母，后万物之源。"以今验之，则草木子实未就，人虫、胎卵、胎胚皆水也，岂不以为一？及其水之聚而形质化，莫不备阴阳之气在中而后成。故物之小而味苦者，火之兆也；物熟则甘，土之味也。甘极而反淡，淡，本也。然人禀父母阴阳生成之化，故先生二肾，左肾属水，右肾属火。火曰命门，则火之因水而后见，故火曰次二。盖草木子实，大小虽异，其中皆有两以相合者，与人肾同，亦阴阳之兆。是以万物非阴阳合体则不能化生也。既阴阳合体，然后而春生而秋成，故次三曰木，次四曰金。盖水有所属，火有所藏，木有所发，金有所别，莫不皆因土而后成也。故次五曰土，木居于东，金居于西，火居于南，水居于北，土居于中央，而寄位四维，应令四季，在人四支，故金木水火皆待土而后成。兼其土数，五以成之，则水六，火七，木八，金九；土常以五之生数不可至十者，土不待十以成，是生成之数皆五以合之。明大衍之数，由是以立，则万物岂能逃其数哉？

三阴三阳，正化者从本生数，对化者从标成数。五运之纪，则太过者其数成，不及者其数生。各取其数之生成多少，以占政令。气化者复著之述作，盖明诸用也。周子曰："五行之序，以质之所生而言。"则水本是阳之湿气，以其初动为阴所陷而不得遂，故水阴胜。火本是阴之燥气，以其初动为阳所检而不得达，故火阳胜。盖生之者微，成之者盛。生之者形之始，成之者形之终也。然各以偏胜言也。故虽有形而未成质，以气升降，土不得而制焉。木则阳之湿气，寖多以感于阴而舒，故发而为木，其质柔，其性暖。金则阴之燥气，寖多以感于阳而缩，故结而为金，其质刚，其性寒。土则阴阳之气各盛，相交相搏，凝而成质。以气之行而言，则一阴一阳，往来相代。木、火、金、水、土者，各就其中而分老少耳。故其序各由少而老。土则分旺四季而位居中者也。此五者若参差而造化，所以为发育之具，实并行而不相悖。盖质则阴阳交错，凝合而成。气则阴阳两端，循环不已。质曰水火木金，盖以阴阳相间言，犹曰东西南北，所谓对待者也。气曰木火金水，盖以阴阳相因言，犹曰东南西北，所谓流行者也。质虽一定而不易，气则变化而无穷，所谓易也。

程子曰："动静，阴阳之本也。五行之运，则参差不齐矣。"张子曰："木曰曲直，能既曲而反伸也。"金曰"从革"，一从革而不能自反也。水火，气也。故炎上润下，与阴阳升降，土不得而制焉。木金者，土之华实也。其性有水火之杂，故木之为物，水渍则生火，然而不杂也。盖得土之浮华于水火之交也。金之为物，得火之精于火之燥，得水之精于水之濡，故水火相待而不相害，铄之反流而不耗，盖得土之精实于水火之际也。土者，物之所以成始而成终也。地之质也，化之终也。水火之所以升降，物兼体而不遗者也。又曰：阳陷于阴为水，阴附于阳为火。朱子曰：五行之序，木为之始，水为之终，而土为之中。以河图、洛书之数言之，则水一、木三而土五，皆阳之生数，而不可易者也。故得以更迭为主，而为五行之纲。以德言之，则木为发生之性，水为贞静之体，而土又包育之母。故土之包五行也，以其流通贯彻而无不在也。木之包五行，以其归根反本而藏于此也。若夫土，则水火之所寄，金木之所资，居中而奠四方，一体而载万类者也。又曰：水火清，金木浊，土又浊。邵子曰：金火相守则流，木火相得则然，从其类也。水遇寒则结，遇火则渴，从其所胜也。

论五行生克

五行相生相克，其理昭然。十干十二支、五运六气、岁月日时，皆自此立，更相为用。在天则为气，寒暑燥湿风。在地则成形，金木水火土。形气相感而化生万物，此造化生成之大纪也。原其妙用，可谓无穷矣。

木主于东，应春木之为言触也。阳气触动，冒地而生也。水流趋东以生木也。木上发而覆下，乃自然之质也。火主于南，应夏。火之为言化也，毁也。阳在上，阴在下，毁然盛而变化万物也。钻木取火，木所生也。然火无正体，体本于木。出以应物，尽而复入，乃自然之理也。金主于西，应秋。金之为言禁也。阴气始禁止万物而揪敛，披沙拣金，土所生也。生于土而别于土，乃自然之形也。水主于北，应冬。水之为言润也。阴气濡润，任养万物也。水西而东，金所生也。水流曲折，顺上而达，乃自然之性也。土主于中央，兼位西南，应于长夏。土之为言吐也。含吐万物，将生者出，将死者归，为万物家。故长于夏末，火所生也。土或胜水，水乃反土，自然之义也。

五行相克，子皆能为母，复仇也。木克土，土之子金反克木；金克木，木之子火反克金；火克金，金之子水反克火；水克火，火之子土反克水；土克水，水之子木反克土。互能相生，乃其始也；互能相克，乃其终也。皆出乎天之性也。《素问》所谓水生木，木复生火，是木受窃气，故水怒而克火。即子逢窃气，母乃力争，与母被鬼伤，子来力救，其义一也。强可攻弱，土得木而达；实可胜虚，水得土而绝；阴可消阳，火得水而灭；烈可敌刚，金得火而缺；坚可制柔，木得金而伐。故五者流行而更转，顺则相生，逆则相克，如是则各各为用，以成其道而已。

论干支源流

夫干犹木之幹，强而为阳；支犹木之枝，弱而为阴。昔盘古氏明天地之道，达阴阳之变，为三才首君。以天地既分之后，先有天而有地，由是气化而人生焉。故天皇氏一姓十三人，继盘古氏以治，是曰天灵澹泊，无为而俗自化，始制干支之名，以定岁之所在。其十干曰：阏逢、旃蒙、柔兆、疆圉、著雍、屠维、上章、重光、元默、昭阳；十二支曰：困敦、赤奋若、摄提格、单阏、执徐、大荒落、敦牂、协洽、涒滩、作噩、阉茂、大渊献。蔡邕《独断》曰："干，幹也。其名有十，亦曰十母，即今甲乙丙丁戊己庚辛壬癸是也。支，枝也。其名十有二，亦曰十二子，即今子丑寅卯辰巳午未申酉戌亥是也。谓之天皇氏者，取其天开于子之义也。谓之地皇氏者，取其地辟于丑之义也。谓之人皇氏者，取其人生于寅之义也。"故干支之名，在天皇时始制，而地皇氏则爰定三辰，道分昼夜，以三十日为一月，而干支始各有所配。人皇氏者，主不虚王，臣不虚贵，政教君臣所自起，饮食男女所自始。始得天地阴阳之气，而有子母之分，于是干支始各有所属焉。至于伏羲，仰观象于天，俯观法于地，中观万物与人，始画八卦。以通神明之德，以类万物之情，以作甲历，而文字生焉。逮及黄帝，授河图见日月星辰之象，于是始有星官之书。命大挠探五行之情，占斗纲所建，于是作甲子配五行纳音之属。《路史》云："伏羲命潜龙氏筮之，乃迎日推策相刚，建造甲子，以命岁时。配天为干，配地为枝。枝干配类，以刚维乎四象。故情伪相感，而星辰以顺。"则至黄帝，命大挠探五行之情，考天书三式，以十干、十二支衍而成六十。取纳音声而定之为纳音，即"甲子乙丑海中金"之类是也。风后释之，以致其用，而三命行矣。彼术家以皇帝定天干十字，属河之图；地支十二，属洛之书。以鬼谷子算成纳音，东方朔解纳音象，皆不得其源而妄云也。

浚川王氏曰："昔大挠作甲子，名数无有穷已，便于纪时偶尔定之。若推考其源，必日月初转之日而后为甲子可也。天之开，尚未有地，安能有人？尚未有人，孰从而传以记之？以为本于十二辰之常而知之耶？天地之运，如环无端。运周一元，磨磑之转，独不再始乎？日周十二时，天之运独不再子乎？一元之上，安知其不有一元耶？况历元之度，牛斗之变，岁差远矣。后世之历各自为据，以求合时尔。古历之法随世亡矣，安能算而合之？今之言甲乙者，必曰实有木气主之，而今日木，明日火，后日土，不亦诬乎？"或曰："大挠占斗柄而造甲子，必能远溯天地之始，故以年甲子、月甲子、日甲子、时甲子为历元，不思占斗柄止可定十二月。天地初开辟，日月如合璧，五星如连珠，俱起于牵牛之初，而后可以定夜半之冬至，此乃死法。故孟子以为千岁之历可坐而致。以今之历考之，如所云云。则天地之开辟者，亦数矣。是岂天地之始耶？日月初转之始耶？文字未兴，天运无稽，又安能尽推之也耶？"按：王说果为有见。然古今高人达士，稽考天数，推察阴阳，以太乙数而推天运吉凶，以六壬而推人事吉凶，以奇门而推地方吉凶，以年月日时而推人一生吉凶。如天罡、淳风、一行、虚中辈，无不奇中，抑又何耶？若如王氏所说，前皆不足信矣。其然，岂其然乎？

论十干名字之义

天气始于甲干，地气始于子支者，乃圣人究乎阴阳、重轻之用也。著名以彰其德，立号以表其事，由是子甲相合，然后成纪。远可步于岁而统六十年，近可推于日而明十二时。岁运之盈虚，气令之早晏，万物生死，将今验古，或得而知之，非特是也。将考其细而知未萌之祸福，明其用而察向往之死生，则精微之义可谓大矣哉！是以东方甲乙，南方丙丁，西方庚辛，北方壬癸，中央戊己，五行之位也。盖甲乙，其位木，得春之令。甲乃阳内，而阴尚包之，草木始甲而出也。乙者阳过中，然未得正方，尚乙屈也。又云：乙，轧也。万物皆解孚甲，自抽轧而出之。丙丁，其位火，行夏之令。丙乃阳上而阴下，阴内而阳外，阳丁其强，适能与阴气相丁。又云：丙，炳也。万物皆炳然著见而强大。戊己，其位土，行周四季。戊阳土也。万物生而出之，万物伐而入之。己，阴土也。无所为而得已者也。又云：戊，茂也。己，起也。土行四季之末，万物含秀者，抑屈而起也。庚辛，其位金，行秋之令。庚乃阴干，阳更而续者也。辛，乃阳在下阴在上，阴干阳极于此。庚，更故也。而辛，新也。庚辛皆金。金，味辛。物成而后有味。又云：万物肃然更改，秀实新成。壬癸，其位水，行冬之令。壬之言任也。壬乃阳生之位。壬而为胎，万物怀妊于壬，与子同意。癸者，揆也。天令至此，万物闭藏。怀妊于其下，揆然萌芽，此天之道也。以为日名焉。故《经》曰"天有十日，日六竟而周甲"者，此也。盖天地之数，甲、丙、戊、庚、壬为阳，乙、丁、己、辛、癸为阴，五行各一阴一阳，故有十日也。

论十二支名字之义

夫清阳为天，五行彰而十干立。浊阴为地，八方定而十二支分。运移气迁，岁岁而盈虚应纪。上升下降，物物而变化可期。所以支干配合，共臻妙用矣。子者，北方至阴，寒水之位，而一阳肇生之始，故阴极则阳生。壬而为胎，子之为子，此十一月之辰也。至丑，阴尚执而纽之。又丑阴也，助也。谓十二月终始之际，以结纽为名焉。寅，正月也。阳已在上，阴已在下，人始见之时，故律管飞灰以候之，可以述事之始也。又寅演也，津也，谓物之津涂。卯，日升之时也。又卯茂也，言二月阳气盛而孳茂。辰者，阳已过半，三月之时，物尽震而长。又谓，辰言震也。巳者四月，正阳而无阴也。自子至巳，阳之位，阳于是尽。又巳起也，物毕尽而起。午者，阳尚未屈，阴始生而为主。又云：午长也，大也，物至五月皆丰满长大也。未六月，木已种而成矣。又云：未味也，物成而有味，与辛同意。申者，七月之辰，申阳所为而已。阴至于申则上下通，而人始见白露叶落，乃其候也。可以述阴事以成之。又云：申身也，言物体皆成。酉者，日入之时，乃阳正中，八月也。又云：酉缩也，万物皆缩缩收敛。九月戌，阳未既也。然不能事，潜藏于戌。戌中乃乾位，戌为天门故也。又云：戌灭也，万物皆衰灭矣。十月亥，纯阴也。又亥劾也，言阴气劾杀万物，此地之道也，故以此名月焉。

甲之干，乃天之五行，以一阴一阳言之。子之支乃地之五行，以地之方隅言之。故子寅午申为阳，卯巳酉亥为阴，土居四维，王在四季之末。土有四，辰戌为阳，丑未为阴，故其数不同也。合而言之，十配十二，共成六十日，复六六而成岁。故《经》曰"天以六六之节，以成一岁"，此之谓也。陈抟曰：天干始于甲而终于癸，河图生成之数也。地支起于子而终于亥，洛书奇偶之数也。阳自复始，六变而乾阳备；阴自姤始，六变而坤阴成。合二六之数，而为十二辰也。夫甲丙戊庚壬，阳干也。子寅辰午申戌，阳枝也。乙丁己辛癸，阴干也。丑卯巳未酉亥，阴枝也。法以阳干配阳枝，阴干配阴枝，犹木之有干而有枝。自甲子为首，以六甲五子次第推排，而尽于癸亥。仍以干枝本数而计其成数，总其成数干枝若干，然后以五除之，遇其有剩者，约之以生五行之音，是为六甲纳音。圣人推之以入用，以分金六十位定布于二十四位，以正行为各宫之主。以六甲大五行为纬，察其分金胎养衰死之气，定其孤虚旺相之卦。内有戊己为龟甲空亡，甲乙为补接之空，以是消息阴阳。凡立葬、乘凫、定命、纳音，皆宗乎此。

总论纳音

尝观《笔谈》论六十甲子纳音，本六十律，旋相为宫法也，一律含五音。凡气始于东方而右行，音起于西方而左行，阴阳相错而生变化。所谓气始于东方者，四时始于木，右行传于火，火传于土，土传于金，金传于水。所谓始于西方者，五音始于金，左旋传于火，火传于木，木传于水，水传于土。

纳音之法，同类娶妻，隔八生子，律吕相生之法也。甲子，金之仲，同位娶乙丑，隔八下生壬申。金之孟，壬申同位娶癸酉，隔八上生庚辰，金之季。庚辰，同位娶辛巳，隔八下生戊子。火之仲。戊子娶己丑，生丙申，火之孟。丙申娶丁酉，生甲辰，火之季。甲辰，娶乙巳，生壬子，木之仲。如是左行，至于丁巳中吕之宫，五音一终。复自甲午金之仲，娶乙未，隔八生壬寅，一如甲子之法，终于癸亥。自子至于巳为阳，故自黄钟至于中吕，皆下生。自午至于亥为阴，故自林钟至于应钟，皆上生。夫上下生者，正谓天气下降，地气上升。《易》曰"天地交泰。"义见于此。然所生止三者，亦三元之义，故《经》曰："三而成天，三而成地，三而成人。"《易》爻之象，取三。《老子》曰："一生二，二生三，三生万物。"盖有始、有中、有终，毕矣。又观《路史》云：甲乙木，丑未土，子水而午火，六者无一金。而风后配合，乃以甲子乙丑、甲午乙未谓之金，此出乎数者然也。数之所合，变之所由出也。乾为天，坤为地，乾坤合而为泰，德为父，红为母，德红合而为东。干为君，支为臣，干支合而纳音生。是故甲乙为君，子丑为臣，子丑甲乙合而为金。盖五行之在天下，各有气性，有材位，或相济，或相克，若成器未成器，旺中受绝，绝中受气，惟相配而取之为不同耳！此金数之所以难同，而又有"海中""沙中"之异。或曰：甲乙以相克取，甲嫁庚，乙嫁辛，甲乙遂有金气，故凡木必受金胎。阳生于子，水旺之地，故甲子、乙丑为海中之阳金。阴生于午，火旺之地，故甲午、乙未为沙中之阴金。子，阳之始。午，阴之始。以甲加子，乙加丑，数之至午得庚，至未得辛，为阳索阴。以甲加午，乙加未，数之至子丑亦得庚。辛为阴匹阳，盖亦旋宫之法。夫妻子母相济相克，相上相下，而吉凶之兆著矣！草有莘与䕢，独食之杀人，合而食之有寿；金锡两柔合，而炼之则刚，理固如是。又观《六微旨论》云：纳音者，谓子午数至庚，丑未数至辛，寅申数至戊，卯酉数至己，辰戌数至丙，巳亥数至辛，寅申数至戊，卯酉数至己，辰戌数至丙，巳亥数至丁。得七者西方素皇之气，纳音属金也。得三者南方丹天之气，纳音属火也。得九者东方阳九之气，纳音属木也。得一者中央总统之气，纳音属土也。得五者北方元极之气，纳音属水也。假如甲子甲午从甲至庚，乙丑乙未从乙至辛，其数皆七，所以纳音属金。丙寅丙申从丙至戊，丁卯丁酉从丁至己，其数皆三，所以纳音属火。戊辰戊戌从戊至丙，己巳己亥从己至丁，其数皆九，所以纳音属木。庚子庚午辛未辛丑，其数皆一，所以纳音属土。丙子丙午从丙至庚，丁未丁丑从丁至辛，其数皆五，所以纳音属水。纳干数也。所以只数其干不数其支。如从丙至庚，即丙丁戊己庚，是其数五也。又如，从甲至庚，即甲乙丙丁戊己庚，其数七，即《路史》之义。

又《瑞桂堂暇录》则云："六十甲子之纳音，此以金木水火土之音而明之也。"一六为水，二七为火，三八为木，四九为金，五十为土。然五行之中，惟金木有自然之音，水火土必相假而后成音。盖水假土，火假水，土假火，故金音四九，木音三八，水音五十，火音一六，土音二七。如甲子乙丑其数三十有四，四者金之音，故曰"金"。戊辰己巳其数二十有八，八者木之音，故曰"木"。庚午辛未其数三十有二，二者火也。土以火为音，故曰"土"。甲申乙酉其数三十，十者土也。水以土为音，故曰"水"。戊子己丑其数三十有一，一者水也。火以水为音，故曰"火"。凡六十甲子皆然。盖两金两木相击，自然成音。而水必以土击，火必以水激，相胜而成音。土必以火陶成器，而后有音，亦自然之理也。又一说，六十甲子纳音皆从五音所生，有条不紊，端如贯珠。盖甲子为首，而五音始于宫。宫土生金，故甲子为金。而乙丑以阴从阳，商金生水，故丙子为水，而丁丑从之。角木生火，故戊子为火。徵火生土，故庚子为土。羽水生木，故壬子为木，而己丑、辛、癸丑各从之。至于甲寅，则纳音起于商。商金生水，故甲寅为水。角木生火，故丙寅为火。徵火生土，故戊寅为土。羽水生木，故庚寅为木。宫土生金，故壬寅为金，而五卯各从之。至甲辰，则纳音起于角，角木生火，故甲辰为火。徵火生土，故丙辰为土。羽水生木，故戊辰为木。宫土生金，故庚辰为金。商金生水，故壬辰为水，而五巳各从之。宫商角皆然。惟徵羽不得居首。于是甲午复如甲子，甲申如甲寅，甲戌如甲辰，而五未、五酉、五亥，亦各从其类。又一说，大衍之数五十，其用四十九。先布四十九数，却用《太元》数，甲己子午九，乙庚丑未八，丙辛寅申七，丁壬之卯酉六，戊癸辰戌五，巳亥单名四。以五数除，不满五者作纳音属。水一、火二、木三、金四、土五，相生取用便是。如余一水，水生木；余二火，火生土；余三木，木生火；余四金，金生水；余五土，土生金。假令甲子、乙丑四位干支共除三十四数，外有十五数，以二五除一十，余剩得五数，属土。土能生金，是甲子、乙丑金也。丙寅、丁卯四位干支二十六数，外有二十三数，以四五除二十，余剩三数，属木。木能生火，是丙寅丁卯火也。余皆仿此。大抵六十甲子，历也。纳音，律也。支干，纳音之别也。此天地自然之数。河图生数也，生者左旋，故以中央之土而生西方之金，西方之金而生北方之水，北方之水而生东方之木，东方之木而生南方之火，南方之火而复生中央之土。洛书克数也，克者右转，故以中央之土而克北与西北之水，北与西北之水而克西与西南之火，西与西南之火而克南与东南之金，南与东南之金而克东与东北之木，东与东北之木而又克中央之土。此图书生克自然之数也。盖术根理数，无微不通，此纳音之所为妙也，断断乎出自黄帝无疑矣！

再考《太元》数，如何以甲己子午为九数？盖万物者，本乎天地，运乎四时。春以万物滋长于艮，秋以万物凋零于坤，生发归藏莫离于土。土者，坤、艮也。《易》曰"艮乃生物之始，坤乃成物之终"。甲，天干之首；子，地支之首。二义之循环，一阳之来复。故甲子起于天地之数是也。子，一阳属乾，父道也。甲壬配之，从子数。甲至申见壬，得九数。乾元用九也，夫妇配合，故甲己二干皆得九也。丑上加乙至申得八，故乙庚二干皆得八也。寅上加丙至申得七，故丙辛二干皆得七也。卯上加丁至申得六，故丁壬二干皆得六也。辰上加戊至申得五，故戊癸二干皆得五也。此天干起于乾也。午为一阴属坤，臣道也。乙癸配之从午，加乙至寅见癸，得九也。子为一阳，午为一阴，夫妇之道，故子午二支皆得九也。丑加寅至未得八，故丑未二支皆得八也。以寅加申至寅得七，故寅申二支皆得七也。以卯加酉至寅得六，故卯酉二支皆得六也。以辰加戌至寅得五，故辰戌二支皆得五也。以已加亥至寅得四，故已亥二支皆得四也。数此于九不言十者，十则又起一矣。故凡十数，则曰一十。洛书数始于一，终于九，《太元》独从四起数，不言一二三者，盖一生二，二生三，三生万物，一为天，二为地，三为人。有天地而后有万物，故曰三元。且天干十，地支十二，起于九，终于四。天干地支已尽，自无一二三。《太元》起数皆理之自然，如此不可不知。

第三十章　星命汇考三十

《三命通会》二

论纳音取象

昔者，黄帝将甲子分轻重，而配成六十，号曰"花甲子"。其"花"字，诚为奥妙。圣人借意而喻之，不可著意执泥。夫自子至亥十二宫，各有金木水火土之属。始起于子，为一阳；终于亥，为六阴，其五行所属金木水火土，在天为五星，于地为五岳，于德为五常，于人为五脏，其于命也为五行。是故甲子之属，乃应之于命。命则一世之事，故甲子纳音象，圣人喻之，亦如人一世之事也。何言乎？子丑二位，阴阳始孕，人在胞胎，物藏荄根，未有涯际；寅卯二位，阴阳渐辟，人渐生长，物以拆甲，群葩渐剖，如人将有立身也；辰巳二位，阴阳气盛，物当华秀，如人三十、四十而有立身之地，始有进取之象；午未二位，阴阳彰露，物已成齐，人至五十、六十，富贵贫贱可知，凡百兴衰可见；申酉二位，阴阳肃杀，物已收成，人已龟缩，各得其静矣；戌亥二位，阴阳闭塞，物气归根，人当休息，各有归着。详此十有二位先后，六十甲子可以次第而晓。

甲子乙丑何以取象为海中之金？盖气在包藏，有名无形，犹人之在母腹也。壬寅癸卯绝地存金，气尚柔弱，薄若缯缟，故曰"金箔金"。庚辰辛巳以金居火土之地，气已发生，金尚在矿。寄形生养之乡，受西方之正色，乃曰"白镴金"。甲午乙未则气已成，物质自坚实，混于沙而别于沙，居于火而炼于火，乃曰"沙中金"也。壬申癸酉气盛物极，当施收敛之功，颖脱锋锐之刃。盖申酉金之正位，干值壬癸，金水淬砺，故取象"剑锋"而金之功用极矣。至戌亥则金气藏伏，形体已残，锻炼首饰，已成其状，藏之闺阁，无所施为，而金之功用毕，故曰"庚戌辛亥钗钏金"。壬子癸丑何以取象桑柘木？盖气居盘屈，形状未伸，居于水地，蚕衰之月，桑柘受气，取其时之生也。庚寅辛卯则气已乘阳，得栽培之势力，其为状也。奈居金下，凡金与霜素坚，木居下得其旺，岁寒后凋，取其性之坚也，故曰"松柏木"。戊辰己巳则气不成量，物已及时，枝叶茂盛，郁然成林，取其木之盛也，故曰"大林木"。壬午癸未，木至午而死，至未而墓，故杨柳盛夏叶凋，枝干微衰，取其性之柔也，故曰"杨柳木"。庚申辛酉，五行属金而纳音属木，以相克取之。盖木性辛者，唯石榴木；申酉气归静肃，物渐成实，木居金叶，其味成辛，故曰"石榴木"。观他木至午而死，唯此木至午而旺，取其性之偏也。戊戌己亥，气归藏伏，阴阳闭塞，木气归根，伏乎土中，故曰"平地木"也。丙子丁丑何以取象涧下水？盖气未通济，高段非水流之所，卑湿乃水就之乡，由地中行，故曰"涧下水"。甲寅乙卯，气出阳明，水势恃源，东流滔注，其势浸大，故曰"大溪水"。壬辰癸巳，势极东南，气傍离宫，火明势盛，水得归库，盈科后进，乃曰"长流水"也。丙午丁未，气当升降，在高明火位，有水沛然作霖，以济火中之水，惟天上乃有，故曰"天河水"。甲申乙酉，气息安静，子母同位，出而不穷，汲而不竭，乃曰"井泉水"。壬戌癸亥，天门之地，气归闭塞，水历遍而不趋，势归乎宁谧之位，来之不穷，纳之不溢，乃曰"大海水"也。戊子己丑何以取象霹雳火？盖气在一阳，形居水位，水中之火，非神龙则无，故曰"霹雳火"。丙寅丁卯，气渐发辉，因薪而显，阴阳为冶，天地为炉，乃曰"炉中火"也。甲辰乙巳，气形盛地，势定高冈，传明继晦，子母相承，乃曰"覆灯火"也。戊午己未，气过阳宫，重离相会，炳灵交光，发辉炎上，乃曰"天上火"也。丙申丁酉，气息形藏，势力韬光，龟缩兑位，力微体弱，明不及远，乃曰"山下火"也。甲戌乙亥谓之山头火者，山乃藏形，头乃投光，内明外暗，隐而不显，飞光投乾，归于休息之中，故曰"山头火"也。庚子辛丑何以取象壁上土？气居闭塞，物尚包藏，掩形遮体，内外不交，故曰"壁上土"。戊寅己卯，气能成物，功以育物，发乎根荄，壮乎尊蕊，乃曰"城头土"也。丙辰丁巳，气以承阳，发生已过，成齐未来，乃曰"沙中土"也。庚午辛未，气当承形，物以路彰，有形可质，有物可彰，乃曰"路傍土"也。戊申己酉，气以归息，物当收敛，龟缩退闲，美而无事，乃曰"大驿土"也。丙戌丁亥，气成物府，事以美圆，阴阳历遍，势得其闲，乃曰"屋上土"也。余见路傍之土，播殖百谷，午未之地，其盛夏长养之时乎？大驿之土，通达四方，申酉之地，其得朋利亨之理乎？城头之土，取堤防之功，王公恃之，立国而卫民也；壁上之土，明粉饰之用，臣庶资之，爰居而爰处也；沙中之土，土之最润者也。土润则生，故成齐未来而有用；屋上之土，土之成功者也。成功者静，故止于一定而不迁。盖居五行之中，行负载之令，主养育之权，三才五行皆不可失；处高下而得位，居四季而有功；金得之锋锐雄刚，火得之光明照耀，木得之英华越秀，水得之滥波不泛，土得之稼穑愈丰。聚之不散，必能为山，山者高也；散之不聚，必能为地，地者原也。用之无穷，生之罔极，土之功用大矣哉！

又闻日家云：甲子乙丑，子属水，又为湖，又为水旺之地，兼金死于子，墓于丑，水旺而金死墓，故曰"海中金"。壬申癸酉，申酉金之正位，兼临官，申帝旺，酉金既生旺，则诚刚矣。刚则无逾于剑锋，故曰"剑锋金"。庚辰辛巳，金养于辰，生于巳，形质初成，未能坚利，故曰"白镴金"。甲午乙未，午为火旺之地，火旺则金败，未为火衰之地，火衰则金冠带败而方。冠带未能斫伐，故曰"沙中金"。壬寅癸卯，寅卯为木旺之地，木旺则金赢，又金绝于寅，胎于卯，金既无力，故曰"金箔金"。庚戌辛亥，金致戌而衰，至亥而病，金既衰病，则诚柔矣，故曰"钗钏金"。丙寅丁卯，寅为三阳，卯为四阳，火既得地，又得寅卯之木以生，此时天地开炉，万物始生，故曰"炉中火"。甲戌乙亥，戌亥为天门，火照天门，其光至高，故曰"山头火"。戊子己丑，丑属土，子属水，水居正位而纳音乃火，非神龙则无，故曰"霹雳火"。丙申丁酉，申为地户，酉为日入之门，日至此而藏光，故曰"山下火"。甲辰乙巳，辰为食时，巳为禺中，日之将终，艳阳之势光于天下，故曰"覆灯火"。戊午己未，午为旺火之地，未中之木又复生之，火性炎上，及逢生地，故曰"天上火"。戊辰己巳，辰为原野，巳为六阳，木至此则枝荣叶茂，以茂盛之木而居原野之间，故曰"大林木"。壬午癸未，木死于午，墓于未，木既死墓，虽得天干壬癸水生，终是柔弱，故曰"杨柳木"。庚寅辛卯，木临官，寅帝旺，卯木既生旺，则非柔弱之比，故曰"松柏木"。戊戌己亥，戌为原野，亥为木生之地，木生原野，则非一根一株之比，故曰"平地木"。壬子癸丑，子属水，丑属金，水方生木，金则伐之，犹桑柘方生，人便以喂蚕，故曰"桑柘木"。庚申辛酉，申为七月，酉为八月，此时木绝，惟石榴之木反结实，故曰"石榴木"。庚午辛未，未中之木而生午位之旺火，火旺则土于斯而受形，土之始生未能育物，犹路傍若也。戊寅己卯天干，戊己属土，寅为艮山，土积而为山，故曰"城头土"。丙戌丁亥，丙丁属火，戌亥为天门，火既炎上，则土非在下而生，故曰"屋上土"。庚子辛丑，丑虽土，家正位而子则水旺之地，土见水则为泥，故曰"壁上土"。戊申己酉，申属坤为地，酉属兑为泽，戊己之土加于坤泽之上，非他浮薄之土比，故曰"大驿土"。丙辰丁巳，土库辰绝巳，而天干丙丁之火，至辰冠带，巳临官，土既库绝，旺火复与生之，故曰"沙中土"。丙子丁丑，水旺于子，衰于丑，旺而反衰，则不能为江河，故曰"涧下水"。甲申乙酉，金临官，申帝旺，酉金既生旺，则水由是以生，力量未洪，故曰"井泉水"。壬辰癸巳，辰为水库，巳为金长生之地，金生之木旺，巳存以库水而逢生金，则泉源不竭，故曰"长流水"。丙午丁未，丙丁属火，午为火旺之地，而纳音乃水，水自火出，非银汉不能有，故曰"天河水"。甲寅乙卯，寅为东北维，卯为正东，水流正东则其性顺，而川涧池沼俱合而归，故曰"大溪水"。壬戌癸亥，水冠带，戌临官，亥则力厚兼亥为江，非他水比，故曰"大海水"。其说虽凿，与前互相发明，可以见古人取象之义也。

尝试论之：五行取象，皆以对待而分阴阳，即始终而明变化。如甲子乙丑对甲午乙未，海中沙中，水土之辨，阴阳之分也。壬寅癸卯对壬申癸酉，金箔剑锋，金木之辨，刚柔之别也。庚辰辛巳对庚戌辛亥，白镴钗钏，乾巽异方，形色各尽也。壬子癸丑对壬午癸未，桑柘杨柳，一曲一柔，形质各别也。庚寅辛卯对庚申辛酉，松柏石榴，一坚一辛，性味迥异也。戊辰己巳对戊戌己亥，大林平地，一盛一衰，巽乾殊方也。戊子己丑对戊午己未，霹雳天上，雷霆挥鞭，日月同照也。丙寅丁卯对丙申丁酉，炉中山下，火盛木焚，金旺火灭也。甲辰乙巳对甲戌乙亥，覆灯山头，含光畏风，投光止艮也。庚子辛丑对庚午辛未，壁上路傍，形分聚散，类别死生也。戊寅己卯对戊申己酉，城头大驿，东南西北，坤艮正位也。丙辰丁巳对丙戌丁亥，沙中屋上，干湿互用，变化始终也。圆看方看，不外旺相死休囚；近取远取，莫逃金木水火土。以干支而分配，五行论阴阳，而大明终始，天成人力相兼，生旺死绝并类，呜呼！六十甲子，圣人不过借其象以明其理，而五行性情，材质形色，功用无不曲尽而造化无余蕴矣。《易》曰"立天之道阴与阳"，日，天道也，十日迭运而阴阳之义明。"立地之道柔与刚"，辰，地道也，自子至亥十二辰更次而刚柔之义显。单出为声而已，杂比然后为音。故以日辰错综纳甲，以成五音，以取六象。于是三才备，而五行无余蕴矣。以干为禄定贵贱，以支为命定修短，以纳音为身察盛衰。人得禄命身俱旺相，三才有气，主快乐长寿；若值死绝休囚，三才无气，必为尘埃困窘之命无疑。

释六十甲子性质吉凶

甲子金，为宝物，喜金木旺地。进神喜，福星，平兴，悬针，破字。

乙丑金，为顽矿，喜火及南方日时。福星，华盖，正印。

丙寅火，为炉炭，喜冬及木。福星，禄刑，平头，聋哑。

丁卯火，为炉烟，喜巽地及秋冬。平头，截路，悬针。

戊辰木，山林山野处不材之木，喜水。禄库，华盖，水禄马库，棒杖，伏神，平头。

己巳木，山头花草，喜春及秋。禄库，八专，阙字，曲脚。

庚午土，路傍乾土，喜水及春。福星，官贵，截路，棒杖，悬针。

辛未土，含万宝，待秋成，喜秋及火。华盖，悬针，破字。

壬申金，戈戟，大喜子午卯酉。平头，大败，妨害，聋哑，破字，悬针。

癸酉金，金之椎凿，喜木及寅卯。伏神，破字，聋哑。

甲戌火，火所宿处，喜春及夏。正印，华盖，平头，悬针，破字，棒杖。

乙亥火，火之热气，喜土及夏。天德，曲脚。

丙子水，江湖，喜木及土。福星，官贵，平头，聋哑，交神，飞刃。

丁丑水，水之不流清彻处，喜金及夏。华盖，退神，平头，飞刃，阙字。

戊寅土，堤阜城郭，喜木及火。伏神，棒杖，聋哑。

己卯土，破堤败城，喜申酉及火。进神，短夭，九丑，阙字，曲脚，悬针。

庚辰金，锡镴，喜秋及微木。华盖，大败，棒杖，平头。

辛巳金，金之生者，杂沙石，喜火及秋。天德，福星，官贵，截路，大败，悬针，曲脚。

壬午木，杨柳干节，喜春夏。官贵，九丑，飞刃，平头，聋哑，悬针。

癸未木，杨柳根，喜冬及水，亦宜春。正印，华盖，短夭，伏神，飞刃，破字。

甲申水，甘井，喜春及夏。破禄马，截路，平头，破字，悬针。

乙酉水，阴壑水，喜东方及南。破禄，短夭，九丑，曲脚，破字，聋哑。

丙戌土，堆阜，喜春夏及水。天德，华盖，平头，聋哑。

丁亥土，平原，喜火及木。天乙，福星，官贵，德合，平头。

戊子火，雷也。喜水及春夏，得土而神天。伏神，短夭，九丑，杖刑，飞刃。

己丑火，雷也。喜水及春夏，得地而晦。华盖，大败，飞刃，曲脚，阙字。

庚寅木，松柏干节，喜秋冬。破禄马，相刑，杖刑，聋哑。

辛卯木，松柏之根，喜水土及宜春。破禄，交神，九丑，悬针。

壬辰水，龙水，喜雷电及春夏。正印，天德，水禄马库，退神，平头，聋哑。

癸巳水，水之不息，流入海，喜亥子，乃变化。天乙，官贵，德合，伏马，破字，曲脚。

甲午金，百炼精金，喜木水土。进神，德合，平头，破字，悬针。

乙未金，炉炭余金，喜大火及土。华盖，截路，曲脚，破字。

丙申火，白茅野烧，喜秋冬及木。平头，聋哑，大败，破字，悬针。

丁酉火，鬼神之灵响，火之无形者，喜辰戌丑未。天乙，喜神，平头，破字，聋哑，大败。

戊戌木，蒿艾之枯者，喜火及春夏。华盖，大败，八专，杖刑，截路。

己亥木，蒿艾之茅，喜水及春夏，阙字，曲脚。

庚子土，土中空者，屋宇也。喜木及金。木德合，杖刑。

辛丑土，填墓，喜木及火与春。华盖，悬针，阙字。

壬寅金，金之华饰者，喜木及微火。截路，平头，聋哑。

癸卯金，环钮铃铎，喜盛火及秋。贵人，破字，悬针。

甲辰火，灯也。喜夜及水，恶昼。华盖，大败，平头，破字，悬针。

乙巳火，灯光也。同上，尤喜申酉及秋。正禄马，大败，曲脚，阙字。

丙午火，月轮，喜夜及秋，水旺也。喜神，羊刃，交神，平头，聋哑，悬针。

丁未水，水光也。同上，华盖，羊刃，退神，八专，平头，破字。

戊申土，秋间田地，喜申酉及火。福星，伏马，杖刑，破字，悬针。

己酉土，秋间禾稼，喜申酉及冬。进神，截路，九丑，阙字，曲脚，破字，聋哑。

庚戌金，刀剑之余，喜微火及木。华盖，杖刑。

辛亥金，钟鼎宝物，喜木火及土。正禄马，悬针。

壬子木，伤水多之木，喜火土及夏。羊刃，九丑，平头，聋哑。

癸丑木，伤水少之木，喜金水及秋。华盖，福星，八专，破字，阙字，羊刃。

甲寅水，雨也。喜夏及火。正禄马，福神，八专，平头，破字，悬针，聋哑。

乙卯水，露也。喜水及火。建禄，喜神，八专，九丑，曲脚，悬针。

丙辰土，堤岸，喜金及木。禄库，正印，华盖，截路，平头，聋哑。

丁巳土，土之沮洳，喜火及西北。禄库，平头，阙字，曲脚。

戊午火，日轮，夏则人畏，冬则人爱，忌戊子、己丑、甲寅、乙卯。伏神，羊刃、九丑，棒杖，悬针。

己未火，日光，忌夜，亦畏四者。福星，华盖，羊刃，阙字，曲脚，破字。

庚申木，榴花，喜夏，不宜秋冬。建禄马，八专，杖刑，破字，悬针。

辛酉木，榴子，喜秋及夏。建禄，交神，九丑，八专，悬针，聋哑。

壬戌水，海也。喜春夏及木。华盖，退神，平头，聋哑，杖刑。

癸亥水，百川，喜金土火。伏马，大败，破字。截路。

右件六十甲子，盛大者忌变为小弱，小弱者欲变为盛大。譬如先贫贱而后富贵则荣华，先富贵而后贫贱则卑辱；不可以其先贫贱而不论其富贵，亦不可以其先富贵而不论其贫贱也。且生年属木，假令是庚寅、辛卯，则木之盛大可知；若月日时胎不见他木，则以松柏论；万一上见杨柳木或柘、榴木，则舍大就小，不以松柏论也。假令是壬午癸未生人，则木之小弱可知。若月日时胎不见他木，则以杨柳论；万一见松柏木或大林木，则弃小论大，不可以杨柳论也。以至天上火、剑锋金、大海水、大驿土生人，月日时胎别见他位，纳音同而小弱者，又如覆灯火、金箔金、井泉水、沙中土生人，月日时胎别见他位，纳音同而盛大者，或引凡而入圣，或先重而后轻，皆当从其变者而论之，不可拘于一端。

甲子，从革之金。其气散，得戊申土、癸巳水，相之则吉。戊申乃金临官之地，土者更旺于子，必能生成；癸巳系金生于巳，水旺于子，纳音各有所归。又为朝元禄，忌丁卯、丁酉、戊午之火。阎东叟云：甲子金为进神，禀沉潜虚中之德，四时皆吉。人贵格承旺气则术业精微，主夺魁之荣。

乙丑，自库之金。火不能克。盖退藏之金苟无刑害冲破，未有不显荣者，独忌己丑己未之火。阎东叟云：乙丑为正印，具大福德，秋冬富贵寿考，春夏吉中有凶。人格则建功享福，带煞类为凶会。《玉霄宝鉴》云：甲子乙丑未成器，金见火则成，多见则吉。

丙寅，赫曦之火，无水制之，则有燔灼炎热之患。水不可过，独爱甲寅之水，就位济之。又名朝元禄。《五行要论》云：丙寅火含灵明冲粹之气，四时生生之德。人贵格则文彩发应，主魁甲之贵。

丁卯，伏明之火，气弱，宜木生之，遇水则凶。乙卯、乙酉水最毒。《五行要论》云：丁卯沐浴之火，含雷动风作之气，水济则达，土载之则基厚，以木资之为文彩，以金橐之更逢夏令则凶暴。《鬼谷遗文》云：丙寅丁卯，秋冬宜以保持。注云：火无西旺，火至秋冬，势恐不久。

戊辰，两土下木，众金不能克。盖土生金，有子母之道，得水生之为佳。《五行要论》云：戊辰、庚寅、癸丑三辰，挺木德清健之数，生于春夏，能特立独奋，随变成功，更乘旺气，则有凌霄耸壑之志。惟忌秋生，虽怀志节，屈而不伸。

己巳，为近火之木，金自此生，于我无伤，忌见生旺之火。阎东叟云：己巳在巽，为动风动之木，根危易拔，和之以金土，运归东南，方成材用。虽外阳内阴，别无辅助，则其气虚散，更为金鬼所克，乃不材之木也。《珞琭子》云：己巳戊辰，度乾宫而脱厄。注云：己巳戊辰，举木之类，西方金鬼旺乡，纳音之木至此绝矣，斯谓厄会。若度乾亥之宫，木得水以长生，故脱厄。

庚午、辛未，始生之土，木不能克。惟忌水多，反伤其气。木多却有归，盖木归未也。阎东叟云：庚午、辛未、戊申、己巳，皆厚德之土，含容镇静，和气融洽，福禄优裕，入格则多历方岳之任，有普惠博爱之功。

壬申，临官之金，利见水土。若丙申、丙寅、戊午之火，则为灾害。阎东叟云：壬申金持，天将之威，资临官之气，秋冬掌生杀之权，春夏吉少凶多，人格以功名自奋，带煞以刻剥为能。

癸酉，坚成之金，火死于酉，见火何伤？惟忌丁酉火就位克之。阎东叟云：癸酉，自旺之金，票纯粹之气，春夏为性英明，秋冬尤贵。入格则功业节概，挺特出伦；带煞则少年刚劲，四十之后渐成纯德。《玉霄宝鉴》云：壬申、癸酉，金旺之位，不可复旺，旺则伤物，不可见火，见火则自伤。

甲戌，自库之火，不嫌众水，只忌壬戌，所谓墓中受克，其患难逃。《五行要论》云：甲戌火为印为库，含至阳藏密之气，贵格逢之，富贵光大。惟忌夏生，防吉中有凶。

乙亥，伏明之火。其气湮郁而不发，借己亥、辛卯、己巳、壬午、癸未木生之则精神旺相，癸亥、丙午水有之则不吉。阎东叟云：乙亥火自绝，含明敏自静之气，葆光晦迹，寂然无形。票之得数者，为妙道高人，吉德君子。

丙子，流衍之水。不忌众土，惟嫌庚子，乃旺中逢鬼，不祥莫大焉。《五行要论》云：丙子自旺之水，阳上阴下，精神俱全。票之者天资旷达，识量渊深。春夏为济物之气，多建利泽之功。

丁丑，福聚之水。最爱金生，忌辛未、丙辰、丙戌相刑破也。《五行要论》云：丁丑乙酉，在数为涣弱之水，阴盛阳弱；禀之者器识清明，多慧少福。囊以水木旺气，则阴阳均协，为贵达崇显之士。

戊寅，受伤之土，最为无力。要生旺火，以资其气，忌己亥、庚寅、辛卯诸色木克，主短折之凶。《五行要论》云：戊寅、丙戌，此二位乘土德厚气，一含生火，一含宿火，是谓阳灵袭中，福庆之辰。贵格得之，道德盖世，贵极人臣。惟亲王、贵公子，多于此日生。常格得之，亦主福寿遐远，始终安逸。

己卯，自死之土，抑又甚焉。贵得丁卯、甲戌、乙亥、己未之火，由合而来，以致其福。《五行要论》云：己卯自死土，建于震位，风行雷动，散为和气，德自冲虚，禀之者类有道行，随变而适，有养生自在之福寿。惟不利死绝，则为久假不归之徒。《三命纂局》云：戊寅己卯，受伤之土，不可为木所损，其土无力。《玉霄宝鉴》云：戊寅己卯土，不宜见水，见水不为财。不畏木，见木愈坚。戊寅承土德旺气而含生火，得之主福寿绵远。己卯不宜再见死绝，见则凶。

庚辰，气聚之金。不用火制，其器自成，火盛反丧其器，病绝火无害。若甲辰、乙巳火，恶不可言；亦不能克众木，盖我气亦聚耳。阎东叟云：庚辰之金，具刚健沉厚之德，禀聪明疏通之性。春夏祸福倚伏，秋冬秀颖充实；入格则兼资文武，带煞则好弄兵权。

辛巳，自生之金，精神具足，体气完备。炎烈炽化而不亡，忌丙寅、乙巳、戊午之火。盖金生于巳，而不能生败于午，绝于寅而气散，复见生旺之火，乌可当之？《五行要论》云：辛巳金为自生学堂，具英明瑰奇之德，秋冬得力十全，春夏七凶三吉；入贵格则主学行英伟，致身清贵，常怀济物之心。《玉霄宝鉴》云：庚辰辛巳未成器金，宜见火，兼辛巳是自生，巳为火，得之者光辉日新。

壬午，柔和之木，枝干微弱。木能生火，却忌见火多，多则烬矣。虽生旺之金，亦不能伤。盖金就我败，得金反贵，水土盛者亦贵。惟忌甲午金伤之。《五行要论》云：壬午自死之木，木死绝则魂游而神气灵秀，禀之者挺静明之德，抱仁者之勇，建立功行。可谓静而有勇，延年益寿。

癸未，自库之木。生旺则佳，虽乙丑金不能冲破，各归其根而不相犯。忌庚戌乙未金。《五行要论》云：癸未木为正印，挺文明吉会之德，禀之者类抱间世之才，享清华之福。《玉霄宝鉴》云：壬午、癸未谓之杨柳木者，盖木至午而死，至未而墓，故盛夏叶稠，得其时则富寿，非其时则贫夭。

甲申，自生之水。其气流衍，宜有所归。亦借金生，不忌众土，特嫌戊申、庚子之土。《五行要论》云：甲申水自生，含天真学堂，得之入局，主智识聪慧，妙用无穷。

乙酉，自败之木，假众金以相之。盖我气既弱，借母以育。忌己酉、己卯、戊申、庚子、辛丑之土，则夭折穷贱。

丙戌，福壮禄厚之土。木不能克，忌见生旺之金。若遇火盛，则贵不可言。

丁亥，临官之土。木不能克，嫌金多，须得火生救之乃吉。忌己亥、辛卯之木。《五行要论》云：丁亥、庚子二土，中含金数，内刚外和。禀之者得有定力，上下济之以水火旺气，能建功立事，敢为威果之行。

戊子、己丑，水中之火，又曰神龙之火。遇水方贵，为六气之君火也。《五行要论》云：戊子含精神辉光全实之气，作四时保生之福，入贵格则为大人君子，器宇含弘，富贵终吉。

己丑，为天将之火，又为天乙本家。含威福光厚之气，发越俊猛，贵局乘之，为将德为魁名而建功。《烛神经》云：丑胎养之火，其气渐隆。若遇丙寅、戊午之火助之，可成济物之功。

庚寅、辛卯，岁寒之木，雪霜无以改其操，况金能克之乎？上有庚辛，不假制治，自然成材。阎东叟云：辛卯木自旺，春夏则气节挺拔，建功立事；生于秋则狂猖折锉，劲气不伸。

壬辰，自库之水。若池沼水积之地，忌金来决破。若再见壬辰，是谓自刑，别辰无咎；遇多水、土皆喜。惟畏壬戌、癸亥、丙子之水，生旺太过，汗漫无归。《五行要论》云：壬辰水为正印，含清明润沃之德。禀之者含容弘大，心识如镜。春夏得之，作大福慧；如秋冬得之，奸诈薄德。

癸巳，为自绝之水，名曰涸流。若丙戌、丁亥、庚子壮厚之土，其涸可待；若得三合生旺之金生之，则源泉混混，盈科而进也。《五行要论》云：癸巳、乙卯，自绝自死之水，乃至阴退藏，真精啬养，凝成贵气。贵局乘之，类是妙道君子，夙体常德，有功及物。

甲午，自败之金，亦曰强悍之金。遇火生旺，其器乃成。忌丁卯、丁酉、戊子之火凶。《五行要论》云：甲午金为进神魁，气具刚明之德。秋冬则吉，春夏或凶；人贵格主科场建统众之功，非时带煞，则暴戾克忍，寡恩少义。《烛神经》云：甲午金伤强悍，或抑之乃沉潜。注云：沙石金刚矿喜杀，抑之者，火革之也。《鬼谷遗文》云：甲午爱官鬼。李虚中云：甲午金伤强悍，壬子木失之柔。或壬子得甲午，或甲午得壬子，阴阳专位，却有炳灵。

乙未，偏库之金，亦火制而土生之，则福壮气聚。忌己未、丙申、丁酉之火。《五行要论》云：乙未金在数为木库，又为天将，具纯仁厚义之德，无往不吉。贵格得之，是不世之英杰，魁镇士伦。常格得之，带煞冲犯，亦作小人中之君子，眉寿人也。

丙申，自病之火，丁酉，自死之火。其气极微，假木相助，其气方生。忌甲申、乙酉、甲寅、乙卯之水。阎东叟云：丙申病火，以木为文明之德，以水为旷达之性，以土为福慧之基，惟金为暴虐。纵有吉辰，革为不和之气。《五行要论》云：丁酉火自死，含韬晦寂静之气，外和内刚，贵格乘之，类为有道君子，自然之德行。

戊戌，土中之木，忌重见土。若纳音土多，一生屯蹇。金不能克，盖金气至戌而散，遇金乃能致福。利见水多，木盛而为贵格。阎东叟云：戊戌之木，孤根独立，和之以水火旺气，则有英明秀实之德。入格则文章进达，福禄始终。然乘天将之气，主备历艰险，节操不移，方见晚福。

己亥，自生之木，根本繁盛。不忌众金，惟嫌辛亥、辛巳、癸酉之金。若见乙卯、丁未水、癸未木，未有不大贵。《五行要论》云：己亥木自生，挺英才秀拔之德，得之于特达处，类皆清贵少达。阎东叟云：己亥之木，得时则清贵，非时则辛苦。

庚子，厚德之土，能克众水。不忌他木，盖木至子无气。若遇壬申之金，谓之明位禄，其贵必矣。

辛丑，福聚之土。众木不能克，盖丑为金库，丑中有金，见木何伤？《玉霄宝鉴》云：庚子、辛丑土爱木而恶水，见木为官，见水不相宜。阎东叟云：辛丑己酉之土，中含金数，厚德性刚，和而不同，上下济以水火旺气，则威名功烈，见为果敢。

壬寅，自绝之金；癸卯，气散之金。若见众火则丧气，惟水土朝之则吉。《五行要论》云：壬寅、癸卯为虚薄之金，具仁柔义刚之德。秋冬刚健无凶，凶为吉兆。春夏则内凶外吉，吉乃先凶。入贵格则志节英明，带煞则凶暴不能终也。《三命纂局》云：癸卯，自胎之金；若逢丙寅丁卯炉中之火不为鬼，以胎金炉中成器故也。

甲辰，偏库之火，多火助之吉，所谓同气之求，以资其不足。若见戊辰、戊戌木生之，为贵格。忌壬辰、壬戌、丙午，丁未水最毒。《五行要论》云：甲辰为天将之火，含敏速峻烈之气，入贵格则为特达，为文魁，利秋冬，不利于夏。

乙巳，临官之火，水不能克，盖水绝于巳，得水济之，则为纯粹。若得二三火助之，亦佳。《五行要论》云：乙巳火含纯阳巽发之气，光辉充实，春冬向吉，夏秋向凶。

丙午、丁未，银汉之水，土不能克。天上之水，地金不能生也。生旺太过，反伤于万物。死绝太多，又不能生万物。《五行要论》云：丙午至崇之水体，南方温厚之气，禀之者类有道气虚变，颖异有为，魁众出伦。丁未具足三才全数，得冲正之气。禀之者主精神气全，性根高妙，尽变之道。

戊申，重阜之土，水绝于申不能克。若见金水多助，则富贵尊荣之格也。

己酉，自败之土。其气不足，借火以相助之。见丁卯、丁酉火则吉，切忌死绝。畏辛卯、辛酉木，灾蹇夭折。

庚戌、辛亥，坚成之金，不可见火，恐有所伤。若得水土相之为贵。阖东叟云：庚戌火墓之金，有刚烈自恃之暴。秋冬庶几沉厚，春夏动生悔吝。君子执兵刑之权，小人恣犷悍之性。辛亥金禀乾健纯明中正之气，春秋冬三时吉，夏七吉三凶。贵格乘之，体仁守义。若带刑煞，肆暴贪功。

壬子专位之木，癸丑偏库之木。遇死绝则富贵，生旺则贫贱。水多则夭折，金多土盛为佳。《五行要论》云：壬子，幽阴之木，阳弱阴盛，柔而无立，类仁，水德用事。惟对以丙午水，则为水、木冲粹之德，类入神仙异士标格，非常流也。《烛神经》云：壬子之木，失于优柔，其或扬之，仁而高明。注云：壬子木在水旺之乡，假子中得微阳之气而生，柔脆易折，则自败木也。扬之者，欲得火土之气益之，使敷荣，则仁勇而高明。

甲寅，自病之水，乙卯，自死之水。虽然死病，土不能克，盖支干二木，可以制土。若见壬寅癸卯之金，则为优裕。《五行要论》云：甲寅、壬戌二水为伏逆，阴胜于阳，主奸邪害物。惟济之以火土损益，方成大器。

丙辰，自库之土，厚且壮，喜甲辰火，恶戊辰木，此土凡木不能伤。盖丙火也，辰为偏库，土已成器，惟嫌戊戌、己亥、辛卯、戊辰之木。《五行要论》云：丙辰土为正印，建五福吉会之德。禀之者，类皆亨大有为，不贵即富。惟犯冲者，多为僧道。

丁巳，自绝之土，又不为绝，盖一土居二火之下，在父母之乡，乘天属之恩，故不为绝。木不能克，火多益佳。《玉霄宝鉴》云：丁巳含东南火德旺数，得之者含容福寿。

戊午自旺之火，己未偏库之火。居离明之方，旺相之地，其气极盛。他水无伤，忌丙午、丁未天上之水。阎东叟云：戊午自旺火，含离明炎上之气，无情治物，动违于众。秋冬得之，济以水土旺气，则豁达高明，福力坚壮。春夏乘之以金木，虽腾光迅速，命非久常。《五行要论》云：己未衰火，含余藏宝之气。春夏之月，运入沉潜之乡，则明达峻敏，福庆深远。夏得之非和气也，秋得之则先吉后凶。

庚申、辛酉二木，金居水上，因金以成器，忌再见金，致毁其器。若见甲申乙酉水则入格。《玉霄宝鉴》云：庚申自绝木，为魂游神变，遇此日生者，类非凡器。常格主赋性颖异，家族不羁。入贵格则是英杰之才，立不世之功。辛酉，失位之木，木困金乡，乘之者涉世多艰。惟对癸卯金，则刚柔相济，挺拔出群，决取巍科。《烛神经》云：魂贵天游，故庚申之木不嫌于死绝，独坐而守庚申是也。注云：庚申自绝木，木于五脏属肝，肝藏魂，木休绝则魂游于天，故庚申之木不嫌死绝，所以贵于天游。《鬼谷遗文》云：辛酉期生旺。注云：辛酉气绝之木，欲生旺以为荣。

壬戌偏库之水，癸亥临官之水，名曰"大海水"。盖支干、纳音皆水，忌见众水，虽壬辰水库亦不能当。不忌他土，死绝则吉，生旺则泛滥而无所归也。《玉霄宝鉴》云：亥子，水之正位；壬戌，气伏而不顺，惟以火土损益之，乃成大器。癸亥具纯阳之数，内体至仁，禀之者天资夷旷，志气浩然，发为功业利泽。日时带杀，则凶狡之流。又曰：丙戌之土，为福隆厚，火钟于此故也。己未、庚辰、戊辰、丁丑，与此同义。己未火也，未中有墓木。庚辰金也，辰中有墓土。戊辰木也，辰中有墓水。丁丑水也，丑中有墓金。皆父母之气，各有所养。此五者，福壮厚。以上有鬼所伤，不为害，气成故也。李虚中云：丙戌尤异，以戌又为土之本位，而尤旺盛。

乙巳、戊午，乃盛炎之火。秋冬作德吉，春夏作刑凶。若仲夏暴炎一发，旋即归燥，竟焚和而为咎。乙巳临官之火，上有一木生之，其气盛矣。戊午自旺之火，若生秋冬，为温燠之气，为济物之德。若生春夏，旺火复得阳位，则作凶。生仲夏，为暴戾、刻忍，凶夭之流也。

乙卯、癸巳、丁酉、乙亥，水火虽死绝，却清明而妙佳。火死绝而内明外晦，返照回光。水死绝而湛然清彻，可烛须眉，故却清明而妙佳。李虚中云：四位水火，虽死绝，却清明而妙佳。观天乙贵人，自可见矣。

壬寅之金，事君不逆；庚申之木，为臣不强。五行属五音。宫土者，君也；商金者，臣也；角木者，民也。商太过则臣强，角太过则君弱，故五音之中，常用四清宫以杀商角。庚申者，角木自绝也。壬寅者，商金自绝也。皆使得忠顺之道，故事君不逆，为臣不强。所以自紫微鸾台凤阁以上官，切忌金木生旺之命。如是必不为之，为之亦不能久，独台谏则可。若金木生旺而逢克破则不然。庚申木，乙巳火，土金生而还不生。丙午水，癸卯金，木水死而还不死。土生申而不生于庚申，水生申而不生于戊申，火生寅而不生于甲寅，金生巳而不生于乙巳，木生亥而不生于辛亥，盖生处而反受制故也。得之者夭寿。木死卯而不死于癸卯，土死卯而不死于丁卯，木死午而不死于丙午，金死子而不死于庚子，火死酉而不死于辛酉，盖死处得生也。若得之者长寿。

戊子，支干旺于北方，乃水之位，纳音属火，乃水中之火，非神龙不能有之。丙午，支干旺于南方，乃火之位，纳音属水，乃火中之水，非天河不能有之。戊子人得丙午，或丙午人得戊子，无不贵。盖火中出水，水中藏火，水火既济，精神运动，必灵异于人矣。李虚中云：丙午天上之水，银汉有之，即十二辰之天后也。得之者高明豁达，颖异不凡。戊子水中之火，神龙有之，即六气之君火也。得之者自神而明，沉几先物。二气兼得，尤妙绝。其余诸气，准此详之。辛丑之土不嫌于木，戊戌之木不怕于金，何以辨之？丑中金库，水不为鬼，戌中有火，金反受其殃。若戊戌之木，二土在上，一木在下，埋在二土之内，尚未萌芽，不见其形，是土盛木弱，余皆仿此。

庚寅木、丁巳土，不嫌金木之鬼。金至寅宫，虽为鬼而金绝在寅，故不为鬼。木至巳宫，而巳有生金克木，故不为鬼。若庚寅木逢壬申金，相冲受克，余皆仿此。

庚午之土，乘南方旺火以养其形，戊申之土自生，庚子之土自盈，不忌木鬼。盖木至午死，申绝子败，又自强之土何伤？余皆仿此。

壬申、癸酉、庚戌、辛亥四金气壮，不嫌于鬼。戊子之火不畏其鬼，水中霹雳之火，神龙有之，盖有水则雷方鸣。若逢丙午、丁未天上水，则有所忌，有相战之功。大凡本命支干受伤，则主六根不足，有始无终，如丁巳见癸亥、壬子见戊午。

余皆仿此。

戊午、庚申，彼我得之超异。庚申石榴木，夏旺，故喜戊午。盖火官旺而石榴木性得时，戊午乃旺极之火，喜于申见天马相资也。其神头禄者，乃阴阳专位，天地神会也。列八卦真源，演五行之成败，刚柔相推，有无合化。故壬子之水，应北方之坎；丙午之火，实南宫之离。所以丙午得壬子不为破，丁巳得癸亥不为冲，是水火相济之源，有夫妇配合之理，坎离为男女精神之用也。壬子得丙午，癸亥得丁巳，则先后火水，有未济之象，不如丁巳见壬子，丙午得癸亥也。庚申、辛酉之金应西方之兑，甲寅、乙卯之木象东方之震，所以甲寅得庚申不为刑，乙卯得辛酉不为鬼，是木女金夫之正体，明左右之神化也。木主魂，金主魄，二者左右相间不合，若能全合，则神之化生以无间也。若庚申得乙卯、辛酉得甲寅，不为元辰，变通之用也。

戊辰、戊戌之土为魁罡相会，乾坤厚德，覆载含生，不得以为反吟。

戊辰、戊戌不为冲，土得正位，干守元会也。

己丑、己未是贵神守忠贞，此四真土有万物始终之道，非大人君子，孰能备此德？况神头禄各有神以主之，左右运动于六合之中，盈缩于吉凶之变也。

己丑土为天乙贵人，己未土为太常福神，解百杀之凶，若得之，当用为横财之喜。戊辰为勾陈，戊戌为天空，土之神，多迁改，居帅外藩，出镇边防，有不常矣。丁巳为腾蛇之神，凶以凶用，吉以吉承，多荧惑之忧，有滑稽之性。丙午为朱雀之神，应阳明之体，文词藻丽。甲寅为青龙之神，博施济众，得四方之利。乙卯为六合之神，主发生荣华，和弱顺党。壬子为天后之神，主阴骘天德，容美多权。癸亥为元武之神，乃阴阳终极，有潜伏之气，从下如流。虽有大智，非轩昂超达之士。顺则平安，逆则奸宄。庚申为白虎之神，利于武而不利于文，有抱道孤骞之性，善中严外，色厉内荏，有仁义，好幽僻。辛酉为太阴之神，怀肃杀之气。有清白之风，为文章利口，不世之才。然更各以亲疏休旺，定遇者之情性祸福。

第三十一章　星命汇考三十一

《三命通会》三

甲子乙丑海中金

　　海中金者，宝藏龙宫，珠孕蛟室，出现虽假于空冲，成器无借乎火力，故东方朔以蛤蚌名之，良有理也。《妙选》有珠藏渊海格，以甲子见癸亥，是不用火逢空；有蚌珠照月格，以甲子见己未，是欲合化互贵。盖以海金无形，非空冲则不能出现；而乙丑金库，非旺火则不能陶铸故也。如甲子见戊寅、庚午，是土生金，乙丑见丙寅、丁卯，是火制金。又天干逢三奇，此等格局，无有不贵。旧说甲子乙丑俱喜见炉中火，丙寅旺火，不宜木助；丁卯败火，却宜木助。覆灯、山下、山头诸火，性微不能炼金，故宜木助。天上火不能克金，须假凡火，再得水济，无冲破为佳。霹火就位相克，性主昏蒙，运如再犯大凶，见木则无造化，以此金未能成器，不能制物故也。若月日有火而时遇木，却以财论则吉，井泉、涧下、大溪、天河等水，与火俱不宜见，海水亦不宜。然以《妙选》论之，则为贵格。据理，甲子见癸亥，逢生趋乾，何不可之有？路旁、屋壁、城头、大驿诸土，在日时柱中，天元支辰纳音，俱无火制，主贱，中年夭。余见亦未然，以庚午、辛未、戊寅、己卯，二土造化有情故也。如甲子见庚午，坎离相济。见辛未，官星带贵。乙丑见庚午，官贵互换。甲子见戊寅，绝地逢生，见己卯，天干合化。乙丑见戊寅，亦绝地逢生。见己卯，则归禄带财。余土又当仍分年上、禄马、贵人方准。沙土埋金，诚不宜见，有火亦不吉。柱中逢金，砂、镮原未成器，海中又未成器，彼此无益，故无火不宜。剑、钗已成器，金相见有助，《妙选》谓之脱体化神，主贵。箔金亦好。如甲子见甲子，乙丑见乙丑，同类相资，柱中喜见一寅。见戊寅，谓之昆山片玉；如甲子见乙丑，谓之干支连珠，非得火炼不可，即子平金神格之义也。

壬寅癸卯金箔金

金箔金者，润色杯盘，增光宫室，打薄须借乎别金，描彩必假乎人力。此金甚微，非木则无所依。木以平地为上，有此不宜见火，有火主夭。遇太阳为日间之显，二火相反，不宜同见。山下山头，有清水助之，亦吉。惟忌炉火，就位相克，此金体薄，不能反源，定夭，限运同论。井泉、涧下、天河水清，日时喜见，须月令有木方吉。溪流、大海水浊。见溪流，主漂荡；见大海，无木为基，主凶残。金遇剑锋、钗钏，可以装饰，有辅成造化之理，故喜见。砂、海、白镴无益，有火济之亦吉，无则终凶。城头、壁上二土，有靠安身，城头多主寄人，壁上加木则贵，再遇灯火，辉光照耀，主权贵。丙戌土中藏火，干支却不宜太炎，亦为贵格。考《妙选》，金命而遇戊寅，昆山片玉格也。癸卯而遇己卯，玉兔东升格也。与前海金同。

庚辰辛巳白镴金

白镴金者，昆山片玉，洛浦遗珍，交栖日月之光，凝聚阴阳之气，形明体洁，乃金之正色也。此金惟喜火炼，须炉中炎火。然庚辰见之，若无水济，主贫夭，辛巳却以贵论，缘巳是金生之地，见丙寅化水逢贵故也。山下火生，早主荣贵，亦须木助方得。井泉、大溪俱为贵格。庚官在丁，辛官在丙，故庚见丁丑，官贵俱全；辛见丙子，不如癸巳更清，不贵即富。论中见木，逢多无益，以此金不能相克。若柱遇无气之火，却要木生，有禄马贵人方吉。见土只宜磨砌，方成器物则吉，别土无用。金忌海、砂，为泪没，日时逢火则荣。若见清金，加水相助，火亦不爱，只怕冲刑。《妙选》有啸风猛虎格，以此金日时遇辛巳或乙巳是也。

甲午乙未砂中金

砂中金者，刚形布地，宝质藏砂，直教淘洗为珍，必须因人始贵。此金非炉火则不能制，但甲午见丙寅，寅中火生，寅午合局，柱无长生之土则燥，更值木助，主疾夭。丙午纳音虽水，而支干纯火，如逢尤凶。山头、山下、覆灯三火既有木生，克制此金，又须清水济之，决主少年荣贵。戊子、己丑，龙火相逢。子午有交媾之妙，甲己有合化之理，主贵。杂以凡火，则不为奇。见水惟宜井泉、涧下、天河，清净则吉；长溪、大流，动而不静，并见则金泛不安，海水尤忌。见木有何关系？火衰却喜生扶，更有禄马贵人互换朝拱为上，如柱无火，逢一二木则危。若甲午见己巳，是谓采精金于黄碛，乃贵格也。金生于砂，得造化则吉。若更逢砂土，反有埋没之忧。路傍、大驿亦在所忌，有火庶几城头。戊寅、乙未喜见，谓之采精金于青沙，乃贵格也。惟丙戌之土中藏火库，乃喜见之金，为同类最喜，清气为上。海中、白镴有火制，亦得。

壬申癸酉剑锋金

剑锋金者，白帝司权，刚由百炼，红光射于斗牛，白刃凝于霜雪。此金造化，非水不能生，大溪、海水，日时相逢为上格；井泉、涧下，有霹雳助，或得乙卯之雷方好。若无雷霹，亦金白水清格也。秋生更吉，日时遇长流，在壬辰为宝剑，化为青龙，癸巳亦得此剑，不能通变。然癸丑为剑气冲头，最吉。松柏、杨柳亦吉，但多聚散。大林、平地，嫌有土制，主劳苦。火见神龙，阴阳交遇，如壬申逢己丑、癸酉逢戊子，方为上格。遇天上、炉中二火，无水救则天。诸土见皆不吉，以其埋没。只壁上、城头，有磨锋淬砺之用，此二土则可。金喜同类，如壬申见壬申，癸酉见癸酉，有木制之，是谓盘根错节，所以别利器也。无木主带疾，海、砂、白镴，此三金内，乙丑独吉。钗、钏成器，相见亦宜。若柱有未成之金，无加于剑，最忌之。见则性蒙猖狂，戌则金混杂时中，却宜火胜。大抵剑锋乃金之最有利者，只宜水润，不宜火刑，如见寅巳，三刑全者，大凶。

庚戌辛亥钗钏金

钗钏金者，美容首饰，增光腻肌，猥红倚翠之珍，枕玉眠香之宝。此金藏之闺阁，惟宜静水，井涧、溪流，见之皆吉，多见则泛，海水贫天。天河，辛亥见之无妨。丙午真火，庚戌所忌，以午戌凑成火局，有伤此金故也。太阳火日生显耀，覆灯火夜间显耀，故皆宜见。但甲辰、乙巳与庚戌、辛亥相冲，阴阳交见为妙。戊子、己丑与丙午、丁未相持，二火忌叠，见之非贫即天。炉中火，庚戌最忌。辛亥见之，丙辛化水稍吉。山下、山头，俱不宜见。若有水济亦可。柱中有水，此金入于匣中，有福贵方吉。土见砂中，相生相养，更有涧下水助，荣华福贵。金喜剑锋，则成造化，箔金增光，钗钏须假微火济之，除此二金，别金无用。若命中只有金水，更无夹杂，为金白水清，在活法推之。

戊子己丑霹雳火

霹雳火者，一数毫光，九天号令，电掣金蛇之势，云驱铁马之奔。此火须资风水雷方为变化，若五行得值一件，皆主亨通。如日时见大海癸亥，为引凡入圣，己丑为上，戊子次之，见大溪乙卯，为雷火变化，己丑为吉，戊子忌之。辰巳为风运中，遇之尤佳。天上水名为既济，主吉。遇之者禀性含灵，聪明特异。长流无用，涧下虽就位相克，此神火也，不忌，有风亦显。五行见木，辛卯有雷，大林有风，平地有天门，与此火相资，余木无用。土见路傍，巽则吉。砂中丁巳有风，己卯有雷，得泉助之，亦主贵显。剑金加水，海金通风，镴金逢涧，皆吉，余金无用。见炉中丁卯为吉。戊子逢丙寅太燥，性凶主夭。己丑见丙申，却得戊子，忌之灯火。东南巽地，有风最宜。戊午、己未天上火，日时遇之，防刑克。再考《妙选》，有烈风雷雨格，即霹雳见天河是也。有天地中分格，即戊子见戊午是也。有雷霆得门格，即戊子己丑，日时遇卯是也。三格纯戊午，与前说不同。

丙寅丁卯炉中火

炉中火者，天地为炉，阴阳为炭，腾光辉于宇宙，成陶冶于乾坤。此火炎上，喜得木生，惟平地之木为上，以丙寅见己亥，谓之天乙贵，见戊戌谓之归库，故吉。丁卯次之。然丙寅火自生，无木，庶几丁卯火自败，若无木则凶，且此火以金为用，更得金来，方应化机。但丁卯无木而更遇金，主劳苦之命。夫寅见木多火炎而无水制，主夭。卯见三四木不妨，如庚寅辛卯就位相生，壬午癸未火为真火，寅见之，多主凶暴或疾夭。若天地元有水制，亦主中寿。丁卯无妨，此火虽喜得金，为财内剑金，寅见之稍可。丁卯火既自败，又到申酉而死绝，如何能克，非贫即夭。海中、砂、镴诸金，须资木生，方喜见之，钗、箔无用。见土须先有金与木，却喜土以宿之，不至太燥。如城头、屋壁皆成器之土，方好见水，命中生爱木，不然火多喜逢之。天上清水，寅命遇之为吉。卯中无木，则嫌大海。丙寅见壬戌为福库，见癸亥为官星，带合半凶半吉；井涧、溪流皆凶，有木不在此论。火见同类，若日月上衰败则吉；霹雳火本自无益，若得木生，更日时有海水则宜。无木遇水，凶。天上火，须有屋土遮之。灯火巽风，又为鼓舞。亡神须兼造化断，如丙寅、丁酉、己酉、丙寅火为无气，不失大贵。如丙寅、甲午、己巳、丙寅，则漂泛不安。

甲辰乙巳覆灯火

覆灯火者，金盏衔光，玉台吐艳，照日月不照之处，明天地未明之时。此火乃人间夜明之火，以木为心，以水为油，遇阴则吉，遇阳则不利。凡日时最忌再见辰巳，地支有冲，恐风吹灯灭，主天。或以戌亥子丑为阴，或以自未至亥为阴，五行见木为根本，凡木皆好，更得官星、禄贵相扶，干头化水，尤吉。限运遇相助，主大贵。水以井泉、涧下为真油，长流假油。《妙选》有暗灯添油格，即此理也。大海、河水则不可以为油，遇者主寻常。大凡此火见水须资木，不喜长生旺气，水太泛反凶。命值箔金照耀，最为清贵，亦须水木相资，方能显达。砂中、钗钏二金，皆吉；剑锋一金，谓之灯花拂剑，尤吉；镮金不宜。五行见土，须防克破。若壁土可以安身，屋土可以覆庇。日时并见，主福贵。砂土有木，亦主衣食，余土无用。火爱同类，却怕风吹。霹雳为龙神变化之火，必带风来，此火难存。天上、炉中二火相见，最凶。再考《妙选》有魁星格、指南格，以甲辰生人，日、时遇午未为是；有火土入堂格，以此火怕风，日时遇丙戌、丁亥屋上土，则灯在屋中，更得添油，尤贵。

戊午己未天上火

天上火者，温暖山河，辉光宇宙。阳德丽天之照，阴精离海之明。戊午为太阳则刚，己未为太阴则柔，或以为夏日则刚，冬日则温，诬也。俱要戌亥为天门，卯酉为出入之门，东南为行陆之地，则吉。此火见木谓之震折，要日时有风与水方得。大林木有辰巳，松柏、石榴有卯酉，故惟此三木主贵。午见木多犹可，未三四木，劳苦之命也。见金且能照耀，不能克济。钗金有戌亥，箔金有寅卯，主吉；剑金为耀日月之光，必主少年登第；余金则殃。水宜涧下，须戊午见丁丑，己未见丙子，阴阳交互，方为福贵。柱中更有木滋生，富贵双全。大溪有乙卯，井泉有己酉，出入得门，皆吉。天河雨露相济，不以就位克论。戊午见丁未，亦吉，丙午则不明。火爱灯头，再有别火则燥。霹雳带云雨，则日月无光，故主昏蒙。炉中午忌丙寅，以午为刚火，才见丙寅，便为火生之地，若无清水解救，主犯刑凶死，丁卯稍可。土见砂中，有巽风相假，路傍、城、屋，皆吉。柱中更有金木资助，尤吉。考《妙选》，戊午遇卯，己未遇酉，为日月分秀格。而卯以乙卯、辛卯为正，己卯、丁卯次之。酉以乙酉、癸酉为正，己酉、丁酉次之。有日出扶桑格，即日分秀，再见巳午日时。有日轮当表格，以戊午生于午，月逢巳午日，又以戊午见戊子为坎离正位。有月生沧海格，即月分秀，而酉得乙癸是也。有月照寒潭格，是取壬癸亥子，纳音属水为潭，然必秋生为贵；有月桂芬芳格，是己未生人，柱有三四木拱集，与桂林一枝同。桂林以少为贵，芬芳以多为贵，义各有所取也。再考凶格中，太阳损明，戊午不禁于水溢，是嫌水盛；太阴薄食，己未岂堪于土多，是嫌土重也。须如是并参，方尽其理。

丙申丁酉山下火

山下火者，草间熠耀，花里荧煌，寒林缀叶之光，隔幔点衣之彩，方朔以萤火名之，故《妙选》有萤火照水格。遇秋生则贵为卿监，是以此火喜水，地支逢亥子，或纳音水更遇申酉月是也。或以山下之火最喜木与山，更得风来增辉为贵，又不以萤火论矣。大林木有辰巳为风，桑柘木有癸丑为山，松柏、平地最吉。更得风助，主贵；若风多吹散，主夭。水爱井泉、涧下，有木相资，主爵位崇显，大海水不宜，然有山亦应贵格。寅卯为东方木旺火生之地，只甲寅水吉，乙卯为震，有风见之不佳。若无火无山，更加霹火，主夭。天上水为骤雨，此火不宜相见。若先得山水滋助，亦无大害。命里有金，以清秀为吉，无木多逢，以窃气论之。乙丑为山，主贵；余金若无克破，遇贵人禄马，只以财论。土见砂中，辰巳有风，若有木有山加助，主大贵，无则虚名。火忌太阳、霹雳、灯头，是巽主光显。大都五行有火，须资木则吉，限数喜忌，俱依此断。

甲戌乙亥山头火

山头火者，野焚燎原，延烧极目，依稀天际斜辉，仿佛山头落日，此乃九月烧荒，衰草尽爇之火也。大概宜山木与风木，喜大林、松柏，以辰巳有风，寅卯归禄，更得癸丑为山上木，主贵。无山则木无所依，火无所见，纵有风亦不光显，余木无用，只以禄马看。水宜涧下，名为交泰，主吉。井泉清水，有木助之，亦吉。大溪甲戌见甲寅，乙亥见乙卯，却真禄俱吉。天上须有雨露，而火到午未得地，再得清水济之，不至于燥，主福，不然则夭。大海就位相克，最凶，有山逢之，稍得。日时见金为财，须有山木助之则吉，无则凶。见土惟砂中有巽，能扬此火，别土无益。大凡此火，无木见土，多是下贱之命。见火炉中太炎，霹火凶害，太阳昏蒙，山下战刑，皆所不宜。命带二、三火，如限数逢木，主祸生不测，或夭，大都此火大怕刑冲。

壬子癸丑桑柘木

桑柘木者，缯彩镟基，绮罗根本，士民飘飘之袂，圣贤楚楚之衣。此木供蚕为孤，其用甚大。最爱砂土，以为根基。又以辰巳，为蚕食之地，不宜刑冲互破。路傍、大驿二土，次吉，余土无益。水喜天河为雨露之滋，长流、溪涧、井泉诸水，皆可相依，亦须先得土为基，更加禄贵为妙。沧海水漂泛无定，无土，主夭。见火灯头最吉，亦以辰巳之中为蚕位故也。炉中位居寅卯，木之旺地，天上、霹雳二火，与此木干支有合化之情，有坎离交媾之妙，俱吉。但诸火不宜叠见。以金言之，砂中第一；剑锋能修整此木，为次。钗、箔二金，须得土为基，如逢冲破，又凶。木喜庚寅、辛卯，为以弱就强，以小变大，作贵格论，纵无砂土，亦吉。平地、柏、榴，无土则凶。大林乃东南蚕食之位，有土资生，主大贵。遇杨柳为桑柳成林，亦是贵格，须生春夏方吉。

庚寅辛卯松柏木

松柏木者，泼雪凑霜，参天覆地，风撼签篁之奏，雨余旌旃之张。此木藏居金下，位列正东，乃为极旺。最喜山为根基，水为滋润。天河雨露之水，可以滋润，涧下丁丑属山，可为根基。丙子不如大溪水，有乙卯为雷，可以发荣，却嫌风霹，有损折之凶。大海水有山则吉，癸亥清净无山，亦吉。若柱有平地，得屋土则为已成栋梁，无用山水。无此二件，乃山间之茂木也，须要山水。命中有火，最忌炉中。就位相生，再加风木，灰飞烟灭。五行无水，主夭折。山头、山下，太阳、覆灯，皆不可犯。寅人尤忌戊午、丙寅，以木不南奔，寅、午三合火局故也。辛卯无害，霹火虽可资生，运加凡火，主凶。土见路傍，似无足贵，若无死木，其福还真。驿土无山贫夭，更加海水尤凶。金逢乙丑，为印为山；箔金就位，自旺，主吉。剑锋能削能斫，更得壁土相成，松柏相资，主贵。大林有风，杨柳会火，二木最忌。桑柘癸丑为山，可以相助。石榴是辛酉金，反化死木，有造化却吉。《妙选》有苍松冬秀格，是以此木生人月日时，属三冬为贵。有日合辛卯、月值庚寅二格，虽取戊午己未生，居夏秋，然专论此二木为贵。

戊辰己巳大林木

大林木者，枝干撼风，柯条撑月，耸壑昂霄之德，凌云蔽日之功。此木生居东南，春夏之交，长养成林，全假艮土为源，癸丑为山，三命无破陷，最为福厚权贵。戊辰为上，己巳次之。土遇路傍，为负载，戊辰见辛未为贵，己巳见庚午为禄，主福；壁、屋二土，再得剑金，则大林之木取为栋梁，成格，最吉，无此乃山间茂林之木也。此木无论死活，皆欲见土，如己人见甲，虽云化土，然不如辰戌丑未土局纯全为妙。若此木已死在山之下，见甲戌乙亥烧之，主凶夭。灯火就位相生，乙巳不如甲辰更吉。霹雳、太阳二火皆能长育，运中遇之亦吉。然二火嫌并见，持胜须有土为根基方可。水见天河戊辰见丁未带贵，虽无土与山，亦主有衣食，即灵槎入天河格也。生秋冬死绝方是。溪、海二水重见，主贫夭，有山稍得。《妙选》有苍龙驾海格，是戊辰见癸亥为贵，涧下丁丑最吉，丙子不如。诸金俱不宜见，海中有乙丑为山，剑锋得屋壁为本，余金无用，逢之主天贱。木喜桑柘，惟癸丑最妙；平地须得路傍土，谓之平林在野。松柏东方生旺之地，柱有癸丑而得松柏为密荫，最佳。

壬午癸未杨柳木

杨柳木者，隋堤袅娜，汉苑轻盈。万缕不蚕之丝，千条不针之带，午未木之死墓，壬癸木之滋润。此木根基，惟喜砂土，见艮山则依倚摇金，遇寅卯则东方得地。辛丑有山，庚子不如；戊寅虽吉，己卯尤胜。丙辰、丁巳，却嫌戌亥对冲。若见大驿有丑，为山边之驿，稍可。无丑独见此土，主夭贱。路傍就位，复值死墓，日时遇之，主人卑弱。屋土壬午见丁亥，丁壬合化则吉，丙戌不如。水见井泉、长流、大溪涧下皆吉，中间又分合化旺位，尤吉。丙午、丁未、丙丁真火，午未亦火。此木至午未已死，壬午见之大凶。癸庶几有别，水济之无害。此木午未已自有火，更见别火，恐引起伤寿，灯头乙巳有风，木折主凶；炉中寅卯本位，木旺反吉。霹火如壬午见己丑，癸未见戊子，阴阳交通，更有砂土为基，主贵。若子丑午未对冲，则不为吉。金见木无造化，钗钏、金箔却喜成功，海镬、剑砂，虽忌见之，其间轻重，当以禄、贵、德、杀参详。见松柏木，为脱体化神之格也，主贵。桑柘癸丑为山，作倚傍成林，主吉。庚申、辛酉木既死绝，又逢金克，以弱遇小，其人必贱。《妙选》有花红柳绿格，是以此木遇石榴，生于春夏，不以贱论。有杨柳拖金格，是以此木生于三月，而时得一金，辛亥、甲子、癸卯、辛巳最妙，乃壬癸禄贵之地故也。

庚申辛酉石榴木

石榴木者，性辛如姜，花红似火，数颗枝头，累累多子，房内莹莹。干支纯金，而纳音属木，乃木之变者也。可以移盆内而妆做山，故喜成器之土，以为根基。城头为上，屋上次之，然必阴阳交见，则丙辛、丁庚互官，戊辛、己寅互印，主吉。路、壁、驿、砂四土，有山助之，亦吉。若无何用，见金砂中最吉。箔金显干支水木而纳音金，榴木干支金而纳音木，皆脱去本性而互换归旺。以木旺寅卯，金旺申酉，各得其位，谓之功侔造化格，主大贵。海中乙丑为山，更逢水助则吉。或壁上城头，亦得剑锋，就位相克最凶。若先有砂金，能制其毒，亦不为害。水见天河，雨露相滋。井泉、溪涧，清水浇灌。大海太泛滥，非贫则夭，有艮土稍得。太阳、霹雳二火虽喜，不宜并见。炉中寅卯旺位本吉，再加别火则凶。若此木生于五月，日时止带一火，谓之石榴喷火，主贵。桑柘、大林、杨柳三木皆喜见之，见桑柘癸丑为山，见大林戊辰脱体，见杨柳花红柳绿，皆主功名。见松柏则强，见平地则大。若无别物夹杂，则绿绕红围，亦主富贵。如得城土为基，水运为助，享福优游，最为长久。

戊戌己亥平地木

平地木者，初生萌叶，始发枝条，惟资雨露之功，不喜雪霜之积，此乃地上之茂材，人间之屋木。戊戌为栋，己亥为梁，最宜互换见之，须以土为基，土爱路傍，为正格，更逢子午尤贵，以子午为天地正柱故也。屋、壁、城头三土，以此木相资，中间有升化尤吉；砂驿无用，日时见之主灾夭。火爱太阳、霹雳，最为显耀。炉中遇木则福，灯头无风则固，余火无水则凶。此已成之木，不宜剑金，有木相资则可，箔金增饰光辉。又天干合，地支旺，更有傍土为基，主大贵。余金无用。水见天河，为润泽，主吉。溪海无山，俱凶。井泉、涧下虽吉，内甲申合丁丑为山，遇之尤吉。木见大林，有风动摇，主寿促。桑柘癸丑最吉，壬子己亥人，见之为贵，戊戌人不堪。松柏木倚辅平地为栋梁，更有土助，主贵。大抵此木恶金而喜水土，若生三冬时，得寅卯，为寒谷回春，亦贵论也。

庚子辛丑壁上土

壁上土者，恃栋依梁，兴门立户，却暑御寒之德，遮霜护雪之功，此乃人间壁土，非平地何以为靠？子午天地正柱，逢之尤为吉庆。凡见木皆可为主。庚寅、辛卯，亦是栋梁，只辛酉冲破，子卯相刑。大林有风，若无承载之土，加凡火，主作事难成，贫贱而夭。土爱路傍，谓之负载，屋上城头，可以护身，皆吉。见火全无造化，太阳霹雳，虽云照耀，到底塞危。若命先已见木遇火助，鬼焚克运再逢之，主祸患夭折。柱有水救济稍得。水见甲申为最吉，乙酉次之，天上雨露亦吉；大海漂泛，此土何安？纵有根基亦凶。诸金惟爱箔金，命里先有木神则贵。以其成宫室而金碧辉煌，非朝廷不敢用也。剑金伤害，余金无用。

戊寅己卯城头土

城头土者，天京玉垒，帝里金城，龙盘千里之形，虎踞四维之势。此土有成有未成，作两般论。凡遇见路傍，为已成之土，不必若无路傍，为未成之土，必须用火。大都城土皆须资木，杨柳癸未最佳，壬午则忌；桑柘癸丑为上，壬子次之。庚寅辛卯，就位相克，则城崩不宁，何以安人也耶？如见本无夹辅，只以贵人禄马论之，见水有山为显贵。甲申丁丑俱吉，天河滋助亦吉，惟忌霹雳大海，壬戌不忌，合化俱以吉推。土爱路傍，防见诸火，大驿逢山，须作贵观。若独见无根本，贫夭孤寒。五行见金，只有白镴怕巽，二者相妨，余金无用，亦须以贵人禄马看之。

丙辰丁巳砂中土

砂中土者，浪回所积，波渚而成，龙蛇盘隐之宫，陵谷变迁之地。此土清秀，惟喜清金养之，更得清净之土，主早贵；钗、砂、剑、箔此四金清秀相助，如丙人见辛亥，为丙丁人于乾户，号曰驾海长虹，又有星拱北之论，皆贵格也。更得水相涵，尤为上吉。若无水而时日得天上火照，亦可。如丙辰、乙未、癸酉、戊午，此命有二金资养，却全无水，得太阳火照，故贵。如丁巳、癸卯、己未、壬申，此命二金资养，得天上火照，亦贵。然戊午太燥，己未稍缓，寿夭不同。水以井涧清洁为吉，若有金以养之，贵；如此土已得金养而日时有海水，便坏造化。癸亥轻清，丙人见之，限运逢，亦主显荣，余水无用。火喜太阳，在格号为朱雀腾空，主贵；山头、山下、炉中、覆灯诸火，若无水济，主寿夭。木爱桑柘、杨柳，以此土能载二木故也。余木却以禄马贵人参之，如日中刑破冲克之木，虽见有何造化？不如无为吉。五行最忌土相刑，路傍安身，有金木资生，亦主福庆；大驿往来，最不宜见，纵有金水亦凶，余土允不为吉。

庚午辛未路傍土

路傍土者，大地连途，平田万顷，禾稼赖以资生，草木由之畅茂。此乃火暖土温，长养万物之土也。故须假水为先，乃灌溉滋润之。论次第尤宜水化为妙，更得金来相助，则禾稼成实。如庚午见甲申，辛未见乙酉为禄，若无冲破，主早贵。天上水雨露相滋，庚午喜见丁未，辛未喜见丙午，为官贵禄合之妙。涧下庚午见丁丑，贵禄交驰；辛未见丙子，化水逢生。大溪乙卯为雷，能发生此土。又乙庚合化，故皆主吉。长流、大海二水以其不能浇灌此土，故最总之，主凶夭。火逢霹雳，庚午见己丑，贵禄交穿，辛未见戊子，印贵朝阳，皆吉。天上火就位相生，太燥则土反不能生物，有水润之始得。若独见，主夭。炉中火亦燥，亦主妨寿。灯头有屋土，方应造化，名超凡入圣，不然亦凶。见木可以发生，然有贵人禄马则吉，刑杀冲破则凶。只有庚寅木，此土逢之大好，大林不能胜载。如逢土位见丙辰、丙戌、辛丑、辛未，皆吉。若庚午见辛未，辛未见庚午，为二仪贵偶，无有不贵。钗钏、砂中二金可以滋助，清水金水并见，大吉。若命已见水，无金运，遇此金亦福。乙丑海金可为山论，若得天河清水助之，庚生人大好。《妙选》有金马嘶风格，以庚午甲午生人得辛巳时；有马化龙驹格，又以午生人见辰时；有哨风猛虎格，以庚辛生人得辛巳、乙巳；俱以贵论。而水、火、土、金，似不相拘。

戊申己酉大驿土

大驿土者，堂堂大道，坦坦平途，九州无所不通，万国无行不至，此乃位属坤方，德乃厚载，轮天转日，负海乘山之土也。发生万物，以木为基。戊申长生之土，德厚无疆，见三四木皆能滋生。己酉自败之土，木多则窃气；大林合中逢冲，主天。别木则吉，更以禄贵参之。井泉、涧下二水清贵不燥，如戊申见丁丑，或乙酉、己酉见丙子或甲申，谓之官贵，主吉。天河丙午而己酉得之，丁未而戊申得之，亦为贵禄，主福。长流戊申见癸巳，己酉见壬辰，亦吉，多逢则不宁静。大溪乙卯，为东震发生之义，单见亦吉。海水对穿，土不能胜，日时遇，主天，得山稍轻。内戊申见癸亥，戊癸合申亥，为地天交泰，反吉。火见太阳、霹雳，谓之圣火，最能发生。此土如逢水助，主显达。其余凡火再逢木生之，更燥，主凶天。五行见土，惟路傍最宜，屋上、壁上、砂中纵先得木，亦为泯绝，城头有水稍吉。命若有金，清秀，吉。钗钏得辛亥，金箔得壬寅，戊申遇之，柱中更加水助，乃地天交泰，水绕山环，大格主贵。己酉见庚戌、癸卯稍次；砂金造化亦同。剑金须候木得用，不然无益。

丙戌丁亥屋上土

屋上土者，埏埴为林，水火既济，盖蔽雪霜之积，震凌风雨之功。此土凡也，非木无以架之，故以木为根基。平地为上，大林次之。余取天干化木，亦吉，只怕冲破。此已成之土，不宜见火，炉中丙寅最凶，丁卯稍可；太阳、霹雳可取相资。山下、山头，有木生之则祸。灯头丙戌见乙巳为上，丁卯见甲辰次之，谓之火土入堂格，若柱中木多，亦不为吉。水宜天河、井泉、涧下皆吉，如先得平地木成格，大贵；溪流无木主天，若丙戌而得癸巳，丁亥而得甲寅，则又别论，再看日时所成造化何如。大海无山则不宜见土。土见路傍，如丙戌得辛未，丁亥得庚午，阴阳互见，更假木为基，主贵。壁土亦宜，余则汩没。若缺木而三刑聚，纵是二土亦凶，砂土独丁巳不妨。金惟剑锋、钗钏最吉。丁见壬申，天干化木，地支乾坤清夷；丙见辛亥，天干化水，地支丙人乾户，皆大贵格。若丁亥见庚戌，丙戌见癸酉，则不为吉；箔金有粉饰之用，亦吉；余金无用，当以贵禄参详。

丙子丁丑涧下水

涧下水者，山环细浪，雪涌飞湍，相连南北之流，对峙坎离之泯。此水清澄，喜见金养，砂中、剑锋二金最宜。钗钏庚戌丁丑不宜，以丑戌相刑。辛亥见丙子，则丙辛化水，尤贵；余金以禄贵参之，取其资生，恶其冲破。见木一位不妨，二三则主劳苦，亦以贵人禄马参之。命主见土，主人多浊。天元苦水或化木，则主清吉。砂中、屋上二土，其气稍清，路傍大驿则浊甚矣，主财散祸生，如辰、戌、丑、未土局，其凶尤甚，以水浊土浑故也。火见太阳虽炎，中间有既济、未济之论。霹雳就位相争，最所不宜。若二火并临，无金资助，主荒淫，有金别论。山下、山头亦吉，若并临时日则嫌。命中遇水，反成漂荡。见天河为引凡人圣，见大海为福贵朝宗，皆吉。独丁丑见壬戌，则丑戌相别，丁壬淫合，主风声不雅。大溪性急，长流不静，皆不为吉。大抵此水须以金为主，而无火土混杂，再得甲寅乙卯之水，则源远流清，真君子人也。

甲寅乙卯大溪水

大溪水者，惊涛薄岸，骇浪浮天，光涵万里之宽，碧倒千山之影。最喜有归有养，遇坎则为有归，得金则为有养。所嫌者，日月时中，有申酉冲动，或辰巳风吹，主飘流；井泉水净而止，涧下有丑为艮，天河沾润，大海朝宗，此四水皆吉。长流有风，独不宜见。此水以清金为助养，惟钗、砂最宜，箔金亦清，若有钗金对冲则不宜。海中虽无造化，甲子属坎，乙丑为艮，乃归源之地，亦吉。箔金最微，不能相生，岂有超显之理？剑金虽化于大溪，却忌卯雷巽风，主性不定。五行有土，皆为无益，屋上、城头壅阻此水，路傍犹可，亦不为奇。壁上独辛丑为山，大驿惟己酉有合，戊申则冲，庚子则刑，皆不为吉。火见太阳，虽假照耀，霹雳尤忌相逢，若二火互见，主贫，单见别论。木见此水，徒被漂荡，惟桑柘木。壬子有坎，癸丑为山，为水绕山环之贵，内甲寅人见壬子吉，乙卯人见癸丑吉；余木以禄贵参之，尤忌冲破。

壬辰癸巳长流水

长流水者，混混无穷，淘淘不竭，就下必纳于东南，顺流乃归于辰巳。此水喜金生养，金要白镴、钗钏，以天干有庚辛真金，地支辰巳就位相生，戌亥为归源之地；剑锋纯是金水，箔金水木居东，皆以吉论。海中、砂中无取，嫌土塞涸。而土有堤防之用，六土之中，取庚辛、丙丁为吉，戊己无用。遇火则相刑，而有既济之妙。内壬辰喜见丁卯、丁酉，癸巳喜见戊子戊午，以天干合化故也。灯头癸巳，尤喜见甲辰；山头壬辰，尤喜遇乙亥。化龙归禄，取义更佳。逢木虽漂泛，而桑柘癸丑为山，杨柳癸未为园，年时得此水围之，为水绕花堤，大贵格也。松柏、石榴，天干有金相生。大林平地，虽嫌有土，而癸巳见戊辰，壬辰见己亥，俱吉。水为同类，涧下则丁壬合化，天上则雨露相资，井泉、大溪无益；海乃众流所归，而壬辰之龙，得癸亥则龙跃天门，春夏秋生为吉；或龙潜大海，则冬生乃宜，柱中须先得金为妙。又壬辰为自印之水，再见壬辰则刑，刑则自害；见戊戌则冲，冲则泛滥，主凶。癸巳自绝之水，名为涸流，若遇丙戌、丁亥、庚子、辛丑之土，其涸可待。柱中如得三合生旺之金，生之则吉。

丙午丁未天河水

天河水者，乱洒六野，密沛千郊，淋淋泻下银河，细细飞来碧落。此乃天上雨露，发生万物，无不赖之。银汉之水，土不能克，故见土不忌，而且有滋润之益。天上之水，地金难生，故见金难益，而亦有涵秀之情。生旺太过，则为淫潦，反伤于物。死绝太多，则为旱干，又不能生物。要生三秋，得时为贵也。水喜长流、大海，内丙午宜癸巳、癸亥，丁未宜壬辰、壬戌，阴阳互见，尤吉。大溪乙卯为雷，井泉己酉为贵，俱以吉论。火喜霹雳，为神龙之火，与此水相济，而倏忽变化，云行雨施，岂有不贵？炉中火旺，大海水旺，如柱中得二火二水，上下相济，谓之精神俱足，大贵格也。灯头有风，山头有贵，皆以吉论，又须以别水济之方吉。天上就位相克，则忌见之。木石榴、杨柳俱吉，大林有巽，平地有亥，亦吉。松柏、石榴遇丙辛合化，亦以吉论。《妙选》有灵槎入天河格，是取死绝无根之木，柱无土培则漂流，天河是也。土虽不能克，而柱逢庚午辛未，就位相克，土壅水滞，或水又冬生，则水结池塘，必主浊滥。余土如砂中、屋上皆吉，城头、大驿无用。壁上地支对冲，亦坏造化。水、金虽不能生，独辛亥钗金却属乾天，水在天上，只此最吉。余金亦取天干有庚辛、壬癸者为用，甲乙无益，再以禄马贵人参之始得。《妙选》又以水生人得庚子、壬子为云腾雨施，生春则旱，夏则潦，冬则寒，独三秋最吉。遇甲辰乙巳、庚辰辛巳，柱中有壬为云，有辰为龙，为风雨作霖；若生冬月，是为霜凝薄露，日时喜遇寅卯温和之气，可解斯冻，俱贵格也。

甲申乙酉井泉水

井泉水者，寒泉清冽，取养不穷，八家凿之以同饮，万民资之以生活。此水生于金而出于木，故喜见金为福。砂中有土，性与之最宜，钗钏清秀次之，镴金与钗金相冲，故不宜再见。剑锋申酉太旺，恐有泛滥之灾，海金无取，乙丑为艮，山下出泉，亦吉。此非木不能出，譬之桶论，故见木皆吉，如见平地、大林，须假剑金削之，方可取用。桑柘、杨柳无用，松柏则互换归禄，此其最吉。诸火阴阳互见则吉，霹雳名为人圣，太阳号为显照，二火相见最吉，但不宜并有则凶。诸土路傍、砂中最吉，屋上有天门生水之源，亦吉；城头、壁上与此水则无干涉。大驿就位相克，水为土掩则"井渫不食"，须有木去之方可。水喜大海，为引凡人圣，天上、涧下、长流亦不为灾，大溪甲寅乙卯为吉。如甲申见乙酉，乙酉见甲申，官星互换，最吉。如二水在年时，二水在月日，谓之水绕花堤，乃贵格也。

壬戌癸亥大海水

大海水者，总纳百川，汪洋无际，包括乾坤之大，升沉日月之光。此水原有清浊，以两般分论。壬戌有土气为浊，癸亥干支纯水而纳音又水，故清。壬戌人嫌山，以土气太盛，有金清之方吉；癸亥最喜见山，然后海水之性始安。涧下丁丑为山，天河与海上下相通，柱有木为槎，则乘槎入于天河，故为上格。长流、大溪等水，毕竟皆归于海，以海水不择细流，故能成其大也。壬辰为龙归大海，尤吉。中间又分阴阳互见，干支合化方可。井泉则有所制，与海不通，故不喜见之。

诸金独海中第一，以壬戌癸亥，喜见甲子乙丑，砂中亦得，余金又当以贵人禄马参之。火喜天上，与海水相为照耀，最吉。霹雳己丑为山，戊癸合化柱，得木火旺地，亦吉。山下、山头、覆灯诸火，不宜见。木惟壬子、癸丑、壬午、癸未俱吉。大林有风冲动，水性不安，平地厚载，则就位相得。松柏、石榴，若无土制，则漂泊无定。土爱路傍、大驿，惟此二土，足以振之不泄。况癸亥见戊申为天关地轴大格，日时遇此厚土，纵有风雷，亦不为害。城头己卯，须资艮则吉，如逢霹雳则雷火变化，海水汹涌，亦主贫寒。

六十甲子纳音取象，其十干有可以为金，有不可以为金者。虽因所值之数不同，而五行类化类从之妙，其理亦不可不知。如甲乙、庚辛、壬癸，此三者可以为金，而丙丁、戊己不与焉；庚辛元金，固为本家之物，壬癸非金也。又胡为金，以金水相生之理，而水亦可以为金，故世有水碧金明之物。甲乙之木，其质坚强，世有木化为石者，可以例见，故此二者可以取象为金，与本家之物同也。丙丁属火，燥刚不同，戊己属土，柔刚不同，与金相反，自不可以金论。戊、己、庚、辛、壬、癸，此六干者，可以为木，而甲、乙、丙、丁不预焉。以丙、丁元火，所以焚木，自不可取；甲、乙原木，胡不取之？殊不知五行中金还金，水还水，火还火，土还土，独木则变，以木资火、水、土之性，假合而生，脉绝而枯槁，则还水也。灼之为火，则还火也。腐之为土，则还土也。故不用木，所以脱体而化神也。六甲轮环，所值之数，五行错综，所得之理，自可以默识矣。凡木皆水所生，其津液即水也，故壬癸可以为木。庚辛之质，其坚与甲乙同，故甲乙可以为金。而庚辛可以为木，互换交通，其理亦无二也。丙丁、甲乙、壬癸取象为水，以壬癸原水也。丙丁其化也。甲乙之津液即水也；戊己之土所以克水，庚辛之金所以燥水，气有异也，自不可以水论。甲乙、丙丁、戊己取象为火，以丙丁原火也，戊己其化也，甲乙之生燃即火也。壬癸之水所以克火，庚辛之金所以燥火，类不同也，自不可以火论。丙丁、戊己、庚辛纳音属土，戊己原土也。丙丁之火化而为灰，灰即土也。庚辛之金混于土中，乃土之精气所结，故皆可以为土。若壬癸之水润下不凝，甲乙之木散上不止，自不可以土论。究其取象，有轻重，有大小，有刚柔，有气味，有体质，有功用，各各不同。此又兼地支方隅之位，旺相休囚不同，而天干之所值或从本象，或从化象，或从别象，天人交尽，其理生克，互成其义，此金所以有海中、砂中、金箔、白镴、剑锋、钗钏之别，而金之象无余蕴矣。余木、火、水、土可以例见。此纳音取象所以为造化之妙也欤！

或曰：五行之中，惟水火不宜太旺，旺则不可救药。故丙午、丁未配以天河水，以水能制火也。戊午、己未谓之天上火，以戊己盖其上，则火不焰也。午未在天之中，丙丁属火，皆午未旺乡。故历代遇此二年，皆不靖。此以理论，而非原取象之义，然亦不可不知。再按纳音取象出自黄帝，故诸术家皆宗之。自徐大升作《定真论》，有娄景以前未知金在海中之论，而元之星士遂有“纳音空自失天真”之说。故今之谈命者，只论正五行，而纳音不取焉。岂知纳音之理，取象之精，此正造化之所以为妙。凡论人命，尤不可不推究而体察之，以尽其微也。今阴阳家论先天老五行，而不取《洪范》五行，目为《灭蛮经》，以其颠倒阴阳，反易水火。太和周视作《阴阳定论》，乃深辟之。西蜀罗青霄作《阴阳辨疑》，以《洪范》五行出自八卦，断不可用。又辟周氏之见为诬噫，何前后无定说也耶？余见纳音五行，即《洪范》五行之义，不可举一废一。谈命者，本之以五行为经，参之以纳音为纬，庶足以尽命数之理，而造化无余蕴矣。

论曰：自有天地开辟，而干之名即立。相传出自天皇地皇，而错综为六十甲子，则自伏羲造甲历始也。既名甲历，则年月日时，皆以六十甲子纪之。而天地之始终，日月之运行，四时之寒暑，阴阳之变化，皆不能易。三辰以定自黄帝，以六十甲子纳音取象，于是五行各有所属。而金木水火土之性情、形质、功用、变化，悉尽其蕴，而《易》自在其中矣。故以此而测两仪，则天地不能逃；以此而推三光，则日月星辰不能变；以此而察四时，则寒暑不能易；以此而占人事，则吉凶祸福、寿夭穷通举不能外，而造化无遁情矣。今之儒者，但知八卦画自伏羲，文王重之为六十四，周公作《爻辞》，孔子作《系辞》，以《易》更四圣而后成，谓之经，目五行家为九流，其亦不思甚矣。岂以五行家专论生旺而昧正理，委天命而弃人事，与《易》道不合耶？呜呼！干支出自上古，甲子本之羲皇，音象传自黄帝，是数圣人也，岂在文王、周公、孔子后耶？若天地开辟，而干支之名不立，则不能错综为甲子。无六十甲子，则不能错综五行，何以纪历成岁？而一年有三百六十日，岁有十二月，月有三十日，日有十二时，孰从而明之？孰从而知之？而举世浑浑沌沌，如在洪蒙之中，何以立两间、参三才而成世界也耶？所谓百姓日用而不知，终身由之而不察者，是矣。《易》道虽微，不过因"天地定位，山泽通气，雷风相薄，水火相射"，取象以画八卦。其理自不出干支甲子之外，而别有所创置也。呜呼！干支错综而为六十，八卦错综而为六十四，甲子以数纳音，以理取象，乃五行之正也，而八卦之体已备。八卦仰观俯察，远取诸物，近取诸身，为六十四卦，三百八十四爻，亦一年之数也。而干支之用以行。干支本天地以为经，八卦道阴阳以为纬。经纬错综，往来变化，而天地之蕴奥，鬼神之情状，人事之吉凶，尽在其中，而其义微矣！世之儒者，又乌可鄙五行为九流哉？

论五行

五行者，往来乎天地之间而不穷者也。是故谓之行。北方阴极而生寒，寒生水。南方阳极而生热，热生火。东方阳散以泄而生风，风生木。西方阴止以收而生燥，燥生金。中央阴阳交而生湿，湿生土。其相生也，所以相维；其相克也，所以相制，此之谓有伦。火为太阳，性炎上。水为太阴，性润下。木为少阳，性腾上而无所止。金为少阴，性沉下而有所止。土无常性，视四时所乘，欲使相济得所，勿令太过不及。夫五行之性，各致其用。水者，其性智。火者，其性礼。木者，其性仁。金者，其性义。惟土主信，重厚宽博，无所不容。以之水则水附之而行，以之木则木托之而生。金不得土则无自出，火不得土则无自归。必损实以为通，致虚以为明。故五行皆赖土也。推其形色，则水墨、火赤、木青、金白、土黄，此正色也。及其变易则不然，常以生旺从正色，死绝从母色，成形冠带从妻色，病败从鬼色，旺墓从子色，其数则水一、火二、木三、金四、土五，生旺加倍，死绝减半。以义推之，夫万物负阴而抱阳，冲气以为和，过与不及，皆为乖道。故高者抑之使平，下者举之使崇。或益其不及，或损其太过。所以贵在折衷，归于中道，使无有余不足之累。即财、官、印、食、贵人、驿马之微意也。行运亦如之。识其微意，则于命之说，思过半矣。

金

喜：木象、土生、空亡、锻炼。

忌：木旺、火旺、墓败等火。水寒、金销、刑煞克害。

金以至阴为体，中含至阳之精，乃能坚刚，独异众物。若独阴而不坚，冰雪是也，遇阳则消矣。故金不炼不成器，聚金无火，难成脱朴之名。金重火轻，执事繁难。金轻火重，煅炼消亡。金极火盛，为格最精。金火全名铸印，犯丑字即为损模。金火多名乘轩，遇死衰反为不利。大火炼金，幸功名而退速；纯金凑水，遇富显以赢余。金能生水，水旺则金沉。土能生金，金贵则土贱。金无水干枯，水重则沉沦无用。金无土死绝，土重则埋没不显。两金两火最上，两金两木财足。一金生三水，虚弱难胜。一金得三木，顽钝自损。金成则火灭，故金未成器，欲得见火。金已成器，不欲见火。金到申酉巳丑，亦可谓之成也。运喜西北，不利南方。生于春月，余寒未尽，贵乎火气为荣；性柔体弱，欲得厚土辅助。水盛增寒，难施锋锐之势。木旺损力，反招锉钝之危。金来比助，扶持最喜。比而无火，失类非良。夏月之金，性尚在柔，形未执方，尤嫌死绝。火多而却为不厌，水盛而滋体呈祥，见木而助鬼伤身，遇金而扶持精壮。土薄而最为有用，土厚而埋没无光。秋月之金，当权得令。火来煅炼，遂成钟鼎之材。土多培养，反为顽浊之气。见水则精神越秀，逢木则琢削施威。金助愈刚，刚过必缺。气重愈旺，旺极则害。冬月之金，形寒性冷。木多则难施琢削之功，水盛而未免沉潜之患。土能制水，金体不寒；火来助土，子母成功。喜比肩聚气相扶，欲官印温养为利。

木

喜：琢削、生扶、助火、土培、生旺地面、有党成林。

忌：空折、飘落、空亡、动摇、死绝、枯槁、自焚、耗泄、湿烂。

木性腾上而无所止，气重则欲金任使。木有金，则有惟高惟敛之德。仍爱土重，则根蟠深固；土少，则有枝茂根危之患。木赖水生，少则滋润，多则漂流。甲戌乙亥木之源，甲寅乙卯木之乡，甲辰乙巳木之生，皆活木也。甲申乙酉木受克，甲午乙未木自死，甲子乙丑金克木，皆死木也。生木欲火而秀，丙丁亦然。死木得金而造，庚辛必利。生木见金自伤，死木得火自焚，无风自止，其势乱也。遇水返化其源，其势尽也。金木相等格谓斫轮，若向秋生，反为伤斧，是秋生忌金重也。阴木重火，舌辨能言。生于春月，余寒犹有。喜火温煖，别无盘屈之拘。借水资扶，而有舒畅之美。春初不宜水盛，阴浓则根损枝枯。春末阳气烦燥，无水则叶摘根干。是以木火二物，既济方佳。土多而损力，土薄则财丰。忌逢金重，伤残克伐，一生不闲。设使木旺得金为良，终身获福。夏月之木，根干叶燥，盘而且直，屈而已伸。欲其水盛，而成滋润之力，诚不可少。忌其火旺，而招焚化之忧，故独为凶。喜土在薄，不宜重厚，厚则反为灾咎。恶金在多，不可欠缺，缺则不能琢削。重重见木，徒以成林。叠叠逢华，终无结果。秋月之木，气渐凄凉，形渐凋败。初秋之时，火气未除，犹喜水土以相滋。中秋之令，果已成实，欲得刚金而修削。霜降后不宜水盛，水盛则木漂。寒露节又喜火炎，火炎则木实。水多有多材之美，土厚无己任之才。冬月之木，盘屈在地。欲土多而培养，恶水盛而亡形。金总多不能克伐，火重见温煖成功。归根复命之时，木病安能辅助？惟忌死绝，只宜生旺。

水

喜：清洁、宽远、相生、火济、润下、西北。

忌：空亡、泛滥、克害、木多、气寒、枯涸、死绝、焦燥等土。

天倾西北，亥为出水之方。地陷东南，辰为纳水之府。逆流到申而作声，故水不西流。水之性润下，顺则有容。顺行十二辰，顺也。主有度量，有吉神扶助乃贵格。逆则有声，逆行十二辰，逆也。入格者主清贵有声誉。忌刑冲则横流，爱自死自绝则吉。水不绝源，仗金生而流远。水流泛滥，赖土克以堤防。水火均则合既济之美，水土混则有浊源之凶。四时皆忌火多，则水受渴；忌见土重，则水不流；忌见金死，金死则水因；忌见木旺，木旺则水死。沈芝云：水命动摇，多主浊滥，阴人尤忌之。《口诀》云：阳水身弱穷，阴水身弱贵。生于春月，性滥滔淫，再逢水助，必有崩堤之势。若加土盛，则无泛涨之忧。喜金生扶，不宜金盛。欲火既济，不要火多。见木而可以施功，无土而仍愁散漫。夏月之水，执性归源。时当涸际，欲得比肩。喜金生而助体，忌火旺而太炎。木盛则耗盗其气，土旺则克制其流。秋月之水，母旺水相，里莹表光。得金助则能清澄，逢土旺则嫌混浊。火多而财盛，太过不宜。木重而妻荣，中和为利。重重见水，增其泛滥之忧；叠叠逢土，始得清平之意。冬月之水，司令专权。遇火则增暖除寒，见土则形藏归化。金多反曰无义，木盛是谓有情。土太过克制水死，水泛涨喜土为堤。

火

喜：和暖、生助、空亡、炎上、高远、土照、水济。

忌：局促、急燥、清冷、水重、木枯、杂党、木败、死水之木。

炎炎真火，位镇南方，故火无不明之理。辉光不久，全要伏藏，故明无不灭之象。火以木为体，无木则火不长焰。火以水为用，无水则火太酷烈。故火多则不实，太烈则伤物。木能藏火，到寅卯而方生。火不利西，遇申酉而必死。生居离位，果断有为。若居坎宫，谨畏守礼。金得火和，则能熔铸。水得火和，则成既济。遇土不明，多主塞塞。逢水旺处，决定为荣。木死火虚，难得永久。纵早功名，必不久长。春忌见木，恶其焚也。夏忌见土，恶其暗也。秋忌见金，金旺难克制。冬忌见水，水旺则灭形。故春火欲明不欲炎，炎则不实。秋火欲藏不欲明，明则燥。冬火欲生不欲杀，杀则暗。生于春月，母旺子相，势力并行。喜木生扶，不宜过旺，旺则火炎。欲水既济，不愁兴盛，盛则沾恩。土多则塞塞埋光，火盛则伤多爆燥。见金可以施功，纵重叠妻财犹遂。夏月之火，势力行权。逢水制则免自焚之咎，见木助必招夭折之患。遇金必作良工，得土遂成稼穑。金土虽为美利，无水则金燥土焦。再加火助，太过倾危。秋月之火，性息体休。得木生则有复明之庆，遇水克难逃陨灭生灾。土重而掩息其光，金多而损伤其势。火见火以光辉，纵叠见而转利。冬月之火，体绝形亡。喜木生而有救，遇水克以为殃。欲土制为荣，爱火比为利。见金而难任为财，无金而不遭妻害。天地虽倾，水火难灭。

土

喜：生扶、坚厚、疏通、生金。

忌：崩颓、木重、水多、空亡、气寒、金重、虚浅。

　　五行之土，散在四维。故金木水火，依而成象。是四时皆有用，所忌者，火死酉也，水旺子也。盖土赖火印，火死则土囚。土喜水财，水旺则土虚。土得金火，方成大器。土高无贵，空惹灰尘。土聚则滞，土散则轻。辰戌丑未，土之正位。分阴分阳，土则不同。辰有伏水，未有匿木。滋养万物，春夏为功。戌有藏火，丑有隐金。秋火冬金，肃杀万物。故土聚辰未为贵，聚戌丑不为贵，是土爱辰未而不爱丑戌也明矣。若更五行有气，人命逢之，田产无比，晚年富贵悠悠。若土太实，无水则不和柔，无木则不疏通。土见火则焦，女命多不生长。土旺四季，惟戌土困弱。戌多为人好斗，多瞌睡。辰未人好食，丑人清省。丑有艮土，有癸水，能润而膏。人命遇此，主能卓立。生于春月，其势虚弱。喜火生扶，恶木太过，忌水泛滥，欲喜比助得金而制木为祥。金若多，仍盗土气。夏月之土，其势燥烈，得盛水滋润成功。忌旺火煅炼焦赤。木助火炎，生克无良。金生水泛，妻财有益。见比肩蹇滞不通，如太过又喜木袭。秋月之土，子旺母衰。金多而耗盗其气，木盛而制伏纯良。火重重而不厌，水泛泛而不祥。得比肩则能助力，至霜降不比无妨。冬月之土，外寒内温。水旺财丰，金多子秀。火盛有荣，木多无咎。再加土助尤佳，惟喜身强足寿。

第三十二章 星命汇考三十二

《三命通会》四

论河图及《洪范》五行

古者庖羲氏之王天下也，则《河图》以作八卦。故序乾、坤、坎、离、震、巽、艮、兑之名，设天、地、日、月、风、雷、山、泽之象。《系辞》曰："天地定位，山泽通气，风雷相薄，水火不相射。"八卦相错，八卦成列，而二十四位同行乎其中。以阴阳消息验之，八卦之变，甲本属木，纳卦于乾，乾与坤交，以坤之上下二爻交换，乾之上下二爻化成坎象，甲随坎化，故属水也。乙本属木，纳卦于坤，坤与乾对，以乾之上下爻交换，坤之上下爻化成离象，乙受离化，故属火也。丙本属火，纳卦于艮，艮与兑对，以兑之下爻交换，艮之下爻化成离象，丙受离化，故属火也。丁本属火，纳卦于兑，兑与艮对，以艮之上爻交换，兑之上爻化成乾象，丁受乾化，故属金也。庚本属金，纳卦于震，震与巽对，以巽之下爻交换，震之下爻化成坤象，庚受坤化，故属土也。辛本属金，纳卦于巽，巽与震对，以震之上爻交换，巽之上爻化成坎象，辛受坎化，故属水也。壬本属水，纳卦于离，离与坎对，以坎之中爻交换，离之中爻化成乾象，壬受乾化，本当属金，纳于离火，火焰金销，不能退立而自附于离火立焉，故属火也。癸本属水，纳卦于坎，坎与离对，以离之中爻交换，坎之中爻化成坤象，癸受坤化，故属土也。此八干纳卦之变，如坤乾上下二爻交者，取象于否泰之义，故曰"天地定位"。震艮以上爻交于巽兑，巽兑以下爻交于震艮者，取象于咸、恒、损、益之义，故曰"雷风相薄，山泽通气"。离以中爻交于乾坤，乾坤以下爻交于坎离，取象于既济、未济，故曰"水火不相射"是也。八卦有变不变，乾坤本乎金土而不变者，乃阴阳之祖宗，众卦之父母也。退身于休明之地，老兀而不变也。故坎离震兑位乎四正，金木水火而不变者，以子午卯酉四位各专四旺之地，宣布四时之令，而气化行焉，故不变也。艮巽用变者，艮土易位于坎震东北之界，处身于衰丑病寅之间，思于更相代立，自然成山而化木也。巽本易位于震离东南之界，立身于衰辰病巳之间，不能自立，反归于水。辰为墓地，并于辰皆水也。亥本属水，因金以生，乘代金立，故亥属金也。寅本属木，因水以生，乘代水立，故寅属水也。巳本属火，因木以生，乘震之衰代震之立，故巳属木也。申本属金，水生于申，金助水势，故申属水也。辰戌丑未五方五土之神，分为四季，作造化甄陶之主，为厚载之质，本不可变，因土以生木，附于土，夺土一半为水，水动土静，辰戌阳之动也，故属水。丑未阴之静也，故属土。化气五行，所取之由大率类此。盖天地交而万物通，上下交而德业成，男女交而志气同。古往今来，未有不交合而能成其造化者也。衰病代谢，未有不自继禅乘代而能致化机之运者也。故《洪范》大五行。所以云："乙丙离壬为炎火，乾亥兑丁从草乡。癸丑坤庚未稼穑，震艮四位曲直装。甲子寅申巽辛地，辰戌皆同润下行。"凡看人命，如遇甲乙丁庚辛壬癸干，居于乾艮巽坤之乡，又当以所变者而界论。与十干化气，六十纳音纳甲相参互看。不可只以《河图》正五行论命，而曰"子平法如此"。此世之谈命者，所以多不准也。

论天干阴阳生死

或问：十干有阴阳、刚柔、生死之分，其说然否？答曰：十干五阳五阴，阳者为刚，阴者为柔。《易》曰"分阴分阳，迭用柔刚"是也。其生死之分，如母生子，子成而母老死，理之自然。《赋》曰"阳生阴死，阳死阴生。循环逆顺，变化见矣"是也。

甲木，乃十干之首，主宰四时，生育万物。在天为雷为龙，在地为梁为栋。谓之阳木，其禄到寅。寅为离土之木，其根已断，其枝已绝，谓之"死木"。死木者，刚木也。须仗斧斤斫削方成其器。长生于亥，亥为河潭池沼之水，名曰"死水"。故死木放死水中，虽浸年久，不能朽坏，譬如杉椿之木，在于水中则能坚固。若离水至岸而遇癸水，癸水者，活水也。为天地间雨露，日晒雨淋，干湿不调，遂成枯朽，则能生火，火旺而木必焚矣，故有灰飞烟灭之患。且午属离火，火赖木生，木为火母，火为木子，子旺母衰，焉有不终之理？故甲木死于午。经云"木不南奔"，正谓此也。又曰：甲乃阳刚蠢木，原无根叶枝荄，若成器得用，必借乎金。密藏不坏，必赖乎水火。初得配，遂成文明之象。使火过多，兼遇南方，化成灰炭，反致其害矣。盖甲木不以春秋而为荣悴，触物变化，亦无定形。须看火金水何如，又看化合何如，不可执一论。

乙木，继甲之后，发育万物，生生不已。在天为风，在地为树。谓之阴木，其禄到卯。卯为树木，根深枝茂，谓之活木。活木者，柔木也。惧阳金斫伐为患，畏秋至木落凋零，欲润土而培其根荄，利活水而滋其枝叶。活水者，癸水也。即天之雨露，地之泉源。润土者，己土也。如耕耨之土，成稼穑之功。己禄在午，午乃六阳消尽，一阴复生，故稻花开于午时，乙木生于午地。十月建亥，亥乃纯阴司令，壬禄到亥当权，死水泛滥，土薄根虚，有失培养，故乙木死于亥。经云“水泛木浮”，正此谓也。又曰：乙乃枝叶繁华之木，大喜阳和，煦照则发荣；不利阴冷。惨刻则耗枯。水多则倾，颓其根荄。金旺则戕，剥其生意。如身衰火多，兼行南方，而祸不浅。西行土重，助煞伤身。不克从者，为祸尤深。盖活水连根之本也，岂栋梁之比哉？

丙火，丽乎中天，普照六合。在天为日为电，在地为炉为冶。谓之阳火，其禄在巳。巳为炉冶之火，谓之死火。死火者，刚火也。喜死木发生其焰，恶金土掩息其光。死木者，甲木也。甲禄在寅，寅乃阳木之垣。木盛火生，隐于木石之间。非人用之，不能生发。故五阳皆出乎自然而为先天，五阴皆系乎人事而为后天。丙火生于寅，其理甚明。如太阳之火，自东而升，至西而没。且西属兑，兑为泽，巳土生金，金气盛，掩息丙火之光，不能显辉，岂无晦乎？故丙火生于寅而死于酉。经云“火无西向”，正此谓也。又曰：丙火太阳之象，上下化光，无所不照。然不以浮水之木为母，不能生有焰之火。不以湿水之土为子，阳火所不产也。纵遇江湖死水，不合不冲，则波涛弗致。冲激焉能为克火之害？其所忌者，乃繁华之木，涅水不能生火，而反能晦火之光，如五星太阳，以木气为难之义。

丁火，继丙之后，为万物之精，文明之象。在天为列星，在地为灯火。谓之阴火，其禄到午，乃六阴之首。内有乙木，能生丁火。乙为活木，丁为活火。活火者，柔火也。丁喜乙木而生，乃阴生阴也。如世人用菜油、麻油为灯烛之义。夫油乃乙木之脂膏也。至于酉时，四阴司权，灯火则能辉煌，列星则能灿烂，故丁生于酉。至于寅地，三阳当合，阳火而生，阴火而退，如日东升，列星隐曜，灯虽有焰，不显其光，故丁生于酉而死于寅也。经云“火明则灭”，正谓此也。又曰：丁火阴柔，要得时遇局，方能辉光灿烂。虽顽钝之金，亦在其所煅炼。若失时丧局，即韬光晦迹，而烟无存。虽微眇之金，亦不能制。然木燥，虽少犹足以发火之机。木湿，虽多亦难以致火之明。要看其中强弱，不可泥于一偏。

戊土，洪蒙未判，抱一守中。天地既分，厚载万物。聚于中央，散于四维。在天为雾，在地为山。谓之阳土，其禄在巳。巳为炉冶之火，煅炼成器，叩之有声，其性刚猛，难以触犯。喜阳火相生，畏阴金盗气。阳火者，丙火也。丙生于寅，寅属艮，艮为山，山为刚土，即戊土也。赖丙火而生焉。至于酉地，酉属兑金，耗盗戊土之气，乃金盛土虚，母衰子旺，又金击石碎，岂能延寿？故戊土生于寅而死于酉。经云"土虚则崩"，正此谓也。又曰：戊土深厚，其象如城墙。要生季月，更求支下通根，方能振河海而不泄。若上下带合，则其形坚固，无罅漏之虞。身乘水木虚弱，则其势倾危，而有崩颓之患。如土失时，火忌多，金漏泄。如城墙既就，不可加木疏通。喜行东南。若原旺有印，再行此地，则火化生身，反为过中之祸矣。

己土，继戊之后，乃天之元气，地之真土。清气上升，冲和天地；浊气下降，聚生万物，谓之阴土。天地人三才，皆不可缺此土。如乾坤中一媒妁，阴阳失此，岂能配偶？故于四行无不在，于四时则寄旺焉，乃真土也。喜丁火而生，畏阳火而炼，其禄到午。午中丁，火能生己土，被乙木盗其栽培之气，至于酉地，丁火而生。丁火既生，己土亦能生也。至寅用事，木火司权，煅炼己土，遂成磁石，反失中和之气，岂有不损之理？故己土生于酉而死于寅。经云"火燥土裂"，正此谓也。又曰：己土广厚，其象如田畴。不贵多合生扶，惟喜刑冲有用。此固生物之体，苟失令浅薄，及天时不利，不但难施镃基之力，亦不能埋剑戟之金。倘再兼行金水旺处，则身愈弱，尤为不利。如逢火土生成则稼穑，有生生之妙矣。

庚金，掌天地肃杀之权，主人间兵革之变。在天为风霜，在地则为金铁，谓之阳金，其禄到申。申乃刚金，喜戊土而生，畏癸水而溺。长生于巳，巳中戊土能生庚金，乃阳生阳也。巳为炉冶之火，煅炼庚金，遂成钟鼎之器，叩之有声。若遇水土沉埋，则无声也。所谓"金实无声"。至于子地水旺之乡，金寒水冷，子旺母衰，亦遭沉溺之患，岂能复生？故庚金生于巳而死于子。经云："金沉水底"，正谓此也。又曰：庚金顽钝，得火制而成器；成器之金，遇火乡而反坏。夏生无根，又行东南之地，则熔化不已而终无有成。秋生无火，更行西北之火，则澄清淬砺而光芒自如。若沉于水底，则终无出用之期，金反受伤于水。至若用薄铁而伐茂林，非惟不能折木，而反为木所伤。设使土重藏金而无刑冲克破，则金终埋没，亦无望其有用也。

辛金，继庚之后，为五金之首，八石之元。在天为月，月乃太阴之精。在地为金，金乃山石之矿。谓之阴金，其禄到酉。酉中己土，能生辛金，乃阴生阴也。谓之柔金，为太阴之精。至于中秋，金水相停，会合含光，圆融皎洁。邵子有云"八月十五玩蟾光"是也。长生于子，子乃坎水之垣。坎中一阳属金，外有二阴属土，土能生金，子隐母胎，未显其体，得子水荡漾，淘去浮砂，方能出色。此乃水济金辉，色光明莹。至于巳地，巳为炉冶之火，将辛金煅成死器，亦被巳中戊土埋没其形，不能变化，岂得复生？故辛金生于子而死于巳也。经云"土重金埋"正谓此也。又曰：辛金湿润，非顽钝坚刚之物，使遇火炎煅炼，性质反伤，安能成其美用？只宜水土资扶，优柔浃洽，以润其体。原火太繁，喜行西北，使去火而存金。如金太寒，亦要丙丁使和金而去冷。若坐禄通根，即身旺之地，纵加厚土，亦不能汩没，所以非阳金比也。

壬水，喜阳土而为堤岸之助，畏阴木而为盗气之忧。在天为云，在地为泽。谓之阳水，其禄在亥。亥为池沼，存留之水，谓之死水。死水者，刚水也。赖庚金而生，庚禄到申，能生壬水，乃五行转养之气。至于卯地，卯乃花果树木，木旺于卯则能克土，土虚则崩，故堤岸崩颓而壬水走泄，散漫四野，流而不返。又被阴木盗气，岂得存活？故壬水生于申而死于卯也。经云"死水横流"正谓此也。又曰：壬水浩荡，有源之水。并百川而漫天，下借土为之隄防。若干支无土，必至漂流四溢，身衰多遇火土，反见耗源塞流之咎。且壬爱南行，以未午为胎养之地，财禄和暖之乡，长生归禄，莫过申亥。盖统宗会元之府，而水得其所归故也。若财多身弱，值此必能集福。身旺财轻，遇此反受其灾。纵强壮少年，亦不能胜此也。

癸水，继壬之后，乃天干一周。阴阳之气，成于终而反于始之渐，故其为水，清浊以分，散诸四方。有润下助土之功，滋生万物之德。在天为雨露，在地为泉脉，谓之阴水，其禄到子。子乃阴极阳生之地，辛生庚死之垣。癸为活水，活水者，柔水也。喜阴金而生，畏阳金而滞，欲阴木行其根，则能疏通阴土。阴土既通于地脉，则能流畅。二月建卯，为花果树木。木旺土虚，癸水方得通达。至于申地，三阴用事，否卦司权，天地不交，万物不通，申中坤土庚金，遂成围堰，使癸水不能流畅，困于池沼，无所施设，岂再生物？故癸水生于卯而死于申。经云"水不西流"，正谓此也。又曰：癸水，雨露阴泽之润也。若根通亥子，则盈科集流，以成江河。柱无坎坤，失其生旺之本，终为身弱。局有财官，虽我所用之物，不可遇之太过。如申子辰全，则水归聚一家，暗冲寅午戌火为用，反为上格。若明用寅午戌火，须表里不弱，得之乃佳。或生于深夏，得用财官，不失其倚之宫，主大富贵。运道再行西北，不为太过之嫌。

论曰：五行长生之理，与万物亦同。且如日之初出时，光明可观；至午离宫，光明愈甚。月之初出，巧若蛾眉。至望，光明圆洁，若人之生也。自少至壮，自老至死，常理也。人之初生也，婴孩啼笑而已，至壮贤愚方辨，万物皆一同。甲木生亥，亥令属水，甲木居焉。金旺于秋，至申临官归禄，庚金得垣，至子则死。壬水生申，申令属金，壬水居焉。水旺于冬至，至亥临官归碌，壬水归垣，至卯则死。戊土生于寅，寅中有火，戊土生焉。三阳之时，土膏以动，万物发生，是戊生于寅也。土旺于四季，火土有如母子相生，所以戊随丙，临官归禄于巳。巳随丁，临官归禄于午。戊土生于寅，己土生于酉明矣。若以戊生申，己生卯，何不以壬戊归禄于亥，癸巳归禄于子？后人妄作《拟土歌》，有"戊己当绝在巳怀"之句，以戊生，申酉沐浴，戊冠带，阴阳间隔，谬戾甚矣！或曰：五行长生有母，而后有子归母成孕之说也。独土一行分体，用厚德载物。居中不动者，土之体也。散于四维，各旺四季，土之用也。体生于巳，乘父母之禄用。生于申，维父母之位。故水土生申，阴阳家之说；土生于巳，医家之说。考《五星书》，申为阴阳宫，故水土俱生申。坤位，水土原不相离，而土随水源之说，亦为有理。四行有一生，独土长生于寅，又生于申，一物而有两生。以坤艮土之方九，坤属西南，土至此而得朋。故曰"利亨"。《壶中子》曰："坤之厚重，积土成功。"土生于此者然也。复言戊土生寅，寄禄于巳者，随母得家之义也。是以土无正位，生物多方，又何疑矣？再考周视作《阴阳定论》，有云："乙木生于午，癸水生于卯，辛金生于子，丁火生于酉，是为阳死阴生。"不知冬至即子水旺时，春分即乙木旺时，夏至即丁火旺时，秋分即辛金旺时，而坎离巽兑即子午卯酉之正位。位者时之定在，时者位之妙用，曷尝逢生于死绝哉！或曰：果如所谓，则乙木何由生耶？假云在亥，亥中止有甲。甲木何由生耶？假云在卯，卯中止有乙。试辨以火土金水之例，曰阴阳相为一体。孔子曰："太极生两仪。"周子曰："阳变阴合，而生水火木金土。"朱子曰："万物各具一太极。"此三言者，皆五行之枢纽。即"万物各具一太极"之说，则木之为物亦具一太极者可知矣。即"太极生两仪"之说，则分甲乙，而甲为阳之动于先，乙为阴之静于后可知矣。即"阳变阴合"之说，则甲之为一变，而乙之为一合，然后能生木者又可知矣。非谓甲是一木，而乙又别为一木也。夫甲乙相须而为一木，则甲固不必旺于卯，而卯自不能不为乙以旺于后，乙亦不必生于亥，而亥自不能不为甲以生乎其先。推而至于丙丁相须为火，戊己相须为土，庚辛相须为金，壬癸相须为水。岂不了了然哉？朱子曰："阴气流行则为阳，阳气凝聚则为阴，非真有二物相对也。"蔡氏曰："东方寅卯木，辰土生于亥。南方巳午火，未土生于寅。西方申酉金，戊土生于巳。北方亥子水，丑土生于申。"又曰："金木水火土，各有一阴一阳。如甲便是木之阳，乙便是木之阴。乙以质言，甲以气言。阴主翕，凡聚敛成就者，乙为之也。阳主辟，凡发畅挥散者，甲为之也。"观此亦见"甲不必主，乙不必生"之说矣。其言足以破前说之偏，而有合古人原论十干之义也。再考《广录》：甲是木之干，乙是木之根。丙火之宿，丁火之光。戊土之刚，己土之柔。庚金之质，辛金之刃。壬水之源，癸水之流。是甲乙一木而分阴阳，非死木活木岐而二之也。既一木皆同死同生，故古人只有四大长生之说。今分阴阳为二，所以有"阳死阴生，阳生阴死"之辨。考陈抟，甲木、乙草、丙火、丁灰、戊土、己砂、庚金、辛石、壬水、癸泉之说，是亦分而为二也。若不分，则官煞、食伤、印绶、枭神、劫财、比肩，何以一物名而为二，而吉凶祸福迥不同耶？看命者当以前说为是。

论地支

地支之用，不比天干。动静不同，圆方迥异。然五行所属则一，而所处之地不一。且如在年则有在年之论，在月则有在月之论，在日时则有日时之论，其阴阳、轻重、刚柔，岂可泥于一体？今当以月提为主，所藏所用，要见何神？所耗所嫌，要系何物？凡四柱之神，较量浅深而用。

子，十二支之魁，溪涧汪洋之水，乃戊土旺地，然必过大雪之期，一阳来复之后，方能成旺。辛金所生，亦必于阳回水暖而后能生也。与午相冲，与卯相刑，与申辰三合。若申子辰全，会起水局，即成江海，发波涛之声也。

丑虽隆冬，有冰霜之可怯，但天时已转二阳，是以丑中己土之暖能生万物，辛金养地，岂只深藏？见戊则刑，见未则冲，库地最宜，刑冲不为无用。见巳酉三合，会起金局。若人命生于丑月，而日时多见水木，必侧行巽离之地，而土方不衰耳。

寅建于春，气聚三阳，有丙火生焉。寅刑巳，巳合申，并旺而为贵客；旺于卯，库于未，同类则为一家。至午则火光辉，而有超凡入圣之美。见申则寅受冲，而有破禄伤提之忧。若四柱火多，则又不可入南方火地。语云"木不南奔"是也。

卯木仲春，气禀繁华。虽用金水，不可太过。若干头庚辛叠见，地支不可见申酉，恐有破代之害；地支亥子重逢，干头不可见癸壬，主有漂流之伤。见酉则冲，木必落叶；见亥未则合，木必成林。若时日归于金重，大运更向西行，患不禁也。

辰建季春，为水泥之湿，而万物之根皆赖此培养。甲至此虽衰，而有乙之余气；壬至此虽墓，而有癸之还魂；见戌为钥，能开库中之物，若三戌重冲破门，非吉。日时多见水木，其运更向西北，则辰土不能存矣。

巳当初夏，其火增光，是六阳之极也。庚金寄生，因赖戊母。戊土归禄，乃随火娘。见申则刑，刑中有合，翻为无害；见亥则冲，冲而必破，更为有伤。若运再行东南生发之地，便成烧天烈焰之势矣。

午月炎火正升，入中气则一阴生也。庚至此为无用，己至此为归垣；见申子则必战克，见寅戌则越光明。运行东南，正是身强之地，若入西北，则休囚丧形矣。

未当季夏，则阴深而火渐衰。未中有乙木，有丁火，是藏官，藏印，不藏财也。无亥卯以会之，则形难变，只作火土论；无丑戌以刑以冲之，则库不开，难得官印力。柱中无火，怕行金水之运。日时多寒，偏爱丙丁之乡。盖用神之喜忌最当分晓，不可毫发误也。

申宫水土长生之地。入巳午则逢火炼，遂成剑戟；见子辰则逢水淬，益得光锋，使木多无火，金终能胜；若土重堆埋，金却有凶。盖申乃顽钝之金，与温柔珠玉不同故也。

酉建八月金色，白水流清。若遇日时火多运，更愁东去。若遇日时木旺运，亦怕南行。柱见水泥，应为有用。运行西北，岂是无情？然逢巳丑三合，亦能坚锐，岂可以阴金为温柔珠玉而泥论哉？

戌乃洪炉之库，钝铁顽金，赖以炼成。见辰龙则冲出壬水，而雨露生焉；见寅虎则会起丙火，而文章出焉。然火命逢之，则为入墓，宁能免于不伤哉？

亥地六阴，雨雪载涂，土至此而不暖，金至此而生寒。其象若五湖之归聚，其用在三合之有心。是故欲识乾坤和暖之处，即从艮、震、巽、离之地而寻之也。

大抵五行用法，总无真实。生死衰旺，亦假名耳。直向源头，明其出处。如五阳为刚，五阴为柔。若失令身衰，不遇资扶而频泄气，则刚者失其为刚；若得令身强，而事有助，则柔者不失其柔。中间又分木火为阳，金水为阴，皆喜生扶资助，要以中和为贵。

十干分配天文

甲木为雷，雷者，阳气之嘘也。甲木属阳，故取象于雷焉。稽诸《月令》，"仲春之月，雷乃发声"。甲木旺，即其验也。况雷奋于地，木生于地，其理又无不同者。邵子云："地逢雷处见天根。"阳木之生，孰非天根之动为之乎？是甲木至申而遂绝，以雷声至申而渐收也。凡命属甲日，主喜。值春天，或类象，或趋乾，或遥巳，或拱贵，俱大吉，运不喜西方。经云："木在春生，处世安然"。必寿。

乙木为风。乙木长生在午，败在巳。在午而生者，盖乙为山林活木，至夏来而畅茂，诗所谓"千章夏木青"是也。其败巳云何？巳乃巽地。巽为风，木盛风生也。风生于木而反摧木，犹之火生于木而反焚木，其取败也固宜。所谓乙木为风者，本其所自生云尔。如人乙日建生者，在秋令大吉。秋令金旺，乙木能化能从，而盘根错节，非利器无所裁成。逢亥必死，其落叶归根之时耶？丙为日，《说卦传》曰："离为火为日。"日与火，皆文明之象，是以丙火为日之名不易焉。太阳朝出而夕入，阳火寅生而酉死，而又何异乎？万骐《真宝赋》以丙日丑时，为日出地上之格，有旨哉！凡六丙生冬夏，不如春秋。春日有烜万物之功，秋阳有燥万物之用。冬则阴晦，夏则炎蒸。宜细推之。

丁火为星。丙火死，而丁火遂从生焉。在天之日薄而星回也。类如是。星象惟入夜故灿烂，阴火惟近晦故辉煌，丁不谓之星而何？《真宝赋》云："阴火时亥，富贵悠悠。"解者以此为财、官、印之三奇，亦可矣。岂知亥在北方，是为天门，又星拱北之说乎？凡丁日生人喜遇夜，喜遇秋，如星光之得时也。又喜行身弱地，如石里所藏属丁火。石虽在水，即时取击，亦自有火。其丁巳一日，多克父兄妻子。盖财忌比劫，兄屈弟下，巳中有戊土伤官也。

戊土为霞。土无专气，依火以生。霞无定体，借日以现。知丙火之为日，则知戊土之为霞矣。是霞者日之余也，日尽而霞将灭没。火熄则土无生意，故谓之霞也。大挠氏演纳音五行象，以戊午为天上火，意盖如此。如戊土日主爱，四柱带水则为上格。霞水相映，而成文彩也。更喜年月干见癸。癸则为雨，雨后霞见，而睹文明也。

己土为云。己土生居酉，酉兑方也。其象为泽。先正曰：天降时雨，山川出云。然则云者，山泽之气也。己虽属土，以此论之。则其谓之云也亦宜。故甲己合而化土，其气上升而云施。云雷交而作雨，其泽下究而土润，此造化之至妙者。凡身主属已土，贵坐酉，贵春生，贵见甲。坐亥者，不可见乙木。云升天，遇风则狼藉而不禁也。

庚金为月。庚乃西方阳金，何以知其配月乎？曰：五行之有庚，犹四时之有月也。庚不待秋而长生，然必秋而始盛。月不待秋而后有，然必秋而益明。以色言，月固白也，其色同矣。以气言，金生水也，潮应月也，其气同矣。古甲子以庚为上章，见其与日平明也。经云"金沉在子"，见其与月沉波也。"三日月见庚方"，见月初生，与庚同位也。故曰"庚金为月"。如人庚日生者，四柱有乙巳字出，谓之月白风清。秋为上，冬次之，春夏无取。

辛金为霜。八月辛金建禄之地。是月也，天气肃，白露为霜，草木黄落而变衰。故五行阴木绝在此地。若木经斧斤之斩伐，未有能生焉者也。斧斤以时入山林，严霜以时杀草木，揆之天道，参之人事，信乎辛金之为霜矣。或曰：霜常避日，丙与辛合何也？曰：此亦相克之理也。火惟克金，故相合而水斯化。霜惟避日，故相遇而冰以消。亦为水也，是之取耳。如辛人坐卯未透乙大富，生亥透丙则贵，爱冬生。

壬水为秋露。春亦有露，何独拟之以秋？盖春露，雨露既濡之露；秋露，霜露既降之露也。露一也，春主生，秋主杀，功用不同，有如此然。吾以壬为秋露也。盖露属水，而壬水生于申。水本能生木者，水既然在此而生木，何由于此而绝？故知壬之为露，秋露也。如壬日生秋，见丁火最显。丁为星河，壬为秋露，一洗炎蒸，象纬昭然矣。

癸水为春霖。癸水生卯月，号曰"春霖"，盖阴木得雨而发生也。然至申则死，七八月多干旱也。且卯前一位是辰，辰龙宫也。卯近龙宫而水生，龙一奋遂化为雨焉。卯为雷门，雷一震而龙必兴焉。观此则癸水其春霖矣。如癸卯日透出己字者，有云行雨施之象，其人必有经济才也。春夏吉，秋冬不吉。诗曰"癸日生逢己巳乡，杀星须要木来降。虽然名利升高显，争奈平生寿不长。"

十二支分配地理

子为墨池。子在北方，属水。色象墨，故有墨池之象。凡命逢子年生者，时喜见癸亥，谓之水归大海。又谓之双鱼游墨，必为文章士矣。

午为烽堠。午正位于南，属火土。其色赤黄，名之曰烽堠者此也。又，午为马烽堆，乃戎马兵火之处所也。午生人，时利见辰，真龙出则凡马空矣。谓马化龙驹。

卯为"琼林"。卯系乙木，位居正东，于时为仲春，万物生焉。色若琅玕之青，故曰琼林。卯年遇己未时者，是为兔入月宫之象，主大贵。

酉为寺钟。酉属金，位近戌亥。戌亥者，天门也。钟金属也。寺钟敲则声彻天门。又酉居正西，寺则西方佛界也。酉见寅吉，谓之钟鸣谷应。

寅为广谷。寅乃艮方，艮为山。戊土长生于是，而广谷之义著矣。然寅宫有虎，寅生人而时戊辰者，谓之虎啸而谷风生，威震万里。

申为名都。坤为地，其体无疆，非名都不足以喻之申坤也。都者，帝王所居，申宫壬水生，又与艮山对，是水绕山环也。凡命爱申年亥时，乃天地交泰。

巳为大驿。大驿者，人烟凑集，道路通达之地。巳中有丙火，戊土是其象也。又巳前有午马，故曰"大驿"。巳生喜辰得时，蛇化青龙，于格为千里龙驹。

亥为悬河。天河之水奔流不回，故曰"悬河"。亥即天门，又属水，非悬河之象乎？亥年建生，时见寅辰二字，是乃水拱雷门。

辰为草泽。《左传》曰："深山大泽，龙蛇生焉。"夫泽，水所钟也。辰在东方之次，为水库，故为草、为泽。辰逢壬戌癸亥，即龙归大海格。

戌为烧原。戌月在九，秋草木尽萎，田家焚烧而耕。又戌属土，是以称名"烧原"。故戌与辰地，皆贵人所不临也。戌生逢卯，号曰"春入烧痕"。

丑为柳岸。丑中有水、有土、有金。岸者，土也。所以止水也。故谓"柳岸"。诗曰"柳色黄金嫩"是也。丑人时见己未，乃月照柳梢，极为上格。

未为花园。花园属之未，不属之卯，何也？卯乃木旺，自成林麓。未乃木库，如人筑墙垣以护百花也。以百花言，未中有杂气耳。未年入双飞格最妙。如辛未见戊戌，两干不杂是也。

或问：十干之所取象，有自其配合言之，有自其生克言之，又有自其方位、自其时令、自其始终言之不同，何也？曰：予各举其一隅而为言也。善学者类而推之，则十干各有消息盈虚之机，各有声应气求之妙矣。斯道也，造化自然之道，岂予一人之私言哉？又曰：十二支，辰戌丑未居四隅，乃对待之体，所谓支属地，地能静而不能动也。戊己居中央，乃流行之用，所谓干属天，天能动而不能静也。故地支四土非加益也，以其有专气耳。天干二土非加损也，以其无定位耳。使干支无分数之差，何以成变化而行鬼神乎？夫天元之数有十，予既分配以天文，而地元之数十有二，予又分配以地理，然则所谓牵强与殆非也。昔者圣人作《易》，于八卦之象，远取诸物，近取诸身，重复明之，而有所不置。干支之理，一《易》书之理也。术家者流，语数而违理者多矣，予故表而出之。《赋》云："论用神，论日主，各有所宜。取地脉，取天元，是或一道。"盖必兼此妙焉，然后为至也。不然，是亦一得之愚而已。又天元之分，配循其序；地支提举其四生、四败、四库之位，而错综之者，亦有见也。学者合前说而观之，思过半矣。

醉醒子曰："大哉干支！生物之始。本乎天地，万物宗焉。有阴阳变化之机，时候浅深之用。"故金木水火土无主形，生克制化理取不一。假如死木偏宜活水长濡，譬若顽金最喜洪炉久炼；太阳火忌林木为仇，梁栋材求斧斤为友；火隔水不能熔金，金沉水岂能克木？活木忌埋根之铁，死金嫌盖顶之泥。甲乙欲成一块，须知穿凿之功。壬癸能达五湖，盖有并流之性。樗木不禁利斧，真珠最怕明炉。弱柳乔松，时分衰旺。寸金丈铁，气用刚柔。陇头之土，少木难疏。炉内之金，湿泥反蔽。雨露安滋朽木？城墙不产珍金。剑戟功成，遇火乡而反坏。城墙积就，至木地而愁伤。癸丙春生，不雨不晴之象。乙丁冬产，非寒非暖之天。极锋抱水之金，最钝离炉之铁。甲乙遇金，强魂归西。兑庚辛逢火，旺气散南。离土燥火炎，金无所赖。木浮水泛，火不能生。九夏熔金，安制坚刚之木？三冬湿土，难堤泛滥之波。轻尘撮土，终非活木之基。废铁销金，岂是滋流之本？木盛能令金自缺，土虚反被水相欺。火无木则终其光，木无火则晦其实。乙木秋生，拉朽摧枯之易也。庚金冬死，沉沙坠海岂难乎？凝霜之草，奚用逢金？出土之金，不能胜木。火未焰而先烟，水既往而犹湿。大抵水寒不流，木寒不发，土寒不生，火寒不烈，金寒不熔，皆非天地之正气也。然万物初生未成，成久则灭。其超凡入圣之机，脱死回生之妙，不象而成，不形而化。固用不如固本，花繁岂若根深？且如北金恋水而沉影，南木飞灰而脱体，东水旺木以枯源，西土实金而虚巳。火因土晦皆太过，五行贵在中和理。求之求之勿苟言，掏尽寒潭须见底。

论地支属相

或问：地支有属相，而天干则无者，何也？答曰：天干动而无相，地支静而有相，盖轻清者天也。重浊者地也。重浊之中乃有物焉，故子属鼠，丑属牛，寅属虎，卯属兔，辰属龙，巳属蛇，午属马，未属羊，申属猴，酉属鸡，戌属犬，亥属猪。此十二属相，亦有奇偶之分、盛衰之用。奇者鼠、虎、龙、马、猴、犬，一则属阳，六兽之足皆单。偶者牛、兔、蛇、羊、鸡、猪，二则属阴，六兽之足皆双。

惟蛇无足，又何取义？盖巳在月，乃纯阳之月，在时乃纯阳之时，数则偶而时则阳，故用蛇以象之。蛇乃阴物，不用其足而象已著，疑亦讳言乎阴之意尔，况亦有双头者可验。十二相，即三十六禽中取其首者拟之，自有阴阳之别，单双之分，此造化之所以为妙也。或问十二属相各有所缺者，何也？答曰：天倾西北，地不满东南，天地尚缺，兽体岂全？故鼠少光夜出，牛无牙唇吻，虎无项和身而转，兔缺唇无雄，龙亏耳角听，蛇无足快行，马怯胆常立不眠，羊无瞳死不闭目，猴无脾喜食果物，鸡无肾淫而无节，犬无胃食秽善呼，猪无勉常眠少立，此系阴阳不备之意，亦与造化相应。惟人独会其全，此其所以贵也。王充《论衡》曰："五行之气相贼害，含血之虫相胜服。"寅木也，其禽虎。戌土也，其禽犬。丑未亦土也，丑禽牛，未禽羊。木胜土，故犬与牛羊为虎所服。亥水也，其禽豕。巳火也，其禽蛇。子亦水也，其禽鼠。午亦火也，其禽马。水胜火，故豕食蛇。火为水所害，故马食鼠粪而腹胀。然亦有不相胜者：午马也，子鼠也，酉鸡也，卯兔也。水胜火，鼠何不逐马？金胜木，鸡何不啄兔？亥豕也，未羊也，丑牛也。土胜水，牛羊何不杀豕？巳蛇也，申猴也。火胜金，蛇何不食猕猴？猕猴畏鼠者也。吃猕猴者，犬也。鼠水，猕猴金也。水不胜金，猕猴何故畏鼠？戌土也，申猴也。土不胜金猴，何故畏犬？十二辰之禽，以气性相克，则尤不相应。大凡含血之虫相服，至于相唼食者，以齿牙钝利，勉力优劣，自相胜服也。

论人元司事

夫一气浑沦，形质未离，孰为阴阳？太始既肇，裂一为三，倏忽乃分，天得之而轻清为阳，地得之而重浊为阴，人位乎天地之中，禀阴阳冲和之气。故此轻清者为十干，主禄，谓之天元；重浊者为十二支，主身，谓之地元。天地各正其位，成才于两间者，乃所谓人也。故支中所藏者主命，谓之人元，名为司事之神，以命术言之为月令。《用神经》云"用神不可损伤，日主最宜健旺"是也。如正月建寅，寅中有艮土用事五日，丙火长生五日。甲木二十日。二月建卯，卯中有甲木用事七日，乙木二十三日。三月建辰，辰中有乙木用事七日，壬水墓库五日，戊土一十八日。四月建巳，巳中有戊土七日，庚金长生五日，丙火一十八日。五月建午，午中有丙火用事七日，丁火二十三日。六月建未，未中有丁火用事七日，甲木墓库五日，己土一十八日。七月建申，申中有坤土用事五日，壬水长生五日，庚金二十日。八月建酉，酉中有庚金用事七日，辛金二十三日。九月建戌，戌中有辛金用事七日，丙火墓库五日，戊土一十八日。十月建亥，亥中有戊土五日，甲木长生五日，壬水用事二十日。十一月建子，子中有壬水用事七日，癸水二十三日。十二月建丑，丑中有癸，水用事七日，庚金墓库五日，己土一十八日。此十二支按十二月各藏五行为人元，以配四时，则春暖、秋凉、冬寒、夏热，如环无端，终而复始，岁功毕而成一年。再考《玉井》，则以甲丙庚壬各三十五日，乙丁辛癸各三十五日，戊己各五十日，共计三百六十日。

正	二	三	四	五	六	七	八	九	十	十一	十二
寅	卯	辰	巳	午	未	申	酉	戌	亥	子	丑
立春雨水	惊蛰春分	清明谷雨	立夏小满	芒种夏至	小暑大暑	立秋处暑	白露秋分	寒露霜降	立冬小雪	大雪冬至	小寒大寒
戊七日 丙五日 甲十八日	乙十八日 甲九日 癸三日	戊十八日 乙九日 癸三日	丙十八日 戊七日 庚五日	丁十八日 丙九日 乙三日	己十八日 乙五日 丁七日	庚十七日 戊三日	辛二十三日 庚七日	戊十八日 辛七日	壬十八日 甲五日	癸十八日 壬五日	己十八日 癸七日

醉醒子曰：时行物生，天道之常。一岁之中，虽有进退，四时之内，本无轻重。故以金木水火分旺四时，各得七十二日。土旺四季，各有十八日，共三百六十日，乃成岁焉。立春之后，则用阳木三十六日。艮土分野，丙戊长生。惊蛰后六日，则用阴木三十六日。癸水寄生清明后十二日，则用戊土十八日。阳水归库，阴水返魂。夏秋冬亦如此。渊源渊海，则以立春之后己土余气几日，艮土分野几日。丙戊长生，先后各得几日。卯月癸水寄生几日，辰月阳水归库，阴水返魂亦各几日。殊不思丑月之用既足，春后又何余哉？分野者，聚一方之旺气。长生者，归母成孕。先后者，盖有寅而后生丙，有丙而后生戊。寄生者，徒有虚名，乃无实位。归库者，绝其生气而收藏。返魂者，续其死气而变化。此五行生死进退之元机，岂可以几日为限哉？且春之用木，秋之用金，固一定之理也。若杂揉寅处之神，占用几日，则本宫主气之数，未尝不缺而亏矣。则何以见春木夏火，一气流行，各旺七十二日之数耶？以四季配五行之用，乃主有纳客之数，客无胜主之理。但主气之司权，自有初、中、末三气之浅深，用之者特宜较量轻重言耳，又岂可以三五七日为限哉？其说足以破渊源之误。又支中所藏，止以月论，年日时不论。人命重提纲，厥有旨哉！

第三十三章　星命汇考三十三

《三命通会》五

论四时节气

立节中气，其春秋有分而不言至，夏冬有至而不言分。及夫雨水惊蛰以降，二十四气，分属有名，亦必有所以为名者，何言乎。四立者，四时之节气也。丑之终，寅之始，则为节；月之半，则为中。二分者，阴阳相半之谓也。二至者，至有二义，子至巳为六阳，午至亥为六阴，至者介乎巳午亥子之间也。冬至亥阴极，故曰"子"。子者止也，阳于此生，故亦曰"至"。夏至巳阳极，故曰"午"。午者忤也，阴于此生，故亦曰"至"。自秋分"水始涸"，立冬"水始冰"，冬至"水泉动"，大寒"水泽腹坚"，为今之雨水者，先是为露、为霜、为雪，皆水气凝结，以至于寒之极。春则暑气顺行，而又为暑之始。况"天一生水"，人物之生皆始于水。春属木，木生于水，立春后继以雨水宜也。卦气正月为泰，天气下降，当为雨水；二月大壮，雷在天上，当为惊蛰；先雨水而后惊蛰，亦宜也。惊蛰者，"万物出乎震"，震为雷也。清明者，"万物齐乎巽"，巽为风也。巽"洁齐"而曰清明，清明乃"洁齐"之义。谷雨三月中，自雨水后土膏脉动，至此又雨，则土脉生物，所以滋五谷之种也。小满四月中。先儒云：小雪后阳一日生一分，积三十日生三十分，而成一画，为冬至。小满后阴生亦然。夫四月乾之终，谓之满者，《姤·初六》"羸豕孚蹢躅"，《坤·初六》"履霜，坚冰至"。"羸豕"喻其小，"蹢躅"喻其满；"履霜"喻其小，"坚冰"喻其满。《易》言于一阴既生之后，历言于一阴方萌之初，虑之深防之预也。小雪后有大雪，此但有小满无大满，意可知矣。至若三月中谷雨，五月中芒种，此二气独指谷麦言，谷必原其生之始，谷种于春，得木之气，残于秋，金克木也。麦必要其成之终，麦种于秋，得金之气，成于夏，火克金也。六月节小暑，六月中大暑。夏至后暑已盛，不当又谓之小，殊不知《易》曰："寒往则暑来，暑往则寒来，寒暑相推而岁成焉。"通上半年之半，皆可谓暑；通下半年之半，皆可谓寒。正月暑之始，十二月寒之终，而曰大暑小暑者，不过上半年之辞耳。六月中暑之极，故谓大。然则未至于大，则犹为小也。七月中处暑。七月，暑之终，寒之始，大火西流，暑气于是乎处矣。处者，隐也，藏伏之义也。白露八月节，寒露九月节。秋本属金，金色白，金气寒。白者，露之色。寒者，露之气。先白而气始寒，固有渐也。九月中霜降，露寒始结为霜也。立冬后曰小雪、大雪，寒气始于露，中于霜，终于雪。霜之前为露，露由白而始寒。霜之后为雪，雪由小而至大，皆有渐也。至小寒、大寒，《豳风》云："一之日觱发，二之日栗烈。""觱发"风寒，故十一月之余为小寒。"栗烈"气寒，故十二月之终为大寒也。大抵合而言之，上半年主长生，曰雨、曰雷、曰风，皆生之气。下半年主生成，曰露、曰霜、曰雪，皆成之气。下半年言天时，不言农时，农时莫急于春夏也。先儒云：变者，化之渐。化者，变之成。立春、雨水后，寒气渐变。至立夏，则寒尽化为暑矣，然曰"小暑"、"大暑"，其化固有渐也。立秋、处暑后，暑气渐变，至立冬则暑气尽化为寒矣，然曰"小寒"、"大寒"，其化亦有渐也。又曰：日月运行而四时成，以其有常也，故圣人立法以步之。阴阳相错而万物生，以其无穷也，故圣人指物以候之。贯六气始终，早晏五运，大小盈虚，原之以至理，考之以至数，而垂示万古，无有差忒也。《经》曰："五日谓之候，三候谓之气，六气谓之时，四时谓之岁。"又曰："日为阳，月为阴。行有分纪，周有道理。"日行一度，月行十三度，而有奇焉，故大小月三百六十五日而成岁，积气余而盈闰矣。经云："日常于昼夜行天之一度，则一日也。共三百六十五日四分之一而周天度，乃成一岁。"常五日一候应之，故三候成一气，即十五日也。三气成一节，节谓立春、春分、立夏、夏至、立秋、秋分、立冬、冬至，此四节也。三八二十四气，而分主四时，一岁成矣。春秋言分者，以六气言之，则二月半初气终而交二之气，八月半四气尽而交五之气。若以四时之分言之，则阴阳寒暄之气，到此可分之时也。昼夜分五十刻，亦阴阳之中分也，故《经》曰"分则气异"，此之谓也。冬夏言至者，以六气言之，则五月半司天之气至其所在，十一月半在泉之气至其所在。以四时之令言之，则阴阳至此极至之时也。夏至日长不过六十刻，阳至此而极。冬至日短不过四十刻，阴至此而极，皆天候之未变。故《经》曰"至则气同"，此之谓也。天自西而东转，其日月五星，循天从东而西转。故《白虎通》曰："天左旋，日月五星右行。"日月五星在天为阴，故右行，犹臣对君也。日则昼夜行天之一度，月则昼夜行天之十三度有奇者，谓复行一度之中，作十九分分之，得七。大率月行疾速，终以二十七日，月行一周天，是将十三度及十九分之七数，总之则二十九日，计行天三百八十七度有奇，计月行疾之数比日行迟之数，则二十九日。日方行天二十九度，月已先行一周天三百六十五度，外又行天之二十二度，反少七度，而不及日也。阴阳家说谓日月之行，自有前后迟速不等，固无常准，则有大小月尽之异也。本三百六十五日四分度之一，即二十五刻当为一岁。自除岁外之余，则有三百六十日。又除小月所少之日六日，止有三百五十四日而成一岁，通少十一日二十五刻。乃盈闰为十二月之制，则有立首之气，气乃三候之至。月半示斗建之方，乃十二辰之方也。闰月之纪则无，立气建方皆他气。但依历，以八节见之，推其所余乃成闰，天度毕矣。故《经》曰"立端于始，表正于中，推余于终"，此之谓也。观天之杳冥，岂复有度乎？乃日月行一日之处，指二十八宿为证，而记之曰度。故《经》曰："星辰者，所以制日月之行也。"制，谓度也。天亦无候，以风雨、霜露、草木之类，应期可验而测之曰候。言候之日，亦五运之气相生而直之，即五日也。如环之无端，周而复始。《书》曰：期三百六旬有六日，以闰月定四时成岁，即其义也。

论日刻

夫日，一昼一夜十二时，当均分于一日。故上智设铜壶贮水，漏下壶箭，箭分百刻以度之。虽日月晦明，终不能逃，是一日之中有百刻之候也。夫六气通主一岁，则一气主六十日八十七刻半，乃知交气之时有早晏也。冬夏日有长短之异，则昼夜互相推移，而日出入时刻不同，然终于百刻矣，其气交之刻则不能移也。甲子之岁初之气，终于漏水下一刻，终于八十七刻半，子正之中也。二之气复始于八十七刻六分，终于七十五刻，戌正四刻也。三之气复始于七十六刻，终于六十二刻半，酉正之中也。四之气复始于六十二刻六分，终于五十一刻，未正四刻也。五之气复始于五十一刻，终于三十七刻半，午正之中也。六之气复始于三十七刻六分，终于二十五刻，辰正四刻也。此之谓周天之岁度，余刻交入乙丑岁之初气矣。如此而转至戊辰，年初之气复始于漏水下一刻，则四岁而一小周也。故申子辰气会同者，此也。巳酉丑初之气俱起于二十六刻，寅午戌初之气俱起于五十一刻，辛卯未初之气俱起于七十六刻，气皆起于同刻，故谓之三合，义由此也。以十五小周为一大周，则六十年也。《三车一览》以申为水之生，子为水之旺，辰为水之库，故申子辰三合。而不知气起于同刻，乃天道自然之妙耳。

论时刻

夫昼夜十二时，均分百刻。一时有八大刻，二小刻。大刻总九十六，小刻总二十四。小刻六准大刻一，故共为百刻也。上半时之大刻四，始曰初初，次初一，次初二，次初三，最后小刻为初四。下半时之大刻亦四，始曰正初，次正一，次正二，次正三，最后小刻为正四。若子时，则上半时在夜半前，属昨日。下半时在夜半后，属今日。亦犹冬至得十一月中气，一阳来复为天道之初耳。古历每时以二小刻为始，乃各继以四大刻，然不若今历之便于筹策也。世谓子午卯酉各九刻，余皆八刻，非是。

冬至日，日在箕五度，今在箕六度。日出辰初一刻，日入申正四刻，后八日躔星纪之次。

小寒日，日在斗十二度，今在斗八度。日入酉初二刻，后六日，日出卯正四刻，昼四十二刻，夜五十八刻。

大寒日，日在牛四度，今在牛初度。日入酉初一刻。后十二日，日出卯正二刻。后四日，躔元枵之次，入子女二度，昼四十三刻，夜五十七刻。后十三，日昼四十四刻，夜五十六刻。

立春日，日在危三度，今在女六度。后十二日，日入酉初三刻。后十三日，日出卯正二刻。昼四十五刻，夜五十五刻。

雨水日，日在危六度，今在尾初度。后十二日，日入酉初三刻。十三日，日出卯正一刻。昼四十七刻，夜五十三刻。后四日，躔娵訾之次，入亥危十三度。昼四十八刻，夜五十二刻。

惊蛰日，日在室八度，今在危十五度。后十二日，日入酉初四刻。十三日，日出寅正初刻，昼四十九刻，夜五十一刻。

春分日，日在壁五度，今在室十度。后六日，日躔降娄之次，入戌奎二度。后十三日，日入酉正一刻。十四日，日出卯初三刻，昼五十一刻，夜四十九刻。

清明日，日在奎十二度，今在壁十度。昼五十三刻，夜四十七刻。其日出入皆在春分后。

谷雨日，日在娄十度，今在娄初度。本日，日出卯二刻。后八日，日躔大梁之次，入酉胃四度，昼五十五刻，夜四十五刻。

立夏日，日在胃十三度，今在胃一度，日入酉正三刻。后三日，日出卯初一刻，昼五十六刻，夜四十四刻。

小满日，日在毕初度，今在昴四度。后十日，日入酉正四刻，日出卯初初刻。后九日，日躔实沈之次，入申毕七度。昼五十八刻，夜四十二刻。

芒种日，日在毕十四度，今在毕十一度。日出卯初初刻，入酉正四刻。

夏至日，日在井一度，今在觜十一度。日出寅正四刻，日入戌初初刻。后八日，日躔鹑首之次，入未井九度。昼五十九刻，夜四十一刻。

小暑日，日在井十六度，今在井十三度。日出卯初初刻，后八日，日入酉正四刻。昼五十八刻，夜四十二刻。

大暑日，日在鬼一度，今在井二十八度。后七日躔鹑火之次，入午柳四度。日出卯初一刻，入酉初三刻。昼五十七刻。夜四十三刻。

立秋日，日在星一度，今在柳九度。日出卯初一刻，入酉正四刻。昼五十六刻，夜四十四刻。

处暑日，日在张八度，今在星七度。日出卯初二刻，入酉正二刻。后九日，躔鹑尾之次，入巳张十六度，昼五十四刻，夜四十六刻。

白露日，日在翼五度，今在张十三度。日出卯初三刻，入酉正一刻，昼五十二刻，夜四十八刻。

秋分日，日在轸一度，今在翼十度。日出卯初四刻，入酉正初刻。后十一日，日躔寿星之次，入辰轸十二度，昼五十刻，夜五十刻。

寒露日，日在轸十六度，今在轸八度。日出卯正一刻，日入酉初三刻，昼四十八刻，夜五十二刻。

霜降日，日在角初十度，今在角十度五分。日出卯正二刻，日入酉初二刻。后十二日，日躔大火之次，而入卯氐三度。昼四十六刻，夜五十四刻。

立冬日，日在氐五度，今在氐三度。日出卯正三刻，日入酉初一刻。昼四十四刻，夜五十六刻。

小雪日，日在房三度，今在房一度。日出卯正四刻，日入酉初初刻。昼四十二刻，夜五十八刻。后十一日，日躔析木之次，入寅尾四度。

大雪日，日在尾八度，今在尾四度。日出卯初一刻，入酉初初刻。

论曰：看命之法，以时为低昂。时有八刻，初正之气不同。初者，其朔气也。正者，其中气也。故用时之法，每用其正。若癸为子下四刻，艮为丑下四刻，以其得天干之正气焉。若初则带先时之气，未占后时之气，况夜半不分其日，顿差子亥中间，厥时难定。除初初正四刻，余六刻之间，或阴晴倏忽，寒暖迥别，人之生时，果得其当也耶？余姑就《授时历》分之，要在智者密察而详问之，庶无误矣。

论太阳躔次太阴纳甲及出入会合

陈抟曰：日，阳中之阳，人君之象也。其德至刚，其体至健，其行天所以分昼夜，别寒暑。一日一周天，而在天为不及一度。一岁之积，恰与天会。故日有三道：中道者，黄道也。北至东井，去极近；南至牵牛，去极远；东至角，西至娄，去极中通。中道、南道、北道为三道也。盖极南至于牵牛，则为冬至，昼四十刻，夜六十刻。极北至于东井，则为夏至，昼六十刻，夜四十刻。南北极中则为春秋，分昼夜各五十刻。凡行天之分：正月雨水，中气后二日，躔亥娵訾之次，其应甲庚丙壬。二月春分，中气后二日，躔戌降娄之次，其应艮巽乾坤。三月谷雨，中气后五日，躔酉大梁之次，其应乙辛丁癸。四月小满，中气后六日，躔申实沈之次，其应甲庚丙壬。五月夏至，中气后五日，躔未鹑首之次，其应坤乾巽艮。六月大暑，中气后四日，躔午鹑火之次，其应乙辛丁癸。七月处暑，中气后五日，躔巳鹑尾之次，其应甲庚丙壬。八月秋分，中气后八日，躔辰寿星之次，其应巽艮坤乾。九月霜降，中气后九日，躔卯大火之次，其应乙辛丁癸。十月小雪，中气后七日，躔寅析木之次，其应甲庚丙壬。十一月冬至，中气后四日，躔丑星纪之次，其应艮巽坤乾。十二月大寒，中气后六日，躔子元枵之次，其应癸乙丁辛。

月，阳中之阴，后妃之象也。其德至柔，而其体至顺，其行天所以佐理太阳。验之夜景，以为消息。月本无光，丽日而有明，以不明之体言之，则纯阴而象坤，晦朔之时也。越三十日不及日三十七度强而哉生明，始资日之明而有光，因谓之朏阳之初生也。昏见于庚，震☳之象也。越八日不及日九十八度强，而资日之半明，因谓之弦，乃阳将半也。昏见于丁，兑☱之象也。越十五日不及日一百八十二度半强，与对望资日之全明而大圆，因谓之望，言三阳具备也。昏见于甲，乾☰之象也。又三日不及日二百一十九度强而哉生魄，与日之望偏，而阴魄始生，因谓之魄，谓阴复萌也。晨见于辛，巽☴之象也。又五日不及日之二百八十一度强而半晦，半资日之明，因谓之下弦，谓月生之半也。晨见于丙，艮☶之象也。又六日与日之四百九十分强，则不及尽三百六十五度四分之一，而与日交会，日之明全不能相资，复晦而不明，因谓之晦。尽没于乙，坤☷之象也。其行天之度，一日之行，得三百度十九分度之七，在天为不及二十度十九分度之七，在日为不及十三度十九分度之七，积二十九日九百四十分日之四百九十九而与日会于辰次，之所以为一岁十二会，得三百五十四日九百四十分日之三百四十分，而与天会，是为一岁也。故月有九行。九行者，乃黑道二出黄道北，赤道二出黄道南，白道二出黄道西，青道二出黄道东，并黄道共为九行也。故立春、春分从青道，分在甲度。立秋、秋分从白道，分在庚度。立冬、冬至从黑道，分在壬度。立夏、夏至从赤道，分在丙度。其日月会合之辰，三合所照之方，是为天德、月德之星。故三月建辰，其三合申子辰。日月会于酉，出于庚，入垣于壬，故天德、月德在壬。六月建未，其三合亥卯未。日月会于午，出于丙，入垣于甲，故天德、月德在甲。九月建戌，其三合寅午戌，日月会于卯，出于甲，入垣于丙，故天德、月德在丙。十二月建丑，其三合巳酉丑，日月会于子，出于壬，入垣于庚，故天德、月德在庚。盖子午日月之始终，卯酉日月之门户出没，故其分多而有太阴太阳也。凡人命，遇日躔之次、四大吉时及天、月二德生，谓之聚一月德秀，多贵显仁慈。再纳甲卦气，则富贵悠悠，与日月同体矣。

余又疑纳甲之说，《易》不言及，而《参同契》言之。术数之家，据以为妙理。不思月之本体，未有亏缺，以其受明有时，故名，而其圆者未尝不在也。若纳甲于卦，其八卦分有阴阳，连断一定不易，恶可与之相配？以月昏见于庚为震之象，见于丁为兑之象也耶？坎离二卦，中实中虚，验之太阴则不类。乃以戊己纳焉，未免穿凿。考《青囊经》：甲乙壬癸隶于阳，而阳中四支系焉。庚丙丁辛隶于阴，而阴中四支配焉。陈抟云：此言纳干配支之法，圣人所以人用之道也。乾，阳体也，居于九宫，卦阳而数奇也。甲得天三之阳，天干阳首，乾称乎父，故纳干与甲。坤，阴体也，居于一宫，卦阴而数偶也。乙得地八之阴，天干阴首，坤称乎母，故纳干于乙。此乾坤父母纳干于东，以东者物生之地也。故乾、坤秉其权焉。艮，阳稚也。居于六宫，卦阳而数奇也。丙得天七之阳，艮为少男，故纳干于丙，此坤卦之一变也。兑，阴稚也。居于四宫，卦阴而数偶也。丁得地二之阴，兑为少女，故纳干于丁。此乾卦之一变也。故少男、少女纳干于南，以南者物化之地也。故艮、兑司其化焉。震，阳长也。居于八宫，卦阳而数偶也。庚得天九之阳，震为长男，故纳干于庚，此乾卦之再变也。巽，阴长也。居于二宫，卦阴而数偶也。辛得地四之阴，巽为长女，故纳干于辛，此坤卦之再变也。故长男、长女纳干于西，以西者物成之地也。故震、巽专其令焉。离，阴用也。居于三宫，卦阴而数奇也。壬得天一之阳，离为中女，故纳干于壬，此乾卦之四变也。坎，阳用也。居于七宫，卦阳而数奇也。癸得地六之阴，坎为中男，故纳干于癸，此坤之四变也。故中男、中女纳干于北，以北者物收藏之地也。故坎、离司其任焉。戊、己得天五地十之成数，为天地之中气，故中处而尊居皇极，无可配纳，化成于四气之季，而致养于坤，以坤质土也，火金之交也，故附丽焉。盖其阴阳以数相从，孤旺以卦而定。至若地支十有二辰，纳卦之法，则四行分配而附丽于四正之宫。坎以水体，申子辰水之垣也，故纳坎从水。离以火体，寅午戌火之垣也，故纳离从火。兑以金体，巳酉丑，金之垣也，故纳兑从金。震以木体，亥卯未，木之垣也，故纳震从木。此阳支从阳干，阴支从阴干也。于是五气生成，八卦翕合，圣人者因其至理而消息之，以为妙用。使天阳地阴，一开一阖，一造一化，生成无方，其几微矣。《丹经》《历术》纳甲之说，无出《老子》载"营魄抱一，能无离乎"一章。其以日月言者，谓日以其光加于月魄而为之明，如人登车而载于其上也。月未望而载魄于西，既望则终魄于东，其溯于日乎？言月之方生，则以日之光加被于魄之西，而渐满其东，以至于望而后圆。及既望矣，则以日之光终守其魄之东，而渐亏其西，以至于晦而后尽。盖月溯日以为明，未望则日在其右，既望则日在其左，故各自其所在而受光。以卦纳之，似非实论。

论五行旺相休囚死并寄生十二宫

盛德乘时曰旺，如春木旺。旺则生火，火乃木之子，子乘父业，故火相。木用水生，生我者父母，今子嗣得时，登高明显赫之地，而生我者当知退矣，故水休。休者美之无极，休然无事之义。火能克金，金乃木之鬼，被火克制，不能施设，故金囚。火能生土，土为木之财，财为隐藏之物，草木发生，土散气尘，所以春木克土则死。夏火旺，火生土则土相，木生火则木休，水克火则火囚，火克金则金死。六月土旺，土生金则金相，火生土则火休，木克土则木囚，土克水则水死。秋金旺，金生水则水相，土生金则土休，火克金则金囚，金克木则木死。冬水旺，水生木则木相，金生水则金休，土克水则水囚，水克火则火死。观夏月大旱，金石流，水土焦。六月暑气增，寒气灭。秋月金盛，草木黄落。冬月大寒太冷，水给冰凝，火气顿减。其旺其死，概可见矣。盖四时之序，节满即谢。五行之性，功成必覆。故阳极而降，阴极而升；日中则昃，月盈则亏，此天之常道也。人生天地，势积必损，财聚必散，年少反衰，乐极反悲，此人之常情也。故一盛一衰，或得或失；荣枯进退，难逃此理。经云"人虽灵于万物，命莫逃乎五行"，斯言尽矣。夫五行寄生十二宫，长生、沐浴、冠带、临官、帝旺、衰、病、死、墓、绝、胎、养，循环无端，周而复始。造物大体与人相似，循环十二宫，亦若人世轮回也。《三命提要》云："五行寄生十二宫，一曰'受气'，又曰绝，曰胞，以万物在地中未有其象，如母腹空未有物也。二曰'受胎'，天地气交，氤氲造物，其物在地中萌芽，始有其气，如人受父母之气也。三曰'成形'，万物在地中成形，如人在母腹成形也。四曰'长生'，万物发生向荣，如人始生而向长也。五曰'沐浴'，又曰'败'，以万物始生，形体柔脆，易为所损，如人生后三日以沐浴之，几至困绝也。六曰'冠带'，万物渐荣秀，如人具衣冠也。七曰'临官'，万物既秀实，如人之临官也。八曰'帝旺'，万物成熟，如人之兴旺也。九曰'衰'，万物形衰，如人之气衰也。十曰'病'，万物病，如人之病也。十一曰'死'，万物死，如人之死也。十二曰'墓'，又曰库，以万物成功而藏之库，如人之终而归墓也。归墓则又受气，包胎而生。"凡推造化，见生、旺者，未必便作吉论。见休、囚、死、绝，未必便作凶言。如生、旺太过，宜乎制伏。死、绝不及，宜乎生扶。妙生识其通变。古以胎、生、旺、库为四贵，死、绝、病、败为四忌，余为四平。亦大概言之。

论遁月时

夫命以年为本、为父，月为兄弟、僚友，日为主、为妻、为己身，时为子孙、为帝座、为平生荣辱之主。首又曰年为根，月为苗，日为花，时为实，故苗无根不生，实无花不结，所以遁月从年，遁时从日。遁月即甲己之年，正月起丙寅，二月丁卯，顺行十二月。

古歌曰：甲己之年丙作首，乙庚之岁戊为头。丙辛之岁寻庚上，丁壬壬位顺行流。更有戊癸何处起，甲寅之上好追求。

遁时如甲子日，子时生人，即甲己还加甲，便知子时乃甲子，丑时乃乙丑，顺行十二时。

古歌曰：甲己还加甲，乙庚丙作初。丙辛从戊起。丁壬庚子居。戊癸何方发，壬子是直途。

右起月、时之法，取天干合数，阴阳之配也。既取合数，自生化数，月则取生，时则取克。假如甲己化土，火生土，故月起丙寅；木克土，故时起甲子。月遁起寅，人生于寅之义，东作方兴之时也。时遁起子，天开于子之义，一阳方生之候也。究而言之，则皆相生而转，循环无端焉。盖上古历元，年甲子，月甲子，日甲子，时甲子。甲己起甲子，祖于此也。有甲子，则乙丑、丙寅顺布十二宫。阳生阳，阴生阴，相间一位，同类为夫妇，是起月之法，不外起时之中矣。

论年月日时

凡论人命，年月日时，排成四柱。遁月从年，则以年为本。遁时从日，则以日为主。古法以年看，子平以日看，本此。如人本木而得卯月以乘之，主金而得酉时以乘子，谓之本主乘旺气。如本水而得甲申、丙子、壬戌、癸亥月，主火而得丙寅、戊午、甲辰、乙巳时；本木而得己亥、辛卯、甲寅、庚寅月，主金而得辛巳、癸酉、庚申、壬申时，谓之本主还家。本木而得癸未月，主金而得乙丑时，本水而得壬辰月，主火而得甲戌时，谓之"本主持印"。四位如此，更吉神往来，凶杀回避，谓之"本主得位"。本胜于主者，多得祖荫；主胜于本者，当自卓立。本主两强，富贵双全。四柱中更抑扬归中，无太过不及，方作好命。有一位不及，必主蹇滞。然诸家命术皆云："好年不如好月，好月不如好日，好日不如好时。"大率以年则统乎一岁，月则该乎三十，而时日为得之，独不知得日时之吉而月不应，反为无用。况用神多取诸月，是月又可轻乎？唐李虚中独以日干为主，却以年月时合看生克制化，旺相休囚，取立格局。譬之衡焉，年如衡钩，绾起其物；月如纲纽，提起其物；日如衡身，星两不差；锤分轻重，分毫加减。此发前贤所未发，故今术家宗之。然古人论命，分三主，定三限。以年与月管初主，月与日管中主，日与时管末主。其法与星历家分三主同。若初主星当生年得力，则初主好。不得力，则初主蹇滞。中、末主同。三限以生月为初限，管二十五年。生日为中限，管二十五年。生时为末限，管五十年。若初限值禄马，贵神不犯，空亡截路，交退伏神，便于初限进达。中限如初限，便当中年成立。末限如中限，便当晚年享用，是四柱中分三主三限，可见当均重也。

又曰：年为太岁，主人一生祸福。如当生太岁是金是木，要日月时相生相应。造化和顺，则根基牢固，一生卓立成就。若支干五行不顺，反克冲破为伤，本主无寿。被刑带煞及生月日时者，主损本气破，伤祖业，六亲冷淡，蹇滞之命也。月为运元，行运从月建起。若日时是本，生年之福，宜归运元生旺处以扶助之。故官印、贵人、禄马、财星，宜在运元生旺处为佳。若日时是本，生年之祸，宜归运元剥克处以潜济之。故土多窒塞，宜归运元疏通处水。多泛滥，宜归运元归宿处。火多暴露，宜归运元晦息处。金木太强，宜归运元沉潜处。或运元集生时之福，或运元发福于生时。日者三阳之会，帝王之象。时者近侍之臣，以亲帝座。而时日有君臣庆会，天地德合。或年月日时四位纳音生旺之气，或四位禄马福贵之气，聚在时上，谓之四位集福于帝座，或时倒揭，旺气、秀气散在诸位，而诸位乘吉会之气者，谓之帝座发福于四位。夫集福于帝座，则以纯厚忠信为心。发福于四位，则以聪明端直自进。若近侍之臣，切忌火土金气太旺，不能久任。水木清奇，多是翰林。年月发福处，不要生时破坏。败坏处，仍要生时解释。由是论之，年月日时均重，而时为尤重。人命贵贱、寿夭、穷通、得丧，只在生时之辨。时分八刻，有初正、末气不同，须细察之。又曰：节气有立春在十二月末，却在十二月生，得明年春气，占两年气候者，谓之垂带贵人。有二月而得三月节气，却在交气之时余剩中生者，谓之无后贵人。垂带贵人生主福禄悠长，占气多也。无后贵人生主富贵不久，占气少也。

又曰：四柱以年为祖上，则知世代宗派盛衰之理。以月为父母，则知亲荫名利有无之类。以日为己身，当推其干，搜用八字，为内外取舍之源。干弱则求气旺之藉，有余则欲不足之营。干同以为兄弟，如乙见甲为兄，忌庚重。甲以乙为弟，忌辛多。干克以为妻财，财多干旺则称意，若干衰财多则祸。干与支同，损财伤妻。男取克干为嗣，女取干生为子，存失皆例，以时分野，当推贵贱贫富之区。或用年为主，则可知万亿富贵相同者。如甲子年生，便为本命忌日之戒。以月为兄弟，如火命生酉戌亥子月，言兄弟不得力之断。或日为妻，如在空刑克杀之地，言克妻妾之断。或时为子，临死绝伤杀之乡，言少子之断。又曰：伤年不利父，伤月不利兄弟，亦主初年艰辛。伤日不利己身，名折腰杀。伤时不利子孙，亦无结果。若年生月日时三位，谓之上生下，主损本气，兼破祖业。时上生日月年，谓之下生上，主增福德。若上生下，得五行相逢，乘生福气，亦作好命看。若相乘生祸，则不佳。四柱纯粹，无刑冲破害空亡死绝，更有福神互为之助，方为吉命，反此则凶。

论胎元

夫胎者，受形之始，故《易》"乾知大始"，以形言也。月者成气之时，故《传》曰"积日为月"，以气言也。今谈命或不以胎月为重，殊不思胎月是四柱之根苗。日时虽为紧，若不犯破胎月，或乘旺气禄马之处，则为福尤多。或日时之吉而为胎月所犯，则吉亦归无用。是胎月最为枢要。《玉湖》专论胎数，良有以也。

今人多以法取胎元，未审精当，且戊子生甲寅月，往往便以乙巳为胎，盖言乙巳是生月，前十月更不明其中有闰无闰，或取日时以生日，支干合者为受胎之时，中有不值干支合全者，亦取之无据。惟有一法以当生前三百日为十月之凭，乃是受胎之正，譬之甲子日生便以甲子为受胎之日，盖五六计三百日，看其生日在何月中有，则闰在其中矣。且如戊子生人，甲寅月乙丑日，须于半月前十月或十一月内寻当生乙丑日，乃是三百日之正。《胎经》云："胎生元命。"前人言，如子生得子胎，丑生得丑胎。此说亦未善。且如辛未生得壬辰月，以癸未为胎，辛未土受，癸未木制为身鬼，又何以谓之胎生元命，五行相克，兼胎处六害之地。纵使日时为福，亦主独强自立者欤！《兰台妙选》有子归母腹格，谓金年受胎。逢土年生者吉，火年生者凶，月日时相生则吉，相克则凶。又曰：凡人胎数长，寿必长。胎数短，寿必短。常以受胎隔零数为寿限。遇德却于零数增之，遇杀于零数减之。受胎不深者，不能耐久，废即易休。更看纳音如何。若胎时，支干纳音相生，不刑战者，主寿。希尹曰："胎月见贵，必受福荫。刑冲破害，决主艰辛。"鬼谷子曰："胎中如有禄，生在贵豪家。或值空亡中，贫穷起怨嗟。"古诗云："时为末主胎为寿，尽在末年五十后。帝座朝胎生气结，看取寿年多老耄。"意盖谓此据胎分经。人怀胎二百七十日而生，医家以十月产者，计其血脏干湿之一月也。况人有多月生者，少月生者，以何为准？多月生者，不但古今可考，就余所知者二三人，俱是贫家。少月生如杜拯、都宪，止七个月余，与同僚亲闻渠说。又吴渊颖先生来，宋文宪公濂，俱妊七月而生。然则贵人受胎定在三百日，又岂可据乎？

论坐命宫

神无庙无所归，人无室无所栖，命无宫无所主，故有命宫之说。不然，流年星辰，为吉为凶，以何凭据？此法看是何月生人，生于何时，然后方定命坐何宫。先将所生之月，从子上起正月，亥上二月，戌三、酉四、申五，未六、午七、巳八、辰九、卯十、寅十一、丑十二，逆行十二位；次将所生之时加于所生之月，顺行十二位，逢卯即安命宫。经云"天轮转出地轮上，卯上分明是命宫"是也。假令甲子年三月生人，得戌时生，却将正月加子，二月在亥，三月在戌为止。又将戌时加在戌上，亥上亥、子上子、丑上丑、寅上寅、卯上卯，逢卯便是，即命坐卯宫是也。仍随甲子年起，亦如起月之法。甲己之年丙作首，乃丁卯宫也。次看三方，并本命流干犯何星，凶吉推之。

第三十四章　星命汇考三十四

《三命通会》六

论大运

夫运者，人生之传舍。探命之说，先以三元、四柱、五行、生死、格局致合，以定根基，然后考核运气，协而从之，以定平生之凶吉也。且根基如木，运气如春，春无木而不著，木无春而不荣。赋以根基浅薄者，如蒿莱之微，春风潜发，亦能敷茂，岂能久耶？根基厚壮者、如松柏之实，不为岁寒所变。此所谓先论根基，后言运气者欤？古人以大运则一辰十岁，折除以三日为年者何？盖一月之终，晦朔周而有三十日，一日之终，昼夜周而有十二时，总十年之运气，凡三日有三十六时，乃见三百六十日为一岁之数。在一月之中有三百六十时，折除节气算，计三千六百日，为一辰之十岁也。人生以百二十岁为周天论，折除之法，必用生者日历，过日时数其节气之数。阳男阴女大运，以生日后未来节气日时为数，顺而行之。阴男阳女大运，以生日前过去节气日时为数，逆而行之。假如甲子阳男，十二月二十四日巳时生，是月也二十九日申时立春，阳男数以未来之日，自二十四日巳时至二十五日巳时，方是一日之实数。至二十九日申时正得五日三时之节气，实历过六十三日。折除过六十三时，折除计六百三十日，乃一岁奇九月之大运，起于丁丑，必自十二月生日后，实经历过二十有一，是日月运方移宫，是越三岁九月之内，方是甲子十二月生，行一岁奇九月之大运。今人行运，多用约法论，以一岁奇八月起运，便以二岁，殊不明折除实历之数也。

又曰：大运者，乃八字之表里也。取用当度其浅深，成岁须较夫多寡。然三日而成一岁，见有余人谓之零，见不足人谓之借。但知其零借，不知其所以零借。假如阳命正月初一日丑时正一刻生，至初四日丑时正一刻立春节，乃作一岁全。若春在寅时，则多一时，乃零一旬。若欠一时，乃借一旬。又以行运之法论之，假如甲子年正月初一日子时正一刻生，行运算至乙丑年正月初一日子时正一刻，乃作一岁内。小六个月，即进六日，在初七日子时正一刻方作一岁。只要算足十二个月，却为本年有闰，四月乃多一月矣。当退还本年十二月初七日子时正一刻交运，从此算后十周年方换一运。若学者不知其生刻，独知其生时，即以生时扣算六节之时，亦差不远。

　　凡行运在干，兼用地支之神，在支则弃天干之物。盖大运重地支，故有行东方、南方、西方、北方之辨。损用神者欲运制之，益用神者欲运生之，身弱欲运引进旺乡。官欲运生，不欲运伤。杀欲运制，不欲运助。财欲运扶，不欲运劫。印欲运旺，不欲运衰。食欲运生，不欲运枭绝。更看四柱强弱何如，原有原无，原轻原重。如木人用金为官，阳男运出未入申，阴男运出亥入戌。金人用木为财，阳男出丑人寅，阴男出巳入辰，俱向禄临马。原有官，行官运发官。原有财，行财运发财。原有灾，行灾运发灾。更看当生年时得气浅深。四柱得气深，迎运便发。得气浅，须交过运始发。得其中气，运至中则发。《珞琭子》云："其为气也，将来者进，成功者退。"莹和尚云："迎之以临官帝旺，将来者进。背之以休废死绝，功成者退。"又曰："生逢休败之地，早岁孤贫。老遇健旺之乡，晚年偃蹇。"莹和尚云："身须逐运，必假运而资身。势须及时，亦假时而成势。"又云："生逢旺岁，运须处于旺乡。晚遇衰年，运恰宜于困地。"《壶中子》曰："老幼慎勿坐强，壮实惟宜趋旺。生旺虽吉而未必吉，衰灭虽凶而未必凶。达此者始可论运。盖人自生至老，必从微以至少壮。十岁之时，方当少年，惟可行胎、养、生、沐浴、冠带。处三十四十，当阳强齿壮之时，可行旺处。五十、六十，天癸枯竭，只可行衰、败、死、绝。反此者，谓之一生运背，三限驱驰。直饶晚入旺乡，已非符叶。"又云："命中五行衰者，运宜盛。五行盛者，运宜衰。衰者复行衰运，是谓不及，不及则迍蹇沉滞；盛者复行盛运，是谓太过，过则击作成败。要归于中而已。"《珞琭子》云："年虽逢于冠带，尚有余灾。运初入于衰乡，犹披鲜福。"王氏注云："年运或初离沐浴暴败之地，顺行至冠带，未可便以为福，尚有衰败之余灾也。"或自旺地而行，初入衰乡，亦不可便以为祸，犹披旺之鲜福也。行运所以有前后五年之说。《壶中子》曰："将彻不彻，宁有久否之殃；欲交不交，尚有几残之祸。"盖言运行在衰绝之处，将入吉庆之地，必于临离之时，更有重挠。运在吉庆之地，将入衰绝之处，必于初入之时，更有重福。又云："吉运未到先作福，凶神过去始为殃。"乃火未焰而先烟，水既往而犹湿之理，当更详之。又云："阴男阳女，时观出入之年。阴女阳男，更看元辰之岁。"盖言阴男阳女，禀气不顺，故大运时观出运入运之年，而有吉凶之变。阳男阴女禀气虽顺，不以出入之年为应，亦不可遇元辰之厄会。《壶中子》云"元辰犯运，仲尼困陈蔡之饥"是也。

又曰：凡大运行有益处，为吉泰之运，亦不能常为福。须候太岁行年，更于生旺和合，方可发福。若大运至吉乡，却遇逐年太岁，小运到刑害之乡，亦主细累浮灾，但不为重害也。若大运行迍蹇凶祸之地，逐年太岁又见刑冲，小运不和冲击死绝，方主发祸。若小运与太岁到生旺禄马贵神一切吉神，其年却有小庆，过去则否。《烛神经》云：凡推命之祸福，须先度量基地厚薄，然后定灾福。如命有十分福气，行三四分恶运，都不觉凶，福力厚故也。若五六分恶运，只浮灾细累而已。至七八分恶运，方有重灾。如命有五分福气，行三四分恶运，为甚凶。若四五分恶运，则须死。盖基地不牢故也。若大运曾历过本命长生处者，谓之气盛之运。虽岁运来冲克者，为祸不重，运气强故也。未经长生而岁运刑冲克破，则便为灾，盖气未备，运弱故也。若曾过旺相而逢死绝，如命不吉，为灾亦轻，阴阳五行代谢之顺道也。纵死于此，亦须令疾而终。若方经长生，历于败地，其中有刑克恶煞与命相符而见者，则五行之气反战，故有凶恶而终。

又曰：凡行运长生，主有创建作新之事；到临官、帝旺，主兴盛快乐，发福进财，生子骨肉之庆；到衰病之乡，多退败、破财、疾病等事；到死绝乡，主骨肉死丧，自身衰祸钝闷，百事蹇塞；到败运，主落魄懒惰，酒色昏迷。到胎库成形冠带之乡，百事得中，安康平易。凡行运至夹贵、华盖、贵人、六合上，及乘生旺气者，皆主善庆。仍须察当生根基，十分则应五分，生时五分则应十分，福与灾同。凡行运至临官、帝旺上，太岁持之。官员主荐章、改秩之喜，官印食神亦然。马旺贵人之地，必入参侍之列。盖贵为君道，马主迁动故也。

又曰：凡子丑寅卯辰巳，四柱阳多人，行运至午未申酉戌亥上，乘阴气而发。午未申酉戌亥，四柱阴多人，行子丑寅卯辰巳运，乘阳气而发。二者阴阳均协，然阴人阳发者快，阳人阴发者迟。

又曰：凡水命，四柱有土，至火运本是财运，却反为鬼者，以火生土，土克水，是财化为鬼，转福成祸。四柱有金，至土运是鬼运，却反为吉者，以土生金，金生水，是化鬼为助气，反祸为福。又如水命人，柱中有寅午戌，或纳音火，更行

右侧竖排文字：

中华传世藏书

钦定古今图书集成 精华本

星命篇

寅午戌，皆为好运。若四柱有金有，火固是为福。若行水运，则分擘其福，即为不好运。四柱多土，却行木运，名曰损气，主驳杂。虽有救，亦多辛苦歇灭。余仿此推。

又曰：丁丑人行丁未运，名曰将凡入圣，以假为真，不以退神论。四柱有丁丑丁未者，不在此限。若戊寅人行丁丑运，虽是退神，却有济化为福。若庚辰生人，或庚辰月行乙酉运；乙酉生人，或乙酉月行庚辰运，名曰"鸳鸯两两"，主发迹，但重叠者不佳。乙庚人酉年月日时者，大凶。甲申人行丙寅运，名曰"力停相冲"，主破财争竞，屈伸不辨。丙戌人行辛卯运，主钝滞，只宜武人。丙子人行壬寅运，壬入丙家，破财不吉，余仿此推。

又曰：凡命有气象，常取生时干神为气，四柱干神为象。如甲己则有土气，乙庚有金气，丙辛有水气之类为化象，甲乙丙丁为本象，行运至气象得地处吉，不得地处凶。庚辛壬癸乙庚丙辛为金水象，运至申酉丑上得地。庚辛戊己甲己乙庚为金土象，运至申酉辰上得地。庚辛丙丁乙庚戊癸为金火象，运至巳午戌上得地。庚辛甲乙乙庚丁壬为金木象，运至丑寅卯土得地。甲乙壬癸丁壬丙辛为水木象，运至亥子辰上得地。丙丁甲乙戊癸丁壬为火木象，运至寅卯未上得地。戊己壬癸甲己丙辛为水土象，运至辰上得地。戊己丙丁戊癸甲己为火土象，运至戌上得地。戊己甲乙甲己丁壬为土木象，运至未上得地。戊己庚辛乙庚甲己为金土象，运至丑上得地。看四柱干神得何象，如纯金木水火土，亦为五象。若杂而不入象者不发，发亦不久。如五纯象，亦有太过之象，仍详当生月令得地，然后看行运得地不得地而言，不可以遇禄马贵人为得运，遇空亡羊刃劫杀为失运也。

又曰：凡行运看纳音年庚金木水火土是何命人，如土命而行西南方，为"西南得朋"之庆。木命而行东方，火命而行南方，金命而行西方，水命而行北方，皆为得地。更看所行之运，纳音与命相乎同类，最为上吉，财官次之。若泄气或受克重，则不吉。

又曰：古人以甲子乙丑名支干，六十甲子用"花"字，是皆以木喻义。若天干地支，得时自然开花结子茂盛。月令者，天元也。今运就月上起，譬之树苗。树之见苗，则知其名；月之用神，则知其格。故谓交运如同接木，命有根苗花实，正此意也。若出癸入甲，譬反汗之人，多主不吉。古语云："伤寒换阳，行运换甲。换过是人，换不过是鬼。"假如甲戌接癸亥，是火土接水。丑交寅，辰交巳，未交申，戌交亥，东西南北四方转角，谓移根接木。更遇换甲格，凶者多死，善者亦灾。老人大忌，后生差慢。若寅卯辰巳午未申酉戌亥子丑，一气相连，皆非接木之说。纵遇接甲，亦无大祸。假如甲乙傅寅卯运，名曰"劫财"、"败财"，主克父母及克妻破财、争斗之事。丙丁巳午运，名"伤官运"。主克子女，讼事囚系。庚辛申酉运，七杀官乡，主得名。发越太过，则灾病恶疾。壬癸亥子生气印绶运，主吉庆增产。辰戌丑未戊己财运，主名利皆通。此乃死法，须随格局喜忌推之。干旺宜衰运，正所谓干弱则求气旺之，藉有余则欲不足之营。须要通变，更兼流年诸神杀推之，其验如神。

论小运

夫大运司十年之休咎，小运掌一岁之灾祥。是小运者，补大运之不足而立名也。古人以男起丙寅，女起壬申者何？盖元气之所孕，始于子，立于巳。子者，字之始。巳者，包之始。自子推之，男左行三十而立于巳，女右行积二十而合之巳。巳，正阳也，阴实从焉。是故圣人因是而制礼，参天两地，自然之数妃也。自巳而壬之，男十月毓于寅，女十月毓于申。申为三阴，寅为三阳，故年运起焉。日生于甲，月生于庚，日月东西，夫妇之象也。甲统于寅，庚通于申，是故阴阳之合以正，将以顺性命之理耳。此小运所以男起丙寅顺行，女起壬申逆行，一定而不可易也。解者谓男子阳火，元气起戊子，三十丁巳，十月至丙寅，此木生火；女子阴水，元气起庚子，二十辛巳，十月至壬申，为金生水，此其数也。《白虎通》谓："男三十筋骨坚强，任为人父。女二十肌肤充盛，任为人母。合为五十，应大衍之数，以生万物。阳奇而舒，故三终。阴偶而促，故再终。参天两地之道，此其理也。"或者以甲子旬如上起，甲申旬男起丙戌，女起壬辰；甲午旬男起丙申，女起壬寅；甲辰旬男起丙午，女起壬子；甲寅旬男起丙辰，女起壬戌，则非圣人原立起年运之义矣。今之谈命者只以大运为用，殊不知小运亦有紧关。大运虽吉，其小运不通，未可便言吉利。如大运虽凶，其小运却吉，未可便作凶推。此小运又名行年，不可不究。醉醒子以为男女小运皆由时生而行之，逆顺亦以年定，如阳命阳年，甲子时生，堕地即行乙丑，二岁丙寅，一位一年，周而复始。阴命阳年，逆行亦然。当试用之，屡验。亦要与大运及柱中用神日主较量吉凶，童限未交大运，专用此法，行死绝煞旺之宫，必有危难。先详八字衰旺喜忌，然后以此参之，蔑不中矣。

论太岁

　　夫太岁者，乃一岁之主宰，诸神之领袖。其说有二：如四柱中生年，曰"当生太岁"；如逐年轮转，曰"游行太岁"。当生太岁，乃终身之主，其理已论于前。其逐年太岁，游行十二宫，定一年之祸福，为四时之吉凶。经云："太岁乃众煞之主，人命未必为凶。"如逢战斗之乡，必主刑于本命。盖太岁如君也，大运如臣也。如君臣和悦，其年则吉；若值刑战，其年则凶。《经》又云："岁伤日干，有祸必轻。日犯岁君，灾殃必重。"此又分言。岁君伤日者，如庚年克甲日为偏官，譬君治臣，父治子，虽有灾晦，不为大害，何则？上治其下，顺也，其情尚未尽绝。日犯岁君，如甲日克戊年为偏财，譬臣犯其君，子忤其父，深为不利，何则？下凌其上，逆也，其凶决不能免。若五行有救，四柱有情，如甲日克戊年，四柱元有庚申金，或大运中亦有将甲木制伏，纯粹不能克戊土为有救。经云"戊己愁逢甲乙，干头须要庚辛"是也。如大运并四柱有一"癸"字，与"戊"相合，为有情。经云"壬以癸妹配戊，凶为吉兆"是也。若二字俱全，其年凶反为吉。有一字者，凶半。二字俱无，凶莫能解。经云"五行有救，其年反必为财。四柱无情，故论名为克岁"是也。又有真太岁、征太岁之说。经云"生时相逢真太岁"，假如甲子生人，又见甲子年，谓之真太岁，又名转趾煞。要大运日主与太岁相和相顺，其年则吉。若值刑冲破害，与太岁互相战克则凶。如癸巳日逢丁亥流年，日干支冲克太岁，曰征。运干支伤冲太岁，亦曰征。太岁干支冲日干支，亦曰征。其年则凶，灾祸未免。又如甲子流年，又是甲子运，谓之岁运并临，独羊刃、七杀为凶，财官、印绶亦吉。经云"岁运并临，灾殃立至"，此指羊刃言也。又如甲子日见甲子太岁，谓之"日年相并"。如君子得之，谓之"君臣庆会"，其年利奏对，有面君之喜。若当省士人得之，有登荐仕进之象。又要与岁君帝座和协，方为奇特。若是常格小人遇之，最为不善。若生时相和，为灾稍轻，故经云："太岁当头立，诸神不敢当。若无官事扰，定主见重丧。"此之谓欤？更加以勾绞、元亡、咸池、孤害、宅墓、病死、官符、丧吊、白虎、羊刃、暴败、天厄诸凶杀并临，祸患百出，甚者死。假如甲日见戊年太岁，甲又生寅卯亥未，年月日时又重见甲乙字并克戊，年柱中无庚辛巳酉丑金局制木，丙丁火局焚木者，大凶。如一命戊辰、戊午、戊戌、甲寅，羊刃倒戈，遇壬申年四月，项生恶疮，头将堕死。又：乙丑、乙亥、壬申、乙巳，运行辛未、丙寅年，日干之壬克太岁之丙，日支之申庚克太岁之寅甲，又寅刑巳，巳刑申，申刑寅，行辛未运，合太岁之木局伤官。皆不为吉。其年甲午月，火旺战克，故死非命。大抵日犯岁君，在五阳干则重，在五阴干则轻，若日干是天月德，太岁是用神，则无咎，而反有获。若天冲地击，柱中原有流年，再遇亦无大咎。若太岁克当生时，或时克太岁，亦主有灾，却以子位断之。

总论岁运

夫太岁者，年中天子，一岁诸神杀之尊，统正方位，回送六气，迁运四时，以成岁功，至尊无上。若人遇克冲压伏，皆为不祥之兆。运者协和二十四气，般运一生休咎，扶持四柱，辅弼三元。运与流年，二者相为表里，乃人命祸福死生所系。岁用天元，运用地支，凡行好运，而日干伤流年天元，为祸轻。若行不好运，及脱财官运，而日干伤岁干，为祸重。若是已发之命，祸患立至。凡行不好运，未可便言衰绝。大要知已发未发，其气数已过未过。言之行运，以生月为运元，最怕行运与太岁冲克，若岁运冲月必祸。若岁运与日相对，谓之返吟；岁运压日，谓之伏吟，二者不利六亲，非横破财，不为吉兆。凡岁运吉凶，当生天元，或支中原无官星，天元有正官，或原有偏官，制伏太过，运遇天元官星，亦可发福。运支无财而运干是财，亦可发财。运支无杀而运干是杀，亦足为祸。

又曰：晦气者，乃不明之象，昏昧之道也。即甲己、乙庚之例，以合则晦也。日干与时干不宜与太岁天元合，合则名为晦气。又要分日干合太岁，如甲日己年之例；太岁合日干，如己日甲年之例。甲合己灾重，己合甲灾轻。岁位近者灾重，远者灾轻。如岁在日前五辰而遇合，谓之太岁入宅，晦气临门，主灾厄。《神白经》曰：论晦气，日轻时重，更看人元旺，则主门户眷属之灾，死绝并冲，主身灾。若在地支，六合相合谓之鸳鸯合。有用，主好事相近。若干支俱合，主添进人口。得吉神，同位士人宜见官奏荐文书之喜。若相憎，则有离别之苦。若有相刑之位，更处休囚，主本身灾祸。若在六害之位，主小口有疾，或奴婢走失之恼。若在日时宅墓之位，主门户不宁及阴人为挠。若有怀妊，必产后有不宁之象。利生女，不利生男。生男，母子有一失。岁君与大运合，亦同论。

又曰：大运不宜与太岁相克相冲，尤忌运克岁，与日犯同。主破耗丧事，有贵人禄马解之稍吉，八字有救无虞。经云："岁冲克运者吉，运冲克岁者凶。格局不吉者死，岁运相生者吉。禄马贵人相合交互者，亦吉。"详审细推，无有不验。

论进交退伏

阎东叟云：以十干为四候，十五日为一候。十二日为进神候，外三日为交退伏神候，故甲子为第一进神，则丙子丁丑戊寅为交退伏神。己卯为第二进神，则辛卯壬辰癸巳为交退伏神。甲午为第三进神，则丙午丁未戊申为交退伏神。己酉为第四进神，则辛酉壬戌癸亥为交退伏神。值进神则发迹亨快，值交神则庶事不谐，值退神则官资降黜，值伏神则所作留滞。经云"进神四座兼奇特，贵杀相扶为福力"是也。《壶中子》云："顺太岁而回曰进神，逆太岁而回曰退神，逢进神则文章颖锐，遇退神则智识暗昧。"《广信集》则又以甲乙丙丁子丑寅卯为进，丁丙乙甲卯寅丑子为退。若干支俱退者，主称意中有不称意者随之。如庚戌得甲寅为进，得乙巳为退，不在本句者慢。是只有进退而无交伏，恐非是。

论十干合

夫合者，乃和谐之义，如阳见阳，二阳相竞则为克。阴见阴，二阴不足则为克。惟阴见阳，阳见阴为合，亦如男女相合而成夫妇之道。《易》曰"一阴一阳之谓道，偏阳偏阴之谓疾"是也。

东方甲乙木，畏西方庚辛金克。甲属阳为兄，乙属阴为妹。甲兄逐将乙妹嫁金家与庚为妻，庶得阴阳和合，两不相伤，所以乙与庚合。乙虽嫁与庚为妻，春来木旺金囚，不畏金克。乙逐归本家就甲，究竟不免在金家怀胎，归木家产。木色青，金色白，是以春围林木，青叶，开白花。

南方丙丁火，畏北方壬癸水克。丙属阳为兄，丁属阴为妹。丙兄遂将丁妹嫁于水家与壬为妻，所以丁与壬合。丁虽嫁与壬为妻，夏来火旺水囚，不畏水克。丁遂归火家就丙，然不免在水家怀胎，归火家产。水色黑，火色赤，小满后桑椹熟，当有赤。

中央戊己土。畏东方甲乙木克。戊属阳为兄，己属阴为妹。戊兄遂将己妹嫁于木家与甲为妻，所以甲与己合。己虽嫁与甲为妻，六月土旺木囚，不畏木克。己遂归土家就戊，然不免在甲家怀胎，归戊家产。土色黄，木色青，所以六月甜瓜虽熟，肉黄皮青。

西方庚辛金，畏南方丙丁火克。庚属阳为兄，辛属阴为妹。庚兄乃将辛妹嫁于火家与丙为妻。所以丙与辛合。辛虽嫁与丙为妻，秋来金旺火囚，不畏火克。辛乃归金家就庚，然不免在火家怀胎，归金家产。火赤，金白，秋中枣熟，有半赤半白之状。枫叶丹。

北方壬癸水，畏中央戊己土克。壬属阳为兄，癸属阴为妹。壬兄乃将癸妹嫁于土家与戊为妻，所以戊与癸合。癸虽嫁与戊为妻，冬来水旺土囚，不畏土克。癸遂归水家就壬，然不免在戊家怀胎归壬家产。水黑，土黄，严冬霜雪，草木死而黄出。

甲与己，何名为中正之合？甲，阳木也，其性仁，位处十干之首。己，阴土也，镇静淳笃，有生物之德，故甲己为中正之合。带此合，主人尊崇重大，宽厚平直。如带煞而五行无气，则多嗔好怒，性梗不可屈。

乙与庚，何名为仁义之合？乙，阴木也，其性仁而太柔。庚，阳金也，坚强不屈，则刚柔相济，仁义兼资，故主人果敢有守，不惑柔佞，周旋惟仁，进退惟义。五行生旺则骨秀形清，若死绝带煞则使气好勇，体貌不扬，自是非人。甲己乙庚之合，妇人不忌。

丙与辛，何名为威制之合？丙，阳火也，辉赫自盛。辛，阴金也，克刃喜杀，故丙辛为威制之合。主人仪表威肃，人多畏惧，酷毒，好贿，喜淫。若带煞或五行死绝则寡恩少义，无情之人。妇人得之，与天中大耗咸池相并者，貌美声卑。三合，夭冶而淫。

丁与壬。何名为淫昵之合？壬者，纯阴之水，三光不照。丁者，藏阴之火，自昧不明，故丁壬为淫昵之合。主人眼明神娇，多情易动，不事高洁，习下无志，耽欢惟色。于我则吝，于彼则贪。若五行死绝或带杀，见咸池大耗天中自败，有淫污家风之丑。亲厚小人，侮慢君子，贪婪妄作，必胜而后已。妇人淫邪奸慝，易挑易诱，多招玷辱。或年高而嫁少婚，或年幼而配老夫，或先贱而后良，或先良而后贱。

戊与癸，何名为无情之合？戊，阳土也，是老丑之夫。癸，阴水也，是婆娑之妇。老阳而少阴，虽合而无情。主人或好或丑，如戊得癸，则娇媚有神，姿美得所。男子娶少妇，妇人嫁美夫。若癸得戊，则形容古朴，老相俗尘，男子娶老妻，妇人嫁老夫。经云"戊得癸合，少长无情"是也。

或问：十干必隔六位一合，何也？余答曰：天地之数各不过五，上五位为生数，下五位为成数。生数与成数相遇，然后合。天一生壬，地二生丁，天三生甲，地四生辛，天五生戊，地六成癸，天七成丙，地八成乙，天九成庚，地十成己。天一数见地二数然后合，所以必隔六也。《易》曰"天数五，地数五，五位相得而各有合"是也。《五行要论》云："天一生水，其余物为精，精者一之所生也。地二生火，其于物为神，神者二之所生也。天三生木，其于物为魂，魂从神者也。地四生金，其余物为魄，魄从精者也。天五生土，其于物为体，体者精神魂魄具而后有者也。"自天一至天五，五行之生数。自地六至地十，五行之成数。以奇生者成而偶，以偶生者成而奇，其成之者皆五。五，天数之中，所以成于物也。道立于一，成于三，变于五，而天地之数具矣。其十也，偶之而已。经云"一六同宗，二七同道。三八为朋，四九为友。五十同途，阖辟奇偶"是也。合者贵乎得中而不偏，如一甲得一己，各乘生旺，是谓得中而不偏。如甲太旺己太柔，两不相称，是谓太过不及。若一己合两甲，两甲合一己，是谓阴阳偏枯，如妇多夫少，夫多妇少，相争相妒，皆乱之道也。故曰"偏则乱"。《壶中子》曰："一气偏枯，老为俗物"是也。《天元变化书》云："天干合阳得阴，合福慢阴，得阳合福紧，故甲得己合为财，己得甲合为官。"阳干遇阴干合，止得干合之福。阴干遇阳干又合，又得正官合辅，为两重福。故紧慢不同。余干例推。又曰：干合更得支合，在一旬内，如甲戌见己卯，甲辰见己酉之类，谓之"君臣庆会"。在两旬内，如甲子见己丑，甲午见己未之类，谓之"夫妻聚会"。盖世事有本国之君，未当有异国之臣，所以在一旬内见，方曰"君臣庆会"，仍要别其阳为君，阴为臣，君位致上，臣位致下方是。反此则悖世事。有本郡之夫，却有他郡之妻，所以各旬互见，谓之"夫妻会聚"，又名"天地得合"。若见是合，又须要和气贵神相助，方为有用。内有冲破受伤，合中有刑杀，皆为不吉。《御制言谈》云"合中带禄，定是公侯。合处相伤，反为无补"是也。

论十干化气

复阳子曰："十干合而化者，阴阳之配，夫妇之道也。遇六则合，遁三则化，以五子余数，至巳上得合，既合，遁虎统龙，龙主阳，德司天而成变化者也。子者，坎之位，天一生水，媾精之象，胎娠阳中，故男子从子左行三十至巳，阳也，故三十而娶。女子从子右行二十至巳，阴也，故二十而嫁。此人事合五行之造化，讵可过于此期哉！"

东壬子　至丁巳六数　故丁与壬合

	丁壬化木	甲德统龙	
南戊子	至癸巳六数	故戊与癸合	
	戊癸化火	丙德统龙	
西庚子	至乙巳六数	故乙与庚合	
	乙庚化金	庚德统龙	
中甲子	至己巳六数	故甲与己合	
	甲己化土	戊德统龙	
北丙子	至辛巳六数	故丙与辛合	
	丙辛化水	壬德统龙	

甲己之岁，戊德统龙，以土司化黅天土气。乙庚之岁，庚为统龙，以金司化素天金气。丙辛之岁，壬为统龙，以水司化元天水气。丁壬之岁，甲为统龙，以木司化苍天木气。戊癸之岁，丙为统龙，以火司化丹天火气。统龙天德，上下临御，以成变化，品汇成亨。故丙遇辛得申子辰而奋发，乙遇庚得巳酉丑而掀轰，丁遇壬得亥卯未而清贵，戊遇癸得寅午戌而荣显，甲遇己得辰戌丑未而旺相。是以五运以五宫为正庙，我入母宫为福德，我入子宫为漏泄，我入鬼宫为刑伤，我入妻宫为财帛。子反能克制于凶煞，仍究煞气制之，所以五运造化无穷，惟生克制化。《三车》以甲己年遁起丙寅，至戊辰三数，数至三则变化。辰为龙，亦能变化，故甲己乙庚丙辛丁壬戊癸，随其所属天干而得其气。又曰：甲己丙作首，丙属火，火生土，故化土。余例推。其说不外前理。又曰：甲己化土，有二则化一，不能化，仍还本位之性，所谓一不能生，生物必两，此天干一阴一阳，如夫妇配合成偶，方能变化成形。阴阳不合，安得化机之宣哉？是以有妒化之说。如甲己见乙，乙庚见辛，丁壬见丙，戊癸见壬，丙辛见丁，所谓妒化。自恋其生，遂成一家之好，亲爱恋情，何能从化？故化象须归一方稳。如丁壬化木，柱中见癸并子。虽强成木，不成真物，是化而不化也。又曰：大凡化气，只取日干而言配合之神，或年月与时皆可用，但要日辰得旺气于时。若不得月中旺气，只时上旺气亦可。倘得月中旺气而时上不乘旺气，则不可用。若月与日时俱得旺气，方为全吉。

甲己化土，非辰戌丑未月不化，其次午月亦化。有戊字间之则不化，名曰"妒合"。凡辰戌丑未生人，柱有己亥，为"受气临官"，主晚年不吉。有官夺官，有财夺财。夫受气临官，长生第四位也。以干为主，双犯则应，余月不应，又曰：甲己化土，切要木为官，得甲乙寅卯为官，戊癸气为福，忌见丁壬日时。

乙庚化金，非己酉丑月不化，其次七月亦化。有甲字间之则不化，名曰"妒合"。凡巳酉丑生人，柱有庚申，名曰"受气临官"，晚年不佳。又曰：乙庚化金，切要火为官，故喜丙丁巳午甲己为福，忌见戊癸日时。

丙辛化水，非申子辰月不化，其次十月亦化。柱有丁字不化，名曰"妒合"。凡申子辰生人，见癸亥名曰"受气临官"，亦主晚年不佳。又曰：丙辛化水，切要土为官，得辰戌丑未为官，乙庚为福，忌见甲己日时。

丁壬化木，非亥卯未月不化，其次正月亦化。柱有丙字不化，名曰"妒合"。亥卯未生人，见甲寅，名曰"受气临官"，晚年不佳。又曰：丁壬化木，切要庚辛申酉为官，丙辛为福，忌见乙庚日时。

戊癸化火，非寅午戌月不化，其次四月亦化。柱有己字者不化，名曰"妒合"。凡寅午戌生人，见丁巳，为"受气临官"，晚年不佳。又曰：戊癸化火，切要壬癸亥子为官，丁壬为福，忌见丙辛日时。

甲己化土，喜戊辰时生，四季月其土成象。柱中生旺有气为上，不可见火。见火则虚，见木气则克坏，是甲己日怕丙丁时，余月喜丙。

乙庚化金，喜庚辰时生，申酉月其金成象。喜戊土相生，甲己为福，不喜死败，故此月有乙庚日怕子寅时。

丙辛化水，喜壬辰时生，亥子月其水成象。爱庚字相生之气，乙庚为福，故此月有丙辛日怕卯巳时。

丁壬化木，喜甲辰时生，寅卯月其木成象。喜丙辛为福，故此月有丁壬日怕午申时。

戊癸化火，喜丙辰时生，巳午月其火成象。爱甲字相生，丁壬为福，怕卯酉日时。若犯戊己，是火见土，即暗伏不明。

又曰：丙寅、辛卯；丙辰、辛卯；庚申、乙酉；庚戌、乙酉；己亥、甲子；己丑、甲子；癸巳、戊午；癸未、戊午；戊子、癸辰；戊寅、癸丑；己酉、甲戌；己亥、甲戌；乙巳、庚辰；乙卯、庚辰；壬午、丁未；壬申、丁未；以上地支相连，是同气也，故为正化。有转角进化：干合中，见支辰四角相顺连，如甲辰见己巳之类。日时遇之，成立功名不难。

有转角退化：干合中，见支辰四角相反连，如甲午见己巳之类。日时遇之，功名差。晚到好处多退减，岁运逢之亦歇灭。有坐下自化，乃壬午、丁亥、戊子、甲午、辛巳，癸巳。丁禄在午，壬与丁合。壬禄在亥，丁与壬合之例。壬午、丁亥为福最深，戊子聪明，辛巳权谋，甲午亦作小亨，癸巳贵中有酒色之疾。

逐月横看理化之象

正月节	二月节	三月节	四月节	五月节	六月节
丁壬化木	丁壬化木	丁壬不化	丁壬化火	丁壬化火	丁壬化木
戊癸化火	戊癸化火	戊癸化火	戊癸化火	戊癸发贵	戊癸不化
乙庚化金	乙庚化金	乙庚成形	乙庚金秀	乙庚无位	乙庚不化
丙辛不化	丙辛炁不化	丙辛化水	丙辛化火	丙辛端正	丙辛不化
甲己不化	甲己不化	甲己暗秀	甲己无位	甲己不化	甲己不化
寅午戌化火	寅午戌化火	寅午戌化火	寅午戌化火	寅午戌真火	寅午戌不化
亥卯未化木	亥卯未化木	亥卯未不化	亥卯未不化	亥卯未失地	亥卯未不化
申子辰不化	申子辰不化	申子辰化水	申子辰纯形	申子辰化客	申子辰不化
巳酉丑破相	巳酉丑成形	巳酉丑成形	巳酉丑成器	巳酉丑辛苦	巳酉丑化金
辰戌丑未失地	辰戌丑未小失	辰戌丑未成无信	辰戌丑未贫乏	辰戌丑未身贱	辰戌丑未化土

七月节	八月节	九月节	十月节	十一月节	十二月节
丁壬化木	丁壬不化	丁壬化火	丁壬化木	丁壬化木	丁壬不化
戊癸化水	戊癸衰薄	戊癸化火	戊癸化水	戊癸化水	戊癸化火
乙庚化金	乙庚进秀	乙庚不化	乙庚化木	乙庚化木	乙庚化金
丙辛进秀学堂	丙辛就妻	丙辛不化	丙辛化水	丙辛化秀	丙辛不化
甲己化土	甲己不化	甲甲己化土	甲己化木	甲己化土	甲己化土
寅午戌不化	寅午戌破家	寅午戌化火	寅午戌不化	寅午戌不化	寅午戌不化
亥卯未成形	亥卯未无位	亥卯未不化	亥卯未成材	亥卯未化木	亥卯未不化
申子辰大贵	申子辰清	申子辰不化	申子辰化水	申子辰化水	申子辰不化
巳酉丑武勇	巳酉丑入化	巳酉丑不化	巳酉丑破象	巳酉丑化金	巳酉丑不化
辰戌丑未亦贵	辰戌丑未正位	辰戌丑未正位	辰戌丑未不化	辰戌丑未不化	辰戌丑未化土

论支元六合

夫合者和也，乃阴阳相和，其气自合。子寅辰午申戌六者为阳，丑卯巳未酉亥六者为阴，是以一阴一阳和而谓之合。子合丑，寅合亥，却不子合亥，寅合丑，夫何故？造物中虽是阴阳为合，气数中要占阳气为尊，子为一阳，丑为二阳，一二成三数。寅为三阳，亥是六阴，三六成九数。卯为四阳，戌是五阴，四五得九数。辰为五阳，酉为四阴，五四得九数。巳为六阳，申为三阴，六三得九数。午为一阴，未为二阳，一二得三数。子丑午未各得三者，三生万物，余皆得九者，乃阳数极也。尝问论甲乙者，如何子与丑合？皆莫知其故。因遍览群书，以观大运，乃知壬亥之间，日月十二辰交会之所，凡月之会朔日之璧于此位，谓之会劣，谓之集十二月之辰，如元枵、星纪之类，与之同在焉。一岁十二会，太阴太阳隔液坎离之妙，此生万转图而放会合得可见也。十二月建丑，是时元枵同在壬亥之间，以元枵在子之辰，此其所以为子丑之合。正月建寅，是时娵訾在壬亥之间，以娵訾在亥之辰，此其所以为寅亥之合。二月建卯，此时降娄在壬亥之间，降娄戌，故卯与戌合。三月建辰，此时大梁在壬亥之间，大梁酉，故辰与酉合。四月建巳，是时实沈在壬亥之间，实沈申，此巳与申合之数。五月建午，是时鹑首在壬亥之间，鹑首在未。六月建未，是时鹑火在壬亥之间，鹑火在午，此午与未合之数。七月建申，是时鹑尾在壬亥之间，鹑尾在巳，故巳与申合。八月建酉，是时寿星在壬亥之间，寿星辰，故辰与酉合。九月建戌，是时大火在壬亥之间，大火卯，故卯与戌合。十月建亥，是时析木在壬亥之间，析木寅，故寅与亥合。十一月建子，是时星纪在壬亥之间，星纪丑，故子与丑合，十二月建丑，是时元枵在壬亥之间。得日月会同之数，则其相合之用如日月弥漫六合矣。人命逢六合造化，岂不美哉？观《周礼·春官之属》曰："太师乐其所掌之职，乃奏黄钟，歌大吕，舞云门，以祭天神。"黄钟子，大吕丑，取其子丑之合，以召天地之和气也。"奏太簇，歌应钟，舞咸池，以祀地祇。"太簇寅，应钟亥，取其寅亥之合。"奏无射，歌夹钟，舞大武以享祖先。"无射戌，夹钟卯，取其卯戌之合。"奏姑洗，歌南吕，舞大磬，以祀四望。"姑洗辰，南吕酉，取其酉辰之合。"奏夷则，歌仲吕，舞大濩，以享先妣。"夷则申，仲吕巳，盖巳与申合。"奏蕤宾，歌林钟，舞大夏，以祀山川。"蕤宾午，林钟未，盖午与未合。成王周公之制作也，因取乎律吕相合，然后可格三才之体，其理微哉！《广录》云：寅午往来有甲己土气，子巳往来有戊癸火气，巳酉往来有丙辛水气，卯申往来有乙庚金气，亥午往来有丁壬水气，皆在禄上。子巳午亥亦谓之隔六合。盖一阳至六阳，一阴至六阴，更得天干纳音有交涉，尤吉。夫合有合禄、合马、合贵之说。《珞琭子》云："是从无而立有，谓见不见之形也。"从无立有，喻如甲生人，以寅为禄，不见寅而见亥。谓之"合禄"。寅生人，以申为马，不见申而见巳，谓之"合马"。甲戊庚人，以丑未为贵，不见丑未而见子午，谓之"合贵"。《经》曰"明合不如暗合，拱实不如拱虚"，即此之谓也。《天元变化书》云："子合丑福轻，丑合子福盛；寅合亥福清，亥合寅福慢；戌合卯福虚，卯合戌福厚；辰合酉福弱，酉合辰大利；午合未福慢，未合午大利；巳合申福慢，申合巳官气盛。"如甲午辛未只是身旺，却命禄弱。如乙未壬午虽禄弱粗得。又曰："男子忌合绝，女人忌合贵。"

论支元三合

考历家，申子辰初之炁，俱起于漏下一刻。巳酉丑初之炁，俱起于二十六刻。寅午戌初之炁，俱起于五十一刻。亥卯未初之炁，俱起于七十六刻。气皆起于同刻，是天地自然之理也，故谓之"三合"。或以三合者，如人一身之运用也。精乃天之元，气乃神之本，是以精为气之母，神为气之子，子母互相生精气，神全而不散之为合。盖谓支属人元，故以此论之。如申子辰，申乃子之母，辰乃子之子，申乃水生，子乃水旺，辰乃水库。生即产，旺即成，库即收，有生有成有收，万物得始得终，乃自然之理。故申子辰为水局，若三字缺其一，则化不成局，不可以三合化局论。盖天地间道理，两则化，"一阴一阳"之谓也。三则化，"三生万物"之谓也。巳酉丑寅午戌亥卯未皆然。五行不言土者，四行皆赖土成局，万物皆归藏于土故也。若辰戌丑未全，自作土局论。凡命有合，要得局为佳。假令丙丁生人，见亥卯未印。巳酉丑财，为得局。见寅午戌火，为本局；申子辰水，为官局；辰戌丑未土，为伤局。又如丙人见巳酉丑，丁人见寅午戌，为三位禄格。谓丙以巳为禄，丁以午为禄，酉丑合巳，寅戌合午故也。《珞琭子》云："禄有三会。"又云："得一分三，前贤不载。"《壶中子》云："得一分三，折月中之仙桂。"此之谓也。余仿此例。凡六合、三合人命，主人形容姿美，神气安定，好生恶死，心地平直，周旋方便，聪慧疏通。如相生合者，举事多遂。更有福神来往，则福愈厚。一生平易，多艺多才，言和貌悦，不较是非，福祸扶持，人多见怜。如相克合者，难事而易悦，多是定计，动多招损，更有凶杀相兼，横事勾连，惊暴之灾，不致深咎。死绝合者，主人有为未尝遂意，威武不重，精神俗陋，招人鄙薄，志卑量窄，爱小人，恶君子，习下自贱，一生少得称怀。与建禄合者，多横财意外名望之福正印贵人合，得天恩贵人提携之福。食神合，衣禄丰余，饮食厚。元辰大耗合，无礼貌，言清行浊，厚于贱人，侮慢君子。咸池并奸恶私通，不良贪污之行。与官符并，多招刑狱词讼，旁牵暗昧是非。天空并，动无诚实，贱人欺绐，妇人大忌。合中带杀，咸池玷行，淫声大耗，必致淫奔。中有贵格者，自贱而贵也。大率合吉神则吉，合凶神则凶。《玉井》云："合者非只泥三合六合，如酉字有力或多见，能用寅字亦切。"又看巳宫，却被坏了酉中辛、寅中丙方取。大凡亦看暗干与明干合气，相关取用，名为"勾引恩仇"。又为"牵引得失"，又为"顾盼人我"，又为"呼应前后"，又为"夫妇有情"，又为"行藏同道"。

论将星华盖

将星者，如将制中军也。以三合中位，谓之将星。华盖者，喻如宝盖。天有此星，其形如盖，常覆乎大帝之座，故以三合低处得库，谓之华盖。《洞元经》云"将星处乎中军，华盖张于库上"是也。凡将星常欲吉神相扶，贵杀加临，乃为吉庆。《理愚歌》云："将星若用亡神临，为国栋梁臣。言吉助之为贵。更夹贵库墓，纯粹而不杂者，出将人相之格也。带华盖正印而不夹库，两府之格也。只带库墓而不带正印，员郎以上。既不带墓，又不带正印，止有华盖，常调之禄也。带华盖而正建驿马，名曰"节印"，主旄节之贵。若岁干库同位，为两重福，主大贵。"又曰："凡人命得华盖多，主孤寡。纵贵亦不免孤独，作僧道艺术论。"《壶中子》云："华盖为术艺星。"《理愚歌》云："华盖虽吉亦有防，或为嫡子或孤孀。填房入赘多阙口，炉钳顶笠披缁黄。"又云："华盖星辰兄弟寡，天上孤高之宿也。生来若在时与胎，便是过房庶出者。"林开云："印墓同华品格清，重重临印即公卿。若还空破临其位，便是幽闲术艺人。"又云："华盖重重喜，休逢破与冲。性虽颇聪彗，挟术走西东。若还临旺相，定是作三公。君子值之应获福，小人生处怕悬针。"又曰："凡命时坐华盖，主平生歇灭。壬癸人尤忌之，主老年丧子。日犯克妻女命时逢，一生不产。"《三命》云："华盖怕金木。"《壶中子》有"重金重盖格"，如庚辰见庚辰，辛丑见辛丑。但逢两金重见，华盖更有禄马秀气扶持，当封爵。《烛神经》云："华盖为庇荫清神，主人旷达神清，性灵恬淡寡欲，一生不利财物。惟与夹贵并，则为福清贵特达。"

论咸池

按：此杀须天干纳音与地同类方是。若只论寅午戌在卯，天干纳音或不属火，非是。此杀亦因三合而取，故附于后。

《淮南子》曰："日出扶桑，入于咸池。"故五行沐浴之地，名咸池，是取日人之义，万物暗昧之时。寅午戌卯、巳酉丑午、申子辰酉、亥卯未子，即长生第二位，沐浴之宫是也。一名败神，一名桃花煞，其神主奸邪淫鄙。如生旺则美容仪，耽酒色，疏财好欢，破散家业，惟务贪淫。如死绝，落魄不检，言行狡诈，游荡赌博，忘恩失信，私滥奸淫，靡所不为。与元辰并更临生旺者，多得匪人为妻/与贵人建禄并，多因油盐酒货得生，或因妇人暗昧之财起家。平生有水厄痨瘵之疾，累遭遗失暗昧之灾。此神入命，有破无成，非为吉兆。妇人尤忌之。沈芝云："咸池忌日时"，又云"咸池怕水"。《壶中子》云："沐浴临年，伯夷有首阳之饿。"又云："见生值沐浴曰裸形，行年值沐浴曰穷煞。"又云："五行最忌沐浴。"《紫虚局》云："风流淫冶号咸池，并集来临祸应期。酒色相刑二三位，更加神杀血光随。"详诸书，见咸池非吉煞，日时与水命遇之尤凶。

论六害

因昼夜阴阳之气感而六合，因六合而生六害，因六害而忌昼夜阴阳之气。六害者，十二支凌战之辰也。子未相害者，谓未土害子旺水，名"势家相害"，故子见未则为害。丑午相害者，谓午以旺火凌丑死金，名"官鬼相害"。故丑见午，更带丑干之真鬼，则为害尤甚。寅巳相害者，谓各恃临官擅能而进相害，若干神往来有鬼者尤甚，况刑在其中，尤不可不加减灾福言之。卯辰相害者，谓卯以旺木凌辰死土，此以少凌长相害。故辰见卯，而卯更带辰干真鬼，则其害尤甚。申亥相害者，谓各恃临官，竞嫉才能，争进相害，故申见亥，亥见申，均为害，更纳音，相克者重。酉戌相害者，谓戌以死火害酉旺金，此"嫉妒相害"，故酉人见戌则凶，戌人见酉无灾；若乙酉人得戊戌，乙为真金，戊为真火，为害尤甚。又云：六，六亲；害，损也。犯之主六亲上有损克，故谓六害。子未直上穿心与冲合，恩未结而仇已生，乃曰"害"。如子生人畏午冲，而未却去合午；丑畏未冲，而午却去合未；寅畏申冲，而巳合申；卯畏酉冲，而辰合同；申畏寅冲，而亥合寅。酉畏卯冲，而戌合卯，所以皆为害也。凡人带此，再见羊刃、劫杀、官符，为灾尤甚。又曰：寅巳亥申值生旺，则主神洁貌俊，好争夺，喜激作；值死绝则多谋少成，强学人做事，兀兀趋进不厌。入贵格则有操守，善机权；入贱格则多诈、爱贫、鄙吝。又云：申亥重得五岳，当直伤残；寅巳两关四体，必忧废弃。卯辰午丑如生旺，主好胜多怒，严毅不忍，死绝主毒害、伤惨、倾覆之事。入贵格，则主大权，司刑典狱；入贱格，谋生于不义之地。子未生旺死绝，皆不利六亲骨肉。入贵格多妻妾之累，入贱格孤独无倚。戌酉如生旺，不容物，多刚戾；死绝酷狠，憎善妒能。入贵格，罗枝无辜，结构入讼，颇多奸佞；入贱格，残害阴狡，性佞不良。凡六害人命，大率主妨害孤独，骨肉参商，财帛淡泊，女命尤忌；兼起命宫，看之落何宫，分逐宫详断。《珞琭子》云："六害之徒，命有七伤之事。"《金书诀》曰："六害之人忌日时，老年残疾苦何依。又逢羊刃神相食，不中锋铓虎亦欺。"可见命犯六害，大忌干支相伤，日时最紧，身命宫次之，便是贵格，贵自贵，害自害，两不相掩。

论三刑

《阴符经》曰：恩生于害，害生于恩，三刑生于二合，亦如六害生于六合之义。如申子辰三合，加寅卯辰三位，则申刑寅，子刑卯，辰见辰自刑；寅午戌加巳午未，则寅刑巳，午见午自刑，戌刑未；巳酉丑加申酉戌，则巳刑申，酉见酉自刑，丑刑戌；亥卯未加亥子丑，则亥见亥自刑，卯刑子，未刑丑。合中生刑，犹人夫妇相合而反致刑伤，造化人事，其理一而已矣。经云："金刚火强，自刑其方。木落归本，水流趋东。"故巳酉丑金位，其刑皆在西方。寅午戌火位，其刑皆在南方。是金刚火强，自刑其方也。亥卯未木位，其刑皆在北方。亥者，木之根。言木落归本者，草木至冬而摇落归根之谓也。申子辰水位，其刑皆在东方。辰者，水之府。言水流趋东，必东流逝而不返也。子卯，一刑也。寅巳申，二刑也。丑未戌，三刑也。

或曰：三刑之法，以数起之，皇极中天，十为杀数，积数至十，则悉空其数。天道恶盈，满则覆，故数自卯顺至子，子逆至卯，极十数而为无礼之刑。寅逆至巳，巳逆至申，极十数而为无恩之刑。丑顺至戌，戌顺至未，极十数而为恃势之刑。七则冲，十则刑，六则合，一理之自然也。然寅巳申何以谓之"无恩"？盖寅中有甲木刑巳中戊土，戊以癸水相合为妻，则癸水者甲木之母也。戊土既为癸水之夫，乃甲之父也。彼父而我刑之，恩斯忘矣。巳中之丙刑申中之庚，申中之庚刑寅中之甲，推此同义。又云：寅有生火，刑巳上生金；巳上寄生之土，刑申上长生之水；申中生水，刑寅中生火。不恤所生，遥相克制，故曰"无恩"。生旺主人持重少语，寡欲无情，多犯失义忘恩之挠。死绝则面与背毁，忘恩失义。入贵格则惨虐喜杀，好立功业。入贱格则言行乖越，贪吝无厌。妇人得之，多产血损胎之灾，一生不利骨肉，性颇廉正。丑戌未何以谓之"恃势"？盖丑中有旺水，丑乃水中之土，戌中有墓火，丑恃旺水刑戌中之墓火。戌为六甲之尊，未为六癸之卑，戌恃六甲之尊刑未六癸之卑，未有旺土复恃势刑丑中之旺水。又云：未恃丁火之势，以刑丑中之金；丑恃旺水之势，以刑戌中之火；戌恃辛金之势，以刑未中之木，故曰"恃势生旺"。主人精神意气雄豪，眉粗面阔，以直攻入。死绝刑露瘦小，精神乖狡，是非贱佞，乐祸幸灾。入贵格，则公清平正，人多畏惧。入贱格，则多犯刑责暗昧之灾。妇人得之，妨害孤独。子卯何以谓之"无礼"？子属水，卯属木，水能生木，则子水为母。卯木为子，子母自相刑。又卯为日门，子为阳之所生，日出于卯，子卯角立，无钦卑之道，不恤所以相生，递相刑害，故曰"无礼"。又云：子中独用癸水，癸用戊土为夫星而败于卯，所以子刑卯，卯中独用乙木，乙用庚金为夫星而死于子，所以卯刑子，此二家因夫见刑，女命见之，尤为不良，故曰"无礼"。生旺主人威肃，面无和气，气强性暴，太察不容；死绝则侮慢忽略，狭劣刻剥，少孝弟，害妻子，吴越六亲。入贵格则多掌兵权，不利近侍，位居不久。入贱格则则道凶暴，多招刑祸。辰午酉亥，何以谓之"自刑"？谓寅申巳亥有寅巳申互相刑，内有亥无刑。辰戌丑未有戌丑未互相刑，内有辰无刑。子午卯酉有子卯互相刑，内有午酉无刑。是以此四位谓之自刑。盖无别物相加，乃曰"自"也。又云：辰者，水之墓，滔则盈。午者，火之旺，暴则焚。酉者，金之位，刚则缺。亥者，木之生，旺则朽。各禀巳甚太过之气而自致祸，故曰"自刑"。生旺则沉静内毒，形容劣弱。死绝则深毒轻忽，察见渊渔，多肢节手足之灾。入贵格则机变权谋，入贱格则多忧顽愚。不情自害，带诸凶煞，非令终也。妇人主淫荡凶折之灾。此刑有四等名目，而独曰"三刑"者，取四冲、四极、四库各缺其一，则欹而不正，三者各自相推，不齐用心，故云"三刑"也。《三车一览》以寅巳申为恃势，以三宫中各有长生临宫之势。丑戌未为无恩，以三位皆属土，比和为兄弟，其说亦通。凡见刑不可便以凶论，须看五行中有无吉辰、旺相、官星、印绶、贵神、德福等物，有此诸吉相扶相助，刑不为害，而反为用。如无诸吉相助，更带亡劫、天中、羊刃等杀，以恶济恶，祸不可言。又云：三刑怕金。《鬼谷遗文》曰："君子不刑定不发，若居仕路多腾达。小人到此必为灾，不然也被官鞭挞。"《壶中子》云："八字无格以扶持，九命有刑而驳杂，或作闾巷之辈，或为市井之徒。"详此论可表君子得之吉，小人得之凶。"辰午酉亥"四字全而得吉神压之，当为贵为权，最嫌者，辰见辰，午见午，酉见酉，亥见亥。若更有恶杀相并，最为不良。沈芝云："自刑带杀不为良，年月刑肤定见伤。不是狱中憔悴死，便因刀剑刀头亡。"又云："带辰午酉亥全，中年失明。"又云："自刑怕火，若刑中有制，未可便以此论。"《洞元经》曰："酉酉恶其太刚，火杀其刑者何忧？午午恶其太暴，水减其势者无咎。木并生而势减，水冷流而溢涨，木落由衰，水流非旺是也。凡命有官星印绶者，须用官印来刑则吉，若官印被命刑则凶。"《指迷赋》云："官刑命喜，莫教命返刑官。官刑受刑，虽贵非戎即吏。"一行禅师云："甲子己卯有一说，正印凤池诀，丙寅辛巳亦同。然三公禄位迁，甲子见己卯，丙寅见辛巳，是官印刑命为吉。"

又曰：凡命三刑全，须分刑得人、刑不得人。以年为主，月日时为客。如主刑客，刑得入为贵，刑不入即贱。若客来刑主，须是刑不入方为贵格，刑得入者即贱。假令丑刑戌，看是何丑何戌。如乙丑刑庚戌，是同类相刑，不吉。刑丙戌壬戌，则相生相刑，不以刑论。戊戌甲戌是相克相刑，戊戌刑得入，甲戌刑不入。更看祸福所生之地如何，如戊戌福聚之地，却乙丑来刑，则大吉。若刑不入福聚之地，不为贵命看。余准此推。经云："凡命定其无刑，先论太岁。"盖言人命恶见三刑，若日月时带刑，而太岁不干预者不论，故曰"先论太岁。"又云："以杀止杀，多掌兵刑之任。"盖言太岁受刑，而别刑却乃制刑太岁者。假令癸巳生人，得戊寅日却得庚申时之类。盖癸巳为戊寅所制，得庚申木，却制戊寅之土，本有刑而却无刑，故曰"以杀止杀。"古歌云："三刑之位带三奇，天乙兼得在日时。刑若等分干遇德，官居极品定无亏。"可见三刑要相等，更带三奇贵人天德为吉。《玉井》云："相刑法聚敛精华，非刑不可；闭藏用神，非刑不可；财官气实，非刑不可；生合气绝，非刑不可；宜往宜归，非刑不可；或假或真，非刑不可；刃杀伏藏，非刑不可；鄙吝滞留，非刑不可。"又云："刑害之具或太过，又有支神转能刑，其刑害之具重者，俗而不秀，秀而不奇。"或曰："三刑刑上刑下，自刑也。"如子刑卯，卯为刑下，子为刑上。丑刑戌，戌为刑下，未为刑上。寅刑巳，巳为刑下，申为刑上。此说更好。

论冲击

地支取七位为冲，犹天干取七位为杀之义。如子午对冲，子至午七数；甲逢庚为杀，甲至庚七数。数中六则合，七则过，故相冲击为杀也。观《易》坤元用六，其数有六无七，七乃天地之穷数，阴阳之极气也。今书"皂"字从"七"，本此。盖色至于皂，色之极矣，不可变矣。《易》曰"七日来复"，"勿逐，七日得"是也。相冲者，十二支战击之神，大概为凶。然有为福之甚者，乃冲虚相生，如辛巳金见癸亥水之类，主声望播流，高明出众，科甲峥嵘。若冲处相克，如壬申金见庚寅木之类，主人神清貌俊，襟韵脱俗，轩昂洒落，上视仰面而行。若生旺，主人神刚貌肃，胆气壮，倜傥敢为，多成败。死绝则寒酸鄙薄，形容乖劣，动招凶辱，多夭折。若辰戌丑未四库所藏，为十干财官、印绶等物，尤喜冲激。若寅申巳亥全，子午卯酉全，反成大格，不以冲击论。若同类相冲，如甲子见甲午，己卯见己酉之类，主多破祖业，平生心不闲，刚名有断。假令禄高名重，终有一失。又曰：凡遇一七杀，命吉则冲发，命凶则为祸。如祸聚之地有他位来冲，谓之破祸成福。如福聚之地逢他位来冲，则破福成祸。如犯空亡有下位来冲，亦为破祸成福。年月日时值此，必作食禄之人。若月冲日时、时冲年，名仇雠杀，主与人无恩，多得憎嫌，或长病，或暴卒。带劫杀亡神相冲，主犯刑。若在死绝处，主废病多疾。带贵煞入局，有秀气科名者，多入台谏，终恶疾而死。带元辰、空亡相冲，不下贱则贫寒。五行枯瘁则贱，带秀气有虚声。《玉井》云："相冲法，吉象宜来冲我，凶象我欲冲他。"如子午相冲，须取用神为我，闲神为他。又看用神有气耶？有扶耶？闲神有气耶？有扶耶？沈芝云："破印破财并破禄，破马少曾为命福。更加破合日时冲，疾非手足即头目。"破印者，如木人带癸未，内有乙丑金之类。破财者，如金人以寅卯为财，见申酉之类。破禄者，如甲禄在寅，见申字之类。破马者，如马在巳，见亥字之类。儿破合者，干合被支破，如甲午人见巳亥，或见巳字即破，己亥逢子破甲午合之类。诗云："相冲还是自相生，集来帝座位无刑。更得华盖兼权杀，为官清显统雄兵。"又云："相冲相去要长生，健旺之时禄更亨。贪武若更临时杀，为官清贵掌雄兵。"又云："生旺聊绵见吉神，更兼一七又为邻。看看直入朝堂里，权领兵符助圣明。"又云："四冲生处自贫寒，更值凶神不足看。一种邪心忻作贼，父尝嗔恨子相瞒。"观诸诗，见冲破有吉有因，不可概论。

第三十五章　星命汇考三十五

《三命通会》七

论十干禄

禄，爵禄也，当得势而享，乃谓之禄。自始分十干、十二支时，便以甲乙配同寅卯，居东；丙丁配同巳午，居南；庚辛配同申酉，居西；壬癸配同亥子，居北。十干就支神为禄，谓禄随旺行，所以甲禄寅，乙禄卯，庚禄申，辛禄酉，壬禄亥，癸禄子，丙禄巳，丁禄午，戊寄巳，己寄午，谓巳午乃火旺之乡，子随母得禄之义。内有辰戌丑未，辰戌为魁罡，名曰"边鄙恶地"，禄元不寄；丑未乃天乙贵人出入之门，禄元避之，所以四宫无禄。

甲禄寅。如甲见丙寅，甲土克丙水，为财为福星禄，戊寅火土相生，为伏马禄，俱吉。庚寅谓之破禄，半吉半凶。壬寅谓之正禄，带截路空亡，必为僧道。甲寅谓之长生禄，大吉。

乙禄卯。见乙卯谓之喜神旺禄，主吉。丁卯为截路空亡，主凶。己卯，进神禄；辛卯，破禄，又为交神，半吉半凶。癸卯带太乙，死禄，虽贵终贫。

丙禄巳。见己巳，九天库禄，主吉。辛巳截路空亡。癸巳伏贵神禄，半吉半凶。乙巳，旺马禄。丁巳，库禄。俱吉。

丁禄午。见庚午，截路空亡，凶。壬午为德合禄，甲午为进神禄。俱吉。丙午，喜神禄，交羊刃半吉。戊午伏羊刃禄，多凶。

戊禄巳。见己巳，九天库禄，主吉。辛巳截路空亡，癸巳贵神禄，戊癸化合，有官，位重。乙巳驿马同乡禄。丁巳旺库禄。俱吉。

己禄午。见庚午，截路空亡。壬午死鬼禄，俱凶。甲午进神合禄，显达之象。

丙午，喜神禄。戊午，伏神羊刃禄，凶。

庚禄申。见壬申，为大败禄。甲申截路空亡禄，俱凶。丙申，大败禄，多成败。戊申，伏马禄，多滞，若值福星，贵吉。庚申长生禄，大吉。

辛禄酉。见癸酉，伏神禄，水火相犯，凶。乙酉，破禄，成败。丁酉空亡，贵神禄。丁木受气，辛水沐浴，主奸淫事；值喜神吉。己酉，进神禄。辛酉，正禄，俱吉。在戌六戊年羊刃相蚀，小人血光散财，妇人产难，君子赤眼病患。乙卯年大败。

壬禄亥。见丁亥，贵神合禄。乙亥，天德禄。己亥，旺禄。辛亥，同马乡禄。俱大吉。独癸亥大败禄，贫薄。

癸禄子。见甲子，进神禄，主登科进达。丙子，交羊刃禄，带福星，贵有权。戊子，伏羊刃，合贵禄，半吉。庚子印禄，吉。壬子止羊刃禄，凶。

有名生成禄，即甲乙人得甲寅、乙卯之类。

有名位禄，即甲人见丙寅之类。

有真禄，乃甲人见丙或巳，乙人见己或午之类，皆为贵格。

有进退真禄，乃戊辰见丁巳，戊午见丁巳，丙辰见癸巳，丙午见癸巳，癸亥见甲子，癸丑见甲子，壬戌见癸亥，壬子见癸亥。进则平易，退则艰难。更带福神，可作贵命。怕重见。有禄值会合，如甲禄寅而得庚戌之类。

有食神带禄，如壬食甲而得甲寅，癸食乙而得乙卯之类，主吉。

有食神合禄，如甲食丙得丙申、丙寅，丁食乙得丁未、丁卯之类。八位俱主吉。

有禄头财，为绲绣杀，如甲人见戊寅之类，主人富有声望。

有禄头鬼，为赤口杀，如甲人见庚寅之类，主口舌刑责。

有旬中禄，如甲申见庚寅，戊午见庚申月之类，主清华要职。

有天禄贵神，如丁人禄在午，遁至午上得丙字，而丙贵在酉亥，得辛酉辛亥则辛贵，复见于午之类，入格极品。

有干支合禄，如甲禄寅得甲寅、己亥，乙禄卯、而得乙卯、庚戌之类，主官职崇重。

有互换贵禄，如庚寅见甲申日时之类。

有朝元禄，如寅人见甲日时之类，或朝于胎中尤贵。

有朝元夹合，如癸巳见戊辰、戊午，两戊与癸合夹巳，戊禄巳之类，主封国公。

有禄入禄堂，《理愚歌》云："禄入禄堂须大拜。"李虚中以甲人得甲戌，以甲为岁干，则甲之本位遁至戌，谓之禄堂。辛壬有二位，辛有辛卯、辛丑，壬有壬寅、壬子，五行无克，诸位相助，发福必大。

古人云：禄前二辰为背，禄后二辰为向。沈芝取"建、向、近、合"四字为贵。建不如向，近不如合，四字中得两字者贵。如甲禄寅，寅为建，丑为向，卯为近，亥为合。余准此。余皆一位，忌三合六合上见刑见鬼。以甲戌言，鬼在丑上，则可畏，以丑刑戌；在未则不忌，以戌刑未。以乙酉言，鬼在巳上为害，以三合相会。在辰则减福，以六合相亲。夫建禄者，主人肌厚气实，体格不清，一生安逸，足财利生旺则然；死绝则气浊神慢，吝啬猥鄙。与元辰并，因樗蒲得财，复因此败。与官符并，因官门得财，或多争讼。与劫杀并，好贱技小商，不义横财。与天中并，多遗失破财。与禄鬼倒食并，多因赊贷牙侩得财，至死不通，惟财是念之人。又曰：库者，禄之聚，如甲乙在未，丙丁在戌，戊己壬癸在辰，庚辛在丑。如甲乙亥多而得未，乃禄厚丰足之人。合者，禄之横，如甲禄寅而得亥，谓之"明合"；无寅得亥，谓之"暗合"，虽非见禄，亦曰"见禄"，多主傥来之福。拱者，禄之尊，如甲禄居寅，不见寅而见丑，卯在两旁，拱之谓之"虚拱"；如甲人见寅又见丑，卯在两傍，谓之"实拱"，然拱实不若拱虚，主大富贵。

凡人命带禄，或吉或凶，或贵或贱，未可全靠便为吉论。《天乙妙旨》云："君不见，禄马贵人无准托，考究五行之善恶，天元赢弱未为灾，地气坚牢足欢乐。"《源髓歌》云："禄马更有多般说，自衰自死兼败绝。若无吉杀加助时，定知破祖多浮劣。"可见先论五行，后看禄马，五行要生旺，禄马怕衰绝。司马季主云："禄多马少，便主神劳；禄少马多，能操善负。"《洞元经》曰："甲以寅禄庚壬，本非驾禄，可以兴腾，有时乎无用。"可见命之见禄，要简不要繁，要禄干不返伤本主不犯枭神为佳。又曰：凡命带禄，最怕犯冲，谓之破禄。如甲以寅禄见申，乙以卯禄见酉，则气散不聚，贵人停职剥官，众人衣禄不足。《源髓歌》云："破印破财并破禄，破马少曾为我福。"是嫌冲也。最怕落空，谓之闲禄，如甲辰旬空寅卯，却得寅为甲之禄。古人云："资财聚散禄居空，胎里生时怕遇逢。贫贱为奴多乞食，飘飘身自从西东。"沈芝云："禄入空亡何所知，虚名虚誉足堪嗤。"是嫌空也。大抵命入格合造化，亦不专在禄上。

论金舆

舆者，车也。金者，贵之之义。譬之君子，居官得禄，须坐车以载之，故金舆常居禄前二辰。如甲子人禄在寅辰为金舆是也。此杀乃禄命之旌旗，三才之节钺，主人性柔貌愿，举止温克，妇人逢之，不富即贵；男子得之，多妻妾阴福相扶持。生日生时遇之为佳，骨肉平生安泰，得贤妻妾，子孙茂盛，如皇族多带此杀。常格得之，身在无气中生，主作赘。《紫虚局》云："禄前二辰号金舆，遇此之人福最殊。偏主聪明多富贵，一生清泰亦无虞。"《八字金书》云："驿马前辰居二位，此名金舆在其中。生于此处并行运，到老为官转自通。"是又以马前二辰为金舆，若人命官贵，夹拥金舆，引从主大贵。若金舆见福贵，并将星者妙。

论驿马

后一辰为攀鞍，喻人乘马须加鞍也，故论马要攀鞍。所谓驿马者，乃先天三合数也。先天寅七午九戌五，合数二十有一，故自子顺至申，凡二十有一，而为火局之驿马。亥卯未之数四六与八，合为十八，故自子顺至巳凡十八，而为木局之驿马。木火阳局也，从子一阳而顺行。金水阴局也，从午一阴而逆行。故申子辰之数，七九与五合而为二十有一，故自午逆至寅，凡二十有一，而为水局之驿马。巳酉丑之数，四六与八合为十八，故自午逆至亥，凡十有八，而为金局之驿马。此法之所由立也。或以马有传受之气，有代劳之功，如人病不能赴，待子来接，故病处见子为驿马。又曰：驿马者乃五行有为，待用之气，强名也。阴阳倚伏，气令循环，犹今之置邮传命，迎来送往，气藏如驿，气动如马。寅午戌，火属也，水藏其中矣，遇申位生水以发越之，然后阳中阴动而化。申子辰，水属也，火藏其中矣。遇寅位生火以圆融之，然后阴中阳动而生。亥卯未木属也，金藏其中矣，遇巳位生金以囊籥之，然后动者静，而敛者散。巳酉丑金属也，木藏其中矣，遇亥位生木以敷荣之，然后敛者散，而屈者伸。由是水火木金错综往来，因时动静，内外相感，互为利用，进则"与时偕行"，退"则与时偕极"。然则古之强名驿马者，皆此例也，是特举其一隅而已。苟以三隅反，则理归一揆，不必执寅午戌申、申子辰寅，然后为马。凡水中火腾，火中水降，阴阳交泰，刚柔变通，皆为马类。希尹曰：古人谓当行更易变动奔冲往来之际，惟驿马为然，火局在申，水局在寅，金局在亥，木局在巳，盖五行之气当其相反处，乃始冲激，故火马必在水长生处，水马必在火长生处，木金亦然，此其义也。徐子平以财为马，亦是因古人之义取克处而名之耳。《烛神经》云："驿马生旺，主人气韵凝峻，通变趋时，平生多声望；死绝则为性有头无尾，或是或非，一生少成，漂泊不定。与禄同乡则福力优游，与煞相冲并或孤神吊客丧门并者，离乡背井之人，或为僧道，或为商贾。带倒食禄鬼者，一生悭吝，机幸过贱，市廛态。与食神冲并者声誉人也，行年遇马，与病符同主病惊，与官符同，主官事惊恐，入宅舍，主口舌惊恐，但以岁中吉凶言之。"

寅午戌生人，马在申而五阳干乘之，见甲申截路空亡马，丙申大败马，戊申福星伏马，庚申逢天关马，壬申大败马。以上巳酉丑申年月日时发应。

申子辰，人马在寅而五阳干乘之，见甲寅正禄文星马，丙寅福星马，戊寅伏马，庚寅破禄马，壬寅截路马，以上亥卯未寅年月日时发应。

巳酉丑，人马在亥而五阴干乘之，见乙亥天德马以马中支生干，主汩没无成，徒自聪明。丁亥天乙马，己亥旺禄马辛亥正禄马，癸亥大败马，以上申子辰亥年月日时发应。

亥卯未人，马在巳而五阴干乘之，见乙巳正禄马，丁巳旺气马，己巳九天禄库马，辛巳截路马。癸巳天乙伏马，以上寅午戌巳年月日时发应。

凡柱中带马，若不值空亡破败、交退伏神，须荣贵互禄，共天乙贵神，同其马位。更得诸杀相并，官秉大权，贵居廊庙，时为上贵，日为中贵，月为常庶。库马，主少年之喜；旺马，资壮岁之荣；生马，老方得遂而官卑，任远矣。如木生亥，旺卯库未，余仿此。《珞琭子》云："生马未必有马，背禄未必无禄。"看其旺库，不问背生，妙在消息盈虚也。又曰：驿马者，三命中发用喜庆之神。若人遇之，君子常居荣位，小人主丰赡。大小运行年至此，主得官及迁改之喜。小运及行年合驿马，并主迁官得禄。如甲子人驿马在寅，小运及太岁至亥，亥与寅合之类是也。

又马有十二。一曰"款段"，谓巳酉丑人得壬亥，亥卯未人得丙巳，申子辰人得甲寅，寅午戌人得戊申。

二曰"蹶蹄"，谓四柱虽带驿马，而生日值空亡之神。

三曰"拆足"，谓胎月带驿马，而日时带沐浴者，是申子辰全见寅为马，是三人骑一马，谓之拆足。若亥卯未全见马，纵有官贵，终成下贱。若一辰坐者，少年离泰，后还穷。

四曰“无粮”，谓生日值马，马食太岁，如甲子人得壬寅日，而时更落在空亡者是。

五曰“不出厅厩”，谓胎月带马，不见贵及不见禄堂，反入空亡者是。

六曰“嘶风”。（缺）

七曰“趋途”，谓驿马虽有，禄在空亡。

八曰“驮尸”。十二驿马惟驮尸最凶，见禄即尸。甲子旬中巳酉丑生人，马在亥，乙丑人丁亥，己巳人乙亥，癸酉人癸亥，乙丑人得亥马，忌寅月日时；己巳人得亥马，忌申月日时；癸酉人得亥马，亦忌寅月日时。有一在此，名曰“驮尸”，亦如亥卯未是甲午旬中。乙未人辛巳，己亥人己巳，癸卯人丁巳，乙未人得巳马，忌寅月日时；己亥人得巳马，忌申月日时，癸卯人得巳马，亦忌寅月日时；皆“驮尸”也。余旬准此。

九曰“食刍”，谓驿马克其时。假令驿马属金，生时得木，此类谓之“食刍”。

十曰“乘轩”，谓胎月生日带禄马。假令甲申人得庚寅，甲寅时，及庚寅胎月是。

十一曰“乘貂”，谓有天地得合，见太岁生月日时，见贵人驿马。假令丁亥生人，四月壬寅日己酉时月坐马酉，系贵人是。

十二曰“无辔”，谓贵神空亡，禄在绝乡者是也。

以上十二驿马，当以意消息，灾福自见。款段则平生坎坷，止作选人。无粮不食天俸。不出厩则不历任所，拆足则永失，蹶蹄则复起，无辔则一生孤寒，食刍则官可六品，嘶风徒有虚声，趋途谩劳求禄，乘貂则带职，乘轩则三公，驮尸则得官即亡。

有干支合马，如申子辰马在寅，甲寅见己亥合，丙寅见辛亥合，主官职崇重。

有马头带剑，谓驿马上见庚辛。或纳音见金，主名振边疆。

有马骤天庭，谓木人得亥而见辛亥。又马上干逢得禄，如六壬人生居寅午戌之位，于甲上遁得戊干，戊之禄在巳，巳系天庭，复见巳，得酉合之为是，主官居极品。

有马后二辰，为九地马，主职近王庭。

有天马贵神，乃岁中不见驿。五虎遁至马上，看得何干。其干见天乙而天乙所坐之干，却复见贵于马上是也。贵不下三品。

有一木系双马，寅午戌多见丙申，申子辰多见庚寅，巳酉丑多见己亥，亥卯未多见癸巳。马上干克支，主多惊险。若遇四马聚于时或年上，主封爵。又驿马下生人，月日时支干得御策，全并克身者定贵，马前一辰为御，后一辰为策。假令甲子金命正月辛丑日卯时生，以子人马在寅逢禄，又本命子与生日丑在马后为策，卯时在马前为御，又马是丙寅火，能克甲子金，故主贵。

有有驿有马者，主位至公侯。干为马，支为驿，如戊戌人马在申而得庚申，支干俱属金；到申临官，戊戌支干俱属土；到申长生，本命及驿马支干皆为有气，是有驿有马。又如壬午人驿马在戊申，戊土临申长生。本命壬水到申，亦长生。午火到申，为衰乡，本命干旺支衰，是有马无驿。又如丁丑人驿马在辛亥金，临亥为病乡，本命丁火到亥为绝，以丑土到亥为临官。本命干衰支旺，驿马干亦衰，是有驿无马。或以寅午戊见庚无申、见申无庚之类，为有马无驿、有驿无马。亦通。

有马克身者，取驿马之辰能制生月，如寅午戊人马在申，申属金，能制寅卯月木。假令甲子人在辰戊，丑未月生是也。主官禄易求，仕宦无滞，少年亨快，为官清显。常人遇之小富。

有马财库，取驿马所克之辰入墓。如马在申，申属金，金克木，木至未为库之例。主平生游历四方，广得资财。

有英灵贯马，乃五行真气之长生，下遇驿马，主持节按部之使。

有南方离明马，谓未马巳，丑马亥，辰马寅，戊马申。辰戊丑未，系土之位，以生处为马。故辰戊丑未人，飞在午，为南方离明之马。遇此者，爱子午相冲，为飞马见鞭策，人格主贵。

有驿马清浊，甲子得丙寅，禄马同乡。又丙为食神，乘长生马。丁丑得丁亥，为天乙天官，乘临官马。若乘长生临官马，或带食禄贵气，则遇一当百。若乘病绝空亡马，更值破败、交退伏神，则遇而不遇，纵为官，粗浊卑贱，非清要之职。

又曰：凡看驿马，有四专、名位、生旺、病绝、驮宝衔花及倒食，互换不同。中间好恶荣辱，须于岁运鞭策细详之。四专者，如申子辰马在寅，寅逢甲寅，申遇庚申，巳逢丁巳，亥遇癸亥是也。名位者乃马中逢食神，如甲见丙、乙见丁之类，马上得食是也。四生者，辛巳、甲申、己亥、丙寅，纳音自生是也。四病乃自死自绝，如年纳音属金，金绝在寅是也。驮宝者，乃甲子见戊寅，马头带天财。或纳音克马为财，加食神之类。如甲寅人见丙申，甲申见丙寅日时是也。衔花者，乃纳音临官遇马，如庚申壬子戊辰，纳音皆木，遇寅马、临官之地是也。

凡人遇马，喜专旺而嫌空亡驳杂为不达，恶死绝而喜逢食，见财为有益。商贾多爱驮宝，妇女最怕衔花。驮宝则富，衔花则淫。衔花更忌木人值庚寅，乙亥见乙巳、丁卯见丁巳、己未见己巳尤重。男多淫荡，女多私情。运中遇者，同前断。又曰：驿马最怕干神倒食，如乙酉见癸亥为驿马，却被反食于我，所谓乙癸不同科是也。鞭策发时看互换，如辰人马在寅，或太岁在申冲动寅，即太岁为鞭策。小运在申，即小运为鞭策。多主动。更看申与寅互换如何。如庚申遇甲寅，庚申属木，寅则临官；甲寅属水，申则长生之类。相和则吉，相克则滞，如两互换无气则空动，或失意有气即主财，四马朝元，好则荣贵，恶则破家失业，如为僧道好游脚。小儿老人不利见马，小儿十二岁以前，三岁以上，或马遇小运太岁冲，或临官马遇多，主惊病扑蹼之厄。老人五十以上，或运与太岁乘之，主气虚腰痛脚痛之患，亦如老人禄遇病多吐食之类，少者见之多发病。盖老少并不堪乘马，以马在五行中动跃神故也。

总论禄马

禄为养命之源，马是扶身之本，二者最喜相见。且如寅午戌马在申，甲禄在寅，甲干寅上遁见丙，申上遁见壬，则以丙为天禄，壬为天马，在日时上交互见之，谓之天禄天马。甲申人遁至戌见甲戌，谓之活禄。甲子人遁见丙寅，谓之活马。又如寅午戌在申，而时干得庚亥，卯未在巳，而时干得丙；申子辰在寅而时干得甲，巳酉丑在亥而时干得壬，以日支求时干，以时干求日支，互换得之，谓之"禄马交驰"。又如甲禄在寅，申子辰马亦在寅，却是甲子、甲申、甲辰生而时得丙寅，帝座上会禄马，谓之"禄马同乡"。又如禄前马后，如辛巳人得戌日时，乙亥人得辰日时，辛禄在酉，马在亥；乙禄在卯，马在巳。不见禄马，而禄马藏于其中，谓之"夹禄夹马"。《鬼谷遗文》曰："时居日禄，当得路于青云；五马交驰，可致身于黄阁。"《珞琭子》云："背禄逐马，守穷途而恓惶。禄马同乡，不三台而八座。"韩瑊《命书》，有"孤孀禄马"之说，如甲子见丙寅，庚午见壬申。此虽"禄马同乡"，殊不知甲子乃一阳，乙丑二阳，丙寅三阳，纯阳无阴也；庚午乃一阴，辛未二阴，壬申三阴，纯阴无阳也。此二者谓之孤孀，禄马虽同乡，亦不吉。《理愚歌》曰："禄马飞天无刑克，旺相中生须至贵。"林开曰："马在长生须富学，禄逢帝旺足钱财。若还刺死兼流役，是带悬针劫杀来。"又曰："禄若临时马不来，此人只是有钱财。一生耻话招贤士，死绝关门誓不开。"详诸说，见禄马兼有又乘生旺为妙。

中华传世藏书

钦定古今图书集成

精华本

古今图书藏

星命篇

二五○二

论天乙贵人

夫天乙者，乃天上之神，在紫微垣阊阖门外，与太乙并列，事天皇大帝，下游三辰，家在巳丑斗牛之次，出乎巳未井鬼之舍，执玉衡较量天人之事，名曰天乙也。其神最尊贵，所至之处，一切凶杀隐然而避。《通元经》云："先天坤在北方子位，阳贵人起，先天之坤乃从子上起甲干。"甲德在子，甲与己合，不取甲德而取合气，故己为贵人。阳贵顺行则乙德在丑，乙与庚合，庚以牛为阳贵。丙德在寅，丙与辛合，辛以虎。丁德在卯，丁与壬合，壬以兔。辰乃天罗，贵人不临，故戊跳。辰德在巳，戊与癸合，癸以蛇。午与子对冲，名为天空贵人，有独无对，故己跳。午德在未，己与甲合，甲以羊。庚德在申，庚与乙合，乙以猴。辛德在酉，辛与丙合，丙以鸡。戌乃地网，贵人不临，故壬跳。戌德居亥，壬与丁合，丁以猪。子乃先天起贵之所，贵人不再临，故癸跳。子德在丑，癸与戊合，戊以牛。如此则甲戊庚牛羊，六辛逢马虎明矣。后天坤在西南，即今申位，阴贵人起后天之坤，乃从申上起甲干。甲德在申，与己合，己以猴，为阴贵逆行，则乙德在未，乙与庚合，庚以羊。丙德在午，丙与辛合，辛以马。丁德在巳，丁与壬合，壬以蛇。辰乃天罗，贵人不临，故戊跳。辰德在卯，戊与癸合，癸以兔。寅与申对冲，名曰天空贵人，有独无对，故己跳寅居丑。己与甲合，甲以牛。庚德在子，庚与乙合，乙以鼠。辛德在亥，辛与丙合，丙以猪。戌乃地网，贵人不临，故壬跳。戌德在酉，壬与丁合，丁以鸡。申乃后天起贵之处，贵人不再临，故癸跳。申德在未，癸与戊合，戊以羊。以此推之，则甲戊庚贵人之居丑未，而于先后起阴阳者亦明矣。然必皆起坤者，贵人家在巳丑，出乎巳未，先后俱属土，乃坤卦二五黄中之合气，干之配支，德气相合，出于自然。如此其曰"阳贵、阴贵"，乃冬至用阳，夏至用阴，非昼夜之说招此说。天乙是十干之秀气，非天上之星也。

余闻一术者云：日出于寅，众星皆落。日沉于申，众星皆出。故昼贵于寅，夜贵起于申，数至丑未，是天乙之家舍。十干见天乙为贵，如甲禄寅，以寅加寅，顺数至丑，即为本家，故甲贵在丑。乙禄卯，以卯加寅，数至子见丑，故乙贵在子。丙禄巳，以巳加寅，数至戌见丑，戌为恶弱之地，天乙不临，则进一位，故丙贵在亥。丁禄午，以午加寅，数至酉见丑，故丁贵在酉。戊寄位于艮，故戊亦以寅起，与甲同。己寄位于坤，以未加寅，数至申见丑，故己贵在申。庚禄申，以申加寅，数至未见丑，故庚贵在未。辛禄酉，以酉加寅，数至午见丑，故辛贵在午。壬禄亥，以亥加寅，数至辰见丑，辰为恶弱之地，天乙不临，则进一位，故壬贵在巳。癸禄子，以子加寅，数至卯见丑，故癸贵在卯。夜贵以申起，一如寅法。见未与见丑同是贵，分有定位，而"甲戊庚牛羊"之歌，则泥而不通矣。此说就以天星论，尤为有理。今六壬选择诸术，或分阴阳，或分昼夜，盖本此二说。《壶中子》云：贵人分治昼夜，各自专权，以昼生遇昼贵，夜生遇夜贵，为得力。或以子后为昼，午后为夜；或以日出为昼，日入为夜，皆是臆说。不若只以寅申分阴阳，冬至后用阳贵，夏至后用阴贵。人命一阳生后遇阳贵为得力，一阴生后遇阴贵为得力。《三车一览》则以甲阳木乘少阳之气生乎东方，至巳而用事毕矣，故退藏于未而为贵。庚阳金乘少阳之气而生乎西，至亥而用事毕矣，故退藏于丑而为贵。戊阳土冲和中央，播于四时，甲因之万物生，庚因之万物成，则生成之理毕矣。乙乃阴木，己乃阴土，二位无气失类而无所居，必待申子生旺，水土滋养充实，补助不足，此二者喜见申子而为贵。丙丁之火当盛夏至，酷而害，万物性熄于酉，藏于亥，以西北成齐之气而和，此二者以酉亥阴气和而为贵。壬癸之水至穷冬则其性严而杀万物，惟啬于卯，潜于巳，以东南温燠之气而和，此二者以巳卯阳气和而为贵。辛乃阴金，执方不能自化，须假寅午生旺之火，锉刚革而成形为贵。《广录》云："甲阳木，戊阳土，庚阳金，皆喜土位。"未者，土之正位；丑者，土安静之地，所以牛羊为贵。细分之，甲尤喜未，庚尤喜丑，各归其库也。戊子、戊寅、戊午喜丑、丑者，火人胎养之乡；戊辰、戊申、戊戌喜未，未者，木人之库，土人生旺之位也。乙者，阴木；己者，阴土。阴土喜生旺，阴木爱阳水，所以鼠猴为贵。然乙尤喜子，子者，水之旺乡；己尤喜申，申者，坤之正位。丙丁属火，火墓在戌；壬癸属水，水墓在辰。辰戌，魁罡之地，贵人不临，故寻寄火贵于酉亥，寄水贵于卯巳，皆归根复命之乡。六辛阴金，喜阳火生旺之地，故以马虎为贵。更宜以纳音互换。推寻须比和，则其贵为福，若丙火得酉，火至此死，焉足贵哉！阎东叟云：论天乙贵，须就五行喜忌。如甲人有戊有庚，得癸未、乙丑，遇二吉而带印为上，遁见丁丑、辛未者次之，乃三阳喜在印库。乙人得戊申、庚子生旺之土，己人得甲申、丙子生旺之水，此阴木阴土喜于财旺。丙丁得丁酉、乙亥，壬癸得乙卯、癸巳，此水火不嫌死绝。六辛得、丙午，此阴金不嫌鬼胜，得二为上，得一次之。《紫虚局》以此为"贵人入庙"，遇者主金紫贵。《玉霄宝鉴》又以五虎元遁至贵人本位上，见所遁之干为入庙，不犯空亡驳杂，主清贵。《金书》论贵神，又分优劣，即前六十甲子吉凶，其归要与禄、马同窠，不犯交退、伏神，支干相合为吉，紧要在月日时支干相合。林开论天乙相合，如甲子见己未，无死绝、冲破、空亡，更有福神助，至贵。如犯上忌，可作正郎，又多难无福。戊子见己丑，此为次格，不犯上忌，作两制两省，更有福助，当为两府，有死绝减作员郎，有冲破、空亡，州县官而已。辛未见庚寅，为第三等；不犯上忌，作正郎卿监，有福助两制，死绝员郎，冲破、空亡，平生多难，州县卑冗官耳。阎东叟论贵合贵食，如甲得己丑、己未，戊得癸丑、癸未，庚得乙丑、乙未，乙得庚子、庚申，己得甲子、甲申，丙得辛酉、辛亥，丁得壬寅、壬辰，如此类谓之贵合。甲食丙，乙食丁，丙丁贵在酉亥，甲得丙寅、丙辰，乙得丁酉、丁亥；庚食壬，辛食癸，壬癸贵在卯巳，庚得壬申、壬戌，辛得癸卯、癸巳，如此类谓之贵食。有贵合则官多称意。有贵食则禄多称意，二者兼之，官高禄重。《三命提要》以天乙在贵神六合上。如甲戊庚在子午，则子合丑，午合未。乙己在丑申，丙丁在寅辰，壬癸在申戌，辛在未亥，皆主大福，遇两合以上者尤贵。《宝鉴》有天乙扶身，取贵人夹拥太岁。如壬寅人得甲寅日时，壬贵在卯，甲贵在丑，夹拥乎寅。丙申人得戊申，准此，入贵格，别无刑冲，主一生少病，早年享福；常格得之，终身无刑狱之灾。有干夹贵神。如甲戊庚人得丑未，日时上却带甲戊庚一字，主显异。《指南》有夹贵逢六合。如壬癸人见辰而得癸酉合，丙丁人见戌而得丁卯合，取前后各有天乙贵，更禄马临身，主大富贵。《紫虚局》有活禄贵人，乃贵人干上转干支，再就生时胎月，如甲逢寅午，乙辛丑未、丙酉亥、丁申子，戊癸猴鼠，庚壬兔蛇，己卯巳日时兼全，坐之主大贵，如薛相公戊戌、甲子、辛巳、丙申是也。有福星贵人。如蔡君谟壬子、癸卯、庚戌、庚辰，壬骑龙背。又贵在卯巳得辰，是福星扶贵人也。有贵人拥马而前视刃，主权贵。陈希烈曰：干为天乙之将，支为贵人之帅，假如丑未生人，月日时得甲戊庚，是遇正天乙。甲子人十二月生，是遇贵神。己巳日、乙亥时，是遇两天乙。合贵人之命观之，若在太岁本干四贵、华盖上遇天乙者，宰辅之命也。若在四平位遇两天乙，亦为侍从清华之命。若四忌上遇两天乙，常调之官也。予观贵人命，若丑未人"甲戊庚"中惟得两字，子申人得"乙巳"全，酉亥人得"丙丁"全之类，更得太岁干禄为正官正印者，其福加倍。沈芝云："凡生月日时遇天乙贵人相间，四字全者为极贵，如酉亥有丙丁之类。"说者举鲁公命，己亥、丙寅、乙酉、丁丑，是相间四字全，予谓时不值忌神，所以至宰相。若酉月生，己禄到酉为败忌。虽四字全，必不致大贵。古人皆以贵人主福，不言福力厚薄，今各随位约而分之。如甲人遇丑，庚人遇未，各在禄库。戊人遇丑，未是土支，己人遇申，是与生旺同位。以上四神，生日生时遇之，带正官、正印上下合，正天乙本家、天乙贵神合者，福力加倍。乙人遇申绝忌，却有暗合，遇子败忌。丙丁遇亥绝忌，丁有暗合，遇酉死忌。壬癸遇巳绝忌，癸有暗合，遇卯死忌。辛人遇午败忌，遇寅绝忌。以上六贵神皆与忌神同位，生月日时遇之，可得二三分福力。若与驿马同位及带正天乙本家禄，正官正印干合有辅助者，加倍。据此分，是贵人忌死绝而不思丙丁壬癸，正以死绝为贵也。《烛神经》曰："天乙贵遇生旺，则形貌轩昂，性灵颖悟，理义分明，不喜杂术，纯粹大器，身蕴道德，众人钦爱。死绝则执拗自是，喜游近贵，与劫杀并，则貌厚有威，多谋足计。与官符并，则文翰飘逸，高谈雄辩。与建禄并；则文翰纯实，济惠广游，君子人也。若落天中或与天中合，或与天中连珠，当有伶伦之态，好讴吟，伎艺人也。"又曰："天乙贵，三命中最吉之神。若人遇之则荣，功名早达，官禄亦易进，如三命皆乘旺气，终登将相公侯之位。大小运行年至此，亦主迁官进财，一切加临，至此皆为吉兆。凡贵人所临之处，大概喜生旺，无冲破，道理顺，不落空亡。天干纳音偕和，更得禄马而昼夜不背，或年时互换贵。如甲午人见辛丑时，丙申见己亥之类。或四干并在一支见贵，如丑未生而得甲戊庚之类。或四位天干通聚贵，地支为五行聚贵，更遇天月二德为佳。"《理愚歌》云："贵人或落空亡里，禄马背违不足值。"《宝鉴》云："贵人无气，虽有如无。"林开云："贵人死绝，为鄙吝杀。"《洞元经》云："贵人嗔则凶来。"可见命中有贵，不可就为，古论要当细详。

论三奇

《珞琭子》曰："奇为贵也。"奇者异也，犹物以贵为奇也。乙丙丁出于贵人干德配支之妙，阳贵甲德起子，则乙德在丑，丙德在寅，丁德在卯，三干相联而无间。阴贵甲德起申，乙在未，丙在午，丁在巳，三干相联而无间。以其随贵人在天，故曰"天上三奇"，十干惟此异。余则或间罗网，或间天空，或不重临。又不相联，不可以为奇。《玉霄宝鉴》谓："古人以正月为岁之始，日出于乙，故以乙为日奇。老人星见为瑞，见于丁位，故以丁为星奇。"月照夜到丙位而天下明，故以丙为月奇。若甲戊庚，亦以为天上三奇。以甲戊庚俱临丑未，乃贵人家在斗牛之次，出乎井鬼之舍，先后天起贵而三干适临之，与别干不同，其理亦通。《三车一览》以甲为阳木之魁，戊为阳土之君，庚为阳金之精，地有此三物为奇，谓之"地三奇"。其说则凿。《太乙经》以辛壬癸为水奇，谓之"人间三奇"。其说无据。但辛壬癸天干连珠谓之"三台"，亦为难得。《紫虚局》又有"四奇"之说。夫奇，奇数也，四则偶矣，谓之奇可乎？三奇要顺布，不欲倒乱，如乙丙丁，甲戊庚，天干年月日时顺布为吉。《广录》又以乙人丙月丁时，是乙生丙丁，秀气下降，主平常。若乙时丙日丁年，是秀气上达，反为贵。似又不论顺逆。甲戊庚却以顺者为贵，逆者福慢，乱者不寿。气清则贵，气浊则富。《经》曰："五行各有奇仪，须分逆顺。"若日月倒乱，得顺三奇，亦不谓倒命。有三奇要得体得地，不欲失时。如乙丙丁夜生，甲戊庚昼生，得体。乙丙丁柱有亥，则三光有所依附。甲戊庚柱有申，则三物有所凭借。或乙丙丁得丑寅、卯未、午巳，甲戊庚得丑未，全皆为得地。三奇再遇三合，如乙丙丁得金木局，甲戊庚得水火局。又遇六仪，甲子旬戊，甲戌旬己，甲申旬庚，甲午旬辛，甲辰旬壬，甲寅旬癸，俱吉。《珞琭子》云："重犯奇仪，蕴藉抱出群之器。"《遁甲》曰："顺布三奇，逆六仪。"如命出甲子甲申二旬，而遇甲戊庚，是重犯奇仪也。

凡命遇三奇，主人精神异常，襟怀卓越，好奇尚大，博学多能。带天乙贵者，勋业超群；带天月二德者，凶灾不犯；带六仪者，才智出类；带三合人局者，国家柱石；带官符劫杀者，器识宏远；带空亡生旺者，脱尘离俗，富贵不淫，威武不屈；值元辰、咸池、冲破天罗地网者，为无用论。三奇太岁不带而月日时带者，孤独诗曰："顺十干神乙丙丁，神童及第播声名。日时禄马公卿杀，换武除文佐圣明。"又曰："顺十干神甲戊庚，兼得长生两府名。若然无禄兼无马，只是财中蓄积人。"又曰："三奇须是重逢贵，方是荣华福寿人。只有空奇无贵地，贫穷下贱被欺陵。"又曰："乙丙丁甲戊庚，上局相生生复生。不是蓬莱三岛客，也应金殿玉阶行。"又曰："欲识岩廊官赫奕，名仙多诞癸壬辛。三奇玉籍传消息，轻薄时师莫与评。"合诸诗观三奇，喜忌见矣。

论天月德

夫德者，利物济人、掩凶作善之谓也。天德者，谓周天有三百六十五度二十五分半，除十二宫分野，每宫各占三十度，共计三百六十度，外有五度二十五分半，散在十二位宫。甲庚、丙壬、乙辛、丁癸、乾坤、艮巽，谓之神藏杀没。每宫各得四十四分，所以子午卯酉中有甲庚丙壬，辰戌丑未中有乙辛丁癸，寅申巳亥中有乾坤艮巽，此十二位宫能回凶作善，乃曰天德也。月德者乃三合所照之方，日月会合之辰。申子辰会酉，出庚入垣于壬；亥卯未会午，出丙入垣于甲；寅午戌会卯，出甲入垣于丙；巳酉丑会子，出壬入垣于庚。故壬、甲、丙、庚，谓之月德。而辰、未、戌、丑四月，天德亦同属焉。盖日月照临之宫，凡天曜地煞，尽可制伏，故可回凶作吉。《壶中子》云：天德阳之德，正月起自乾卦之前一辰，亥上顺行，乃正月亥，二月子，三月丑，四月寅，五月卯，六月辰，七月巳，八月午，九月未，十月申，十一月酉，十二月戌。月德阴之德，正月起自坤卦之后一辰，未上顺行，乃正月未，二月申，三月酉，四月戌，五月亥，六月子，七月丑，八月寅，九月卯，十月辰，十一月巳，十二月午。五星论天月德本后说，而以前为天月德，贵人干支之分也。阎东叟云："贵神在位，诸杀伏藏。二德扶持，众凶解散。"凡命中带凶杀，得此二德扶化，凶不为甚，须要日上见，时上不犯，克冲刑破方吉。凡人得之，一生安逸，不犯刑，不逢盗，纵遇凶祸，自然消散，与三奇天乙贵同并，尤为吉庆。或财官、印绶、食神，变德各随所变，更加一倍之福。入贵格，主登科甲，得君宠任，或承祖荫，亦得显达。入贱格，一生温饱，福寿两全，纵有蹇滞，亦能守分固穷，不失为君子。女命得之，多为贵人之妻。《三命铃》云："天德者，五行福德之辰，若人遇之，主登台辅之位，更有月德并者尤好，纵有凶杀，亦主清显。"《子平赋》云："印绶得同天德，官刑不犯，至老无殃。"是天德胜月德也。考《大统历》，有天月德合，乃五行相契之辰。月德合，如正月丙与辛合，二月甲与己合，三月壬与丁合，四月庚与乙合，余照此。天德合，如正月丁与壬合，二月坤与巽合，三月壬与丁合，四月辛与丙合，余照此。有月空，如正月壬，二月庚，三月丙，四月甲，五月又壬，余照此。又有月厌，正月起戌，二月起酉，逆行十二宫。有月杀，正月丑，二月戌，三月未，四月辰，五月又丑。逆排十二宫。有岁干德，甲己、甲乙、庚庚、丙辛、丙丁、壬壬、戊癸寄戊，亦取甲庚、丙壬为干德，月干德与岁干德同。有天赦日，春戊寅，夏甲午，秋戊申，冬甲子，乃天四时，专气生育万物，宥罪赦过，如人命聚一月，德秀合空及四大吉时生，更遇天赦日，尤妙。

此外又有天喜神，春戌、夏丑、秋辰、冬未，遇者主欢欣。有旌德煞，如寅午戌丙日时，亥卯未甲日时。有旌钺煞，如寅午戌寅时，亥卯未亥时之类。又寅午戌见辛，亥卯未见己，之类亦谓之旌德煞。经云："一神主旌德，五世不贫穷。内有旌钺煞，将相及三公。"德钺相会，不贵即富。又有一种旌钺煞，寅卯辰人见癸酉，巳午未人见癸卯，申酉戌人见戊子，亥子丑人见戊午，乃四时专主诛戮之神。庶人主徒配，克本命主恶死。又有一种三公煞，寅午戌人壬子，巳酉丑人丙午，申子辰人乙卯，亥卯未人辛酉，乃坐四方专气，来克生年，为五行毒气，庶人犯之，主非横恶死。若旌钺更与三公煞会同一位，主殊贵。今之谈命者，论月德而诸煞不论，自是偏见，因并及之。

论太极贵

太极者，太，初也，始也。物造于初为太；极，成也，收也，物有所归曰极。造化始终相保，乃曰"太极"，贵也。甲乙木先造乎子，坎水助而生，后终乎午，离火焚而死。丙丁火，先喜，出乎震卯也；后喜，藏乎兑酉也。庚辛金得寅，乃金生乎艮，见亥乃金庙乎乾。壬癸水先得申而生，后得巳而纳。《经》曰："地陷东南，四渎俱流巽位，皆有始有终之意。"戊己，土也，喜生乎申，得辰戌丑未为正库。《理愚歌》云："四库全时为至贵，位班上列据权衡。"人命入格，更有福气贵神扶，岂不为美。有文昌贵，甲乙蛇口乙猪头，丙狗丁龙戊向猴。己午庚寅辛未贵，六壬卯位癸逢牛。有文誉贵，如甲子人见壬戌丙寅。"禄前禄后一般神，必作公卿冠世人。立性天聪名誉播，富贵荣华事业新。"有文星贵。"甲马乙蛇丙戊猴，酉台丁亥辛求。庚逢戊狗壬逢虎，十位文星癸兔游。"有天印贵，甲子在寅中，乙逢亥亦同。"丁酉戊申位，丙戌己羊宫。庚辛马蛇足，癸卯与壬龙。此号天印贵，荣达受皇封。"

论学堂词馆

夫学堂者，如人读书之在学堂。词馆者，如今官翰林，谓之词馆。取其学业精专，文章出类，长生乃学堂之正位，如金命见辛巳，金长生在巳，辛巳纳音又属金是也。临官乃词馆正位，如金命见壬申，金临官在申，亥申纳音又属金是也。余以类推。《壶中子》云："文星人命，笑班马之无才。"注云："乙亥丁巳为文星，是取木火长生、临官之义。重木火者，发焰红绿，文章之象也。"或以纳音论，火包而不包，惟乙亥得之；土包而不包，惟丁巳得之。恐未然。阎东叟谓年月日时有甲乙丙丁分处四位，相连不断。青赤为文章，如甲寅、乙亥、丁酉、丙申、甲子、丙寅、甲寅、丙寅之类，主文彩异众。《玉霄宝鉴》则以木金火全，赤白成章。如丙寅见己亥，辛巳取丙寅火，己亥木、辛巳金皆坐长生之地，主词翰秀颖。又以申子辰全见丙，如丙子人，丙寅月、丙辰日、丙申时。丙为真水，申子辰水之正位，干支全见之。有金则贵，无金亦主学海波深。《鬼谷要诀》又云："戊己重重，两位带旺兼元禄。"如戊子人见戊午、戊戌、己未、己酉，主文章灿烂。诸家说有学堂会禄，如金长生巳，临官申，甲乙人得之。水土长生申。临官亥，丙丁壬癸人得之。木长生亥，临官寅，戊己人得之。火长生寅，临官巳，庚辛人得之。又名官贵学堂，以官贵长生之位为学堂，官贵临官之位为词馆也。有学堂会食，如甲食丙得丙寅，乙食丁得丁巳，丙食戊得戊申之类。兼官印驿马，其福厚。遇禄贵奇德，其气清。值刑克冲破，其气浊。清则科名巍峨，厚则官爵荣显。浊则福禄微薄，官职卑贱。有生处见克，如甲乙人辛亥，丁丙人壬寅，戊己人甲申，庚辛人丁巳，谓之官星学堂，主登科甲，入侍从。有纳音见帝旺之位，而逢天乙贵处其上。如己酉人得丙子、庚子日时，壬午人得辛卯日时之类，谓之学堂会贵，主清贵。凡学堂词馆，切不要犯空亡及冲破，支干纳音不要见克，方为得用。《祝胜经》云："甲辰丙寅，学堂不真。或止富荫，官职卑贫。读书修学，空有虚名。"此言学堂怕落空也。《三车》云："学堂无气，惟利师儒。"此言学堂要乘旺也。《理愚歌》云："学堂如更朝驿马，位极勋高压天下。"此言学堂要有马也。又云："生来禄马真学堂，若同词馆主文章。遇中不遇人谁会，不遇冲克福禄昌。"又云："文星聚处人中瑞，声华独冠英雄辈。降生不遇真学堂，才学岂能为拔萃。"此言学堂怕冲破受克也。况人命入格合造化，又不在学堂词馆而得。子平云："学堂者，天地阴阳清秀之气，五行长生之神。"乃甲见亥，乙见午等例，或月时一位见者即是，不必兼全。更带天乙贵，如丁日酉时或酉月之类。读书人遇之，主聪明智巧，高科文翰，更引用得地，无克压之神。及逢德秀，冠世儒业，与命中财帛印食，相为表里。经云："生炁学堂，冠世文章富贵。"又云："学堂不必专论官星，文章不必专论印绶。"古人以长生学堂取生气，就学之义不必专论日干，但柱中带寅申巳亥，便为有学。此四宫聚天地间至清之气，其中有四驿马、四劫煞，皆是生发之意。子午卯酉为四败，其气浊；辰戌丑未为四库，其气杂。且如月候到寅申巳亥，便不寒不热，风气自然，清雅温和。凡占年月者，最有力。日干自得长生，却不喜在月令见之，运顺行便交沐浴，如八字不带学堂，到五七岁却交日干长生运，亦有文学。虽非通儒，却未至全不识字。若八字不见，最忌五七岁交败死二运，纵有严师，也难训化。命带二样，学堂俱怕。自刑克坏，但有刑冲破损，读书便不成。重见虽不妨，一冲终不纯粹。又曰："人命不喜十分财。"盛财是厚浊之物，一见便要贪好，丧人心志。柱中若先有官星，以抑禀气之偏，亦性情执古，不能通变。若财盛而无官星，便浑浊不清，纵富贵亦愚。古歌云："五行生处为学堂，阴阳顺馆要推详。引旺有倚文学贵，如逢克压不为良。"注云："学堂上带鬼为克压。凡有科名命，自是五分清粹。学堂、驿马生旺于金水之上，三奇、华盖类萃于日时之中。或刑冲生旺，水火相生，福神聚时，天元不战，皆主清誉巍科。"

又曰："甲辰一旬十二位，谓之魁星。"一旬中又取出甲辰、丁未、庚戌、癸丑四位，以甲木旺于东方，丁火旺于南方，庚金旺于西方，癸水旺于北方，取逐方旺气加于辰戌丑未之上，以为真魁星。凡人命甲辰至癸丑一旬俱在日时上，无不及第。两三位者，必中前名。又云："丁亥辛卯庚戌为魁星日时，遇者名占解省殿魁。"又四柱内两见干合，谓之岁首星。子生人在子，以命建之月谓之岁窠。主词学丰赡，科名显赫。又寅申巳亥四位，大爱本年，遁起四位为魁星。如癸巳人从寅上遁起甲寅、丁巳、庚申、癸亥，又如丁卯人从寅上遁起壬寅、乙巳、戊申、辛亥是也。余准此例。凡命金土乘秀气，金木乘秀气，火木乘秀气，水木乘秀气，皆主科名。秀气者，月令中秀气也。大凡支干有气，乘月令秀气，皆主及第之命。古歌曰"日旺提纲，火明木秀。金白水清，重叠土金。既济水火，递互丙丁。根苗天乙，相涵金水"是也。又木春生逢食伤，财印两轻。官杀重杀，重身轻逢。印绶魁星，官杀分明。奇亦登科之命，及第之年也。《壶中子》云："马兼财合，秦廷献一鹗之书。官共禄迎，禹门透三汲之浪。"注云："行年驿马与见生驿马，冲而不合，又见天财文星之类，其人必发，合则必不发也。遇官与禄则须成，不遇官与禄，止发而已。"又云："凡举人了当年，大要太岁与月建相和作福。其余甲戊庚乙丙丁之类皆不定，只以行年太岁与本生月建参而推之。"又云："须是大运在官位。又太岁带正印，或正天乙，或本家禄，是及第之年也。"

论正印

正印者，乃五行之正库。金命见乙丑木、癸未火、甲戌水土，壬辰、丙辰是也。《言谈》云："生逢正印，必拜玉堂。"《妙选》云："五行入垣，官居五府。"可见得本家正印为贵，本主同德为上，帝座为中，胎月为下。主人重厚魁梧，功名昭著。本家印又得贵格扶之，更妙。若木得水印，火得木印，多兼他权外财。若身克印，或印克身，废而复兴。若水人得火印，火人带水印，次于本家印。然须本主有旺气方吉。若克破别无福救助，或空亡，只作清闲僧道，无成举人。若五行有清气，则绝世高人，有杀则贫贱。有贵人夹印，如丙丁火命，以甲戌为正印，得酉亥夹之，酉亥乃丙丁贵人。壬癸木命，以壬辰为正印，得卯巳夹之，卯巳乃壬癸贵人。有华盖印，如亥卯未得癸未之类。有文章印，如戊寅见癸未，辛巳见甲戌，庚申见乙丑，癸亥见丙辰，乙亥见壬辰，乃纳音克身，干神复制。戊午得癸未，庚子得乙丑，丁酉得壬辰，己卯得甲戌，辛酉得丙辰，干神制支神合之类。诸印要逢库墓，若生旺扶助互换，禄马、贵人并相合者，至贵之命，最忌刑冲破害，三合六合上见鬼。如甲戌日得癸酉时则减力。水命人得本家印无益，得木印损气，得土印，支干有交涉者名官印，无交涉者则名为鬼印。有年时见印，名凤凰衔印，如虞尚书癸未、甲寅、戊午、丙辰、是也。又有福聚印，如年月日时胎五位俱无气衰败，得正印偏印，俱在此印上。或库或旺，虽有杀神，至是受制，此之谓福聚印。

有祸聚印，如癸巳人带壬辰印，柱多逢水，俱墓于辰，则癸巳受杀。以巳为命，巳火遇多则本命病，此之谓祸聚印。有破福成祸印，如水人得水印，或月日时胎多带土来，本家印见鬼盛，是谓破福成祸。有带杀印，印中见贵杀，如壬子见壬辰、丙辰，子至辰谓之华盖，壬人见辰为贵。若印中反克本命，无福神往还，名带杀，主凶。有临空印，乃印落空亡，支无六合见官贵，至贱而无成也。有自刑印，如庚戌人带乙丑金，人见金印固好，丑戌相刑，以金刑金，此类不如无。虽有少福，亦终贱。余准此推。凡论印，更得真五行与纳音同气尤妙，但主少安逸，不利六亲，难为子息。

论德秀

夫德者，本月生旺之德，秀者合天地中和之气，五行变化而成者也。又曰：德者，阴阳解凶之神。秀者，天地清秀之气，四时当旺之神。故寅午戌月，丙丁为德，戊癸为秀。申子辰月，壬癸戊己为德，丙辛甲己为秀。巳酉丑月，庚辛为德，乙庚为秀。亥卯未月，甲乙为德，丁壬为秀。凡人命中得此德秀，无破冲克压者，赋性聪明，温厚和气。若遇学堂，更带财，主贵。冲克减力。

第三十六章　星命汇考三十六

《三命通会》八

论劫煞亡神

劫者，夺也，自外夺之之谓劫。亡者，失也，自内失之之谓亡。劫在五行绝处，亡在五行临官，俱属寅申巳亥。水绝在巳，申子辰以巳为劫煞，巳中戊土劫水也。火绝在亥，寅午戌以亥为劫煞，亥中壬水劫火也。金绝在寅，巳酉丑以寅为劫煞，寅中丙火劫金也。木绝在申，亥卯未以申为劫煞，申中庚金劫木也。古歌云："劫煞为灾不可当，徒然奔走利名场。须防祖业消亡尽，妻子如何得久长。"又云："四位逢生劫又来，当朝振业逞儒魁。若兼官贵在时上，梗直名标御史台。"又云："劫神包裹遇官星，主执兵权助圣明。不怒而威人仰慕，须令华夏悉安荣。"又云："劫煞原来是煞魁，身宫命主不须来。若为魁局应当死，煞曜临之不必猜。若是无星居此位，更于三合细推排。天盘加得凶星到，命似风灯不久摧。"水生木，申子辰以亥为亡神，亥中甲木泄水也。火生土，寅午戌以巳为亡神，巳中戊土泄火也。金生水，巳酉丑以申为亡神，申中壬水泄金也。木生火，亥卯未以寅为亡神，寅中丙火泄木也。古歌云："亡神七煞祸非轻，用尽机关一不成。克子刑妻无祖业，仕人犹恐有虚名。"又云："命宫若也值亡神，须是长生遇贵人。时日更兼天地合，匪躬蹇蹇作王臣。"又云："皆言七煞是亡神，莫道亡神祸患轻。身命若还居此地，贫穷蹇滞过平生。凶星恶曜如临到，大限浑如履薄冰。三合更须明审察，煞来夹拱必难行。"

劫煞一十六般

吉则聪慧敏给，才智过人，事不留行，胸罗万象，高明爽迅，武德横财，即生旺与贵煞建禄并也。

凶则昏浊邪侈，毒害性重，宿疾刑徒，兵刀折伤，执拗内狠，贪夺无情，即死绝与恶煞并也。若元辰空亡，为盗；金神庚辛并，好刓刻雕镌；空亡金火并，为打铁屠侩捕鼠笼养之人。若劫煞克身，更带金神羊刃同克，主车马颠覆之灾，生时得之，子孙愚薄。

劫煞聚宝。一名琼珠劫煞。岁克劫有力，与日主和谐者，主富裕。

劫煞宜权。一名冠裳劫煞。为人衣冠济楚，光显贵人，况生旺日辰乎？

劫煞嘉谋。一名纪纲劫煞。主强煞弱，日有他位之贵者，动容不妄，中礼安常。

劫煞奏号，一名旌旗劫煞。劫坐贵人，贡助日主者，凡事变难成。易人自钦仰，福气异常。

劫煞呈瑞。一名冕旒劫煞。劫煞在长生位，有日主之财官等禄，主贵。

劫煞为霖。一名盐梅劫煞。时带此劫煞，与岁君干支互换见贵，更日辰有情，名利显赫。

劫煞生上。一名库堂劫煞。时带此煞，自家生旺助年者，一重最吉。仍喜两头冲破，年时干合，支下带煞，主破家荡业，更与日家不情，宜然。

劫煞类争。一名斗争劫煞。无制无驭，则为屠沽巫医。有制有驭，则为福寿贵格。又看日辰吉凶何如，增减断。

劫煞造意。一名提孩劫煞。岁去生煞，犹母生子。若孤刑来并，主丧家克子，或被儿女耗财，兼克窃日主无疑。

劫煞非良，一名贪玩劫煞。主非义取财，因财害己，或贪吝遭祸等事。为日辰凶煞者必然，为贵气者庶几。

劫煞毁焚。一名翳桑劫煞。此兼领破宅之神来克岁，不独无屋可居，贫当甑金生尘，更兼亡神克窃者无救。

劫煞酣欲。一名风流劫煞。日时犯有合，单合双合，不降不克。日辰竟无好意思相援者，主酒色破家，不知廉耻，生平酣饮嗜音。

劫煞轻盈。一名管弦劫煞。主娇态美姿，春风花柳日为活计，以日辰不绝，福神无援故也。

劫煞党众。一名天牢劫煞。纵贵亦夭，或军旅亡于他乡，否则为盗。干音或又克窃日辰，更入空绝者无疑。

劫煞暴厉。一名刀枪劫煞。主凶暴恶死，干音克窃日主，决难免。

劫煞空闲。一名烟霞劫煞。此煞与孤寡刑隔四位，内犯二者，兼死绝之气克窃日主，非僧则道，以水火象分之，水多为道，火多为僧。若是俗人，孤寒之甚。贵气交加者庶几。

亡神十六般

吉则峻厉有威，谋略算计，见事如神，事不露机，兵行诡计，始终争胜，言事折辨，壮年进用，即生旺与贵杀并也。

凶则褊躁性窄，颠诈狂妄，浮荡是非，酒色风流，官府狱讼，疽疠气血，气不谦下，失势失下，兵刑责难，即死绝与恶杀并也。若贵人建禄并，专弄笔砚，撰饰文词，因公起家，干涉官利。或为胥徒，并火克身，则语吃无气，多腰足疾。

亡神富藏，一名亡神贵驿。此乃岁去克煞，亡神受岁之克，我胜于彼，方是受降。或为日主，财官贵气，或来生助日主，主大富贵。

亡神长生，一名珪玉亡神。亡神在长生位，兼带日辰，别位贵禄，飞腾早发。

亡神临官，一名轩冕亡神。亡神入临官位，却落空亡，反吉。干音又能生日，虽主乘轩戴冕之贵，亦有二三分酒色。

亡神銮舆，一名鼎鼐亡神。临时座却见年时互换，贵人来往，干神助日主者，贵。

亡神自如，一名规矩亡神。杀居弱地，岁入强宫，虽不克煞，煞却不得其位，其煞来降，另有日辰贵气者，主贤能，谦谨中正，公勤食禄之人。

亡神生本，一名父母亡神，亡神生岁兼生旺，只宜一重。若有财官等贵系属日辰者，主精神富聚。

亡神义门，一名罗绮亡神。贵人同到，日时见此煞，干支不坏日者，有福荣华。

亡神锦里，一名儿女亡神。岁去生他，遇孤隔劫神则凶，带禄贵则吉，一重为妙。又与日辰相统，兼推吉凶。

亡神未降，一名停力亡神。此乃岁与煞同气，如木人见木煞，竟无相克相降，日无统摄。若欠贵气，只是屠行、牙侩、巫医、丹青之类。

亡神妄作，一名掳掠亡神。此煞下反克岁，窃日之气，主非理取财，语言狂妄，乃巫医艺术谈天说地之人。

亡神啸宅，一名沟壑亡神。亡神若为破宅煞，兼克窃岁，与日无情，主谋拙计穷，为生乞丐，死无棺椁。

亡神舞群，一名鼓乐亡神。其煞不降不克，却有合起之神，主闹群丛里，花酒立身。若无日家贵气，准上。

亡神薄恶，一名喷血亡神。亡劫俱全，年时干合，音克其岁，必主遭刑，不然恶病，克窃日辰，无贵气者定验。

亡神迷溺，一名花柳亡神。此神单来，合煞之气刚，我却柔弱，定主歌讴，花酒度日。更引日家凶煞，衣食艰难，亡于痨夭。

亡神乖张，一名枷锁亡神。亡神日时有两重，又带合，必是刺面雕青，徒配胥吏。克窃日主者，愈重。

有真亡劫，寅午戌人见癸巳、癸亥，巳酉丑人见丙申、丙寅，申子辰人见丁亥、丁巳，亥卯未人见壬寅、壬申，独者主凶。有劫头见财，如寅午戌人甲干己亥之例，是劫煞上见干财，主蓄积大富，吞并不顾，惨毒害物。遇两重者，反主贫寒。有劫头见鬼，如申子辰人甲干辛巳之例，亥卯未人乙干庚申之例，是劫煞见官鬼，主无官。纵有须因事罢，难得入侍从。庶人多被劫，平生聚散。有劫煞相合，如甲寅值己亥，丙寅值辛亥，戊寅值癸亥，庚寅值乙亥，壬人寅值丁亥，甲申值己巳，丙申值辛巳，戊申值癸巳，庚申值乙巳，壬申值丁巳，十位在日上，谓之旌旗煞；在时上，谓之英雄煞，主武。有分劫、聚劫。分劫、如甲子人得己巳月、己巳时，是子一劫寄于两巳，而两巳分受，为灾反轻。聚劫，如甲子人得丙子月、己巳时，是子两重会劫一巳，而一巳独受，致害反重。又曰："劫煞主煞，生气主生。"若有生气两重而劫煞一重，则是生气强于劫。劫煞两重而生气一重，则是劫强于生。生气多者从生气言，劫煞多者从劫煞言，不可概论。若四柱逢生，交互见之，主作台谏、将帅之职。亡神准推。大抵二煞全要以身克煞，不要以煞克身，日煞克妻时煞克子，妇克夫。此外有天煞、地煞、岁煞、刑煞。天煞在劫煞前二辰，地煞在劫煞前五辰，是辰戌丑未也。岁煞在劫煞前三辰，亦是寅申巳亥也。刑煞在劫煞前七辰，与将星同位，是子午卯酉也。以上四煞，俱主有权。不克身不为灾，克身则为灾重，与亡劫同。带金土为武臣，水木为文臣。文臣带土金为煞者，亦主兵权。

论羊刃

《三车》云："羊言刚也，刃者取宰割之义。"禄过则刃生，功成当退，不退则过越其分。如羊之在刃，言有伤也。故羊刃常居禄前一辰。希尹曰："阴阳万物之理，皆恶极盛，当其极处，火则焦灭，水则涌竭，金则折缺，土则崩裂，木则摧折，故既成而未极则为福，已极则将反而为凶。"极盛之地，十干中正处是也。卯者，甲之正位，为阳木之极。辰者，乙之正位，为阴木之极。午者，丙之正位，为阳火之极。未者，丁之正位，为阴火之极。酉者，庚之正位，为阳金之极。戌者，辛之正位，为阴金之极，子者，壬之正位，为阳水之极。丑者，癸之正位，为阴水之极。当其极处，其气刚烈，暴戾不和，所以禄前一辰为羊刃，对冲为飞刃。既盛而未极，则温柔和畅，故刃后一辰为禄也。《壶中子》云："凡人有禄，必赐刃以卫之，此其义也。"《一行命书》云："羊刃重重又见禄，富贵饶金玉。"《洞元经》云："官印相助福相资，是羊刃带禄，更有官印相资，尤作吉论。"如专羊刃，主眼露性急，凶暴害物，亲近恶党。生旺稍可，死绝尤甚。在五行败者，逢之多患瘰疬或瘴疬、金刃之灾，不论贵贱，多冗杂劳迫，少得安逸。《太乙经》云："六甲生人，逢乙卯、丁卯为真羊刃。"若重犯，主残疾，官禄失退败散在晚年。余卯为偏刃，则轻。《广信集》有"刃头财"，如甲人见己卯之类，谓之销熔杀，主财帛歇灭，常人以屠沽刀锯等事为业。或因被盗而致命者。有"刃头鬼"，如甲人见辛卯之类，谓之持刃杀，主人不令终。虽入贵格，亦不可测。甲乙人见之尤紧，多脑疽发背而终。《金书命语》：有"羊刃相蚀"，如甲寅虎兔、甲戌狗兔之类。见所蚀年月稍可，日时至危。若见两重，更值空亡，设非相蚀，亦犯徒罪，至老主不善终。沈芝《源髓》有"朝元羊刃"，如卯年日时有甲字之类，主凶。若日干在时上作刃，主痕疾，不然即子息带灾，亦主子少。时干就日支作刃，主妻恶死，禀性不良。不然，是军人，或带痕疾。年干临时支作刃，多主父母恶死。更天杀在上，决定无疑。若胎中羊刃更带刑年，主出不善，或父母恶死，及贼阴人。年干就日支作刃，主父母恶死。余照年月日时分位推之。古诗云："或时藏刃入于胎，日刃或朝时上来。更若支干相刑克，妻身妊产定应灾。妇人之命若如此，敢断须忧生产厄。"是"相刑羊刃"，为祸最重。又"连珠羊刃"，如庚戌、辛酉、戊午、己未、丙午、丁未、甲辰、乙卯、壬子、癸丑，皆凶象也。金紧木慢，女命犯之，定克夫害子，不贞洁。《理愚歌》云："倒悬羊刃又同行，形骸不免填沟壑。"又云："飞刃倒戈终见乖，小人得此便为灾。空亡截路同相见，此身安得出尘埃。"又云："羊刃更兼倒戈，必作无头之鬼。"是羊刃带诸恶杀尤凶。凡人行运，最怕羊刃。主作事稽迟，无论士农工商皆厌之。经云"运行羊刃，财物耗散"，此之谓也。《玉霄宝鉴》有"揽辔澄清格"，谓贵人乘马而前视羊刃，犹马头带剑之义。假令庚午人得乙酉，或乙酉日时得甲申，为入格。午马在申庚，禄在申乙巳，贵在申庚，羊刃在酉却乙巳，贵人乘甲申为驿马而前视羊刃，故曰"揽辔澄清"。此格多为清严之官。若更有吉类，多为酷吏，能制奸宄。子平以甲丙戊庚壬五阳干有刃，乙丁己辛癸五阴干无刃，唯见伤官与阳刃同祸，是指阴阳之阳，非牛羊之羊，其义见后《论阳刃格》中。

论空亡

空对实，亡对有言。《神白经》云："空亡空亡几多般，十干不到作空看。"《洞元经》云"遁穷而亡生，故以甲旬尽处曰空亡。"盖有是位而无禄曰空，有支而无干曰亡。如甲子旬遁至酉而十干足，所以无戌亥。余五干例见，是为空亡。然空而有实，亡而有存，所以未可便为凶论。《珞琭子》论空亡云："五阳令用一阳，五阴令用一阴。"假如甲子、丙寅、戊辰、庚午、壬申，则用戌不用亥。乙丑、丁卯、己巳、辛未、癸酉，则用亥不用戌。阳分阳年，阴分阴年。又说甲子至戊辰，以戌为空亡。己巳至癸酉，以亥为空亡。分上下五年，中间又分甲子至戊辰，见壬戌为重，见戊戌之类为轻。己巳至癸酉，见癸亥为重，见乙亥之类为轻。如甲子生甲戌时，此时上正见，差轻。如己巳生癸亥时，亦时上内犯，最重。《指迷赋》云："禄入空亡，必分前后之辰。"所以表阴阳之分，明轻重之等也。《八字金书》云："甲寅旬壬癸落空亡。"甲辰旬甲乙，甲申旬丙丁，甲戌旬庚辛，以地支二位而论，天干或谓十恶大败，犯此日生者，主贫贱。然人命见空亡而合格者多。《洞元经》云："渊净而侴侗无气，圆机而自立一家，辞有章而责名，性无为而湛如。美质可爱，优游恬淡无累，雕镂华藻有功，抱越人之才，挟敢断之果，"详此亦有吉处。凡带此煞，生旺则气度宽大，动招虚名，长大肥满，多意外无心之福。死绝则一生成败飘泊，但在我有气之地，则不能为祸。大忌支干与天中相合，是谓小人得位，则奸诈谲诡，靡所不为。若为我所克，是谓天中受殃，反为特达之福。其神性无常，与官符并，则佞媚多文。与劫杀并，则狡勇。与亡神并，则飘蓬。与大耗并，颠倒鹘突。与建禄并，一生破散。与咸池六害并，多凶暴卒。惟夹贵华盖、三奇学堂并者，大聪明脱俗之士。夫空亡不言太岁，见生日旬中空亡极紧。若太岁与日互换空亡更不佳。以实为空，则实可映空。以空为空，无所映实，或带互换空亡者灾深。假令甲子年壬戌日，甲子之正空亡在壬戌，其壬戌乃甲寅旬。甲寅旬中空复在子，主一生财物耗散，大破家宅。余仿此。若日时互换，时紧日慢。若日犯而时却刑害冲破，时犯而日却刑害冲破，亦主有福，未免坎坷。又云："天中一杀，不可全以凶言。"如柱有恶神恶煞祸聚之地，全要空亡解之。有空亡不宜见合，合则不能空矣。若禄马财官福聚之气，全怕空亡散之。有空亡却喜见合，合则不能空矣。若无冲无合无刑，为真空亡。四孟太毒，主作小技巧术人。又甲子旬水土，甲戌旬金，甲申旬火土，甲午旬火土，甲辰旬木，甲寅旬水土，为真空亡。又云："响之有声，莫非虚中也。"是以大人之命要有虚中之德，空亡自旺有用，乃大声大应之器。月日时三位俱空亡者不害，为大贵人。若值两位，虽有官不大。又云："凡命值空亡，时上见，多拗性，为事高而虚。更遇华盖，决主少子。日上见，多庶出，或妻妾间离遇。偶合则多淫荡。"古歌云："胎里生逢怕遇空，遇空时节自昏蒙。饶君十步有九计，不免飘飘西复东。"是胎中忌见空也。又云："建禄临空虚有名，平生向学老无成。若逢马贵来相救，纵得官时又复停。"是建禄忌见空也。又云："甲寅戊午及庚申，丑上天中最不仁。本分生来当受禄，因逢五鬼遂衰贫。"以甲寅水见辛丑土，为鬼来克命。戊午见丁丑，庚申见乙丑，同是空亡，忌克命也。又云："六旬后两号天中，见合长生旺不凶。加临冲克兼刑禄，官职升腾位更降。"如巳酉丑人、丁丑月、癸未日、戊午时、午未空亡而戊癸之火旺，在午反为贵格，是火虚有焰也。又云："印绶之星中见空，顺临库墓福重重。若还夹贵归元位，带煞须为给事中。"如甲午、癸酉、丙子、壬辰时，虽空却与癸酉作六合。又墓库夹贵所以人格，是水空则流也。经云："金空则响，火空则明，水空则清，木空则折，土空则崩。"此之谓也。

又曰："人命空亡本不好，若运冲刑反为虚煞。士人遇之，飞声走誉。"如甲申、丁丑、乙亥、甲申，行壬午运作当路；乙未、乙酉、乙丑、丁亥，行辛巳运作监司，大振声望。若壬寅为空亡，壬申同类冲之则不动，此为最毒。有"截路空亡"，正如人在途遇水，不能前进，不可以济，故曰"截路"，只以日取时见之。如甲己日遁十二时中，申酉上见壬癸，故甲己见申酉，乙庚见午未，丙辛见辰巳，丁壬见寅卯，戊癸见戌亥，此二时上俱遇壬癸为水故也。此空亡非但命见不吉，凡出入求财交易上官嫁娶，百事皆忌。有"四大空亡"，六甲中甲辰、甲戌二旬，金木水火土全，内甲子、甲午旬独无水，甲寅、甲申旬独无金，此四旬者五行不全。如甲子甲午旬生人见水，甲寅甲申旬生人见金，谓之正犯。如当生年中不犯，行运至水金处亦谓之犯。若带得，主一生蹇滞，不问贫贱富贵，皆夭折。三处重遇，瞬息为期。《壶中子》云："颜回夭折，只因四大空亡。"谓此也。《洞微经》有"五鬼空亡"。甲己人见巳午、乙庚、寅卯、丙辛、子丑、丁壬、戊亥、戊癸、申酉，限至斯乡，主贫。有"克害空亡"，甲乙人见午丙、丁申、戊己、巳庚、辛寅、壬癸、酉丑，主克害妻子。有"破祖空亡"，甲乙丙丁同上，戊己人见戊庚、辛子、壬癸寅，遇者主破祖业，须并论之。

论元辰

元辰者，别而不合之名。阳前阴后，则有所屈，屈则于事无所伸。阴前阳后，则直而不遂，于事暴而不治，难与同事，故谓之元辰。是以阳男阴女在冲前一位支辰，阴男阳女在冲后一位支辰。假如甲子生男，与甲午对冲，即乙未为正。乙丑生男，与乙未对冲，即甲午为正。余干午未半之。所以为凶者，当气冲之地。左鼓则风杀在右，右鼓则风杀在左，故阴阳男女取冲前冲后不同。若岁运临之，如物当风，动摇颠倒，不得宁息。不有内疾，必有外难。虽富贵崇高，势位炎盛，大运逢之，十年可畏。立朝定当窜逐，居家必惟凶咎。纵有吉神扶持，不免祸福。倚伏尤忌，先吉后凶。发旺之后，欲出未出之际，祸不可逃。人命遇之，主形貌陋朴，面有颧骨，鼻低口大，眼生威角，脑凸臀高，手脚强硬，声音沉浊，生旺则落魄大度，不别是非，不分良善，颠倒鹘突。死绝则寒酸薄劣，形貌猥下，语言浑浊，不识羞辱，破败坎坷，贪饮好情，甘习下流。与官符并，多招无辜之挠。带劫杀则不循细行，动招危辱，穷贱无耻。妇人得之，声雄性浊，奸淫私通奴贱，鬼魅为凭，不遵礼法，一生多灾。虽生子拗而不孝，常术《鼠忌羊头歌》，未分男女，不足凭也。《珞琭子》以宣父畏其元辰。林开以元辰恶杀为灾甚重。有互换遇者，尤为不吉。忽然遇合，又以吉论。《洞元经》云"元辰遇合而大亨"是也。《广信集》："取巫伋参政，己卯、甲申、己巳、甲戌；滕康枢密，乙丑、壬午、乙丑、壬午，二命岂不犯元辰。"李吉甫曰："大凡贵命须逢杀，即得君主横升拔。林开一偏之见也。"徐子平云："元辰者，命中元有所害之辰，如甲见申庚，乙见酉辛之类。人生岁月日时，原有七杀，已为所害之辰。岁运复遇，谓之犯。元辰为害尤重，元无则轻。然元辰一杀，与亡劫羊刃空亡同类。观《珞琭子消息赋》自见。"《雪心赋》

云："元辰水去，亦指神杀之名。"是古人之说是也。

论暗金的杀

此三煞，乃先天数之四冲也。夫子午之数各九，卯酉各六，总为三十。自子顺行，极三十而见巳，是为四仲之正杀。寅申各七，巳亥各四，总二十有二。自子顺行，极二十二而见酉，是为四孟之正杀。辰戌各五，丑未各八，总二十有六。自子顺行，极二十六数而见丑，是为四季之正杀。是起于数者然也。凡神杀皆起于数，与禄马同类。此一杀而有三名，一曰"吟呻"，二曰"破碎"，三曰"白衣"。子午卯酉在巳，寅申巳亥在酉，辰戌丑未在丑。巳者，金生之地。巳中临官之火，金气临克，主杖楚，刑狱呻吟之灾，故曰"吟呻"。酉者，金旺之地，杀物当时，又有辛金相助，万物当之，无不破碎，主支离流血之灾，故曰"破碎"。丑乃金之库墓，居四季而临鬼门，主妨害丧服哭泣之事，故曰"白衣"。五行中惟金能杀物，故总名曰"暗金的杀"也。其神生旺，主人宽量大器，决断有为，形容清峻。若不夭丧刑伤，须有癫病瘫痪。死绝则惨害克毒，形容红白，巧言令色，笑里藏刀。与官符并则横来官灾，与劫煞并则横来死丧，与白虎、羊刃并则流血伤残，与贵人建禄并则稍慢。五行旺相，吉神相救，入贵格则无害，入贱格再值一切凶神则愈凶。又曰：金生处，主大风瘫痪之疾。金旺处，主水蛊毒药之病。金墓处，主克子恶死之忧。若带三刑德贵，主有高官，持兵权，大抵此杀不吉。人命逢之，固所不宜。岁逢之，亦主孝服哭声，盗贼侵扰，口舌破耗。小儿犯此，汤火之厄。不然，身有痕疤破绽之象。经云："谬戾无过于刑害，有时而吉。乖违莫甚于冲破，未必皆凶。"此之谓也。

论灾杀

灾杀者，其性勇猛，常居劫杀之前，冲破将星，谓之"灾杀"。如申子辰将星在子，午却去冲子。寅午戌在午，子却去冲。巳酉丑在酉，卯却去冲。亥卯未在卯，酉却去冲。是灾杀也。《神白经》云："类水逢星照，虚空怕日烟。庚辛夏蝎战，木不引鸡眠。四柱交加见，福少祸连绵。"此杀主血光横死，在水火防焚溺。金木杖刃土坠落，瘟疫克身，大凶。若有福神相助，多是武权。亦如劫杀之类，要见官星印绶生旺处为佳。《神白经》云："灾杀畏乎克，生处却为祥。"正谓此也。

论六厄

厄者，遭乎难者也。常居马前一辰，劫后二辰。死而不生谓之厄。申子辰水局，水死在卯。寅午戌火局，火死在酉。亥卯未木局，木死在午。巳酉丑金局，金死在子，所以为厄。若有救护有扶持，逢生旺兼贵气相助则吉，究竟一生蹇滞。《壶中子》云"六厄为剥官之杀，李广不封侯"是也。

论勾绞

勾者牵连之义，绞者羁绊之名。二杀尚相对冲，亦犹亡劫。阳男阴女命前三辰为勾，命后三辰为绞。阴男阳女命前三辰为绞，命后三辰为勾。假令甲子阳命人卯为勾，酉为绞。乙丑阴命人辰为绞，戌为勾之例。古歌云："爪牙杀去命三辰，大忌金神羊刃临。夹杀克身无福救，必遭蛇虎伤其身。"此杀大忌金神白虎，并则凶。牛马犬畜等伤亦是，不独虎狼也。不克身与福同宫者不用。大抵此杀，凡命遇之，身若克杀，多心路计巧，主掌刑法之任。或为将帅，专行诛戮。杀若克身，主非命而终。小人逢之，非横灾祸。行年至此，亦主口舌、刑狱等事。又云：值两位全者灾重，一位者轻。又云："有鬼则灾重，无鬼则灾轻。"

论孤辰寡宿及隔角杀

先贤有云："老而无夫曰寡，幼而无父曰孤。"此其义也。辰谓星辰，宿谓星宿，指其神也。人命犯此星辰，则孤寡如是。如亥子丑逐方三位，进前一辰见寅为孤，退后一辰见戌为寡。又过角为孤，退角为寡。其余三方，皆依此推，乃阴阳惆怅之义也。夫寅为春始，辰为春末。巳为夏始，未为夏末。申为秋始，戌为秋末。亥为冬始，丑为冬末。皆阴阳枝离之神，四时代谢之方。《三车》云："造物中以生我者为母，克我者为夫，我克者为妻。"亥子丑属北方水位，水用金为母，金绝于寅，是母绝也。用火为妻，火墓在戌，是妻墓也。申酉戌属西方金位，金用火为夫，火绝在亥，用木为妻，木墓在未。巳午未南方火位，火用木为母，木绝在申，用水为夫，水墓在辰。寅卯辰属东方木位，木用水为母，水绝在巳。用金为夫，金墓在丑，是取母绝为孤辰，夫墓妻墓为寡宿，其义尤切。《珞琭子》云："骨肉中道分离，孤寡犹嫌于隔角。"《玉门集》云："寅申巳亥为角，辰戌丑未为隔。进者为阳不利父，退者为阴不利母。"又云："在阳宫妨父，在阴宫妨母。"如寅卯辰人巳为孤，丑为寡。寅辰为阳之位，丑巳为阴之位，男女生命见之，虽亲生儿女，多不和顺。王氏云："男命生于妻绝之中而逢孤辰，平生难于婚偶。女命生于夫绝之位而遇寡宿，屡嫁不能偕老。"如辛丑人得庚寅，寅为丑孤辰，丑为寅寡宿，寅丑互为孤寡。隔角言，丑寅中有艮卦，隔乾坤艮巽，四维之角也。《烛神经》云："凡人命犯孤寡，主形孤骨露，面无和气，不利六亲。生旺稍可，死绝尤甚。驿马并，放荡他乡。空亡并，幼少无倚。丧吊并，父母相继而亡，一生多逢重丧迭祸，骨肉伶仃，单寒不利。入贵格赘婿妇家，入贱格移流未免。"《鬼谷遗文》云："连属不言孤寡，如亥得寅戌，寅得丑巳；或支干朝会，包裹贵人，虽犯孤寡，不以孤寡论。"《广禄》云："井栏斜冲，是孤辰寡宿。更天干带倒食，谓之井栏倒食。若巳午未人再生夏三月，是带两重孤寡，主克妻害子，少六亲，不聚财，多生女，更带诸凶杀，主不令终。"《珞琭子》云："凭阴察其阳祸，岁星莫犯于孤辰。恃阳鉴以阴灾，天年忌逢于寡宿。"盖言小运太岁不可犯之。阳以孤辰为重，阴以寡宿为重。莹和尚云："子午卯酉有死气，辰戌丑未四墓之乡，人或值之，孤中孤也。常以寅卯辰居午，巳午未在酉，申酉戌逢子，亥子丑临卯，此是孤辰隔角，辰戌丑未亦然。"以寅申巳亥为天地之角，今隔此四位，故曰"孤辰"，或以寅日丑时、巳日辰时、申日未时、亥日戌时，名"惆怅杀"，主咨嗟不足，虽富贵亦然。君子玷责，庶人刑徒，不独孤寡已也。若子日戌时、丑日卯时、辰日午时、未日酉时，互换看之，君子主痈疽致命，庶人血光致死。日时损克妻子，胎年损克父母，名"血光杀"。沈芝又以子人见亥，亥人见子，丑人见戌，戌人见丑，寅人见酉，酉人见寅，卯人见申，申人见卯，辰人见未，未人见辰，巳人见午，午人见巳，各两位依次数之。日时遇着，定主孤寡，少失六亲。年时犯，若不过房，必克父母。此又一说。

论天罗地网

罗网之说，其义甚明。然何以戌亥为天罗，辰巳为地网？盖天倾西北，戌亥者，六阴之终也。地陷东南，辰巳者，六阳之终也。阴阳终极，则暗昧不明，如人之在罗网，此其义也。《壶中子》云："龙蛇混杂，偏不利于辰生。猪犬侵凌，但独嫌于亥字。"龙为辰，蛇为巳，辰人得巳，巳人得辰，皆曰"龙蛇混杂"。男命则不妨，惟女命破婚害子，薄命抱疾。辰人得巳重，巳人得辰轻，谓龙生蛇穴者退，蛇生龙穴者进。猪为亥，犬为戌，戌人得亥，亥人得戌，皆曰"猪犬侵凌"。

女命则不妨，惟男命则逆滞龃龉，妨祖克妻。戌人得亥轻，亥人得戌重，谓犬入猪群则进，猪入犬群则伤。诸书亦云："龙蛇混杂，常妨妇女忧危。猪犬侵凌，每虑丈夫厄难。"是男怕天罗，女怕地网。中间又分火命人有天罗，水土命人有地网，余金木二命无之。人命带此，多主蹇滞。更加恶杀相并，五行无气，必主恶死。行运至此，亦如之。假如戌年戌月初一日生者，犯一年天罗。十五日生者，犯十五年天罗。若更生日是戌，增成三十年天罗。或戌年亥月，或亥时戌日，交互见之，谓之重犯，则灾不能歇。地网如上说。若天罗地网重并，为害尤重。《理愚歌》云："生时地结与天盘，争使亲闱得久安。"如甲辰命见甲戌，甲戌命见甲辰，只此二辰生人，是就罗网中言之也。

论十恶大败

十恶者，譬律法中人，犯十恶重罪，在所不赦。大败者，譬兵法中与敌交战大败，无一生还，喻极凶也。六甲旬中，十个日值禄入空亡，如甲辰、乙巳，甲以寅为禄，乙以卯为禄，甲辰旬以寅卯为空亡。壬申者，壬以亥为禄，甲子旬以亥为空亡。余如丙申、丁亥、庚辰、戊戌、癸亥、辛巳、乙丑等日，皆仿此。命中犯者，当以日上见之为是，其余不论。况犯者未必皆凶，若内有吉神相扶，贵气相辅，当为吉论。《元白经》曰："十恶都来十个辰，逐年有杀用区分。"如庚戌年见甲辰日，辛亥年见乙巳日，壬寅年见丙申日，癸巳年见丁亥日，甲辰年见戊戌日，乙未年见己丑日，甲戌年见庚辰日，乙亥年见辛巳日，丙寅年见壬申日，丁巳年见癸亥日，盖以年支干冲日支干，无禄为忌，余悉无妨。释教《元黄经》又以甲己年三月，戊戌七月，癸亥十月，丙申十一月，丁亥、乙庚年四月，壬申九月，乙巳、丙辛年三月，辛巳九月，庚辰十月，甲辰、戊癸年六月，己丑、丁壬年无。如人命甲己年三月、七月、十月、十一月生，恰遇此四日。又分别甲子旬生，恰遇壬申；甲辰旬生，恰遇乙巳。在日上见，方是其说尤的。有四废日，春庚申，夏壬子，秋甲寅，冬丙午。《三历会同》又添辛酉、癸亥、乙卯、丁未。废者，囚死无用之谓也。凡命带此，作事不成，有始无终。有天地转日，春乙卯、辛卯，夏丙午、戊午，秋辛酉、癸酉，冬壬子、丙子，乃干支纳音，俱专旺于四时之谓也。凡命值此日，生于四季，更本命又到此旺，成功不退，物过则损，主夭折。《元微赋》云："韩信被诛，只伤天地转杀"是也。如颜子己丑、辛未、丙午、戊子，夏生见丙午，加以本命又到此旺，虽亚圣，造化太极，至庚申年寿止。又一命，丙戌、丁酉、辛酉、乙未，秋生而遇辛酉，虽本命是土，壬申年庚戌月寿止。大抵造化最喜中和，太过、不及皆不为吉。上四日乃过，遇死囚谓之不及。天地转日乃过，遇健旺谓之太过，非中和也。若柱中不及，有生扶，太过，有制抑，不在此论。

论干支诸字杂犯神杀

夫古人制字，各有取义。神字之训，为木自毙水，土绝于巳。故氾字之训，《说文》以为穷渎。圮字之训为岸圮，及覆火衰于戌，故威为灭。金衰于丑，故钮为键闭。草核为亥，木根于艮，金遇十为针，白遇十为皂，水遇十为汁之类，是可以不论乎？故甲乙十干，子丑十二支，古人制字必有深义。试就字形言之，甲丙丁壬辰字谓之平头杀，若见三四带空亡者，定为僧道。《命书》云："人命犯甲乙丙丁，一路无间，主陷害，男克妻，女克夫。甲癸未申酉属破字，甲癸酉必损眼，未申患心腹疾。更看时入害乡，干神受制者不虚。甲辛卯午申属悬针，五行元无气，不值德神，定是军人。"《三命纂局》云："甲辛三四号悬针，眼疾还多岭厄临。被刑带杀须徒配，多是为军刺面人。"戊庚戌属杖刑，锋刃倒戈。若带羊刃蚀神，定犯徒流恶死。乙己丑巳属阙字，曲脚杀犯多者，必有阙唇穿耳，肢体不全。若无德合，五行无气，谷帛不充，寄食他门。《命书》云："己巳乙巳丁巳人，命日遇主克头妻。"李九万云："凡巳酉丑三合全，天干带己字者，主唇齿不全之疾，一生招人唇吻。四柱有己巳者，名曲脚杀。带多，主养他人为子。不然，养于他人为子。丙壬寅酉为聋哑字，若犯，多者及胎中受害，时蚀于日，必患聋哑。又酉日戌时生，亦主此患，及头面恶疮，此是时破日也。"歌曰："平头必是为僧道，破字终须失眼明。带杀悬针须刺面，徒流多是杖刑并。饥贫不幸逢空缺，相貌兼知不十成。惟是相遭聋哑字，空亡无气定来精。若还曲脚多多带，父子须教两姓生。"又壬癸人得"酉"字，或酉人得"壬"、"癸"字，水从酉为酒，遇吉，因酒成家；凶则破家，或醉死。乙字为披头，若重见者，或师巫，或倡优。并天乙天德，为高官。丙戊二干，若在寅卯上，名仇雠晦气，主招谤怨，多与人竞。乙己癸三干全，非四肢眼目破伤，则中年后犯刑。甲乙庚三干全，主失明，或少年癥疮损眼。乙癸二干不可同见，丑字主富贵少寿。丁辛二干不可同见，巳字主伤父母。经云："乙癸同牛，寸阴难保。丁辛二干，父母多伤。"丙辛二干不可见巳，丁壬二干不可见午申，名曰"类应"，主平生歇灭。乙辛二干不可同未，庚壬二干不可同戌，名曰"反伤"，主富贵中天寿，小人刑戮之灾。经云："乙辛逢未是天牢，四位同宫祸患遭。庚壬遇戌须徒配，灾咎时来不可逃。"

第三十七章　星命汇考三十七

《三命通会》九

总论诸神杀

神杀，古有百二十名，其说穿凿支离，造化恐不如是。除羊刃、空亡、劫杀、灾杀、大杀、元辰、勾绞、咸池、破碎、罗网、冲击、天空、悬针、平头、倒戈等杀，命中切要者，已备论于前矣，兹以诸星家考验有理，复备叙于左。

自缢杀。此杀取五行反系处，如戌人巳，巳人戌，辰人亥，亥人辰，寅人未，未人寅，卯人申，申人卯，午人丑，丑人午，子人酉，酉人子是也。大忌相克，天元是墓，更有天中、官符、大耗者，定凶。

水溺杀。此杀取丙子、癸未、癸丑上带咸池、金神、羊刃。盖丙子纳音水，又子为水旺之地，未为井宿之居，丑为三河之分，更纳音克身，决不可免。古歌云："劫杀克身名颠坠，金神羊刃防同位。要知自缢最凶神，戌巳辰亥并寅未。子酉一例为凶杀，卯申丑未依前是。大忌空亡兼墓鬼，官符大耗仍须避。丙子癸未并癸丑，咸池金杀羊刃畏。五行更若来克身，一死悬梁一溺水。"

挂剑杀。此杀取巳酉丑申四柱纯全者是，或重带巳酉丑亦是，更犯官符、元辰、白虎、金神等类，五行刑克本命者，主凶暴杀人，或反为人所杀。诗曰："巳酉丑申金气全，从革局多名挂剑。元亡金虎并克身，纵不杀人身岂免。"

天火杀。此杀取寅午戌全而天干有丙丁，五位中全不见水者是，有水则非。若年运至火气生旺处，当防火灾。诗曰："寅午戌全号天火，不见丙丁犹自可。五位都无一水神，生旺临年灾厄火。"余命寅午戌全，月干有癸行戌午运，戊癸化火，甲戌年、甲戌月遂遭火灾。

天屠杀。此杀除子日午时、午日子时外，自余丑日亥时，亥日丑时、寅日戌时、戌日寅时、卯日酉时、酉日卯时、辰日申时、申日辰时、巳日未时、未日巳时；依次逐两位数之。君子犯者，主异疾，肠风脚气，小人折损肢体，重犯者主徒配。

天刑杀。此杀取子丑人乙时，寅人庚时，卯辰人辛时，巳人壬时，午未人癸时，申人丙时，酉戌人丁时，亥人戊时，取时刑克本命。犯者遭刑有疾。

雷霆杀。"正七二八子寅方，三九四十辰午当。五十一申六二戌，必主雷轰虎咬亡。"又云："正七下加子，二八在寅方。三九居辰上，四十午位伤。五十一申位，六十二戌方。"正月起子，顺行六阳位。此杀人命遇之，如逢禄贵吉星临压则吉，好行阴骘，为法官，掌雷霆，行符救水之人，或成佛作祖之辈。如遇羊刃、的杀、飞廉等会，命限必凶，主天嗔，雷伤虎啖，天谴瘟疾，或溺水图圄死。

吞陷杀。猪犬羊逢虎必伤，猴蛇相会树头亡。犬逢鸡子遭徒配，兔赶蛇歌走远乡。鼠见犬来须恶死，马牛遇虎定相戕。兔猴逢犬难回避，龙来龙上水中殃。凡人若值临时日，三合为灾仔细详。

官符杀。取太岁前五辰，是日时遇之。平生多官灾，更并羊刃，乃刑徒之命。若官符落天中，多邪诞不实，名"妄语杀"。

死符杀。取病符对冲，是月时日犯之，无贵神解救，凶恶短折。

病符杀。取太岁后一辰，是犯者多疾病。行年遇之亦然。

丧吊杀。一名横关杀。取命前二辰为丧门，命后二辰为吊客，其或太岁凶杀并临大小运限，必主祸。古诗云："五官六死十二病，三丧十一吊来临。"可见此十二宫一太岁歌，不唯命犯不吉，流年尤凶。若月有羊刃来佐，凶杀临时，则横关也。古歌曰："横关一杀少人知，月禄凶神又及时。纵有吉星重叠至，不遭刑戮也倾危。"

宅墓杀。命前五辰为宅，命后五辰为墓，怕宅墓受岁劫等杀来破本命之宅。主呻吟。

日刑杀。以本生日上数甲至本日干住。阳干顺数，阴干逆数。若在命宫主极刑，三合主徒配，对宫主外死。

流血杀。以本生月起子，顺数至本年住。若在命宫三合对宫，主痈疽。庶人徒配，妇人产厄。

剑锋杀。甲子旬人剑辰锋戌，甲午旬剑戌锋辰，甲寅旬剑午锋申，甲申旬剑子

锋寅，甲辰旬剑申锋午，甲戌旬剑寅锋子，随在各宫断。如第七宫损妻子，第四宫损田宅。

戟锋杀。正月起甲，二月乙，三月戊，四月丙，五月丁，六月己，七月庚，八月辛，九月戊，十月壬，十一月癸，十二月己，逐月旺干加临日时，带两重者凶。更与悬针相见，主决配伤残。

浮沉杀。从戌上起子，逆行至本生年住，却从年宫数，看在何宫。只在财帛宫，名串钱，主富蓄。余皆凶。甲乙己庚壬人犯之稍轻，丙丁戊辛癸人犯之重。在寅午戌申未年中，此杀多主水厄。仍各随宫分论灾，如在田宅，则主破祖。余宫类推。

破杀。此杀卯与午、丑与辰、子与酉，未与戌皆相破唯寅申巳亥原破，却三合，故不取。犯者主少年灾滞，财产耗散，兼身有折伤之灾。

返本杀。五行无贵气，下克上为返。歌曰："五行死绝并来时，有格如闲福不随。更忌日时克年主，定无官贵切须知。"如甲子金命得戊午日，又胎月日时多带寅巳，犯者定主孤立，或富或贵，一旺便克，伤父母尊长。

阴阳杀。女属阴而喜阳，命得戊午旺火为正阳。男属阳而喜阴，命得丙子旺水为正阴。是阴阳和畅，故男得丙子，平生多得美妇人；女得戊午，平生多逢美男子。日上遇之，男得美妻，女得美夫。大忌元辰、咸池同宫，不论男女皆淫。如男得戊午，多妇人相爱；女得丙子，多男子挑诱。更看有无贵贱消息。

淫欲妨害杀。《壶中子》云："老醉秦楼十二，直缘重犯八专。少亡楚甸八千，应是叠逢九丑。"盖言八专为淫欲之杀，九丑为妨害之辰。八专乃甲寅、乙卯、己未、丁未、庚申、辛酉、戊戌、癸丑是也。日上有不正之妻，时上有不正之子。女人犯者不择亲疏，犯多者尤紧。九丑乃壬子、壬午、戊子、戊午、己酉、己卯、乙酉、乙卯、辛酉、辛卯是也。妇人犯者，主产厄；男犯多丑，不令终。

孤鸾寡鹄杀。古歌曰："木火逢蛇大不祥，金猪何必强猖狂，土猴木虎夫何在，时对孤鸾舞一场。"乃乙巳、丁巳、辛亥、丙午、戊午、壬子、甲寅等日。男克妻，女克夫。

阴阳差错杀。乃辛卯、壬辰、癸巳、丙午、丁未、戊申、辛酉、壬戌、癸亥、丙子、丁丑、戊寅十二日也。女子逢之，公姑寡合，妯娌不足，夫家冷退。男子逢之，主退外家，亦与妻家是非寡合。其杀不论男女，月日时两重或三重犯之，极重；只日家犯之，尤重，主不得外家力。纵有妻财，亦成虚花。久后仍与妻家为仇，不相往来。

临官遇劫名"桃花杀"。主好酒色。

返吟遇枭名"短寿杀"。主伤妻子。

桃花红艳杀。子午卯酉为桃花杀，甲乙逢午、丙寅、丁未、戊子、己辰、庚戌、辛酉、壬巳、癸申为红艳杀。女命最忌之。

以上诸杀，凡言克身谓凶杀，下纳音克生年。太岁纳音临身，谓凶杀带太岁纳音于本位也。太岁纳音为身，若身被克，被临于死败绝位，便遭不测之灾。若但在身有气处被克灾重，被临则轻，唯太岁纳音克杀则吉。如人命已入贵格，紧要处带杀，有福神助之，则名为权柄，无神福助之，又杀气乘旺，递互往还，或刑克本主，下贱恶死。又云：一切福神所居之位，则欲生旺，生旺则荣贵；一切杀神所居之位，则欲死绝，死绝则善终。又云：凡福神欲令得旺气，忌有败之者；凡凶神欲令得衰气，忌有助之者。又云：相冲相破，三合六合，命中有之，即求五行相得何如。或祸中生福，福中生祸。如死绝复生，空亡受破，相克相成，则祸中生福，反此则福中生祸。《命书》云："道途贱吏岂无驿马攀鞍；市井博徒，亦有三奇夹贵。"子平云："君子格中，也犯七杀羊刃；小人命内，亦有正印官星。"由是观之，吉凶神杀，不可拘定；轻重较量，要在通变。大抵凶杀所居，干神不宜带真鬼，克伤本身。虽见官星，尚变为鬼，况是真鬼，其为灾祸明矣！

歌寅申巳亥互换神杀

当年同榜拜丹墀，文业虽齐禄不齐。

生死荣枯千百样，为缘杀局有高低。

杀局十二官中皆有之，而寅申巳亥为最。以亡神、劫杀、贵人、长生、禄马同位故也。人命逢吉神多则吉，凶杀多则凶。

杀中包杀方为贵，不在年干在日时。

带贵自生方是吉，力停争战又非宜。

杀中包杀是长生带贵，则变杀为生，无吉则杀无变，非一杀占二宫也。不在生年干头及生年纳音，全在日时见煞。杀自长生，方可作吉。如陈参政庚子、壬午、辛巳、辛卯、癸酉，胎子午卯酉，蛇头开口。四位全破碎在巳，子人劫杀在巳，是四位杀聚于辛巳。金自长生。又王参政乙巳、乙酉、己未、壬申，是壬申为亡神聚贵，又自旺为权，故皆大贵力停。如戊、午丙子之类。两边皆旺，各自为主，相对相克，谓之战不胜者争故。林开曰："力停争战，寡不敌众。受降者得福。"此之谓也。

　　　　　　自生自旺自临官，分散英灵气不完。

　　　　　　四弱一强方是福，迭为宾主便分权。

　　四柱中只要一位长生专旺，方可聚敛精神。若年月生旺，日时又生旺，谓之分散英灵，反主不贵。如癸亥、戊午、丙子、己亥，四位各自生旺，迭为宾主，心性虽巧，只一术士。如杨侍郎壬寅、壬寅、庚辰、辛巳，纳音三位金，同长生于时，是聚敛精神，故贵。

　　　　　　谈命先须挑杀局，星辰要看主宫星。

　　　　　　两般强弱能分别，祸福何愁断不灵。

　　　　　　杀局不多元百个，亡神劫杀皆为祸。

　　　　　　若逢禄贵及长生，反杀为权声誉播。

　　　　　　如无禄贵是奸顽，不忙不急足机关。

　　　　　　更带三刑作僧道，难和骨肉必伤残。

　　　　　　长生甲申并己亥，辛巳宜堪见丙寅。

　　　　　　沙漠扬威奸胆破，调羹鼎鼐庙堂人。

　　　　　　寅申己亥喜长生，胎元凑足最为荣。

　　　　　　四方四马人声价，纤紫拖朱居帝京。

　　甲申、己亥、辛巳、丙寅四位，为真长生。如是亡劫，更带禄马贵人同到，必主扬威沙漠。如李侍郎乙酉、乙酉、乙酉、甲申，四水皆生于申，三贵又聚于申，自得长生，又在旬内，故大贵。

　　　　　　杀神和主两长生，富贵荣华莫与京。

　　　　　　若有贵人兼带合，定知金殿玉阶行。

　　神杀自得长生，年头纳音又随神杀同长生在于日时，谓之真长生。又谓之生处逢生。如壬寅见辛巳，乙酉见甲申之类。主大贵。

　　　　　　凡是有权须带杀，权星须用杀相扶。

　　　　　　五行俱善无权杀，即得权星命又孤。

　　造物不能两全，所以神杀主权，又不免刑克多孤。

　　　　　　一座亡神性机密，两座亡神须决脊。

　　　　　　三座亡神生不生，狴犴不亡终恶疾。

亡神重于劫杀，以太过也。如壬子、丁未、辛亥、己亥，两重亡神，决配贫薄。

一重劫杀福胚胎，两重刑法盗资财。

三重凶狠人顽恶，生不生兮命恶推。

劫一重，若带贵或自生旺，主发达。纵克我，亦无害。若三重死绝无气，必是贼徒，主恶死。如辛丑、丁酉、乙未、戊寅，犯官司后大发。如辛丑、戊戌、丁亥、壬寅，读书及第，改官就禄，丁亥合起贵人故也。

有杀方能始杀财，我克他时是福媒。

杀自受降财自至，不须禄马贵人来。

人命有亡劫，二杀始能杀财。大要我去克杀为吉，杀来克我为祸。若"甲子见己巳福，见乙巳贫"之类是也。

尽说贵人能压杀，亡劫多时依旧贫。

自衰窃气难凭贵，杀凶贵善又无功。

如辛亥、庚寅、甲申、丙寅，缘亥寅六合，合起吞啖亡劫为凶，故一生修读，竟中风不第。若无贵人，决然恶死。又己巳、壬申、甲寅、壬申，刺配吏也。

五行不用多神杀，劫杀临官须早发。

杀自为权三两重，痨瘵身亡兼骨热。

重逢帝旺亦如然，七伤五痨下九泉。

生劫重重人早死，临官帝旺尚迟延。

如辛未、辛丑、壬申、戊申，早发而呕血痨病。甲戌、庚午、戊辰、戊午，亦病缠身。

日月逢德祸必轻，杀来克我也无迍。

日时亡劫贪杯酌，只喜长生及贵人。

日时带亡劫全者，主贪酒色成疾，只宜艺术九流。月日逢天月德，纵有祸亦轻。

寅申巳亥若逢全，长生不遇命难延。

谋高胆大终遭辱，结果应无莫怨天。

如韩平原，壬申、辛亥、己巳、丙寅，如此大贵，不免斩首。常人必无结果。

劫孤二杀怕同辰，隔角双来便见迍。

丑命见寅辰见巳，戌人逢亥未逢申。

初年必主家豪富，中主卖田刑及身。

丧子丧妻还克父，日时斗凑不由人。

丑见寅为例，谓之劫带孤辰。主刑克孤贫，僧道九流人庶几。如癸未、庚申、丙申己亥，中年退散，丧身远配。己未、壬申又见申时，却有贵人不妨，但刑克父母，无子。

劫孤带贵长生兼，便主威权福寿全。

若不长生逢贵气，也应白手置庄田。

如辛丑见丁亥、壬寅者，为官。见戊寅，先犯官司，后富。缘丁亥，是临官。又合贵力重故也。

古老三命分强弱，劫杀亡神最凶恶。

聚众攻身大不祥，不贫即夭填沟壑。

聚众乃亡劫，同孤寡、隔角、破田、破宅、大耗、悬针等类。如己卯见庚申，癸卯见丙申尤甚，缘克主也。

亡神劫杀不宜全，莫教得党克生年。

罗纹不战也凶恶，生死荣枯在目前。

如癸酉、辛酉、壬寅、壬寅，被牛触出骨，病五月而后死。

凡是凶神莫克年，克年便主祸连绵。

杀神各自分轻重，我克他兮杀变权。

凶神恶杀宜克出，吉神贵人宜克入。

大富大贵凭杀权，杀宜居后主宜先。

单逢亡劫天元秀，定乱安邦作大贤。

如贾平章：癸酉、庚申、丙子、丙申，酉为主在前，申为杀在后。庚申杀受制丙申。鬼病金旺，所以大贵。

最凶卯酉见寅申，卯见申兮杀带针。

破宅破田并大耗，离居离祖更孤贫。

全见寅申必破家，平生造屋爱奢华。

设居富贵应无久，祖业非官火炬花。

命宅禄宅不宜同亡劫，卯酉生人不宜见寅申，谓之破宅杀。若亡劫、悬针、大耗、隔寡在其上，见全寅申者，爱造屋费。若非官司抄没，必主烧毁，先富后贫。如乙酉、癸未、庚寅、甲申女命，才嫁夫火烧其屋，因讼卖尽田园而离祖。

子午生人一例推，巳亥那堪在日时。

克主更嫌他有党，耗财破产决无疑。

如戊午、癸亥、癸巳、甲寅，胎是杀得党，三次投军，后作丐者。戊午、癸亥、癸巳、丁巳，一土制二水，火复临官，富足而孤，离祖。

上宫亡劫主刑妻，破碎临官一例推。

克后依前婚室女，干生音助岁必低。

日为上宫，时为帝座，如见亡劫、大败、临官、帝旺，皆主克妻，天干助生，纳音又生，主再婚室女，不然或以妾为妻。

贵人禄马上宫加，妻必贤能内克家。

更有食神兼带合，腰如杨柳面如花。

上宫见禄马，或贵人食神，必主妻贤内助。更兼六合合起，主得貌美成家之妻。

亡劫孤寡凑同辰，六亲克害必然真。

日上逢之妻愚朴，时上逢之子未真。

更与三刑同位到，若非僧道主孤贫。

亡劫本孤，更值孤寡三刑同位，决然难为六亲。日上克妻，时上克子，必然妻愚子拗。

凡处公门休带杀，若逢亡劫便遭刑。

计孛火罗临四正，千里徒流枉丧身。

凡处公门不宜见亡劫，日时全见，必主配死。如隔见有合，亦主徒流。更火、罗、计、孛守四正者，准上文。

禄马嫌冲宜六合，杀神忌合喜刑冲。

杀神遇合为凶杀，禄马刑冲吉反凶。

如甲子、乙亥、己亥、己巳是合杀，被人杀死。如己亥、丙寅、甲寅、庚午，甲寅与己亥为双合，若更克身，则早死。今却不克，五十二岁坐狱而死。

单逢劫杀或亡神，间有咸池及贵神。

医卜巫师或牙侩，随缘度日免孤刑。

日时单见一位亡劫，无贵人生旺而逢死绝之地，主贪杯好色，术艺人方可。

回头破碎杀非佳，杀反朝元祸不赊，

酉丑两宫攒杀转，孤克重重寿不通。

酉命人见寅申、巳亥、日时，丑命人见辰戌、丑未日时，谓之回头破碎。主狡猾，命夭。受克者，不满三十。

> 子午卯酉若逢蛇，受气长生必拜麻。
>
> 杀神死绝相攒聚，宜作屠行卖肉家。

如陈学士庚子、壬午、辛巳、辛卯，自中庭拜麻而又出之，缘杀气太重。如己卯、丁卯、乙卯、辛巳，杀猪屠户。

> 双鱼双女主双生，命入寅申孛计侵。
>
> 男女两途逢朔望，望过一子一为阴。
>
> 三刑隔角更空亡，华盖重并主过房。
>
> 必是双生或庶出，不然重拜两爷娘。

巳为双女，亥为双鱼，以蛇有两头，鱼有比目，故名。命带巳、亥、寅、申、戌立命及火、罗、计、孛坐命，华盖并于空亡。三刑孤隔，多是双生。不然，庶出过房，或克害父母兄弟。

> 双辰一杀最刑伤，干带同干支带双。
>
> 六害并逢亡劫杀，取林之内礼空王。
>
> 重拜偏生并寄养，男当鳏寡女居孀。
>
> 只为重犯双辰杀，更有丫头一例详。

双辰者，干支两位是也。多主孤克。如癸亥，癸亥、丙申、丙申，谓之亡劫双辰杀，是一长老。如乙亥、丁亥、己卯、丁卯，是一奴婢。如己亥、乙亥、丁酉、己酉，是一过房。

> 寡宿孤辰不可当，犯全送老没儿郎。
>
> 共活却宜三两姓，好为僧道守空房。
>
> 合空合刃合咸池，空主聪明刃狠愚。
>
> 合刃罗纹身恶死，官刑苟免主颠痴。

有大六合，小六合，大三合，小三合，华盖双合单合，内合外合顺合反合，合空亡，主人奸巧。合羊刃，更罗纹重叠互换，主恶死。如乙酉、庚辰、庚辰、乙酉，非犯法徒刑，必破相有疾。

> 咸池不合也风流，合起奸淫老不羞。
>
> 有合更兼来克我，肠风消渴病为仇。

咸池主肠风，干克及纳音克，主消渴。如庚辰、己丑、辛巳、丁酉，一生最淫。以巳、酉、丑三合，合起桃花也。

干头带合力还轻，三合应须辨浅深。

顺合也还观反合，吉凶祸福要详明。

如天干合地支不合为单合。戌命人时日，见寅午为反合，祸福一般断。

亡劫不宜真六合，有合还宜有贵人。

不遇贵人兼克主，他不杀人人杀身。

亡劫切不宜合，亦不宜克主。如壬戌、癸卯、己亥、己巳，虽不合，却有己之阴土克壬之阳水，地支逢冲，故主凶，斩首，此李太尉命也。又丁巳、壬申，天干地支六合，合起巳刑申，酒色破家。一女命，壬申年见己巳日，为娼。

合贵之中更带官，少年平步上云端。

合禄干头兼得禄，三宫钩起福人看。

如辛未、己亥、丙午、戊戌，谓之合贵，又谓合官。少年贡举。如辛未、辛丑、甲午、丙寅，早年入仕，缘为丙寅胜也。

贵人克入最为佳，禄马如斯皆可夸。

微克更兼逢六合，管教富贵享荣华。

凡贵人禄马宜克我，谓之克入有克，而又带合，斯至妙矣。

歌子午卯酉互换神杀

咸池四位五行中，遍野桃花斗嫩红。

男女遇之皆酒色，为其娇艳弄春风。

子午卯酉占中天，咸池羊刃杀相连。

甲庚壬丙人相遇，慷慨风流醉管弦。

凡是咸池多性巧，更主风流貌比华。

性急又兼多业艺，是非林里反成家。

咸池杀，主人性巧性急，爱风流，多才貌，能艺术。

咸池一杀号廉贞，逢水妖娆主乱淫。

沐浴进神仍见贵，必教倾国与倾城。

咸池杀，乃天之廉贞星也。凡命遇之，最不宜见水。主奸淫。如更在沐浴之乡逢进神，倾国倾城貌也。

倒插桃花色更鲜，日时月里反朝年。

风流倜傥人奸妒，性巧聪明贤不贤。

如卯人见寅午戌月日时，酉人见申子辰月日时，反朝于年，谓之倒插桃花。主人性巧聪明，性急不能容事，多贤淑而有不贤处也。

错乱咸池艺术人，休囚带鬼最为真。

空亡生旺心偏巧，能武能文骂鬼神。

咸池主艺术，如在旺宫，必术艺精奇，高秀之士。如空亡带鬼无气死绝，必村巫或粗工。

羊刃咸池在日时，心灵性巧事多知。

旺宫性急败宫缓，宿疾风流兼有之。

如甲戌人见卯，谓之咸池、羊刃。又庚申见酉、庚辰见酉之类，主人多学多能，未免带疾。

咸池为性本邪淫，申子辰逢癸酉金。

亥子水人情色重，恐耽花酒病伤心。

时日咸池一两重，名为岁杀反招凶。

暴亡水火离乡死，咀咒瘟黄不善终。

岁杀者即咸池，在日时主父恶死，属火主火死，属水主水死，属土主瘟死，属木主打死，属金主刃死，各以五行推之。

日上咸池带旺神，阴错阳差华盖并，

妻家惹祸兼装丑，若不刑离诱外人。

凡日上咸池，更有阴错阳差，华盖破碎在其上，皆主妻不良，因妻获丑受辱。若大家，亦主与妻之兄弟父母装丑。

贵人天上号文星，互换年时福气深。

四柱罗纹重叠见，重逢生旺侍枫宸。

天乙贵乃天上至尊星也。若年与时上互换见之，则吉。更得生旺有气为上。如丙申、己亥，辛未、己亥、辛巳、丙申、壬午、壬寅，俱互换见贵，前命有气，后命无气，所以前为宰相，后为太守。又苏东坡学士丙子、辛丑、癸亥、己卯，水临官于亥。大抵五行第一贵者福气，为官并根互换，贵人。第二贵者权杀，为官不可拜相。第三贵者秀气而已。

贵人六合有阴阳，阴贵逢阳喜异常。

若见罗纹兼有气，少年天府姓名香。

罗纹贵人年时互换是也。甲见丑为阳贵，未为阴贵。如甲寅、辛未、癸未、戊午合起阴贵，主得女人财力。

> 进神白虎兼羊刃，岁杀悬针破碎同。
>
> 难识阴阳真造化，乾坤感应自相通。

子午卯酉有四个进神，四个羊刃，四个白虎、岁杀、咸池、将星，两个悬针、破碎，乾坤造化，各主祸福。

> 进神不可例言奇，中间妙理有谁知。
>
> 进禄贵官方是吉，败家时日进咸池。

如辛未见甲子，是进咸池，主孤贫。

> 进针进耗皆无益，羊刃咸池尤不吉。
>
> 设逢天乙贵人临，起倒无成耽酒色。

如辛未见甲午，贵而带悬针。

> 进神入命本无益，翻作耗神尤不吉。
>
> 若逢暴败与咸池，卖尽田园耽酒色。

进神、悬针、羊刃在日上，主生离死别，三妻之命，在时无子。

> 进神羊刃必遭官，日上屡教歌鼓盆。
>
> 时上号为埋子杀，三刑同到人军门。
>
> 不入军门身恶须，迟早须当运限论。

进神羊刃更带悬针，暴败三刑，必主因公得罪，入于军门。不然，恶死。如甲子、庚午、庚午、己卯，四十四岁凶死。

> 白虎胎神气象豪，木人癸酉便声高。
>
> 更逢羊刃兼飞刃，马杀时人口似刀。
>
> 克木如逢在日时，娶妻糊涂又刑妻。
>
> 焦牙爆齿仍多口，方许和鸣福寿齐。

白虎杀即五行胎神是也。如庚申、庚寅之木见癸酉日时之类。

> 阴错阳差因孝娶，外祖两重或入赘。
>
> 不然决要克其妻，或者残房来作婿。
>
> 阳差阴错不风流，花烛迎郎不自由。
>
> 不是寒房因孝娶，残房入舍两家仇。
>
> 女人逢者亦依然，真假公姑或续弦。

否则有刑多寡合，外家零落是前缘。

阴错阳差杀最凶，日时年月莫相逢，

孛星若也临高位，自作媒人两三重。

如丁亥、丁未、壬戌、癸卯，头妻偏生女，半年而死。复滥一婢为妻。如丙子、庚寅、丁丑、丙午，亦滥三妻。

阴错阳差理更微，桃花帝旺莫相随。

惹起官司因妇女，不因外祖便因妻。

凡错差会桃花杀在帝旺之位，准上文，如庚午、己丑、辛卯、戊子，三次招女人官司。如辛亥、壬辰、辛酉、壬辰，因女人官司破家。如癸亥、戊午、丙子、己亥，因女人起事，其验如此。

日时羊刃贴身随，必主生离死别妻。

互换悬针攒一处，驼腰狗背免流答。

女子逢之必夭伤，投河自缢树头亡。

如逢天月德来救，免得凌尸死血光。

日时羊刃，主克妻。若来克身，主生离一妻，死二妻。如丙午生见甲午之类，为贴身年月日之刃聚于时，或三处刃聚于日，准上文。如丙寅、丙申、壬午、戊申，十八割头。又女命丙寅、甲午、丁亥、庚午为有日杀，虽免自缢凌尸，却早生产死，终见血光。

古言羊刃只宜男，不怒而威性不忙。

宽栗刚廉人梗概，管教富贵享安康。

如赵葵丞相：庚戌、乙酉、乙酉、乙酉，带三重旺气，羊刃不并华盖、咸池、悬针之类，主有权，此命作从化得局看，所以大贵。

狼食鲸饮是如何？羊刃重重亡劫多。

计孛火罗临四正，只图醉饱任风波。

四正，子午卯酉是也。

神杀无多不易论，看他攒聚看他分。

分开祸福皆分散，聚杀攒凶命不存。

如甲戌、丁卯、癸卯、丁巳，一生富足无子，谓之分散，不合太多，寿不满五十。如丙寅、壬辰、丙子、甲午，谓之攒凶聚杀，贫贱早夭。

日中羊刃兼华盖，只利妻先嫁一人。

卒急寒房方免祸，貌如太美便风声。

六己生人见未日，若己亥、己卯、己未人得之，准上文。

杀神最喜落空亡，凶杀空亡大吉昌。

禄马贵人还减福，如逢相冲另一详。

空亡生旺必聪明，死绝喽啰语不真。

犯尽空亡空里发，空门艺术九流人。

空亡遇相冲则不空，喜生旺，忌死绝。

贵人禄马事非虚，神杀权高首位居。

禄马杀神如得贵，禹门汲浪化龙鱼。

贵人禄马在旬中，不带空亡不带冲。

自旺自生兼带合，桃花浪里变鱼龙。

休囚死绝均无益，冲击空亡皆减力。

任是侯门将相儿，只可随缘度终日。

如丙申、己亥、辛未、己亥，是贵人上带长生，又杀在旬内，所以大贵。如己亥、庚午、庚午、壬午，禄太多而逢死绝，所以为道人。

年月日时共一旬，还同兄弟一家人。

若兼禄马同旬内，金榜扬名显二亲。

五行四柱皆在本旬，遇禄马官贵则吉，遇羊刃、破碎则凶，秀而不实。

为人性快是如何，生旺临官马更多。

待物接人多慷慨，咸池疏爽更喽啰。

勾绞三刑亡劫并，为人狡猾更沉吟。

日时年月如重见，内蕴机关似海深。

如甲申生见乙亥、辛巳之类，主人奸巧，作事多诈。

平头一路占天干，羊刃悬针杀斗攒。

相克相冲无旺气，披毛带角畜生看。

天干一路，是平头杀，如丙午、丁未之类。地支重叠，带羊刃、悬针聚一位伤，主命必伤残，不然畜生。如癸丑、乙卯、乙丑、癸未是猪命。

戊庚多者定披毛，重叠元辰命不牢。

计孛火罗如守照，马羊猪犬数难逃。

戊庚两字，为披毛带角杀，云"畜生"。畜生，凶顽可畏如畜生也。

四柱刑胎父必伤，当于母腹便身亡。

戊庚隔角平头杀，背指青天寿不长。

凡四柱刑胎者，早克父，不吉。更有隔角、平头，三刑空亡，五行无气，便是畜生。如戊寅、庚寅、庚寅、戊寅，是犬命。

歌辰戌丑未四宫互换神杀

辰戌丑未为四印，戊己得之偏主信。

甲乙若逢鄙且贪，丙丁或遇多贫病。

庚辛格号母生儿，聚杀丑宫多短命。

戊己属土，遇四印为本宫，主信。甲乙遇之为财，财已入库，主人贪鄙。丙丁得之，窃气不贫则夭。庚辛为子，归母腹。或四位不全，在死绝之地，主人勾绞使术数。或聚杀丑宫，多夭折。

天罡大杀占辰宫，大吉原来在丑中。

小吉杀常居未上，河魁在戌定其踪。

不知四柱四般杀，难定浮生吉与凶。

人命辰戌丑未全，更有别杀，主孤克。

四柱四冲皆有刃，三刑华盖一般同。

若逢丑未干头会，金谷园中富贵翁。

辰戌丑未四位，华盖、羊刃、飞刃、墓库。三刑若全带，如甲辰、甲戌、辛未、己丑之类，未有不享福者。

戌重见戌未见未，丑重见丑辰见辰。

时上迭逢华盖杀，男女空亡寂寞春。

更有罗火孛与炁，若临身命一般论。

华盖清闲艺术人，休囚生旺两般论。

文章医卜兼师术，九流僧道日时真。

华盖喜于自墓及相生，乃可享清闲之福，否则僧道九流。如庚辰之类，不能自墓，只可村巫粗艺人也。

华盖咸池兼带鬼，不为巧匠便为师。

鬼少五行兼有气，不顶黄冠便著缁。

墓库逢华福寿基，六亲孤克似华夷。

日妻时子分轻重，官不封侯定可知。

如甲戌、甲戌、己未、甲戌，是墓库逢华盖，主享福眉寿，未免克父母，刑妻子。克我者重，合我者轻，为官不至封侯。

前言丑位怕逢寅，戌人嫌亥未嫌申。

辰人嫌巳为孤劫，禄贵临兹是福神。

劫孤二杀，更带长生，逢贵禄尤好。

土旺辰戌并丑未，凡命逢之多性执。

飞刃三刑同位见，性恶性刚兼性急。

观之外貌似温和，怒发冲冠奈触何。

若不刑妻并克子，因亲气血不调和。

辰戌丑未属土，所以性执不拘。单逢双逢，但有羊刃飞刃，准上文。

羊刃四宫三两重，盲聋喑哑或肠风。

三刑同位来伤主，不配应当不善终。

既多羊刃，又有三刑同来伤主，不但刑妻子，且不善终也。

飞刃比和便主权，为人公议寡于言。

刚方正大多钦仰，声势肥家远近传。

如带羊刃，不要克我，仍不要他旺在强地。他弱则降我为福，他强我弱则祸。如甲寅水见辛卯木之类是也。

带来飞刃并三刑，凶狠强梁不可亲。

好杀好欺仍好武，只宜他败我生成。

刑克重重好过房，古言辰戌是魁罡。

破祖离家方吉利，只宜艺术与牙郎。

辰为天罡，又为地网，戌为天魁，又为天罗。辰戌日时，未有不孤者也。中末年，只宜守己。如相克，只宜艺术空门人。

辰能合酉酉冲卯，辰卯之中六害生。

未来合午午冲子，子未之中一般情。

不是过房随母嫁，或为僧道或孤贫。

以上名暗六害。

五行鬼杀看输赢，斗战伏降分重轻。

他弱我强还得福，鬼强我弱便为凶。

鬼多只利术医卜，空里营谋事事成。

鬼占强宫居旺地，洛阳花发又残春。

鬼杀皆不克身，及占强宫，要分战斗、伏降。如鬼多，只宜九流败官，鬼多身居强位才发，又不如意。

无鬼不能成造化，无杀安能身有权。

只怕鬼多兼杀众，凶多吉少便为愆。

鬼强不可例言凶，鬼伏他家受制功。

格曰伏降神内保，恭谦富贵福兴隆。

贵人禄马主温和，神杀主猛烈。命中无鬼不能成造化，无杀不成权柄。但恐多而分秀气，不为吉也。

他来克我我居强，我占强宫又不妨。

鬼败本强身富贵，名高仍且寿延长。

母生子广母当虚，母占强宫又不虞。

母旺子衰分四季，九重城里任安居。

如金人见土为母，见水为子，如庚戌、乙酉、乙酉、乙酉、丙子，胎是金生四水，母生子广，却喜子衰母旺，而不为害。况金生八月，是得令之秋，杀不得地而身得地，子能窃母之气，故贵。

母分四季产婴孩，子旺强宫母却衰。

夏月木人逢火旺，家徒四壁致凶灾。

凡上生于下，乃脱气，不吉，如木命逢戊午之类。况是夏月，火复得时，乃子旺母衰，不贫则夭。

隔角三刑克害多，直须离祖号行案。

自为自立方奇特，骨肉仍教内不和。

身体发肤因父母，贤哲保身无毁伤。

进退存亡能觉悟，吉人凶变作祯祥。

右十二宫神杀。古人所重。然必以主本旺相休囚，五行生克制化，本之以财官印食，参之以贵人禄马，然后看神杀轻重较量可也。若专论神杀，则诬矣。故取《应天歌》，以为《三命》之一助云。

歌战斗伏降刑冲破台

战斗为祥力两停，两边相制始为荣。

夫妻相称仍和顺，平步青云万里程。

要知战斗福千钧，四柱相停力不分。

沙漠宣威声万里，词场笔阵扫千军。

此战斗为福格也。凡五行不战则体常为主，遇战斗则迭为宾主。己巳、癸酉、庚寅、辛巳，大林木惧癸酉剑金，日为主，主乃庚寅旺木，己巳林木，依附庚寅，自立为主。癸酉势孤，不能敌也。又有辛巳金为之辅，主自立为主。己巳主弱而庚寅强，癸酉金刚，辛巳又弱，强弱相等，两边力停，我克者为夫，受克者为妻。夫妻刚柔相济，所以战斗之中反得福也。

五行遇战主多更，相对相冲便斗争。

斗若不赢翻作祸，力停须看两相登。

刑冲战斗论输赢，四柱偏颇力不停。

鱼腹有灾防溺水，鼠牙莫近恐遭刑。

此战斗为祸格也。如壬午、己酉、己巳、壬申，杨木生秋月，白帝司权，金得胜之时，木极衰弱。巳申酉皆金局，况壬申金得土以滋其势。己巳又合起壬申，为祸伤身，故二十八岁溺水而死。

上宫刑月月刑年，鬼在休囚势自偏。

帝座若还仍克日，递相关锁福滔天。

此伏降为祸格也。如乙巳、甲申、乙酉、己卯，乙酉败水，生于甲申而克乙巳之火，火却不得其位而水反胜。鬼得其党，谓之鬼啸。却喜己卯土先破乙酉水，复制甲申，互换相制，不能为祸，反为吉也。

伏降为福下刑年，帝座居强独主权。

心广体胖膺百福，子孙荣贵庆双全。

如甲子、丙寅、甲申、辛未，是土制水，水制火，火制金，皆反为福。必主簪缨，累代福寿人也。

鬼来攻我鬼居强，我弱之时势莫当。

鬼杀两般俱有气，不空有合最为殃。

鬼逢专旺擅强梁，身弱名为我反降。

若遇空亡应免祸，如无援救命难长。

此伏降为福格也，如辛未、辛卯、辛卯、己亥，鬼在强宫，却喜辛为空亡，故虽不能富贵，亦无灾祸。未满五十而死。

母被鬼伤子来救，子报母冤排左右。

破其鬼贼冲其刑，破鬼冲刑为福寿。

此冲破为福格也，如戊午、癸亥、癸巳、丁巳，癸巳之绝水归于癸亥，冬月水胜之时，而克戊午无气之火。况巳为破禄，亥为破宅，合主贫贱。今喜丁巳土就身，克退癸巳，冲破癸亥，乃子来救母，一生富足人也。

鬼杀来刑要带冲，交相冲破却为功。

文章独步夸王粲，富贵双全比石崇。

如乙亥、乙酉、癸巳、癸亥，冲破其鬼反为福，一生富而好礼，名冠乡间。

破其禄马破其库，破了吉神无救助。

神杀相残破宅同，作丐人间无限数。

墓库中为禄马残，更冲命宅一般般。

如无吉曜居强正，活计犹如一范丹。

此冲破为祸格也，如鬼克我谓之伤残，吉神格无救助，如戊午、癸亥、癸巳、甲寅，又甲寅胎三水，归依癸亥而克戊午之火，破了禄宅、命宅，乃沟壑、亡神、医桑、劫杀，三次投军，后作丐，饿而死。

刑杀落空兼有制，刑不入身为福会。

同宫相制主得援，得援附主为祥瑞。

此制刑为福格也，如甲子、甲戌、甲寅、丁卯，甲戌鬼落空亡，吞啖寡宿空亡，甲寅水克退丁卯之火，不敢伤甲子之金，乃主得其援，反为福也。

制刑得援要空亡，不克身兮福禄昌。

金玉满堂人富贵，少年高折桂枝香。

如庚寅、癸未、壬戌、乙巳，甲戌胎，甲戌、壬戌同宫，水火相争，又喜甲戌归于乙巳，不能刑于癸未，壬戌势孤，刑而不入，故主富贵。

战斗刑冲为大敌，敌得胜时方是吉，

投身如入鬼贼中，横死家亡刑宪及。

此惹刑为祸格也。如辛酉、辛丑、癸酉、壬子，癸酉、辛酉同宫战斗，刑于本身，就家降鬼，为鬼所制，被人杀死。

若刑为祸最非良，停力同宫尽斗伤。

身若就降降鬼贼，难逃家破更身亡。

力停者，一位不能刑二三位，刑一位乃真刑也。如辛酉、辛丑、己丑、乙丑，得己丑之火以救其祸。

十般六合少人知，自古神仙不泄机。

禄马贵人旬内合，合中添福福无涯。

此六合为福格也。十般六合已解，前如甲寅、辛未、癸未、戊午，此为小六合。合起贵人而得阴人之助，致富贵福寿。

六合为祥一例推，

合中增损为。

咸池功名拟向为霖用，

不谓云行雨不施。

如真德秀，戊戌、壬戌、壬申、癸卯，金不能胜而木反胜，合中不喜咸池增损，又且克身咸池。虽人聪明，毕竟是减福。又壬申伤木柱，无土救，是为合中减福。

合来神杀便为凶，神杀如何一样同。

各杀各宫专祸福，鬼神催使不由人。

此六合为祸格也，如己亥、丙寅、甲寅、辛未，甲与己合，寅与亥合，合起亡神，吞啖孤辰，故主枉死在狱。平日喜讼之过也。

六合为灾不可当，官符亡劫一般详，

迷花恋酒并笼养，好讼终身桎梏亡。

如庚子、丙戌、乙酉、丁亥，合咸池、羊刃，日不如人而好武，好笼养歌舞酒色，三十一坐狱死。

生旺旺中生福慧，旺里反宜鬼相制。

得制方为福寿人，一重方可为祥瑞。

此生旺为福格也，如甲寅、癸酉、壬戌、庚子，其父为太平宰相，可谓腹中藏贵杀，胎里叫官人，是生旺中得鬼制是也。

生旺为祥在日时，鬼来制御却相宜，

桃花直透三层浪，桂子高攀第一枝。

如乙酉、乙酉、壬辰、庚子，然庚子土自旺，又带鬼克身相制，是生旺鬼制之福，故主早年登第。

五行生旺不宜多，三两重逢祸必过。

旺里若还无制御，传尸痨瘵面阎罗。

此生旺为祸格也，如丁亥、辛亥、己亥、甲子，同宫战斗，非惟贫贱，又且痨瘵，十六岁死。

长生帝旺见重重，变福为灾反不中。

得鬼制他方减祸，纵饶富贵也招凶。

如己未、辛亥、甲午、辛未，是少年迪功郎出身，未改官而亡。

死中得母绝逢生，富贵荣华别样新。

廉简直温无燥暴，朱衣元是黑头人。

此死绝为福格也，如金人见戊寅为"绝处逢生"，见庚子为"死中得母"，见庚午为"败中有救"，皆为福矣。

人言死绝最为凶，起死还生福反祟。

深略沉机人谨重，康宁福寿足盈丰。

凡命死中得母，绝处逢生，败中有救，主人沉机谨厚而享大福。

死绝那堪鬼更伤，鬼居强位岂能当？

若还禄宅皆冲破，失业亡家死异乡。

此死绝为祸格也，如己亥、庚午、庚午、壬午，非惟木死于午而禄死于午，卖尽田园，死于道路。

死绝重重鬼更逢，禄宫命宅并刑冲。

若还四正无吉曜，定主伶仃别祖宗。

如戊午、壬戌、癸亥、癸亥，非惟火绝在亥，而且破命宅禄宅，定是离祖人也。干支战斗降伏刑冲破合，乃神杀中之最要者，故并及之。

附：五音看命法

五音姓氏，与人命原不相属，况隐避更改不一，今阴阳家选择，亦参之以备一说。故余于人命，亦取本音五行各至旺处为贵。如商音属金，旺在申酉，德在辰巳；角音属木，旺在寅卯，德在戌亥；徵音属火，旺在巳午，德在丑寅；宫羽音属土、水，旺在亥子，德在申未。五音贵旺，若人遇之，如命有气，不遇恶杀加临，主平生贵盛，虽在刑杀，亦宜有禄，假令徵姓人四五月生为旺，十二正月生为德。

余准此。其辩五音，舌为徵，齿为商，牙为角，喉为宫，唇为羽。以人之姓氏呼之，如其音在舌，则为徵姓，余准此推。又古人看命之法，以十二相生，加三十六禽，就知其人平生发达，及食禄之方，或宜于朝，或宜于外，或宜于水，或宜于山，或江湖海畔，而南北东西有定分焉。其术微妙，又不专子平看也。故术者必兼诸家之长，方尽其理。

子平说辩

今之谈命者，动以子平为名。子平何所取义？以天开于子，子乃水之专位，为地支之首，五行之元生于天，一合于北方，遇平则止，遇坎则流，此用子之意也。又如世人用秤称物，以平为准，稍有重轻，则不平焉。人生八字，为先天之气。譬则秤也，其年为钩，时为权，月为提纲，日为铢两，八字以日为主，中有财官、印食旺相，日干亦坐旺相之地，如钩缩物，与权相应，其命则富而贵。如财官、印食旺相，日干乃值于休囚，如以钩缩重物，与权自不相应，其秤则不平，其命贱而贫。如财官、印食休囚，日干值于旺相，亦若钩缩轻物，与权自不相应，其秤自不平，其命亦蹇滞。设使三物无气，日主休囚，非贫贱则夭亡，此用平之意也。经云："先天太过，后天减之；先天不及，后天补之。"先天后天，无太过不及，然后为能平焉。运限者，后天也。且如先天八字，日干旺相太过者，宜行休衰之运，发泄其气；如日干休囚不及者，宜行旺相之运生扶其气，二者则能发福发财，迁转亨通，譬医家补泻之法耳。若日干旺甚，仍行旺运；日干太衰，又行衰运，则皆太过不及，生祸生灾，蹇滞不通矣。吁！运者转也，十年一转，穷通可知，皆由大运之兴衰，以验岁君之祸福，是故观贵贱荣枯者，观于子平可见矣。观子平者，观先后天之论可见矣。按此说，子平二字，诚为有理。但子平系徐君易之字，今之谈命者，远宗其法，故称子平。考《濯缨笔记》，子平姓徐，名居易，子平其字也。东海人，别号沙涤先生，又称蓬莱叟，隐于太华西棠峰洞。子平之法，以人所生年月日时，推其禄命，无有不中。其源盖出于珞琭子，世有《元理消息赋》一篇，谓其所作。然观其文，殆后人伪撰，非珞琭之真本也。珞琭子后，逮唐有李泌、李虚中之徒，皆祖其术。泌尝出游，得僧一行所授铜钹要，占人吉凶极验，泌以是传之李虚中，推衍以用之。珞琭以年，虚中以日，其法至是一变。后有麻衣道者、希夷先生及子平辈。子平得虚中之术而损益之，专主五行，不立纳音，至是则其法又一变也。子平没后，宋术士号冲虚子者，精此术，当世重也。时有僧道洪者，得受其传，传布其学，世俗不知其所由来，直言子平耳。后道洪传之徐大升，今世所传，如《三命渊源》《定真论》等，皆其所著，以是本书变易尽矣。观《五行精纪》《兰台妙选》《三车一览》《应天歌》等书，与《渊源》《渊海》不同，盖观文察变，治历明时，皆随其时而改革，故虽百年之间，术数之说，亦不能不异。矧自大升之时，上距子平已三百余年，其法不知经几变矣。或谓大升得子平之真传，观《继善》等篇，不外《明通赋》，但更易其字；而《元理消息》一赋，则大升之独得也。今人推命之术，又见人复推子平、大升二家之法而演绎为之者。顾今之谈命者，动称子平，而莫知其原，余故解子平二字而详辩之。

第三十八章　星命汇考三十八

《三命通会》十

论十干坐支兼得月时
及行运吉凶

　　甲木属阳，乃栋梁之材，喜生秋冬，遇申子月为吉，柱见庚辛，譬斧凿之论，主名利。运行申酉辰戌丑未乡，大能发越，见辛官尤妙。忌寅午戌合局及透丁火伤官，乃辛苦劳力，作事无成之命，运逢亦不顺。若合局丁透，柱有辰戌丑未，干上露戊巳，再行财运，伤官生财，却发大福。

　　乙木属阴，为生气之木，遇春生而花叶茂盛，亦喜生于小春之令，逢亥卯未申子辰二局，更行北运。虽透丙丁庚辛，亦不妨。所忌寅午戌火、巳酉丑金，多伤残，再行南运，主天无疑。

　　诗曰：甲乙贵乎木得宜，要知金水旺为奇。春从南往秋归北，冬夏西行发福基。

　　甲乙日生人，身坐巳酉丑申戌金乡，运行宜土金分野。若生寅卯辰，不结木局，宜时引归土金分野，大贵，行运亦然，则官长远。若生巳酉丑申月时，引归亥卯未寅，取贵非此时者，乃过与不及，却要运行水木局分野，否则贫儒。柱中原有财星，怕比劫分夺，原无财星不畏。如木得金而成器，仁者有勇；金得木而成材，勇者必仁。是乃刚柔相济，阴阳相停。运行却喜财官，若有木无金，则庚辛亏而义寡；有金无火，即勇而无礼则乱。金太盛而无水则枯，木太多而无金则繁，是金木各不一也。偏阴偏阳，难名之命，纵遇财官，亦不发达。

　　六甲日诗：建禄于寅是旺乡，

寅上甲木坐禄，金绝土死，财官两背，见辛未时最贵。

秋临传送鬼刑伤。

谓申中甲绝庚为杀，秋生鬼旺。

戌中坐禄心怀善，

戌中辛有余气，戊土正位，身坐财官，身被火焚，心多怀善，见丙寅时贵。

辰位藏财性亦良。

辰中戊己入墓，身坐财库，水气发生，性多善良，见丙寅时贵。

午喜己财天有赦，午中己土建旺，丁火伤官，有财无官，夏生为天赦。

子虽沐浴日无妨。

甲木子上虽沐浴，子中癸禄旺，坐生气印绶，冬生为天赦。

有吉为凶凶为吉，更看天时仔细详。

六甲日用辛为正官，庚为偏官，戊己为财，如年时中透出戊己辛字，生三秋四季及金土局，财官有用。如不透此三字，只生三秋四季及金土局，亦作财官论。见甲乙夺财，丙为食神，名利艰难。若生春夏及火木局，财官无气，虽得滋助，名利亦轻。喜行西方，四季金土分野，向官临财之运，不喜东南木火伤官败财之地。若四柱庚辛俱见，谓之官杀混杂，无去留制伏，反主贫贱。如只有庚，不见制伏，当作鬼论。分身鬼强弱，定其吉凶寿夭。若制伏得中，作偏官论，太过反不为福，更看日干于所生月内有力无力，有助无助，分节气浅深轻重言之，喜行身旺鬼衰运，忌身衰鬼旺运。

六乙日诗曰：卯宫得地禄荣昌，

卯上金绝土死，乙木坐禄财官无气，庚辰时主贵，或类坐木局，主大贵。

未上逢财是正乡。未上乙木，本局有己土为财，丁火伤官。

亥内壬居不失局，

亥上乙木死，喜壬旺为生气印绶，不失木局，见丙子、壬午、甲申时贵。

酉中辛克恐遭伤。

酉上乙木绝，见辛为七杀，有化者吉，无化者凶，辛巳化气金神时贵。

丑临官库从夫吉，

丑金局从夫化金为福，身坐财官偏印，为丑中有己土、辛金、癸水余气故也。

巳上金宫有化良。巳为金局，须化金为福，但身坐正财，男主克妻，女主妨夫，见壬水者轻。

更看天时并合局，吉凶祸福细推详。

六乙日用戊为正财，己偏财，庚为正官，辛偏官，若年月时上透出戊己庚字，生三秋四季及金土局，财官有用。如不透此三字，生三秋四季及金土局，亦作财官论。见甲乙夺财，丙为伤官，名利艰难。若生春夏及火木局，纵有财官无气，虽得滋助亦轻。喜行西方，四季金土分野，向官临财；忌行火木之地，伤官败财。怕官杀混杂，有杀无制，鬼论；制太过不及，皆不为福。更详日干于所生月内有无力助，分轻重言之。运喜忌同上。

丙火属阳，乃太阳之正气，能生万物。喜生春夏月间，自然成就，精神百倍。更遇天月二德，行东方运，大妙。虽见壬癸水，不妨。惟忌戊土透露，减其分数。大运岁君相犯，官府刑狱，破财丧服。生于秋冬，更遇夜时，地支再合水局，非仆即从，一生离别孤独，贫夭残疾。

丁火属阴，为凡火，可制万物。金银铜铁，不得丁制，不能成器，喜生夜间，巳酉丑月令为妙。正月逢寅，乃天德印元，更得卯字最好。忌壬癸水。如日生，多克妻子。遇南方运，剥官退职；行西北方运，贵。

诗曰：丙丁日主火为根，金水二星是福源。行运若临西与北，纵然富贵不周全。

丙丁日自坐申子辰亥水位，又引归金时。如生寅午巳月，为水火既济，大贵。夏五月，忌三合火局，火炎水干。冬子月，忌三合水局，水盛火灭。水火相停，斯成既济。大运宜金水分野，却忌过与不及，偏阴偏阳，苗而不秀。若生申子辰亥月，须要寅午戌巳时取贵。非此时者，行木运方好，否则虚名不贵。

六丙日诗曰：居寅有秀寿偏长，

寅上金绝水死，财官俱背，丙火长生，独食神生旺，故主有寿。见己亥、辛卯、癸巳时贵。

在午刑冲身亦强。

午上火旺之地，谓之日刃，喜刑冲破害，为午中金败癸绝，财官俱背。男妨妻，女妨夫，见癸水乙木者轻。

申上鬼强通月吉，

申中庚为财，壬为杀，身坐财官，见庚寅时贵，癸巳金神化气贵。

子中禄旺得时昌。

子中有辛生癸旺，身坐财官，见癸巳庚寅时贵。

辰临官库冬生忌，

辰上身坐官乡为壬癸入墓，庚寅时贵。

戌傍财乡夏不良。

戌乃墓地，中有辛金余气，身傍财乡，夏生财官无气。

消息盈虚元妙理，要精休旺说行藏。

六丙日用庚辛为财，癸正官，壬偏官。若年月时中透出庚辛癸字，生秋冬金水局中，财官有用。如不透出此三字，生秋冬金水局中，亦作财官论。见丙丁夺财，己为伤官，名利艰难。若生九夏四季火土局中，纵有财官无气，虽得滋助亦轻。喜行西北，金水分野，向官临财之运。若柱中壬癸俱见官杀，混杂无制，反贱。如有壬无癸，不见制，当作鬼论。要分身鬼强弱，定其吉凶寿夭。制伏得中，作偏官，用太过，反不为福，更详日干于所生月内有力无力、有救无救，分节气浅深轻重言之，喜行身旺鬼衰之运，忌行身衰鬼旺之乡。

六丁日诗曰：酉上临财学业精，

酉上丁火长生，学堂贵人身坐财官，见壬寅时贵。

亥中坐贵向官荣。

亥上日贵中有壬，旺身坐官乡，见壬寅时贵。乙巳为金神化气贵。

太冲无气财官背，

卯上水死金绝，财官俱背，无气。

小吉迎祥印绶生。

木中有木余气，财官虽背，印绶生身。

巳近火宫身旺相，

南方火旺之地，财官受制，谓巳中丙火夺财，戊土夺官故也。男妨妻，女妨夫，有戊者重，甲寅者轻。

丑中金库禄荣丰。

丑中庚辛入墓，有癸水余气，身坐财官，见辛亥时贵。

人生吉凶如何定，月气时中见重轻。

六丁日用庚辛为财，壬为正官，癸为偏官，若年月时中透出庚辛壬字，生秋冬金水局中，财官有用。如不透此三字，生秋冬金水局，亦作财官论。见丙丁夺财，戊伤官，名利艰辛。若生九夏四季火土局中，纵有财官无气，虽得滋助亦轻。喜行西北及金水分野，忌伤官败财运，怕官杀混杂。有杀无制，鬼论。制太过，贫。更详日干于所生月内有无力助，分轻重言之，运喜忌同上。

戊土属阳，乃堤岸城墙之土，止能拒水，不能种养万物。凡城堤不有刑冲破害，人民得安。喜甲乙木以杀化印之地，忌行西方，运纵发而当破当忧，要火生扶，嫌水克制。戊己重犯，名利两失。辛庚叠逢，作事进退。

己土属阴，为田地山园之土，可以种养万物，要刑冲破害，即耕凿之论。喜生春夏辰巳之乡，乃官印之地，更不值伤官损印发福。主为人好置造，田园丰盈。行东北方运尤好。更兼亥卯未木，决主富贵，人物稳厚，大宽小急。值辰戌丑未，乃背禄逐马及劫财刑伤，破耗讼服不一。

诗曰：戊己日干寻水木，柱中原有还为福。运临北野及东方，德润身兮富润屋。

戊己日生，坐下亥卯寅位，为勾陈得位。运行宜水木分野。生亥子月，要引辰戌丑未巳午时，若生辰戌丑未巳午月，要引亥子时为贵。盖土得木而疏通，木赖土而培养。若木重而土少，则崩。土重而无木，乃顽浊无用之土。己日丑年月，西方不吉，南方大显。

六戊日诗曰：子坐财乡亦是祥，

子中癸旺，自坐财乡，见乙卯时贵。丁巳时为金神化气，贵。

离南有破却辉光。

戊午谓之日刃，喜刑冲破害。午中无水木，财官俱背。然南离火旺，生四五月。印绶虽破，却有辉光。

在于申位财神旺，

申上壬生甲绝，有财无官。

长生寅宫禄鬼昌。

寅上火生土，秀气钟毓。甲木当权，身坐偏官。

辰上兼财居正位，

辰中壬癸入墓，乙木有余气，自坐财官。

戌中依火是专乡。

戌上戊为魁罡，财官俱背。柱中不见财官为上，喜身旺重叠，忌刑冲财官旺。若入别格，年月时中见财官，喜水木分野运。

柱中有用或无用，月令如何要忖量。

六戊日，除戊戌为魁罡，其财官喜忌，论于日下。其余戊子、戊午、戊申、戊寅、戊辰五日，用壬癸为财，乙正官，甲偏官，若年月时中透壬癸乙字，生春冬水木局中，财官有用。不透此三字，生春冬及水木局中，亦作财官论。见戊己夺财，辛伤官，名利艰难。若生三秋四季及金土局，财官无气，虽得滋助亦轻。喜行东北方，水木分野，向官临财之运，忌行四季西方败财伤官之地。若柱透甲乙，官杀混杂无制，反贱，如无乙有甲，无制，当作鬼论。要分身鬼强弱，定其吉凶寿夭。制伏中和，作偏官用。太过，反不为福。更详日干于所生月内有力无力。有救无救，分节气浅深轻重言之，喜身旺鬼衰运，忌身衰鬼旺运。

六己日诗曰：酉中财禄两相背，

酉中水败木死，财官两背。

卯遇偏官要力停，卯中乙木专权，身坐偏官。须己土司令得地，方是力停。

已位岂能亏小信，

已中水绝木病，丙旺，财官无气，印却生身，丙寅时贵。

亥中终是得高名。

亥中身坐财官，见丙寅时贵。

未临官库时通贵，

未上有官无财，乃有木无水，见丙寅时贵。

丑坐财乡月助荣。

丑上有财无官，见丙寅时贵。

中有荣枯千百样，临时消息要分明。

六己日，用壬癸为财，甲正官，乙偏官。若年月时透壬癸甲字，生春冬水木局，财官有气。如不透此三字，生春冬水木局，亦作财官论。见戊己夺财，庚伤官，名利艰难。若生三秋四季及金土局中，纵有财官无气，虽得滋助亦轻。喜行东北水木分野，忌伤官败财运，怕官杀混杂，有杀无制，鬼论。制太过，贫。更详日干于所生月内有无力助，分轻重言之。运喜忌同上。

庚金属阳，乃金银铜铁之类。禀太阳而成，要见丁火制之，方能成器。如见丙火，遇而不遇，喜行东南火木之运，明亮，金得制。如值寅卯临于甲乙，及已午未官星印元得气之乡，皆是发越。唯居西北方为金沉水底，是不能成器。

辛金属阴，乃水银、朱砂、赤碧、珍珠之类，秉日精月华秀气结成，最要金清水秀，土气丰厚地方，并西北方运。如行辰戌已东南运，五行四柱不见丁火为妙，见则不能成其器。如珠坠炉之喻，秀而不实。尤恐寅干戌成局，杀旺要身强，乃当其旺。柱有亥卯未，更见丙丁透，行午未运，发福。巳酉丑成金局，为温厚造化。行东方运，大吉。不宜南。

诗曰：庚辛日主号金干，木火相生福自专。年月时中如会合，东西运步定居官。

庚辛日生，坐下寅午戌巳火，又生寅午戌月，要引金土时，贵。秋三月及季冬或十一月，引木火旺时，大贵。运行木火分野，忌过与不及，偏阳偏阴，则苗而不秀。若通火月气，非巳酉丑申时不贵。运金土则吉。比肩三合成金局，金盛火微，喜行木火之运，故金非火不能成其器。火无金，无以显其用；金火相停，方为乘轩衣冕。若火太炎而无土，则金必败。有土则为铸印之象，铸熔革化而成器，大人之命也。火多金少，金盛火微，皆凶暴之辈。

六庚日诗曰：居身建旺寿延长，

申上日德自坐，建禄身旺，故主寿。

寅上虽绝反主昌。

寅中甲丙生旺，身坐偏官偏财，胎生元命，喜身旺化鬼为官。

辰是魁星多荣勇，

庚辰魁罡，身坐财乡，谓辰中乙木。余气柱中不见，财官为上，喜重叠身旺，忌刑冲。财官旺，若入别格，年月时见财官喜，行火木分野之运。

戌为魁宿亦心刚，

庚戌魁罡，身坐七杀，谓戌中有旺，丙不宜重见。丙丁为身衰鬼旺，五月生则发早退早。喜身旺，忌刑冲。财官旺，若入别格，喜行木运，忌行火运。

午宫有禄何忧困，

午上自坐官印，谓午中丁巳，金虽败，何忧。

子上无形不是良，

子上木败火灭庚死，谓金沉水底，不见其形。财官无气，喜通身旺，月柱有丁火，则吉。

须看天时分贵贱，柱中通变细推详。

六庚日，除庚戌庚辰为魁罡，财官喜忌，论于日下，庚申、庚寅、庚午、庚子四日，用甲乙为财，丁正官，丙偏官。若年月时透甲乙丁字，生春夏火木局中，财官有用。如不透此三字，生春夏火木局，亦作财官论。见庚辛夺财，壬癸伤官，名利艰难。如生秋冬金水中，财官无气，虽得滋助，亦轻。喜行东南，木火分野，向官临财之运。不喜行西北金水分野，伤官败财之运。若柱有丙丁，官杀混杂，杀无制，反贱。如无丁有丙，无制，作鬼论。要分身鬼强弱，定其吉凶寿夭。制伏得中，作偏官论。制过，反不为福。更详日干于所生月内有力无力、有助无助，分节气浅深轻重言之。喜行身旺鬼衰运，忌身衰鬼旺运。

六辛日诗曰：酉中坐禄最为强，

酉中木绝火死，财官两背，然辛建禄最强，见戊子丙申时贵。

亥上身临沐浴乡。

辛金生子，亥上沐浴，财生官绝。

未位暗丁身克剥，

未中木为财，丁为杀，巳为倒食，克剥伤身，喜身旺化鬼为官，见丙申时贵。

丑中藏癸食荣昌。

丑中有癸，为食无火木，财官虽背，亦吉。

卯临财地衰无惧，

卯上身坐财官，谓木旺生火，见戊子时贵。

巳坐金局死不妨。

巳上身坐官印，谓丙戊建禄在巳辛。虽死地有倚，见戊子时贵。

旺相死囚分月气，更看有用细推详。

六辛日，用甲乙为财，丙正官，丁偏官，柱中年月时透甲乙丙字，生春夏及火木局中，财官有用。如不透此三字，生春夏及火木局，亦作财官论。见庚辛为夺财，壬伤官，名利艰难。若生秋冬及金水局，财官无气，虽得滋助，亦轻。运喜东南火木分野，向官临财。不喜西北金水分野，伤官败财之运。怕官杀混杂，有杀无制，鬼论。制太过，不福。更详日干于所生月内有无力助，分轻重言之。运喜忌同上。

壬水属阳，乃甘泽长流之水，能滋生草木，长养万物。独喜春夏生人，秋冬值令，则无生意。若见寅午戌官星，得生助之气，名誉自彰。金局生八月，名利两遂。水局生三月，为天德主贵。地支亥卯未，行南方运，发财。

癸水属阴，乃大海无涯之水，不能生长万物。一云雨露润泽之水，滋助万物。喜春秋间，运行巳午戌地，发福非常。大忌辰戌丑未运，成败。地支亥卯未合，伤旺益财。无寅甲，亦发名利，如见己土丑未月，更带三刑，平常衣禄，初中未济，终末荣发。若五行有救，身旺运，喜财官，亦主贵显。

诗曰：壬癸日生水为主，根基惟在火与土。春秋来往发财官，冬夏东行为得所。

壬癸日生，坐下辰戌丑未巳午，为元武当权。运行宜火土分野，过与不及，偏阴偏阳，则贵而不实。若生四季巳午月，时引亥子；或冬生，引辰戌丑未巳午时，俱贵。非此时，虚名虚利。运喜金水分野，生助为荣。无金则水绝，忌比肩劫财。冬十一月三合结局，水涨横泛而土崩。故水无土则滥，土无水则干。土得水而受润通气，水得土而成堤为河，二者不可偏倚。若更气运得宜，无不贵显。其刑合、拱合等格不在此论。

六壬日诗曰：寅宫既济最为奇，

寅上水火既济，身坐财食生旺，见壬寅时贵。

子位冲刑反是宜。

壬子日刃飞天禄马，喜刑冲破害。子中巳绝丙胎，财官无气，取午中丁巳故也。

申上逢生多秀丽，

申中土败火病，财官俱背，却水长生为学堂，主聪明秀丽。

辰中建禄却卑微。

壬辰魁罡，柱中不见财官，喜重叠压伏，忌刑冲，无土制御则泛。虽是文秀，平生于功名中歇灭。若财官生旺，别入他格。柱中见财官，忌伤破。运喜火土分野运。

午为禄马同乡断，

壬午为禄马同乡，身坐财官，为人伶俐，有谋断，见壬寅时贵。

戌作财官双美推。

壬戌日德，身坐丙戌，为财官，名元武当权，凡引用分野，与辰午同。

造化穷通各有异，柱中配合要须知。

六壬日，除壬辰为魁罡，财官喜忌，论于日下。壬寅、壬子、壬申、壬午、壬戌五日，用丙丁为财，己正官，戊偏官。四柱透丙丁己字，生九夏四季火土局中，财官有用。如不透此三字，生九夏火土局，亦作财官论。见壬癸夺财，乙伤官，名利艰难。若生春冬及水木局中，财官无气。虽得滋助，亦轻。喜行南方四季火土分野，向官临财运，柱见戊己，杀官混杂无制，反贱。如无己有戊，不见制伏，作鬼论。要分身鬼强弱，定其吉凶。制伏得中，作偏官论。制过，不福。更详日干于所生月内有无力助，分节气浅深轻重言之。喜行身旺鬼衰运，忌行身衰鬼旺运。

六癸日诗曰：卯为日贵坐学堂，

癸卯为日贵，坐长生学堂，食神建旺。虽财官无气，亦吉。

巳建财官最吉祥。

癸巳为日贵，身坐财官印生旺，谓巳中丙戊建禄，庚金长生，得丁巳时贵。

未上鬼伤因质朴，

未上身坐偏官偏财，喜身旺化鬼为官。

亥中官背却荣昌。

亥中丙戊俱绝，财官俱背，却喜亥冲出巳中，丙戊飞来就癸，为财官禄马之贵。若得癸亥时，并冲方合。

酉宫得救方无咎，

酉上癸水衰败，财官无气，要通身旺月为贵。

丑位虽冲不作殃。

丑中羊刃有官无财，己土专位，七杀喜冲破刃神，不为灾咎。

忧不忧分喜不喜，月间休旺要参详。

六癸日，用丙丁为财，戊正官，己偏官。若四柱透丙丁戊字，生九夏四季火土局，财官有用。若无此三字，生九夏四季火土局中，亦作财官论。见壬癸夺财，甲伤官，不利。若生春冬水木局中，财官无气。喜行南方四季财官之运，怕煞官混杂，有煞无制，鬼论。制太过，凶。更详日干于月令内有无力助，轻重言之，运喜忌同上。

论十二月支得日干吉凶

子月

甲乙日，得子月为印绶，喜见官露印，忌坐天财伤印，岁运喜忌同。

丙丁日为官，贵阴阳和合，喜露财官。见三合六合官印，须考月令中气。身旺喜财官，身弱喜印旺，忌七杀伤官，岁运伤为福之地。丁得之偏官，两阴相攻。喜身旺有合制，忌身弱无合露，正官及四柱带多，无制伏，运喜身旺合偏官，忌身弱。

戊己日为财，喜露财身旺，忌坐刃透比。不遇亥子日生，难为财运，喜身旺与财，身弱喜旺，忌劫。

庚辛日，为长生财，喜坐露财身旺，忌无财身弱。如四柱全无财星，便不是长生财，只是伤官背禄。月令须时带偏官，庚日丙时、巳时，辛日丁时、午时，便为有制，吉。次宜日时带诸不见之形，贵。如年日时三宫皆不遇其命，可知行运身旺喜财，身弱喜旺，通忌比劫。

壬癸日，壬为旺，癸为建禄，只是身强，奈名利二者却被月令销熔尽了，颇宜时带偏官，贵。如壬日戊己时，癸日巳午时是也。次宜日时带诸不见之形，贵。如年日时三宫皆不遇其命，可知运喜行偏官，忌正官。

丑月

甲乙日得丑月为杂气，官贵。喜官星透干。不透要冲，既透怕冲。运喜行财，忌官藏无冲，官杀混及伤官。官爱多合，身旺喜财。官运身弱，喜行旺地，忌杀伤岁同。

丙丁日为杂气财，喜财透干，忌羊刃、比肩。运身旺喜财，身弱喜旺，通忌劫财。若不遇申酉丑日生，难为财。

戊己日为余气财，月初小寒后七日半生，有癸水余气，无比肩败财，羊刃亦能发财，贵。如过期生，丑中无利无害，平平。日时二宫能带诸贵格，亦可发。有余气财贵者，喜财露身旺，忌财衰身弱，运喜忌同。

庚辛日为自库之月，只得身强少病，多安寿考。月令中更无物可采，颇宜时偏官，贵。及带日时诸不见之形，依然发福，时偏官，庚日丙时巳时，辛日丁时午时。运喜行合偏官，忌正官。

壬癸日为杂气印，贵。喜透印见官及刑冲，忌印伏。运宜行官印之地，忌财伤印，余同前。

寅月

甲日得寅建禄，乙日旺相。月令中无格可取，只利得身旺年久。颇宜带时偏官及日时诸不见之形，贵。时偏官者，甲日庚时申时，乙日辛时酉时，如年日时三宫无格可取，终身可知。有偏官者，喜行合偏官运，忌正官。

丙丁日为印，贵。喜坐官露官，再露印星，忌露财。宜行官印运，忌财伤印。

戊日为偏官，贵。两阳相攻，喜身旺，忌身弱。偏官有合莫制，无合要制。运喜身旺合制，忌身弱正官及再行杀乡。己日为正官，贵。阴阳和合，喜坐露财，再露官星，三合六合身旺。忌七杀伤官。官爱明合。身旺喜行财官，身弱喜旺。忌七杀偏官。

庚辛日为财，喜财多露身旺，忌坐刃透比。身弱不遇寅卯日，难为财运。身旺喜财，身弱喜旺，忌劫同。

壬癸日为长生财，喜财透干，忌伏藏。如柱无财透。便不是长生财，只是伤官背禄。月令颇宜时上偏官，壬日戊时巳时，癸日巳时午时，须及年日时诸不见之形，贵。如三宫皆无格，难言好命。运身旺喜财，身弱喜旺，忌身弱正官。

卯月

甲日得卯，旺相。乙日得卯，建禄。甲乙生卯月，诸格无取。只利命长，宜带时上偏官及诸不见之形，贵。偏官者，甲日庚时申时，乙日辛时酉时，若年日时三宫无此，其命平常。原带偏官，喜合，忌正官运。

丙丁日为印，喜露官印二星，忌天财运同。

戊日为正官，喜坐财露官、三合六合，身旺。忌杀伤，官爱多合。运身旺喜财官，身弱喜旺，忌七杀伤官。

己日为偏官，喜身旺有合，无则要制。忌身弱无合及露正官。运喜忌同。

庚辛日为财，喜透自旺。不坐寅卯日，难为财。忌坐劫露比。运身旺喜财，身弱喜旺，忌劫比同。

壬癸日为长生财，喜坐露财，如柱无财，便不是长生财，只是伤官背禄。月令颇宜带时上偏官，如壬日戊时巳时，癸日巳时午时，须是带诸不见之形，贵。运身旺喜财，身弱喜旺。带偏官者，喜合偏官，忌劫财正官。

辰月

甲乙日生辰月为杂气印，喜见官星及印露，不露要冲，既露怕冲。忌见财多伤印。运喜忌同。

丙丁日为杂气官，喜官透，不透要冲。见财身强发福。忌官伏无冲及杀伤。运身强喜财、官，弱喜旺。忌杀伤同。

戊己日为杂气财，喜财露旺，不露要冲。忌财伏无冲，坐刃比肩。不坐亥子辰日，难为财。运身旺喜财。弱喜旺。忌劫同。

庚辛日为余气财，贵。清明后七日半有乙木余气，方可发。如月初生，无比刃夺财皆可发。过期则辰中无利无害，平平。如日时带诸贵格，亦发。运有余气财，身旺喜财地，忌身弱劫地财衰。

壬癸日为自库，只是身强少疾，月令无贵可取。颇宜时上偏官及日时诸不见之形，贵，依然发福。勿拘月令。运如时偏官者，喜行合制，忌行正官、伤官。

巳月

甲乙日得巳月为财，贵。不生于巳午日，难为财。亦名长生财，贵，戊土露则财星愈光，丙火露则伤神益壮。喜身旺财露，忌坐刃露比。运身旺喜财，身弱喜旺。

丙日建禄，丁旺相。丙丁生巳月无可取用为福，只是身旺年长。颇宜时带偏官及日时之贵格。又丙丁巳月亦是长生财，贵，要财露，如不露，只是伤官背禄。月令是长生财，喜行财运。带偏官，喜合运，忌劫财、正官。

戊己日为印，亦是建禄，何以别之？只年月时露丙火为印；丙不露，更有壬癸字者，只是建禄、印绶、贵。喜露官星及行官印之地，忌伤官印。如建禄，时宜带偏官。喜自身强旺，运宜合偏官，忌正官。

庚日为偏官，贵。印与同宫，喜身旺合制，有合莫制；忌身弱无合，正官运亦同论，忌再见偏官，全无制，多夭。独庚申日则不然，何者？巳中有土，能生金，金既长生，又自坐禄，何夭之有？更看壬露无丙、癸露无丁、甲露戊衰、乙露巳病之机何如。

辛日为正官，辛为天德，喜官再透及财露。官爱多合及三合六合之地，忌坐七杀伤官。运身强喜财、官，身弱喜旺，忌七杀伤官。

壬日为偏官，喜身强，偏官有合莫制。忌身弱露官。运喜身旺合偏官，忌身弱正官全无制伏，多夭。

癸日为正官，喜露财官、三合六合、身旺，忌七杀伤官，官爱多合。运喜身旺及官印之地，弱则喜印，忌杀。

午月

甲乙日得午月为财，贵。亦为长生财，己土露则财愈显，丁火露则伤益壮。喜身旺，忌刃比。运身旺喜财，身弱喜旺。忌比、劫。

丙日旺相，丁日建禄。丙丁人生五月无可作福，只身旺年长。颇宜时带偏官及日时诸不见之形、贵。又丙丁生午月是长生财、贵，要财露，如财不露，只是伤官背禄。月令带偏官者，喜行合制运。有长生财者，喜行财运。

戊己日为印，亦为建禄，何以别之？年月时干露丁为印；喜透官印，忌财无印，作建禄论。

庚日正官星，身弱喜旺，忌七杀伤官、岁运伤为福之地。辛日偏官，喜身旺合制，有合莫制，亦利土出火藏，忌身弱无合及正官。运喜身旺合偏官，忌正官、再见偏官。

壬日正官正财，喜身旺、三合六合，忌七杀伤官，官爱多合。运身旺喜财、官，身弱喜旺。忌七杀伤官、岁运伤为福之地。

癸日为偏官，喜身旺，偏官有合莫制，忌身弱无合、正官。运喜忌同。

未月

甲乙日见未为自库月，主身强少病，但无一物可用为福。颇宜时偏官及日时带诸贵格，不必拘月令。运喜合偏官，忌正官再见偏官。

丙丁日杂气印，喜官及印露，不露要冲。忌印伏无冲与财运。喜官印，忌伤官、岁运伤为福之地。

戊己日杂气官，贵。喜身旺与财，及官透不透，宜冲。官爱多合，忌官伏无冲，兼杀混伤官运。身旺喜财，身弱喜旺。忌七杀伤官、岁运伤为福之地。

庚辛日杂气财，喜身强财透，旺，不透要冲。忌财伏无冲，羊刃、比肩。运身旺喜财，身弱喜旺。忌比劫岁运伤为福之地。

壬癸日为余气财，如遇小暑七日后生，则不为杂气，长生财，贵。小暑七日半生，有丁余气，谓之禄马同乡。无伤官，无夺财，颇能发福。如过期生，未中无物可取，主平常。喜官透、财露、身旺。忌七杀伤官。运身旺喜财官，弱喜旺。忌七杀伤官同。

申月

甲日申月为偏官，喜身旺合制，忌身弱正官，运亦然，尤忌再见七杀。

乙日申月为正官，喜身旺、露官、透财、三合六合，忌七杀伤官。官爱多合，运身旺喜财，弱喜旺。忌劫财。

丙丁日为财官，丙见壬，七杀。丁见壬，正官。喜身旺露财官，忌伤七杀。运身旺喜财，弱喜旺，忌劫财。

戊己日为长生财，喜财露，如柱中无财，便不是，只是伤官。月令宜时带偏官及诸贵格，月令虽有长生水为财，内有戊土为害，运喜行长生财为妙。身强喜财，弱喜旺。时偏官，喜合制，运忌正官身弱。

庚日为建禄，辛为旺相。月令别无可取为福，只是身强年长，颇宜时带偏官，有合莫制，有制莫合，运忌七杀正官身弱。

壬癸日为印，喜露官透印，忌财运亦如之。

酉月

甲日酉月为正官，喜身旺、露官见财、三合六合，忌七杀伤官。官爱多合，运身旺喜财官，弱喜旺，忌七杀伤官。乙日得酉月为偏官，喜身旺有合莫制，有制莫合。忌身弱正官，运亦如之。再忌见七杀运。

丙丁日为财，喜身旺、露财官、三合六合。忌刑冲破害，比肩、劫财，运身旺喜财，身弱喜旺，忌劫夺。

戊己日为长生财，如柱中不带财露，便不是，只是伤官。月令颇宜时带偏官及诸贵格，偏官格喜合制，还身旺喜财，身弱喜旺，忌劫财。

庚日为旺相，辛日为建禄，月中无物可取，只是身旺年长，颇宜时带偏官及日时诸贵格，有偏官喜合或制，忌正官。运亦然。

壬癸日为印，喜露官透印，忌财运亦如之。

戌月

甲乙日戌月为杂气财，喜生旺财透，不透要冲。忌财伏无冲，比肩、羊刃运亦然。

丙丁日为自库月，亦主身旺年长。戌中无物可取为福，只宜时带诸贵格为妙。运亦然。

戊己日为杂气印，喜正官印，不透要冲。忌印伏无冲，有财伤印，运忌伤官伤印。

庚辛日为杂气官，贵。要身旺印全，如官透冲，则用官贵。印透冲，则用印贵。不透要冲，忌官伏无冲。官爱多合，身旺喜财官，身弱喜旺，忌七杀伤官。

壬癸日为杂气财，要身旺财官双全为贵。财透冲则用财，官透冲则用官，不透要冲。忌财伏无冲，运身旺喜财，身弱喜旺。忌劫夺。

亥月

甲乙日得亥月为印，喜露官透印为福，忌财运亦然。

丙日为偏官，有合莫制，有制莫合。喜身旺，忌身弱，正官岁运同。

丁日为正官，喜透财、露官，身旺，忌七杀伤官。多合，运亦然。

戊己日为财，要财露身旺，忌羊刃、比肩，身弱运亦然。

庚辛日为长生之财，如柱中全无财露，只是伤官背禄。月令颇宜时带偏官日时诸贵格，喜财露自旺，忌无财身弱，运亦然。

壬癸日壬为建禄，癸为旺相，福无可取，只是身旺年久。颇宜时带偏官及日时诸贵格，如得时偏官，运喜行合偏官，忌正官。再见偏官为福。

论五行时地分野吉凶

按王氏所谓二气者，阴阳也。五行者，金、木、水、火、土也。时者，春、夏、秋、冬也。地者，冀、青、兖、徐、扬、荆、梁、雍、豫也。盖天有阴阳，行于四时；地有五行，具于九州。正朱子所谓"五行质具于地，气行于天"。故天有春夏秋冬，地有金木水火，皆以时地相为用也。今之谈命者，但知论阴阳五行，而不知兼论方隅与昼夜阴晴，所以有年月日时同而贵贱寿夭迥异，便谓五行无据，启世人不信命之疑，亦诬矣！嗟夫，人生天地，莫逃五行。九州分疆，风气异宜。阴晴寒暖，理难一律。人禀天地灵气以生，一时得气，各自不同。所以贵贱寿夭，难以八字拘也。且以甲乙寅卯属木，生于兖、青为得地，春令为得时。丙丁巳午属火，生于徐、扬为得地，夏令为得时。戊己辰戌丑未属土，生于豫州为得地，四季月为得时。庚辛申酉属金，生于荆、梁为得地，秋冬为得时。壬癸亥子属水，生于冀、雍为得地，冬令为得时。况昼夜阴晴之间，有寒有暖；阴阳造化之内，有喜有忌。生克制化，抑扬轻重，妙在识其通变，不可执一论也。

论木

正春木，令木也，晴则花叶敷荣，雨则寒其萌蘖。正月生者，虽三阳交泰，寒气未除，见火则生意蔼然，富贵无敌。火多泄其元气，徐、扬人昼生者疾。火土同躔，富而且贵；有土无火，仅足衣资而已。逢金折伤之患，得火制之为福。见水不为子母相生，盖初春之木，才有生意，见水则寒，反不为吉。冀、雍生者贫寒，男滥女淫也。

二月之木，生意畅茂，遇土培植为佳。火土同行，富贵而寿。火盛亦泄其气，盖花木始含英而真阳发散故也。兖、青人富贵无虞，徐、扬人美中不足。干支有壬、癸、亥、子者，咎也，见水生之太过，情性流荡，离祖迁居。土金水会，夭折无疑，贱贫则寿。逢金伐之，旺处遭伤，戕其生意，岂天地生物之至仁耶？先正有云"春木虽旺，不宜逢金"者，此也。

三月之木，正条达长茂之时。春阳和煦，万紫千红。雨水浸淫，根株摇动。见土则根深蒂固，福寿绵延。见火则木通火明，文章秀发。逢金伐木，荆、梁生者凶，徐、扬之人富贵。喜火土，忌金水，运喜东南，西北不利。夏木病巳死午墓未者，盖南方火盛，泄其真气故也。阴雨则吉，亢晴则忌。

四月木未甚衰，火未甚旺，见微火则枝叶茂繁，荫庇发福。值盛水则水神飘荡，男女淫奔。见土，利就名成。火土同躔，干支有壬、癸、亥、子者富贵。逢金克之，灾讼不免，徐、扬人反吉。

五、六月之木，喜雨水夜生。尤奇值此者，富贵而寿。火盛无水者，贫夭。夏令炎威火盛，烁石流金，木有枯槁之患，徐、扬人干火多者，有疯痨荧燎之凶，或水制，或夜生，或阴雨天，化凶而为吉矣。得土以培其根，得水以达其枝。若水土同行，非惟富贵，且寿考康宁矣。见金不能克木，火旺金柔，有子复仇故也。若小暑以后土多，亦忌，盖衰木不能克旺土也。兖、青生者，为财。大抵夏木喜水，与他时不类。

秋三月之木，惟欲晴雨得宜，亢旱则物皆枯槁，淫雨则物不收成。

初秋之时，炎威未退，不宜与火同行，阴雨生者最妙。见金虽有剥克之嫌，然火气尚炎，金气未盛，不为害也。处暑以后，荆、梁生者忌之。金水同行，化凶为吉；逢土培植，利就名成。水盛无土，冀、雍飘荡无居，徐、扬人反凶成吉。

八、九月之木，正凋零之时，昼火同躔者，贫夭。盖秋阳燥烈，木皆枯落故也。或夜生，或阴雨，或水解之，方吉。兖、青人文章富贵，见水有漂流之患。盖秋水非滋木之时也，冀、雍人尤忌。得土栽培，根基稳厚，见金反吉。盖金司令，则万物摧落，既无长养遂其生，又未归根以复其命，所可借者，在一金耳，苟无金制以成其器，则为天地间一朽木耳，此所以仗斧斤之力斫削成器而为栋梁之用。正所谓斧斤以时入山林，材木不可胜用也。气运宜往东方、南方。

冬木，正肃杀之时，复命归根，微有小春生意，以见造化无终穷之理，《易》曰"硕果不食"者，此也。生于晴明者最佳，值阴雨则凝冰积雪也。

十月之木，遇火贵而有寿，盖冰寒土冻，仗火以温暖其根故也。火土辅运，富贵双全。见金虽无害其根本，未免骨肉参商。得水则有滋助之意，徐、扬人利就名成，冀、雍人贫寒孤克。

若子丑月之木，喜火融之，与土同躔，位登台鼎。见水凶克，盖冬，水令也，木，寒木也。冬木遇水而寒，无火温之，则冰凝冻合，而生意摧折矣。贫贱者寿，富贵者夭。见金虽伤不害，盖木任冬令归根者，斧斤无所施；凋零者，斫削可成器，所以见金而无咎也，徐、扬、兖、青生者，有陨自天。荆、梁、豫人虽忌，亦不过枝叶之伤耳，其本根则自若也。干支得丙丁相制者，却能富贵，岂独免祸而已。气运宜往南方，冬木喜南奔也，东方次之。

论火

三春之火，其气温然而始著也。晴则借木而明，雨则湿木而晦。正月微阳之火，隐于木中，虽有可亲可爱之意，但冰霜之气未消，遇木生之，则阳气发挥矣。逢金为财，徐、扬人富而好礼。金木同行，官居鼎鼐。逢金值水，夭折无疑，荆、梁、冀、雍之人尤甚。见土盗泄微阳，浮薄卑贱。

二月见木，败处逢生，木秀火明，文章富贵人也，但不宜有水，盖湿木不生无焰火也。谷雨之后生者，微水无凶，盖土司时、木主令，化凶而为吉也。兖、青、徐、扬生者，富贵何疑？土与金，正月同论，但辰月土差旺耳。

夏令之火，阳气之极，草木为之焦枯，江河为之枯涸。晴则流金烁石，真阳尽泄；雨则水济其威，方得中和，反应荫庇发福。四月火势渐盛，逢日争光，未能全其忠爱，虽富贵亦主夭亡，贫寒者寿而多子，孤独艰辛。见金名成利就，逢土有权有谋，遇木富而好礼。微水济木，其贵不可言也。

五、六月生者，火炎之极，得水制之，则都将相，惟冀、雍生人，水不宜盛。盖旺火投于盛水，不能不伤故也。得土制木解，则富贵过人矣。见土略泄其盛而有权衡之贵，又好施惠及人，但施恩而反怨耳。盖火能生土，亦能燥土故也。见木生过反伤，青、兖、徐、扬人，根基虽富，难免夭亡。冀、雍、荆、梁人，富而益富。遇金为财，火烁金流，反有破财荡家之患。水土同行，名成利就。日战月刑，忠孝有亏。凶祸孤克，夜生减轻。气运宜往西北，东南大忌。

秋初之火，炎威未退，土传生气，水不能克，反主贵荣。见木助之，徐、扬、兖、青人干支火多者，虽富贵而寿不永。见金为财，富贵豪侈。逢土则息，显达非常。

八、九月失时之火，见木生生之意无穷，富贵无敌。金木同躔，官居宰辅。有金无木，主弱敌强，不免有争攘之事。冀、雍、荆、梁人，因财致祸。与土同躔，泄其真元，孤刑冷退，得木助之，斯为美矣。见水凶夭。运喜东南，西北忌之。

冬月之火，人多亲之，晴霁则明，阴雨则灭。故见水为凶，木生为贵。有水无木，轻者疾，重者夭，虽生富厚之家，不免冷退。徐、扬、兖、青人得水制之，无咎。逢土泄之，弱中又弱，蹇滞终身。小寒之后，旺土晦其光明，定主昏愚瞽目。见金为财，青、兖、徐、扬人主富，荆、梁、冀、雍人助难为凶，谓金之子，水也，克其母，子则乘势报仇，无木解之，有刀兵狱讼之厄，肿痢没溺之凶。干支木盛者，减轻。大抵冬火喜木忌水，运宜东南，西北大忌。

论土

土值春时，土膏脉起，万物含生，木气发泄，前哲所谓"病寅、死卯、墓辰"者，良有以也。雨则阴凝土湿而萌甲不舒，晴则冻释阳和而生意发越。故春令之土一接阳气，就能发育万物。

正月之土尚有霜寒，遇雨则冻，遇水则冰，值木则病，惟得火而温之，则荣华莫比。逢金制木，亦名利两成。

二月之土，正木盛土崩之时，遇木同躔，有脾胃肠风痔漏之灾。轻者疾，重者夭。徐、扬人干支有火而值昼晴者，无咎。见火同躔，位登台鼎。见水则凶。冀、雍、青、兖人，土浑水浊，终有水涌土溃之危。盖水生旺木而伤土也，值此者贫寒疾夭。徐、扬、豫人，干支火者，反吉。见金以泄土气，难免灾凶。

三月之土，渐有生意，盖土旺季月故也。有火温燠则阳气发舒，而生物茂矣。见木非疾则夭，徐、扬、豫人无害。水木同度，贫薄无聊，冀、雍、兖、青人尤甚。见金制木，反凶成吉。运喜南方，西方次之。

土旺长夏，火盛土生之故也。阴雨则湿养万物，故见水为吉；亢旱则田畴龟拆，故遇火为凶。

孟夏之土，炎气未盛，终喜火以助之，逢木则疾夭无疑。见水为财，徐、扬人富足，见金遇木则贵，逢水则贫。

五六月之土，见火则燥，而万物焦枯。徐、扬人干支火盛者，有火焚风血之灾，轻者危，重者死。或阴雨，或夜生，虽灾不甚。冀、雍人干支有壬、癸、亥、子者，富贵非凡。见水滋养万物，主富贵文章。见木疏通其性，多聪明特达。遇金无用，盖火盛金衰不能制木，所以金无用也。气运宜行西北，最忌南方，盖夏土逢火，太燥故也。

土逢秋令，金气盛旺，泄土而气薄矣。晴雨须要得宜。

七月之土，火气未除，土性尚燥，喜水滋之，则万物实矣。若火太盛，亦有燥土之嫌，得水济之为妙。逢木为灾，徐、扬、荆、梁人无忌。

八、九月之土，见木则不能克，此万物凋零之时，金气生旺，子复母仇，荆、梁、徐、扬人富贵而寿。见金泄气太甚，西北人不免有冷退怯弱之患。见火助之，文武名高，君子小人皆吉。见水为财，徐、扬、豫人富而无敌，冀、雍、荆、梁人，水过盛者，反主贫薄，戌月仅可。运喜火土之乡，水木金方有忌。

土于冬也，正天地肃杀之时，寒亦至矣，虽一阳下生，土脉未温，值水雪，则冰寒土冻。见火日则寒谷回春。

十月之土，惟喜火以温之，则土脉阳和而万物归根矣。见木则凶，逢金则滞，遇水则主孤寒，徐、扬人干支火多者可富。

子丑之月，寒气之极，火日融和，功名成就。见木最忌。见火解之为吉。见水则阴气愈甚，水寒地冻，轻者疾，重者夭。见金亦主贫薄。岁运南方最佳，北方大忌。

论金

春日之金，木旺火相，非金得气时也。绝寅胎养于卯辰者，盖造化无终极之理也。是以春令之金，晴明吉，阴雨则滞，正宜遇土以之生，谓其将绝而有生意耳。

正月之金，见木为财，木神太旺，仅足衣资。土气尚寒，未能生助，艺术显名而已。火若同躔，男女重婚重嫁。见火遇土，富贵非常，逢水泄之，孤寒懦弱。

二、三月之金，见土则生生之意无穷，主人富贵而寿。逢水泄其元气，亦主贫薄无情。见火则因，金遇鬼贫夭无疑，土生水制为吉，见木而有困滞之灾。盖春木盛旺，以微弱之金而欲制之，是犹婴儿而御强敌，其不格也明矣，犯此者必有求荣反辱之虞，官讼争攘之事，谓其仁义相刑故也。荆、梁、豫人逢之主富。徐、扬人干支土多者，贵显。气运土乡最吉，金乡次之。

夏月火盛，金至柔也，晴则日烁金流，雨则水滋金润，故夏令之金，俱宜见土，主人有出将入相之权，金马玉堂之贵。见火则火炎金烁，贫夭居多，虽富而夭，淫贱。见木为财，荆、梁、豫人多主富贵。遇水孤寒，盖弱金不能生水故也。若与火土同行，则富贵康宁。运喜土金木火，最忌秋金肃杀、万物凋零，苟纵而不抑，则生生之意绝矣，晴则火煅金坚，雨则水润金明故也。

七、八月之金得令，其性刚强，仗火以制其威，则有玉带金鱼之贵，盖顽金无火不能成器故也。见水泄其旺气，金白水清，多主词林清贵。水火俱无，则主夭折。见木为财，徐、扬人富而且贵。遇土则隐彩埋光，虽有财而不发，孤者多。经云："秋金埋土而反旺也。"逢木而贵，徐、扬、兖、青人见之尤佳。

九月生者，金气稍退，遇火夜生为奇，昼生少利。逢木则克，反应骨肉参商。见水济之，冀、雍人不免冷退，徐、扬又何忌焉？逢土亦晦，兖、青人富贵居多，豫人困滞。运喜东南，西北忌之。

冬月天气严肃，金伏藏之时也，盖金之生也。胎于春、生于夏、旺于秋，至冬而死者，谓其畏寒无生意也。晴明则金清水秀，雨雪则水冷金寒，所以冬月之金，得火融之，然后可以夺其寒气，则富贵非常矣。

初冬之金，见火则为伤残。徐、扬人干支无土日生者，贫夭。夜生者孤寒。遇土则衣禄丰足。见水木，俱不利。

子、丑月生者，亦喜火以温之。徐、扬人无火，亦喜遇土得火为贵。冀、雍人有土无火者，孤贫，盖寒土非生金之资也。见水则寒，西北人贱贫疾夭。徐、扬人干支有火土者，福寿康宁也。遇木为财，主富，享闲中之福。兖、青人则有妻孥犯分之事，盖衰金不能制木故也。荆、梁、豫人则吉。运喜东南，西北最忌。

论水

春月之水，孰不谓其病寅死卯墓辰为至弱矣，殊不知水为阴气，生申旺子。秋冬之时，其气翕聚未散，故水常润。春至阳气上蒸，阴气下降，故雨露既濡而水生发，此水势之常耳。星家以活水生于卯者，良有以也。晴则春水溶溶，雨则汪洋泛滥。

正月生者，水有寒气，见火则冰融冻释，富贵雍容。得金相助，徐、扬生者最佳。逢木无火，则水冷木寒，未有生意。遇土克水，亦主贫寒。土制金生，衣资丰赡。

二、三月之水，浩无边际，见土则有堤防，昼则富贵，夜则流移。生于谷雨后者，或主淫邪疲惫之疾，盖土浑水浊故也。见火则水火相刑，灾讼不免。遇金生水，泛滥无情，徐、扬人干支得土者，无咎。见木泄之，能施惠及人。兖、青人生于二月中旬者，木气正旺，盗其元神，则生风怯之疾，得金助之无患。

夏水失令，逢火则干涸矣，所以忌晴而喜雨也。初夏之时，水犹泛滥，得土止而不流，则福气深厚。但不宜与火同行，盖火盛则土燥而水涸。徐、扬人干支无金水者，疾夭也，逢水利就名成。金若生之，反主孤克。盖夏令金衰，母弱不能生子而反伤于母也。荆、梁、豫人值之则吉。

五、六月之水，正能滋助万物，喜土同行。生时更值阴雨者，主富贵文章。见火则有涸水之嫌，轻者疾，重者夭。得水济之，凶中反吉。见木亦主富贵豪雄，兖、青人泄其真气非佳。逢金气弱，无力生水，不可例以母曜论之，反主孤克；干支有金水者，吉。运喜金水，火乡最忌。

水生秋令，正水清秀之时也，晴则清澈无瑕，雨则潦水浑浊。

七月之水，正能滋实万物，不宜与火同行，徐、扬火多者，贫夭无依。金为母曜，适当其时。子母相生，文章清贵。土来同处，化祸为祥。木若联行，亦行贵显。

八、九月之水，遇令星则福寿难量。金火同躔，则功名炬赫。见木终被疏泄，不免先成后败。火若同垣，恩金失力，虽有治民服众之德，未免痰疾刑伤。见土虽凶不凶，盖秋令金最能化难为福。徐、扬、豫人干支土多者，亦困滞终身。运利西北，东南失宜。

冬月司令之水，寒气严凝之时也。雨则冰凝，晴则冻释。故冬三月俱喜火以温之，则富贵无虞矣。见金子母相生，徐、扬人金紫玉堂之贵，冀、雍人水冷金寒，虽相生而反贫薄，得火同行为吉。逢土金，骨肉参商，冀、雍人赖以堤防而无泛滥之患也。遇木，水寒木冻，俱无生意，贫夭无疑。徐、扬人干支火多者，富寿。木土同垣，制杀反吉。丑月生者，贵显。运喜南方，东方次之。

第三十九章　星命汇考三十九

《三命通会》十一

论甲乙

甲乙春生寅卯月，喜逢金火是荣名。莫将水土推为用，曲直类趋另一评。

甲乙生正二月，其木专旺，遇金用金，是木要成材，定见金也。遇火用火，是木火通明之象也。水土，此二月休死，难为用神。若成趋乾曲直类象等格，虽无金火，亦可功名。用金不宜见火，用火不宜见金。水用金者尚宜水，印用火最嫌水金相战，且如甲木遇申庚，柱有巳酉、丑辛字扶，其金旺，皆吉。如金既轻，遇火而行，火地难以金为用。若辛字虚立，干支别无金位，只是常人。甲日透丙，不遇枭杀，更得寅辰二字，多兼以身旺行火地，皆主富贵。柱不忌丁，惟怕丙，如有去配之神，亦不执定。四柱无官，专用食伤，身旺行火地，亦主利名，如水火金互相攻战，更无去配，乃下命也。《独步》云"甲乙生春月，庚辛干上逢。离宫推富贵，坎地却为凶"是也。

甲乙夏生四五月，庚辛带水却为宜。土神未月连金用，不透伤官贵可知。

甲乙夏生，乃食伤与财为用，如火土不露，只是金水运行，金水得宜，如甲用庚壬，有根，行东则吉。若丙丁、庚辛互露，行西不吉。专用丙丁，不遇金水，柱有比肩，行东大发。如戊己透干，更无水佐，行西虽云向禄，以不吉论。乙见壬庚两露干头，行西富贵。若是火透，行东发。遇火无水，反焚其主，故甲乙二日在夏，宜用比肩。用火土不宜见金水，用金水不宜见火土。如庚申、壬午、乙卯、戊寅，庚辰、壬午、乙未、壬午，二命用金水。丙辰、乙未、甲申、己巳，丙寅、乙未、甲申、乙丑，二命用火土，皆吉命也。

甲乙秋生两样言，乙多金贵甲单尊。两干飞临无射月，戌内有财官要印存。

甲木秋生，不宜金多，见印则吉。不宜水多，多则流。乙不忌金多，得印则贵。俱忌火土伤官坏印。如甲生八月正官，忌丁卯火局运，顺行不妨，贵。柱有壬癸子辰之水，虽有火，行南亦吉。如用土兼官入墓，名利难进。甲生九月，宜比肩及亥卯未佐之。或得一金一火入格，无破皆为吉论。若亥申庚巳酉丑之类，不遇丙丁戊己，别是一用。或趋乾胞胎杀印，皆可言吉。柱戊己透，要身旺行旺方可，不宜再露火金。用金不宜见火土，用火土不宜见金，如只用金辛虚露，别无地支之金，只是平常。乙日九月戌中，原有戊辛丁得遇巳酉丑，庚辛申辰须见壬癸亥子之印方妙。丁火配制无妨。如专用戊丙无破，只以富断。若金火互相攻战，及两干只是火局，又行火地，乃驱驰不足之命。如丙申、戊戌、甲午、乙亥，状元尚书，是甲趋乾，又地天交泰。己亥、甲戌、乙亥、癸未，官给事，巳运死。

甲乙冬生木本枯，若逢金土反宜乎。金多成格为官印，用火尤嫌水土敷。

甲乙冬生，本印无金火土，则不足持印之美。柱多申酉庚辛己丑，乃拟杀印官印格，作上命论。如甲只一辛，乙只一庚，干支别无金透藏，又不行金地，官露无根，虚名虚利。如得丙丁戊己身伤，两旺行东南运，发达。若壬丙相见，丁癸相持，皆不吉。用壬癸印行丙丁巳午方，枭遇食刑战，不吉。用申酉官杀，若水太盛，亦不作吉。当细详之。

甲生春季夏间来，丙火干头作寿胎。戊本是财壬是印，运临酉地雨风摧。

甲生三月与夏间，以丙戊壬为用神，行酉地向禄，本吉。岂知是壬丙戊败死之地，有此为用，运行其中，皆不作吉论。如辛亥、丁酉、甲辰、丙寅，是贵命也。

甲生秋月主逢财，印绶官星并带来。运转南方名利须，伤多只恐子星乖。

甲日生七八月，官杀印绶多。又见戊己土财运行南伤煞之地，官贵太过，宜行剥削之方，乃得中和。主进爵加禄。但火金交战，赖财生贵子，终有损。经云："木嗣并绝于南、子息则损。"纵有别生，如癸酉、辛酉、甲申、戊辰；己未、癸酉、甲寅、己巳，二命俱行南运，虽进职无子。

甲申酉月煞官俱，莫要猜疑作混看。干上再逢庚字透，地支杀党总一般。

甲申日生八月，莫言官杀混，柱中辛庚多，总作杀论。遇印扶身及制杀，皆吉。若火多无水盗气，不吉。如遇巳酉丑时，亦非金神，皆以杀论。

甲生八月禄当时，最怕卯丁来破之。谁信北行终富贵，运南有水亦能支。

甲生八月，辛官得时，柱遇卯丁火局，本畏。如顺行运经北地，其火遇制，不能害金，不可言卯丁砧之不贵。若原无水破，带病行东南，则真不吉。如柱有壬癸子、辰亥水干，不遇土行南，亦得发达。若此月柱无火土用印，再行水地，盗尽金气，亦不为吉。勿执官印之名。

甲寅庚透夏春生，杀浅身强最有情。羊刃如逢时月下，却将高贵反常评。

甲寅日生春夏，柱遇庚金，杀浅身强，本吉。缘春夏庚金力轻，遇乙刃与杀暗合，自旺无倚，不作吉论。若庚金有根，或别有庚字，不在此论。

甲申春月喜重庚，壬乙相逢入帝庭。无乙只宜名利浅，丙丁砧破作常评。

甲日春生，庚金多遇，有乙壬亥丑取贵，无乙则减。若遇丙丁重战，金力轻不胜火克，乃不足之命，须有印去配方可。

甲戌干支三两重，火金却喜格中逢。如无金火复行水，此命终须主困穷。

甲生九月，若有两三重甲戌，干头宜一丙或一庚一戊，得地支申辰，可言成人。如干支无金火，又行水地，则无用。倘运得火乡，可获其福。若身弱土火多，亦不足之论。

甲日如逢乙亥时，庚金透出喜乙妻。丙丁若也无相混，岁运申庚名利齐。

甲日逢乙亥，时趋乾格，喜柱有庚合乙，故忌见丙丁害庚，及泄主之气。岁运遇申庚，主功名，忌行，主死用败火焚之地。

甲生季月乙巳时，壬癸推他作印奇。火土相逢名利遂，水金运底更多非。

甲生季月，有财官等物，时遇乙丑、己巳，宜见壬癸印助，非金神忌水之论。逢土火主发财，金水之方不利，别月及癸酉时忌见壬癸。

甲日无他丑巳时，金神格也定非疑。赤黄运遇成名利，水木之方又不宜。

甲日他处别无取用，遇乙丑己巳，乃金神格，宜行火土运，忌入金水方。冲折作不吉论，主称意中亡。

甲生冬月亥午多，以亥破午反中和。局中更得申庚用，定主功名掇显科。

又甲午冬生遇子时，格全印绶喜同支。莫言死败为无用，柱有酉辛贵莫疑。

甲生冬月，亥午字多，谓之两门遇贵。甲木死午，庚金败午，本塞否之象。遇亥子共支，甲木生亥，乾天庚方，否而反泰。如甲午日生子时，莫言金逢死败，得酉金助之，皆富贵之命。

甲日冬生水盛期，高明不遇叹支离。岁时如得辛庚见，运入东南梦叶罴。

甲木冬生，本印遇金土则有用。若柱得辛、庚、巳、酉、丑，有一字或得行西方，发达名利。如火土多互见，则两用不专，顾此失彼，亦不称情。若只见丙丁火，戊己土轻微，得遇东南之地，忽然发迹，或遇贵相投，不宜见金水。

甲在春生乙在秋，杀官重叠福优游。甲秋春乙如多遇，有印须知亦贵侔。

甲木春生，官杀多，要印助之则吉。乙木秋生，官杀多，遇印亦富贵。若甲生秋，乙生春，官煞少，富贵多，则不贵。无印尤不利。如庚申、甲申、甲申、庚午，杀重木死，无印困穷。庚寅、庚辰、甲申、壬申，甲日春生，杀多有印，富。如丁酉、癸卯、甲申、壬申，甲木春生，纯杀有印，贵。如乙酉、乙酉、乙酉、壬午，乙木秋生，纯杀有印，贵。

甲乙春逢金火期，分行南北利名宜。火宜南地金宜北，反此而行两不时。

甲乙生正、二月，金为用神，无火战，宜行北地，主名利。火为用神，无水金重战，宜行南地，则可名利。如原火局行南方，木被火焚，故用金。见火入火方用火，见水入水地，乃平常之命。

甲乙生炎火土敷，西行营利贵难图。行东遇劫成家业，值水西通甲怕枯。

甲木夏生，遇火土露本为用神，行西见金，乃舍去火土用金。金遇原火交战，亦不能为用，乃来而不来，去而不去，只是营利之辈。莫言见贵禄，便拟富贵，若行东则吉。原有壬癸水生，不足破用。如甲日遇火土，重遇水生，行南与西，俱不为吉。乙日遇官印虚露，西地吉。

乙生春月见金强，酉丑亥逢大吉昌。错节盘根喜琢削，如行南地反为殃。

乙木春正旺，错节盘根，非金强不成器，故宜琢削。如柱有庚辛巳酉丑为官杀混，宜丁火制杀。岁运见丑酉亥为吉。如生巳月，逆行辰卯寅亦吉。若行火木旺地，伤去其官，不吉。

乙生卯月见金功，运得水金去火通。申子酉中应许贵，火临相聚格还空。

庚辰辛巳时中遇，乙巳逢牛总一同。水金运底成功业，木火相逢反落空。

乙生卯月用金，不宜见丙火。在干引领支中之火，及木相会，皆坏格局。宜行金水之地，去火木则吉。

乙日春冬时遇辰，再逢辛巳一般论。如行印地分荣贵，只怕丙丁损用神。

乙日春冬遇庚辰、辛巳时，只是一用。遇壬癸、子辰之印，可言富贵，混则富。若见火多损用，乃小人也。

乙日春生用丙丁，水金不遇妙南行。不宜西北兼归墓，身旺无枭水地平。

乙木春生身旺，以丙丁为用。柱无金水，行南地发福；怕逢水金，及会木入墓。若身用旺，行北不妨，透土不忌水。

乙逢辰巳午未时，就里藏真未易知。若得土金皆有用，只恐旺处更无依。

乙木不拘提纲，得辰巳午未时行入金地，或入火土，便为有用。若入亥卯未地，柱原有一二字，会成木局，全不吉。

夏生乙木遇壬庚，运向西方禄自荣。乙丙若无局内见，读书应许有功名。

乙生夏月，遇庚壬二字，行西方拟贵。若见丙丁，主平常。如庚壬有根，行旺金岁运，是读书秀才必中。如坐己丑日得壬癸印，亦吉，酉日不堪。

乙日秋生官最强，喜逢辛杀反荣昌。蛇牛宜见嫌南火，微水扶持入庙廊。

乙日秋官，本庚宜见杀则利。无杀，虽功名未若杀而易成。若官杀互见，遇印绶则无嫌。孤庚无杀，则名利进退。或白身异路之拟，今世达官多用杀，故杀胜官。若遇丙火及土无印，入南不吉。

乙日如逢辛杀多，见丁相击无奈却。旺金去火翻为吉，青赤交持名利薄。

乙日金多，见丁火相战，不吉。丁丑时不忌，原有丁火，再行见丁，制伏太过，运行去火旺金之方，又吉。若入火木会旺之地，用神虽倚，乃虚名虚利。柱中见丙，皆不利也。

乙卯坐禄见财官，庚辛带水名利看。不论何月时辰巳，丑午若逢亦类观。

乙日逢丑辰巳午时，俱财官杀印食神之奇，四时皆作一用。但金水互见，乃功名之象。若庚被丙伤，辛被丙合，无实用，不吉。

乙生巳酉丑月中，最喜时支一样逢。印绶再来年月助，千红万紫感春风。

乙日生巳酉丑月，更逢巳酉丑时，柱中再得印佐，或行印地，皆主富贵。古歌云：“六乙生逢巳酉丑，局中切忌财星守。若还行运到南方，管取其人寿不久。”又云：“乙木生居酉，切勿逢巳丑。富贵坎离宫，贫穷申酉守。”如癸卯、辛酉、乙酉、丁丑，此命平常。七十三入卯地，死二子。

乙生亥月时遇丙，年月逢丁作三奇。坐丑兼戌引从贵，如专巳酉另详之。

乙生亥月印绶，如乙丑日丙戌时，天干三奇，地支丑引戌从，作大贵看。若己酉则无前引，乙巳则冲亥，大减分数，此杀印格，亦有轻重参详。水多则喜土制，如孟重侍郎乙亥、丁亥、乙丑、丙戌，崔栋御史日干乙酉不同，然官止七品，又无子，可例见也。

木生春旺弟嫌兄，谁道无情反有情。或火或金成一用，不逢金火格多评。

木春本旺，财官俱绝，更遇比劫无情，如遇一金或一火为用，反赖比肩之功，可以论福。无金火平常。如甲得庚辛申巳酉丑亥，一用宜水。又如丙丁火无金水，破比肩旺食，反吉。趋乾格，亦宜比肩，又是一用。如生三月，别有取用，亦赖比肩。又乙日遇金局无丙透，又是一用。遇丙丁身旺无水，又是一用。类象一格，亦宜比肩，兄弟成则贵，冲折不论。此格木生三月，亦有金土之用，其甲乙得庚辛官虚露，比劫分夺合，又无别金，亦无别情，不吉。古歌云："阴木生逢巳酉丑，生于子月贵难成。再行金水伤残害，运转南方还福清。"如丙午、癸巳、乙亥、丙子，是丐者。辛巳、庚子、乙丑、丁卯，是平人，丁酉运跌死。壬戌、辛亥、乙亥、丙子，嫌辛字卯运，不如甲寅丙合辛贵，由贡而擢御史，无子。古歌曰："乙木逢阳遇子多，名为聚贵福重峨。局中最怕南离地，官杀来冲无奈何。"

木生夏月节枝横，此地财伤要劫生。畅茂繁华根未盛，劫多用重两宜情。

木在夏生火土之时，若干头再见火土，最要劫多生火，火生土为财，以此比肩多能任。莫言比肩多，反分其财也。古歌云："木逢壬癸水漂流，日主无根枉度秋。岁运若行财旺地，反凶为吉佐王侯。"如甲寅、庚午、乙卯、戊寅；乙未、壬午、甲子、丙寅，二命比肩，所以皆吉。

论丙丁

丙丁正二印当春，壬癸多逢格最嗔。不忌浮财宜见化，遇辰月爱子连申。

丙丁春月以木为印绶，水为官杀，丁壬合化最宜。若见官只用官，见杀只用杀，不宜混杂，怕水多不能生火，徒有印名。或一壬二壬、一癸二癸得去配，亦不为害。不忌干头虚金，行南俱吉。柱原金水多，又行北地，更无去配，皆不足之论。行南稍吉，如官杀原浅，行北亦吉。若原金遇冲击，提纲伐木坏印则凶。生三月，木是伤官，又宜金水之用，如会申子全，主发达。

丙丁夏月本炎蒸，富贵须凭别象称。金水相逢浑有赖，用伤格破作高僧。

丙丁夏生，丙有炎上、倒冲、类象等格，丁有飞晶、拱禄等格，如合不破，皆主富贵。不成前格，或见一壬亥癸及申子辰全，运行西方，以富贵论。有戊己为用，枭杀相征，行西亦发。丁忌行寅戌，丙亦嫌墓卯。酉亥运吉，亦伤克不成之困。如非格局，又无用神，及有用破坏，皆主不吉，多避谷休粮之辈也。

丙丁秋月总为财，丁可通融丙忌哉。甲日怕逢兼怕刃，运行南地细推排。

丙丁秋生，金得时令，俱作财论。若金水太盛，独丁火能任，丙火怕逢，煞官多弱甚无制则伤。如丙生七月，遇煞地，或透煞官，宜见戊己为寿星。再行官贵发达，怕逢子辰卯地。八月丙死，若财多则秀而不实，如壬水得制，或卯辰时从化得

酉字，多行旺地亦可，但不宜甲木并比肩相见。九月近冬时，一贵不多，或辰巳时是一贵格，亦不要官杀多，若类炎上格亦贵。若遇庚辛为用，四柱不宜见官杀。戊己为用，不宜见甲乙壬癸。如用壬亥，别是一格。其中更怕官杀，及木土相战。丁生七月，遇官杀及财重，宜行南则吉，不用木印。若生新秋遇劫重，逆行南不吉，顺则可。若无官杀，遇戊土或支遇子辰会水，行南北皆吉，惟忌子午寅运未有咎。遇壬寅时，虽作化木论，以金地无木情不能化故也。八月弃命就财，宜财格，巳酉丑全为美。丁酉为主，不利官星，比肩印绶无忌，行南亦吉，忌寅午子岁运。九月遇杀官或近冬界从化，但忌土木。如用庚辛行木地，富贵，亦忌子运午运。用戊己宜行弱地。及水木在内，亦为不足。大抵丙丁二火，丙怕弱，丁怕旺，宜细详之。

　　丙丁冬月用当垣，从化都宜不带根。官杀当时嫌日旺，无生清用便为恩。

　　丙丁冬月，水当时，官杀旺。若从化，作上命看，如丙生此际，遇壬癸干透相连，或申子辰会，柱有辛则化，有戊己则制，皆主功名。遇丁伤辛，有壬透不妨，遇甲是枭，有庚制方去。丙生子月财官，柱无壬亥及坐申，皆以财官论。怕冲刑破坏及分官日弱，乃秀而不实。其杀格，忌日主休囚死败之地，及杀旺去食拆合拆化之方。丙生丑月，有戊己为用，宜身旺，怕木坏之。丑为财库，如透辛庚，不宜见官杀。要日主健旺则吉，破用主弱则凶。

　　丙日秋生官杀多，无生得化致中和。有生无制皆言弱，旺地财名坦复波。

　　丙生八月官杀多，宜食制合化俱吉，怕入子辰卯乡。如无制合，遇枭食，纵行旺地，不吉。如九月近冬，遇时上一位贵格，逢枭偏印，月有戊食，运入身旺，寅辰方吉。

　　丙申四月戊飞来，万顷田园主富哉。最怕枭神同透干，平生辛苦命安排。

　　丙申日生四月，得土透，食神坐禄，主富。若遇壬杀甲食，如用壬见戊，莫言食神制杀。四月水涸，遇旺戊去之，不吉。柱得水局，或壬亥一二字方可，忌行日弱及壬丙败死休囚之地。若壬多，虽是辰时主旺用旺，皆不作上命看。

　　丙临申位遇时辰，春夏生人杀最循。金水运逢虽阜泽，辰壬酉亥子申分。

　　丙申日遇壬辰时，申辰会杀，春夏火旺相，不以凶论。秋冬水旺相，火受水制，全赖食神制杀。主险中求名，发达险中，全仗主强。辰壬酉亥子申卯，皆主休败之地，吉凶宜细详之。

　　丙生冬月喜逢辛，格内土来作吉论。时上不妨壬字见，有丁合化俱无嗔。

　　丙生冬月，喜见辛化，宜土制为食乃吉，时月杀不以为害。若有丁克辛，时遇壬合，则丁不暇害辛，各全其化。岁运逢丁，克伤妻子，轻者稍可，重者尤甚。

丙坐三支寅午戌，月逢火局总皆同。格成炎上多名利，土富嫌临水战功。

丙坐寅午戌日，及生月又得局全，不遇水破，即炎上倒飞类象，从旺见土亦吉。忌见水类飞，失局失垣则凶。如丙寅、甲午、丙戌、乙未；庚寅、戊丙、寅戌、甲午，二命合格，富贵。

丙己相逢本是伤，官星就见又何妨。火时土旺宜金水，时夏惟寅宜另详。

丙生季月，内有戊己，或透或不透，不透从土，无中生有，得寅午戌时俱入格，土透亦吉。不忌官星，如遇刃及照象、虎入中堂等格，非伤妻则少子，官杀重遇则祸。如遇杀以杀论。此格最喜比肩，如六月回寅，宜另详之。不宜卯未随乙，而反伤正用。

丁生十月得寅时，化象成都富贵推。若再丁来暨辰戌，戊分官贵庶人期。

丁生亥月，遇寅时成正化格，富贵。若再见丁则分，官见辰则官入墓。见戌字戊癸，乃折合伤官。遇申酉，乃破木之用。此等皆坏格，不吉。如无此玷，乃大富贵。行午巳申酉地，吉中主凶。

丁壬化木卯羊寅，无破提纲利禄新。官旺且宜身旺地，兔逢兑变虎愁坤。

丁壬十月官印俱，时乃正化，其寅卯未偏垣，寅忌行申，卯忌行酉，未忌行寅，余亦忌戌子午巳运。

丁日秋生格最佳，无根有杀两荣华。有根无杀行南域，好似良琼玷缺瑕。

丁日阴柔，宜弱柱官轻，行南不吉。若遇土官杀轻，行北大发。柱无比印，行两地皆吉。若七八月寅时，不作化看。九月化杀化木，宜近冬界，及行木地吉，忌午申寅巳。秋八月柱中用杀透戊己，忌行寅午子运。九月用戊己，忌见甲乙。若六月界，作七月推，更无金水，逆行不吉，顺行则可。

丁卯秋冬杀叠昌，休来印绶助身强。美乎亥子嫌重火，火木如来反主伤。

丁卯一日乃杀印之源，能任官杀之多。柱多亥子及运遇之，皆吉。若比肩印生，反不为利。行金水大发，行比劫及原有土神子申运凶。如高文荐都宪，丁亥、癸卯、丁卯、庚子，柱多亥子，杀印为贵。

丁生最怕午离间，金水无逢名利难。运往兑西成利禄，如行东地半愁颜。

丁生五月，日元自旺。若遇金水，不成飞晶、拱禄，戊己不透，只支土为用，行西则土生财官，亦堪利禄。行东原无格局而用土，土受木克竟无倚赖。其主自旺，只宜入静及营托可也。

丁根石竹水源胎，金水乡来道利开。寅午戌方行补弱，官扬职掌庶生灾。

丁火房日之源，太阴之余也。逢酉则明，遇寅则灭，行弱阴则明，行旺阳则昧。今人取火，截竹击石得之，如行弱地，反见丽明，行旺地不吉。惟化格则是木，用木忌行金地，如生秋冬，忌行午及元地。命有土木，忌行申子，非化木，亦忌寅申。夏生忌寅戌，春生木旺，虽午晦昧，原有杀官，又为吉论。木印忌西，所忌之方轻则非，重则凶。

丁日蛇提西丑逢，水金运底利名通。柱中原有尤为上，寅戌行来起战锋。

丁生四月，或丑酉日，或得金局，行西富贵，遇金水土亦吉。两行俱是有情之地，惟寅午戌及子中有战，倘伤枝叶，或非咎也，过此又吉。如甲子、己巳、丁酉、庚戌；癸未、丁巳、丁巳、戊申，俱行戊子运，凶。

丁生卯月卯寅提，虽化壬兮本木枝。木火却当官杀旺，酉申运底动离悲。

丁生寅卯，遇官化及杀，乃印之本。行北方，官杀当其旺地，主功名发财。若行申酉，虽是财官，反伤本印，不吉。

丁日逢辰时戊申，伤官时内有生壬。杀星若出干头上，会水相征祸始侵。

丁生三月伤官，如干上见杀，地支已有水局，若透戊字及水局全，发达。行子申酉地，伤官见官，水土相战，轻则非灾，重则破灭，称意中亡。如癸未、丙辰、丁卯、戊申；戊子、丙辰、丁卯、戊申，合此。

丁巳居蛇弟袭兄，寅申月令喜壬庚，两行运用尊荣贵，相击提纲祸始成。

丁巳、己巳二日，丁日申月，巳日寅月，得壬水透干，原本有刑，未全得用神倚赖，则成富贵。再见此运，三刑全，轻则杖配晦驳，重则危灭，原有杀刃者尤凶。如顺行，不遇财官乃屠宰奔趋，亦无大咎。如享富贵，中有大险。

丁戊伤官要见财，原无偏喜运重来。若逢寅戌虽为咎，谁信子申更主灾。

丁日遇戊伤官，喜见庚辛申巳酉丑为财，柱无宜行财地。丁生夏月用戊，宜行金火方利名。至寅戌，主旺一停，或克战晦滞，行子申一战。丁生七月用戊，金水伏中行午戌贵，停节子寅运防祸。九月不遇甲寅，得戊透清者贵，互用者富。丑壬中行，大吉。运遇甲乙，亦可言富贵。忌寅午，如流年会杀会伤基之地，祸福响应，运长者发久，短者易聚散。

论戊己

戊己当春官杀强，火金相见主荣昌。干支财透无临劫，运向财乡田舍郎。

戊生正月透官杀，只以杀论，柱得水，行南则吉。火虽印，亦不宜多，多则燥。土行火地，遇午刃旺甲死。是木遇火盛，用亦被焚。土燥木虚，官煞有名无实。若金水多行此地，则吉。若金水多无印，行北方亦凶。生二月正官，要日干有财，行南可功名禄利，遇甲则从杀论。柱有财不忌印旺，行南吉。若偏正印多无财，行北亦吉。若财遇印多行午地，引领原火，火土燥，水不能制，盗木之气，羊刃无情，虽得富贵，未免灾咎，重则危甚，俱忌刑冲。己生正月乃官，再透丙火，官印两行俱吉。忌午戌运及冲提之方，遇子丑亥戌时合化，遇乙是杀，遇印无水，行北亦吉。若水金多见，再行金水，不吉，行南发达。生二月是杀最宜，透出官杀为美，有财无印，顺行功名，逆行北不吉。若印多，原无水，行北亦吉。大抵宜行木火，忌行金水，行午戌酉运，亦宜有灾伤。戊生三月，遇有壬癸申子，柱无杀劫，行金水方发福。如遇劫财，便发，亦克妻损子。反覆见甲寅时，是一格，可云富贵，却忌壬癸，喜见庚金。如遇财局，兼遇庚金，不见枭大发，见杀遇枭不吉。己生三月，最宜财官，全乎一格，或是伤官生财及丑亥，俱拟富贵，用财亦吉。若遇庚辛巳酉丑，金不见火木，行金水方，皆利禄。如时上一位贵格局清者，可发科目。又云：戊己正月，干见金局及透金，最不宜见木在柱遗患，后行患旺地坏用，用杀不忌见金。

戊己当时夏日期，土焦宜水乃相滋。木金得格成其器，印绶轻时怕水弥。

戊己夏生当垣印，又生扶土过，宜微水滋泽其间，俱要金水作用。若用印，怕财行财乡，不吉。且如戊日午月，戊寅日甲寅时，戊午时乃木用，富贵可言。六月木库用甲乙，须透天干甲寅时功名，余甲则否，遇乙亦不宜混杀，清者取贵，浊者不利，俱宜微水，不为坏印。如用金，四月遇庚辛巳酉丑亥，多则可用，见壬水或水局破，月丙火行金水地，利禄人也。若无水，更遇甲丙，皆不吉。五六月金气轻伏，无可言用，须多方取。如六月用，在七月近秋作六月推者，遇金多顺行，亦可言用。行遇金水，方发财。戊生夏，若遇偏财时上及金助之，行西方发财。若露丁火无财，印绶论。遇壬癸乙字及化格，富贵，怕冲提再入财方。己日四月，得庚辛酉丑申全日支，又居酉丑，不见甲乙卯未丁字，行西北大发，忌入戌寅二运。若戊子丑亥时，以官印煞印论，行官杀方皆吉。五月生遇木，行东方可言名利。用金，绝木宜水，如绝木得金局，行入北方，亦吉。六月遇官杀，行东方可拟富贵，西行次之，亦怕入旺。用金水近秋则可运，宜顺行，反则不吉。大抵戊己二干，用金水不宜露，见火木用火木，不宜露见金水。中间又有拱禄拱贵格，宜细详之。

戊己秋生本泄气，少宜壬癸怕多逢。如专金用来青赤，纵有财名亦酌中。

戊己秋生，本用金水，遇火则害用，遇木则害身，如此日生遇庚辛壬癸，身旺两行，功名人也。若遇癸化合不利，水地火地则吉，丁乙不忌。若全金用，惟怕丙甲不吉。如遇丙辰时，宜壬透制。及有寅字或支隐甲丙，遇庚壬在干屏之，行北发达。一度入寅午运，二仇旺起，不吉。若岁月丙居申子辰上，虽无壬透子丑辰巳运，干得壬癸庚辛去玷会用，为财名，如无此，西行亦颇可遂意。若丙有庚及申露，或隐寅无制，蹭蹬人也。运入午寅，重则危，轻则病，非克伤。若丙年丁月连见，及丙甲俱见，小人如无所忌，两行发达，亦忌丙甲。岁运大利辰巳子丑运。若岁时遇丁，作印绶，逢癸丑正化伤丁，则贵。如两癸争合，宜行戊地。两戊争合，宜行癸地。若辛露怕见乙，俱忌财多。有官亦嫌丁辛在内，虽不为害，迤逦害地，不吉。若印旺俱入，怯疯之病，克妻害子。若生九月遇甲寅时，则是一格，宜临冬首。如庚申时近冬，无玷破，及火木亦福，亦有化印格之拟，巳土七月见卯未日，又见甲戌甲子乙丑乙亥时，互见官杀，富贵，不宜透庚。如庚居寅午戌上，亦无害。此非正气官杀，惟忌财多。若用金水，不宜见木生。八月遇丑亥时，叠见乙多，皆富贵。甲戌甲子时，亦要杀混，方吉，以虚官无实用也。若壬申癸酉时，则是一用，不宜见木。九月生亥卯未，遇巳时亦可言吉。清者贵，遇合不宜露杀。从合亦贵，坐杀亦妙，惟混不吉。若庚申辛酉等金为用，宜见官印，亦主利禄，受木破者不吉，忌行火木及午寅运。如用官杀，行戌午运及木用入墓、用金败印者，忌行午寅木火岁运。如得时上一杀，身弱不战克者，许登黄甲；战争者，称意中亡。

戊己冬生财利滨，柱中金水喜相亲。水金得局空枭杀，贵比班超富季伦。

戊己冬生，遇化则是一格，不忌官星，更怕枭杀。若弃命就财，又是一格。戊日庚申时无火木，遇申子辰无火木，主大富贵。若戊申日遇金水或壬癸时，亦是化格，不忌乙木，如此者大贵。畏行冲提折刃，若遇甲寅时作杀论，可许功名。年月见甲及金相攻，不吉。遇庚辛金为用，原有丙辰之玷，行壬癸子丑辰巳，及遇申酉方，亦当称意，一度行寅午戌丙甲，重则危，轻则费，患克伤。己日遇子戌丑亥时，又一用，见卯未忌透金水。若申酉时为用，亦可言贵。不忌甲，忌乙，亦忌火木中行，如戊日合得水局，弃命就财，合禄化火，四格无杀破，皆富贵。己日从木亦吉。己日丑月，透金伤官，及用财二格，行金水申酉子辰方吉。用时上一贵，亦可言功名。

戊日申时金水生，更兼水局禄财成。如无枭杀来侵格，职位崇高莫与京。

戊日秋冬，金水旺局，遇庚申时合禄格，不遇枭杀之玷及戊申日，主大富贵。夏生有水木金制合，亦主大富贵享用。春生难言。

戊干合化在秋冬，遇癸逢壬化始通。火地财名功业就，最嫌枭杀两相逢。

合化格见壬癸为然，行火地吉，见两戊亦不妨。怕丙甲己，其丁乙轻无害。如丙辰时水多壬解，不甚为忌。

戊日如逢甲寅时，却从杀格莫拘疑。运宜木火通名利，金水屏干入是非。

戊日寅时生春夏，宜制则贵。生秋最怕庚露木衰，乃秀而不实。冬阳近木进气，制稍无忌，亦不宜多。行火木运，功名。如伤官合财格，此寅时为战，不吉。

戊申辰子日时同，金用壬连水有功。辰巳丑申为美运，午寅丙甲主贫穷。

戊日生，如坐申子辰及时，亦遇天干庚辛透出富贵。运行庚申辛酉子辰丑巳之地，可云遂意。若行寅午戌丙甲不吉，甚则死。

戊日秋冬两样之，偏财时见最为奇。伤官岁月嫌枭杀，丑亥不如子戌时。

戊日秋冬，宜见偏财为美，丑亥二时，天财入化格，贵有玷折，不及子戌二时偏财为吉。忌杀官，多与前同。戊己秋冬，遇庚辛透为用，行金水方发财。支宜申酉巳丑壬癸申子辰，俱吉。遇丙时有水制亦吉。行金水地不妨，忌枭，丙申有根，行入子丑辰巳申酉运，俱称意。丙甲午寅运，不吉。戊己日如用次，则从木论。官杀清，行吉，乃富贵。用金水忌甲丙寅午戌岁运，轻则耗非，重则危殆。

己临卯位透官星，木火重逢事业成。顺得南方人富贵，水多金重更无情。

己卯日生卯，或寅亥未月遇甲透，从火木旺，乃白手成家。如遇金水重重，渗洋日主，金重破木，怕行午戌子运，及流年旺主之地，不吉。

己生季月旺身时，不遇官杀旺何为。命有财官如被劫，运行金水木乡奇。

己生辰戌丑未月，不遇官杀空旺，不吉。若遇财官分夺，秀而不实。得行木金水地倚运，亦发，过此仍旧。

己亥日逢乙亥时，岂宜丁火柱中期。运行木火尤堪羡，金水重逢不是奇。

己见重亥，丁为巳枭，亥中壬水，渗洋不利，宜入火木则吉。若行金水地，争战不涤不化。如在秋冬，入东南则发。午中一咎，辰戌丑宫一疑。

己生辰戌旺根茇，木破重重芽未衰。制运更愁驱杀起，杀乡无谓就降猜。

己生三九遇财官，本是一吉。若见杀多及身，身亦不弱，杀与身和，可言富贵。清者堪登科甲，若行制乡，击驱其杀，不吉。行入杀旺方，亦莫以旺杀论。若支遇卯木，入火木则吉。行金水不宜忌杀、入墓及午戌辰，土燥焚木。岁运如逢，轻则伤克，重则危殆。

己生夏月用辛庚，遇水西行事业成。酉丑喜连申子吉，如逢木火病非生。

己生夏月，火藏木泄，若得庚辛透壬癸，及有申子酉丑运入金水地，发财。但见木一位，便破格，忌午寅戌运。此乃无中生有之奇，行金水吉。

己日如逢戌子时，节当官旺杀何疑。丙丁火印来相援，木进何愁金坐支。

己日遇甲子、甲戌时，合化宜卯、未日支，不谓官杀混。若官旺，或两甲两己，俱是富贵。若被折合分金无配，及庚申金有根，皆不吉。若金坐寅、午、戌，局中有木不忌，亦宜丙丁火印。

己坐卯未逢卯月，天干透乙身更衰。弃命相从翻富贵，如行旺制便生灾。

己卯、己未日，更坐卯月，又透一杀，乃弃命格，不宜丁、巳重见。若遇制，地旺地，是非竞起，不遇所忌，发达功名。

己日如逢丑亥时，身衰宜印贵无疑。行来木火愁金水，四季生人各另推。

己日用时杀，春不须印，亦同弃命论。若非春月，纯阴俱偏，亦不忌枭。秋生遇乙多最宜，亦要正印。冬怕水多，行入火木俱吉。如遇丑、辰、午、戌运，专看岁，会得此运。有咎非克伤，无忌身弱，杀旺吉。若财多，更透金水，及用入墓，称意中亡。

己日如逢戌子时，财官叠见最相宜。若生季月多财禄，身旺用衰作别推。

己生辰、戌、丑、未月，日本旺，若叠见甲或财，利禄之人。如化土，生正月，坐卯、未更吉。怕制合及寅破，忌行午、戌辰、丑乡。如己丑、甲戌、己丑、甲子，二品武职。甲午、甲戌、己巳、甲戌，富贵清高。甲午、甲戌、己巳、甲子，巨富纳贵。辛巳、壬辰、己巳、甲戌，富贵轻。

己日秋生本用金，干头却喜木森森。乙连三四皆为吉，遇甲相成入翰林。

己生秋月，本金时。若不露庚辛为用，见一二乙字，乃杀。食前杀后遇丙，亦吉。行火木地，富贵。若坐下未、卯更遇两甲，亦主功名。若庚辛巳露，甲乙再见，互相攻击，反害。忌行木、火，稍遂金、水，宜详之。

勾陈得位号高强，木火虽宜忌火昌。四柱若无金作梗，一生名利入岩廊。

勾陈为土得位，乃逢木之谓。如戊寅、己卯、己未、己亥日更坐亥、卯、未、寅月，方是柱有火，不怕庚辛遇木火，运主功名。若火太旺，焦土焚木，不吉。

论庚辛

庚辛春月正逢财，最忌干头比劫来。官杀要分嫌混杂，身强用吉乃康哉。

庚辛生正、二月，本财遇官杀，宜独见，不宜混杂，要身强用吉为贵。庚生正月，财旺杀生。透杀只宜杀，不宜再见官星。无壬癸、戊己并见，日主旺运行吉地，可言功名。若身坐子、午，遇丙透，又逢丁位，无戊己、壬癸运行，子、戌、午方为咎。若多遇合，冲劫财，多身弱，秀而不实。又怕寅、午、戌及枭食岁运，殃祸速至。如庚坐辰，遇丙或丁，不会火、木及劫则吉。二月同论。三月庚辰日连庚辰时，或庚辰月及间寅字，乃是大格。否则又宜丙、丁为官杀遇印之论。此日亦有用伤官者，须细详之。若庚生春，遇乙，乙庚合化，另是一论。大怕身轻财多，身弱遇劫，及水局水多盗气，火局销熔驱驰，病弱之辈。辛生正、二月，或透一丙，不宜壬戌、癸亥、壬子、壬申岁运，及柱中傍位再见有丁，却不忌壬运，两行俱吉。若官杀互见无去配，作混杂论。如遇地冲、劫财太重，行火地，亦可水地，不吉。两月不遇火，亦是营利之徒，清者微名，难作贵论。若寅午戌时，成一妙也。若水多，原本是财生杀见水，屏火不生，皆不为贵。中亦有沽名钓誉者，太泄困乏。若劫财多，入南颇可，带火则发。若无水劫，轻行亥戌稍可，申酉不遂。若丙合辛，只一不遇，破富贵。壬辰时亦有一用，其余被劫、官、杀及金破水泛，俱作下论。运行火木之乡，颇宜，再入金水无望。辛生三月是印格，喜木火。亦有伤官格论，稍不忌水，余忌如之。

庚辛夏月两分评，遇杀逢官各有情。庚遇亥壬杀喜制，辛逢丙合利名成。

庚、辛夏月，两干不一。庚生四月本杀，五、六月或遇巳丙及寅午戌皆杀。得壬亥癸水制之，无官混格局，清者贵，次者富，混坏减论，无制平平。五月午多见巳，亦杀，皆要亥子壬癸制伏，戊己佐助，皆拟富贵，无则患难困乏。六月同论。辛生四月，乃正官格，遇丙合官，遇丁为杀，俱作贵论。行西北得时用官，忌壬亥，再行见攻、冲必祸，用杀，不忌，得巳午未时为妙，岁运同。五月，杀印在支，亦不宜透，透则宜制，如辛亥日，巳午未时亦吉。遇壬无害，旋入金水之地，欠佳。原无水行，水亦无害。如辛未、辛卯、辛巳等日，遇巳午未时行入财官，方堪甲第魁选，有玷减论。六月宜火，木宜向火，木运行忌壬水旺地，不妨癸水。若不遇火，木遇水土劫，自旺。更行金水官杀，混杂太过，无制俱不吉。运忌丑、酉、亥，乃官杀投墓，轻者非破克伤，重者尤甚。

庚辛秋月太身强，卯未逢支乃吉昌。庚遇午寅宜见水，辛遭丙众喜非常。

庚金七八月，遇杀最吉。坐寅午戌，见。官杀宜逢壬癸及印，行南运吉。无行西太过，不宜九月遇官杀，清者富贵。亦宜壬癸水，若火局火盛无救，行水遂意，行午寅运，则灾生。秋绝无火，木气不吉。若用壬癸为引领，无戊破，行水地亦拟财名。辛金七、八月，遇丙二三则吉，行水地发财。若孤立一丙，乃小人也。如无丙遇丁，则不宜重以杀，多则咎。如无火气，坐亥、卯、未，得甲乙木局，行南大发。午、未时可拟贵。九月遇丙合，不遇丁，乃是一格，可云富贵。亦忌壬亥，如有戊己救，亦吉。若用杀，只宜杀，怕官混，行火旺运生祸。有官会木成局，行火木运发达。

庚辛冬月作伤官，丁丙无逢金水寒。甲乙相连分上下，称心更要识悲欢。

庚、辛生冬月，遇官杀，皆拟富贵。如庚生亥子，遇两官两杀，一官一杀，俱主利禄，飞禄夹丘，亦吉。如无官杀，宜见财星，原无行财，官杀运亦美。若金水自持，更无格局，用神及无木者，贫寒。辛金一杀，清者富贵。若丑亥时，乃飞禄，如遇丙亦吉。若虚露丙，亦不济事。如辛卯、辛未日得木局，及寅午戌时引火，纵无干火，行火木地，亦发。若枭多无火木隐露行火木，不吉。丑月乃印也，遇一杀则吉。官轻者宜行官旺方，若木局行木火，亦主白手成家。土重则埋，水多则沉，宜细详之。两干无火木，更无格用，则不成器。其夹丘飞禄，怕行官杀方。若巳酉丑局无格，遇辰巳时，行水地金地，亦作上命论。

庚生四月巳多逢、壬癸透干作制功。南北两行皆富贵，却嫌戊甲在其中。

庚生四月，遇巳午多，宜见壬亥，如遇丁，混有癸，皆主功名。如透丙或见戊、甲及官混，无癸破之，又无壬亥，减论。

庚辛七八比肩来，格局无成又没财。水用北行为利禄，逢财争竞一时灾。

此乃用水。庚日，壬午、癸未时；辛日，壬辰、癸巳时；外己丑、己亥时，皆比肩，更无火木以自旺，日为用，不逢戊己行水地，发达。若行水及见甲、乙，柱原比肩多，庚辛无财。遇财争夺，不可以见财，为吉论。

庚金坐午又为提，丁巳齐明两可宜。干支无丙来杂混，水绝肩多作富推。

庚午日生五月，透丁巳官印俱明，发达利名，若午多，壬午时亦吉。如遇丙杀，不利。若从杀格，宜水制之。如己丑、庚午、庚午、丁丑，巨富。

庚居子午月逢寅，官杀相淆干上评。子午运中愁咎起，戊壬若遇暗回明。

庚子、庚午生寅午戌月，遇杀在柱混淆，更见财多，无水土扶济，乃弱论。再行子午则灾。若遇壬癸、戊己，反为吉论。如辛丑、庚寅、庚子、丙戌，身弱。行子亥运，颠困。癸卯、甲寅、庚戌、丙戌，此亦不足。

庚金冬月本元疲，壬癸多逢盗日脂。丙丁若来庚更暖，逢温都作利名推。

庚生冬月，本弱。又遇水多盗气，须得丙丁火照，乃可谓吉。如无火，见财亦可。此言金水伤官，宜见官杀，可以成就功名，终不大就，以本元疲也。

庚生寒月丙双存，便是功名利禄人。行运柱中攻战斗，却愁称意没荆榛。

庚生秋冬，逢两丙，为夹杀。其势急矣名彰，乃杀之用。吉者甚吉，凶者甚凶。若运行击触杀起，及会冲刑之地，其凶不可当，多不善终。

庚逢寅午己提纲，遇亥同壬利禄昌。丙火透干无水制，不堪回首叹凄凉。

庚生寅午戌己月，遇壬亥字，功名发财。若丙透无水制，及无印，支离惆怅之人。如坐寅午戌，忌丙丁、丙寅、丙午、丙戌岁运，轻者悲伤讼耗，重则患难。

庚子秋冬水局全，井栏叉格理诚渊。柱中无火方成贵，青赤交持未是便。

庚子日乃中堂，会申、辰冲寅、午、戌中财官，干是庚，用地支水局及比肩多，方是。若格不全，金水多，则是伤官。如逢丙火杀论，毋执此格，言遇丙破。

庚日都宜丑亥时，癸壬相见亦相宜。丙逢亦许居名利，土重财多反坏之。

庚秋冬遇丑亥时，乃一用。如遇壬癸透，亦吉。本是水用，以火为副用，且不嫌相见。若土重木多，不吉。

庚逢壬癸在秋冬，有子生财各利名。时岁木星相合见，金方发达见枭平。

庚日秋冬无火，用水为导引，兼癸水，乃伤官生财。亦有夹丘之格，壬午、丁亥、癸未时，或庚寅日、庚辰时，庚申日、壬午时，怕行午运，此是寅辰日，俱忌辰时。戊土入库及戊岁运不吉，动伤枝叶，是非颠倒，咎祸不测，有子伤子。

辛未辛卯坐支财，最宜丁丙向干来。月生寅、卯、甲、乙透，富比陶朱不用猜。

辛未、辛卯坐财喜，透丁、乙为吉。宜寅、卯、午、未、亥月，如用丙，忌丁、壬、亥，宜火木旺地，不宜水金旺乡。秋冬杀旺，根不宜入南，寅、午、戌妙，亥日亦吉。

辛日提纲戌巳寅，贵乎丙火擢元神。再财庶利官加爵，最怕相逢见亥壬。

辛日生人，巳、戌月透丙，是一贵格，主功名富贵。若遇亥、壬坏格，虽得巳戌破之格，亦不清。如逢寅、午、戌时，又云一吉，怕丁混。

辛金寒月兔猪羊，局会财成富贵详。无火莫言金水冷，全阴福禄怕枭伤。

辛生秋冬，以卯为尊，若局全亥未，主发财，吉。飞禄又是他格，柱丑亥多冲，巳为禄马，如全阴化，柱中无火，不可以金寒水冷言之。但忌无格枭、煞。此以辛癸润泽阴木，遇土则党，须行木地则吉。

辛金最喜赤青逢，丁乙相逢名利通。青赤不加名利改，水金相见落残红。

辛日宜弱，喜火木，忌金水，春夏遇火木，两行皆吉。惟酉地则否。若原劫多，行财则凶。原财遇比，行亥戌运，可入酉，亦凶。用丙忌壬亥，怕癸屏之，成则富贵，破则困滞。秋冬原有火木，重者入南，不吉。破丁乙，又不吉。正阴之干颠倒，而人不知，不宜身旺，须中和则可。

辛衰春夏行西可，官杀秋冬南地凶。木火畏逢金水破，秋冬要火木重熔。

辛日春夏，衰甚火木，周遭原无水劫，行西亦吉。若辛不弱，带劫水行金，亦不吉。秋冬有火木，亦宜入南。若以火木为用，怕金水破。

辛日如逢丙甲壬，相生相益又相征。东南运底宜名利，西北无成向酉倾。

辛日见丙、甲、壬三物，乃壬生甲，甲生丙，又壬克丙，为征行西北，乃归致之乡。用此如断。

辛日东南丁酉时，火方名利却相宜。金强水旺亏财禄，西北风寒叶自飞。

辛生春夏丁酉时，则是一格，行火木方，功名发达。柱原劫水，又行金水，乃亏财禄，所谓火木盛，早成。入西北，惆怅。

辛日秋生怕杀肥，冬生水火喜东离。赤青月令嫌行水，无火伤官恨酉西。

金水伤官，宜见官也。夏无伤官之名，乃官印遇水，反破正官。春亦忌之，水无益，用木以生官，而水则盗气，若湿木则火难明，而官不能生。惟至于秋冬金水之时，乃云金水伤官，喜见官杀，亦同。论财，亦可。

辛日如逢寅午时，戌亥卯未亦如之。火明木秀财名就，事不谐兮金水依。

辛日若得寅、午、戌、亥、卯、未时，俱是一吉。宜木秀火明，俱吉。若金水行入丑、辰运，销金绝墓，及申、酉、亥之方，拟其非耗病伤丁，煞重则死。

论壬癸

壬癸春生喜会财，干支得土亦奇哉。无财营获难成利，木遇金多成断荄。

壬癸生正、二月，用木，喜见比肩，及食伤透干，不畏官杀，最妙见财，切忌金重，反坏木用，如浮金则无害。

壬生正、二月，遇寅、辰、午、戌，干透一甲、二甲，得全阳寅、辰多，清者贵。有寅风无云者，富。火局亦富。南行不忌戊，兼庚透丙、甲，亦宜得丑、亥时为妙。若金重，忌财轻木少，行西北不吉。

二月寅、午、戌、辰日，遇戊、己、庚、辛、巳是一贵格，行南北方俱吉。最宜透甲为用，忌见枭神，遇丙屏之，亦吉。

三月有杀印之名，官印一格，成则富贵，若寅、辰、午、戌日，干遇一甲、两甲，乃富。风云骑龙虎，则贵。但怕申、酉冲刑，运若劫旺无火土，阴阳交混，旺金克木，又无火屏，驱驰命也。

癸日生正月寅时，刑合格。忌庚申巳，得亥、丑、辰时，又是一格。比肩行南北，俱吉。忌官杀、财印透，行南不吉。如秉中和入格，两行富贵。切忌金多又遇财官杀印，不吉。

二月寅时，一贵格。不忌浮土、浮金，亦不忌庚申，或近三月庚字全阴，亦可拟以贵命。若辰、巳、卯时行，吉，亦可以发。不甚忌土，若金局，再入水金之地，则不吉。

三月有官杀为用，遇辰、巳、午、未时，是一格。申、酉时亦是一格。俱忌甲木，若无根土多，亦不为害，透木亦嫌甲寅时，比肩不忌，原有官杀，忌行官杀方。此春月俱宜比肩，及见火土，皆主富贵。忌庚申、辛酉会，金折木。若浮金，不忌辰月，不忌见金。正二月原无比肩，有财官，多忌行财官运，谓之太过，伤妻克子。一度重则变，俱忌申、子行运。

壬癸生炎论旺赊，若逢枭印盛无涯。有根王子些成美，癸水无根作大家。

壬癸生于夏月，以火土为用，不宜比劫。夏月水衰官杀旺，但得印绶，则成士夫。君子食伤为财官之忌，惟刑合从彼论，不忌寅上之甲。若得己为配，则吉。

壬子、壬寅、壬午、壬戌日生四、五月，遇戊、庚、辛一透，可拟贵。偏官、偏印贵高财足，正官、印次之。劫刃财名反覆，若甲丙透不足，得己配，颇遂。怕丙丁，丁从化亦吉。

五月忌冲官，庚、戊透，从杀不忌。惟壬申日，不喜财官。丙、甲透成杀印，可也。

六月伤官一格会全者，富贵。亦宜正印，壬寅、壬午、壬辰、壬戌日遇官印、杀印一格，清者贵，淆者次。壬子会伤为合，亦可拟贵。

癸日四、五月，若就财，富贵。遇申、酉、辰、巳、午、未、丑、卯时，皆作吉论，劫多不吉。

全阴大吉，化火大富贵，杀印亦然。

六月有杀印一格，贵。如丙辰、丁巳时，又辛、巳二时俱主功名。甲寅时刑合格，怕庚申重刑，宜亥、卯、未全，富贵。忌戊己戌用食伤比肩多，行东方，大发财。木用怕金，土用宜金。

又壬日六月得寅、辰、午、戌日，支干透戊、己，则富贵可拟，趋艮亦吉。遇丁多反复，会甲宜木火，忌往金行。

壬癸生临旺九秋，功名火土遂情求。如无火土犹行北，几度欢娱几度愁。

壬癸生秋乃印，其作用要火土。火土秋月不时，虽多无害。如无火土行北，既在中秋，逢生太过，乃不足之流。

壬生七月，岁月俱寅，又得辰、戌，时得戌、申，以杀印论。顺行富贵，子位欠吉，行南破印。若止一丙，孤楼申子辰上，行南无害，顺行怕寅。

八月遇戊字及戊申时，顺则贵，逆则富。亦有原无火，遇劫行火，亦贵。不忌丙。

九月杀印、官印，又是一格。其地自有杀印。若得全阳及遇庚，富贵。若近冬生，更坐辰、午、寅、戌，干遇甲木，主大富，清者贵。若丑、亥、寅、辰时，干支遇杀，则吉。若遇重木，金木交争及刑冲者，凶。

癸日七、八月遇庚申时，合禄。七月遇火，土行北，亦吉。忌寅、丙冲提会火之地，见火返南，则破。若辰、巳时，土多，两行皆吉。

八月遇戊、己、丙、丁及地支火土，行北富贵，但子少。返南有子，又怕伤印冲提。若癸巳日或亥、巳日时，比肩多，得申、酉印，行北功名，但财不聚，怕遇冲提刑地。七八月原无戊土，如逢甲及，原有甲申行戊、寅，乃伤官见官，亦言称意。中有纯阴成格，亦吉。若水不相持，阴阳混杂，则凶。此两干七、八月，最宜土火为妙。

癸日九月，不妨比肩。忌亥日时，乃隐甲害戊，若土多则富。申庚辛时，巳、辰、午、未、卯，但得一格，俱吉。若通寅、申，总有利名，立见反覆。此月入冬令，甲寅时得干从刑，合格论。

壬癸时垣比劫逢，运归旺地反成功。如逢火土从他格，食木飞刑又不同。

壬癸生冬令，再行旺地，飞天禄马，禄从旺则吉，怕逢火土。如壬生十月、十一月，遇比劫多，是飞禄格，忌官填实。若水局从旺，如全阳得甲、丙，行东南大发，富贵。见丁合化，亦吉。如遇戊，乃杀；宜庚、辛为印，不宜见甲。如用地支，宜寅、午、戌、辰，俱有火土，主功名，轻重言之。如巳、辰、丑、亥时，一用俱喜，行东南方，清者贵，混者次，此身旺宜任也。

丑月官杀多，或遇丙、丁，宜行酉地，吉。偏官、偏印及寅、午、戌、辰日时，食伤之类，皆可论吉。

癸水十月全阴，乃飞禄，亦有乙、卯时，食伤为用，行东南方，则发福。己、未时乃杀，庚申、辛酉时乃合禄。飞禄遇印，亦可以求名利。如见戊，官印；己，杀印，忌行丙丁官杀，多贵小富。宜行土金生旺之地，但子息少。

十一月亦有飞禄、食木之用，乃刑合夹丘等格，遇申、酉、时，亦宜己杀，清者贵命，次者亦富，壬癸混劫，主财用乏。如癸巳、癸丑、癸亥、癸酉多互，即财官、杀印，不忌飞禄，亦有土多，即杀印非邀己格，两月同论。

十二月全阴即是杀，非飞禄也。先正所谓无杀方重用，有杀用难重。如遇官则化，见己从杀，亦宜印透为吉。怕遇壬阳混劫，金水交争，其癸干冬月，甲寅时无印，土金透出劫，亦奇。行运，宜东南方。乙卯时宜火土，全阴，行东南方，发达，忌庚申、辛酉在干，丑月无合禄格，申时、酉时乃杀印，忌财，方有劫，小畏。

壬癸秋生比劫多，无财财地奈贫何。干支有土兼逢火，雨后桃夭春已过。

此比肩多，原无财，行财地，比肩争财，不吉。若干支有火土，虽少比劫，赖劫蔽印，初行贫乏，行财地发财，但不久耳。

壬生巳月戊丙该，杀印相逢大用材。癸日临期应拟富，只愁原带食伤来。

壬寅、壬戌日生于巳月，巳中有丙、戊、庚三偏奇为用，癸日遇此，乃三正奇，皆富贵之拟，忌比劫及甲字。癸日遇乙卯时，乃破土，甲寅时，乃坏土，不吉。土多亦不妨，大抵吉中生凶，甚则危。

壬生七月印属申，火木相逢便是春。无劫有官多吉庆，劫来相伴主薄贫。

金为水母，秋金太旺，无土则流，故宜见财官，为美运，宜顺行。柱无火土及枭食相持遇，行南运则吉，行北不吉。

壬坐申辰子亥中，比全水局甲无功，东南北地皆名利，金再相逢又是空。

壬日坐冬，申子辰全，日干本旺，若得辰时或干支别透寅甲食神财，行东南，大发。见庚、戊争征，不吉。

壬日蛇提六兽支，内中壬午别为宜。余逢阳土多尊贵，甲木飞来便可疑。

壬日坐申、子、辰、寅，生四月，乃富贵。得庚、辛透，更吉。若带刃逢杀，主权要显职。其中有混比财印相持，主才高不第，或异路功名，妾多无子。壬午一日，乃支官也，清者贵，俱忌甲木，遇甲得己合庚透，不妨。若丙、甲、丁俱透，不吉。

壬戌壬寅散月生，干头喜透戊和庚。杀多尤利风云会，富贵愁逢丙甲申。

此二日散生，柱宜见庚、戊透辛，亦吉。若干支杀多，尤吉。怕逢丙与甲党，杀坏印及官星混，夏月尤甚。

壬申夏月赤黄时，干遇财官不是奇。庚戌若来成一妙，岂期丙甲两相依。

此日夏月，不喜财官多，原有根也。

壬骑龙背喜风云，财局之中亦自欣。遇甲全阳名利客，戊庚一见要详分。

壬骑龙背，以辰寅为风云，多者主富贵。若寅、午、戌财局，亦吉。柱透甲最妙。如遇庚、戊，乃坏格。若戊申时，以杀论，当细详之。如己丑、戊辰、壬辰、庚子，甲子年中举，即克父。戊辰年杀重，二月死，是见庚戊坏格。如壬辰、甲辰、壬寅、庚子，大贵。是透甲全寅辰，妙。

壬临午位禄马同，叠见财官富贵翁。春喜见金不怕木，如逢子月土成功。

壬午日丁巳为用，春生本忌木害官，若遇庚、辛、巳、酉、丑，则不忌，子月得土多，则能制癸子。虽冲午、丁，自若也。若生夏月，财官多者，皆贵。癸巳、己未、壬午、己酉，贵。癸巳、己未、壬午、庚子，丙辰，状元。

癸居金局巳辰时，月值卯寅水木滋。最喜煞官来入格，平生名利自相宜。

癸日逢巳、酉、丑，枭印也，生春月，以木为用，亦不相害。遇官煞，则为吉。辰、巳二时，乃财官也，格中忌破丙、丁二引用。

癸日如逢巳酉丑，时利庚申南地走。木火功名比劫嫌，财官入格命少有。

癸酉、癸丑、癸巳，此三日生，遇庚、申时，宜火木方行，吉。怕比肩。

癸日多财春夏间，若成弃命福难攀。干头官煞来相混，犹事驱驰不解闲。

癸日生春夏，遇财多，乃弃命就财。若遇庚、辛、戊、己，又从煞印之论。四者怕相混，以财印有相征之忌。若戊己为用，又是他格。庚戊又是一用，辛巳又是一用。

癸生春夏食伤提，比劫重逢克子妻。如得干支存火土，更行南地禄财齐。

癸生春，以木为用，比劫多，更无火土藏透，乃克妻子，不堪之命，行北尤为不吉。若得火土为佐，及阳干多甲透，并行南地，其子更多。此乃无中生有，而人难知。

癸日如逢巳未时，煞星更怕戊来持。如或制尽行财地，不是人间富贵儿。

癸日未时乃煞，见戊要从化，又嫌巳炉，所以不宜戊己，俱透须宜制，又怕太过，秀而不实。

癸亥多肩九月生，金水运底最无成。若行南地无寅甲，富贵功名断可成。

癸亥日生九月，见比肩多，行金水地，不吉。行南方及火土，皆吉。惟怕甲、寅、戊、申、戊土忌寅、申，如得南行，不忌。再行水地，不吉。若非亥日遇寅、申，有比肩，亦吉。如甲寅时近十月，作戊月推，乃作水论，如遇庚申字，火土多不忌。亥、寅、甲，行火土旺，亦可名利。如己、未时煞，不畏寅。甲亥、戊午时畏甲，不畏亥、寅。

癸生秋月水金明，火土相逢便有情。比劫可图南地禄，赤黄顺北有功名。

秋生比劫多，火土少，行南有禄，虽有财名不实。原见火土多，行北不吉。癸亥、庚申、癸亥、乙卯，南，贵。

癸生秋月印生身，丙火相逢亦不嗔。有土许成名利客，若逢寅甲丧青春。

癸遇丙不嫌，破印有土，乃吉。见巳、午及戊、己、辰、戌、丑、未，俱吉。若干支有寅、甲，遗患。虽印格成，亦无功名。行运再遇寅、甲，冲印、销印，变改忽然，其凶不测。

癸居羊兔甲寅时，刑合格中最是奇。行运只嫌申午地，会青枝上利名期。

癸日寅时乃刑合伤官，宜春。亥、卯、未月，要木局全则贵。行木局及岁运木秀，利名可期。午、戌，亦富贵。忌戊、庚、申及戌、戊重运，不吉。甲子、丙寅、癸丑、甲寅行申中，休致。丙子、辛卯、癸亥、甲寅行申，休官。

甲坤黄数五

甲人戊癸本非殊，或加从革应相呼。四位土支逢一二，禄厚权清出帝都。

用真火生真土，有戊无癸，以子代之。有癸无戊，以巳代之。子、巳乃土成实之地，巳、酉、丑福元旺水生焉。辰、戌、丑、未四土，若逢一二位，为成实之格。子、巳代戊、癸，甲人有戊、癸，合戊子癸巳、辰戌丑未，最贵。

云汉秀气

甲人见火为孤独，水若相逢却至清。若见丙来加子午，主向初年达缙绅。

木见火伤，金得水制也。丙子、丙午，乃水中有火，火中有水，木人得之，乃五行至清之气。木得火多，则驰骋聪明，好学勤礼，立身孤独，如得旺水，主财薄，清贵。论曰："甲人以金为福，火盛则伤，金见水则火殆，五行要有制抑，则转祸为福。"又甲会丙子、丙午，旺水中合，起辛未、辛丑，本家真官，天乙贵人。无中设象，乃五行清华之气也。

福禄归根

甲乙相逢土最精，不逢木辱足珠珍。辰戌两位如逢火，少步青云日益新。

土能生金，为木之官，无木伤土，福禄自然浑厚。辰、戌之位即其中，逢火能生无穷之土，土既浑厚，金自然壮，乃无中之有也。论曰："辰戌乃魁罡之地，土既钟毓，更得干音火神滋养，则气数明爽，子子孙孙，相为羽翼，福禄厚矣。"

荫助清奇

丁蛇巳酉金偏慕，纵逢火盛不为凶。若见甲来加子午，云路峥嵘早岁通。

金生在巳，却逢丁巳，金旺在酉，却逢己酉，正胎中逢父母，转见生旺，虽有火藏，未能奈何，盖本源深厚也。以丁巳、己酉二位土神，能化其毒，不伤于金，然甲子、甲午二金，带一路死败之气，既有丁巳、己酉壮其本源，故阴阳得中，金神之德，挺持可知，又何败之有。

天地有余

甲辰甲戌皆炎火，木作干神本自生。重遇木神骈辅翼，虚名虽有不迁升。

甲属木，加辰、戌土，纳音火，是干分带木即本位，自能发扬天地有余之气，不得外加木。若木多，则又伤辰、戌之土，不能为福。五行中如此理，尤用消详。

破散离业

甲戌本是火潜藏，木发其神转更忙。又值木临寅午戌，荡除家业远离乡。

甲戌本是伏藏火，要安静，却以木发起何益？五行当生即生，当伏即伏，反此为祸。况火到戌、亥，以四时推之，自不可发露，所以破财。论曰："甲戌本木中，宿火见木则火炽。若更临寅、午、戌宫，木得火局则焚伤，飞驰不得归元，所以流移乡井，事多歇灭。"

夭横无依

甲人寅重莫逢火，见火平生多坎坷。不然禄马不升迁，又恐天年多摩罗。

寅为火生之地，寅既重，若又见火，火更有气，庚、辛受制，所以触事迍邅。人皆言甲禄在寅，不知一火便能为害。

乙四真金太阴化气

六乙之人遇丙辛，从魁大吉要传名。传送更加逢太乙，便是中书燮理人。

乙阴金，故生其水。母生子为亲，若遇巳、酉、丑生其子，有丙无辛，以酉代之；有辛无丙，以巳代之，为秀实之气，故贵。论曰："三位子母俱旺，福会之庆。巳、酉以摄丙、辛，乙遇丙、辛，合丙、辛，巳、酉、丑为贵也。"

滋荫返元

六乙生人正月内，蛇案逢土少年荣。若见刚金临杀位，必主兵权定塞尘。

乙人正月以戊寅，高阜之土，乙庚之气，绝处逢父母，故喜。见之丁巳，乃蛇窠之土，金神生处逢父母。又乙人见庚辰，乃羊刃杀，然而五行壮旺，更加此杀，须领兵刑之职。

鬼神截福

六乙怕逢丙丁盛，如无救助定成凶。若值五行多水数，阳土相临主大隆。

丙丁若盛，金神不能发生，乙人所以不喜见之。若四柱中见水，可以制火，要得一位阳神之土扶持。如戊寅、戊申之类，五行又却还元。《珞琭子》云："当忧不忧，赖五行之救助。"良有以也。

丙水乾龙之数一

六丙生人不见丙，巳来同甲格最清。大吉若加并太乙，名标金榜世传名。

水之类火之属，得木而生焉。甲己土合，壮其丙火，土旺金生。有甲无己，以未代之，有己无甲，以寅代之，此为反阴滋阳之理。水加木而清，丑为大吉，巳为太乙，丑乃金神墓地，故生丙水，为秀实也。寅未代甲己，丙人有甲己未寅卯巳丑，贵也。

福禄还藏

丙人从革火为良，又乘巳位旺清扬。更得炎宫干木火，定知早达佐朝堂。

丙人喜见巳、酉、丑，金位如无巳、酉、丑，日时中有金神，亦得用。得巳乃为真官之贵。巳、午二位，干逢木乃为丙人之福。火人得从革局，乃为旺财生官之象。若得己巳之类，则火人禄气纯全。更寅、午、戌三位，干头得丙、甲二字，其气益见强壮。阴阳书所谓"火人得地无水，而仕路优游"，抑有自也。有水则损。

禄旺兴元

六丙生人火数多，更加一木最相和。刚明清健多荣禄，金神更壮早巍峨。

丙本自旺盛，一木足矣，多为过，若得地，尤奇绝。所以五行之神，贵在清越，不可过。如丙人得木助，其锐可知，须要乙位金不杂其气则吉。火人官禄基如此，岂不早年享福。

中央压福

丙人见子休逢土，福破中央夺将去。又加火向辰戌时，定主伤残终败露。

见子则官神得位，逢土则水不能胜，为土所夺也。论曰："魁罡之地，土在钟毓。更逢辰戌，如甲辰、甲戌之类，土气强壮，水气消竭，为害甚矣！"

截根无荫

丙寅为禄火长生，甲寅相遇不光荣。忧妻害子无兄弟，衰老孤贫谩逞能。

逢鬼于受气处被抑塞，终为害也。此为受气处见鬼，鬼即强壮。丙火不得舒爽，五行，宜顺生，最忌逆剥，终孤竭。

烟灭灰飞

丙丁巳午皆逢木，炎上威风势猛强。更若五行无水制，虽逢称意必倾亡。

丙、丁、巳、午，皆火之地。若逢木则益炎盛，若得水制。既相救助，又有官神，方是有益，一味炎盛，岂能长久。

食神为鬼

丙人见戊加申子，时人皆谓食神重。若见火神有生位，一生孤寒禄难逢。

丙人见戊，又逢火旺，土壮克丙火之官，所以无官。土生于申，旺于子，干头带戊，丙人会乙为食神，名誉之兆。土既成实，不必更见火，火旺则土强，丙人之官蔑然。虽少年见禄，终不为久长之计。

丁火父木成数三

六丁戊癸本来高，如加己亥势雄豪。申子辰宫金水壮，位到公侯佩玉袍。

丁生戊癸为子，如萌芽，有癸无戊，以巳代之；有戊无癸，以子代之，皆为秀实之气，造化之功，可贵。为巳乃戊、癸之源，亥乃成实之地，为贵。子、巳代戊癸，丁生人有戊、癸、戊子、癸巳，申子辰金水清贵。逢火土，犹为祸也。

飞活清秀

丁人爱遇北方水，忽见食神再续来。局内不逢于土数，木神加护至三台。

丁人见水，官神得地，又遇金来生官，自然显赫。北方乃亥子正位，壬癸旺乡，更逢金，生育不绝，甲子、辛亥之类是也。若无土损其气清，又得木神护禄，所以基本牢壮，此是财官印之说。见水是官官，宜居北方旺地，又得金财以生之，木印以护之，所以基本牢壮。

禄基成实

金加子午多凶暴，若是丁人又喜逢。更看五行无土数，定扶圣主掌陶熔。

金加子、午带死败，故凶，甲子、甲午之类是也。然丁人午上见金，则是为财。子上见金，则生官。若无土犯分，则气清禄厚。又云：在午见金，则禄旺。在子见金，又生出丁官，见土则伤水。

禄气差迟

丁见壬亥未是奇，亥子相逢正得时。忽被土来争旺位，谩有声华亦差迟。

壬不得地，遇而不遇，虽无壬而得水正位，官神旺处，自然壮也。水土混杂，终是土胜。

破相孤独

六丁忌见土长生，损妻害子强争能。纵有虚名难了达，亦忧田宅乏兴营。

六丁人，以水为福官也。土长生，伤官太旺，则夺却水之位，有呼无应，其格卑下。若见克伤，则触事亏损。六丁人以水土为官鬼，水土皆生于申，就位为土所损，壬癸无依，金生元被害，可贫贱矣。

戊火数二

六戊生人逢曲直，丁壬相合主清才。从革位中兼一二，决须名誉少年魁。

真火要亥、卯、未旺，有丁无壬，以亥代；有壬无丁，以未代。本元壮则为福远，戊癸丁壬合贵也。真火爱寅午戌，土壮火炎，官有力。天数乘三子生，其父已酉丑多，逢则贵也。

渊源滋养

六戊生人见水深，更逢申子旺生金。须知名誉当腾达，少主清华人禁林。

命已有水，主官。更得金在申、子水之乡，则金又生水，甲乙自然有气。五行要不断，若有金无水，又能害木，水深则木强，故贵。

相为庆会

寅申本是戊人强，癸亥当头贵显扬。但得五行金不入，名清望重佐朝堂。

戊寅火生处逢土。戊申土生，故强。癸亥水生，出甲乙，故奇，有金则伤矣。寅申土成体地，本源既壮，又须借木神疏爽之，更得癸亥就位，滋养其神明之德，清健非常。若无金神返制五行，决恬然无害，为福厚。

金火相持

戊人不贵南方火，见火须还带旺金。有金无火终成咎，有火无金亦不新。

戊人不贵南方火者，戒其太过盛。若无火，则金得势来侵木，无金有火，亦无用也。

干鬼为映

戊人有甲终无益，带水拖泥不似初。若得庚金并水局，纵能财禄亦微余。

逢甲不如见乙，为阴阳和顺。甲能伤戊，若加水，甲益壮，终有害也。若庚金制之，犹庶几。甲，阳火之神，戊人得之，阴错阳差。若得庚金，又复制甲，既又得水，则为戊人财库之神，五行互有得失故也。

己五数真土

六己相逢巳用功，乙庚相会禄高封。炎上火神加一二，符压兵权静塞冲。

巳乃火生旺之地，巳人遇寅、午、戌，为造化之功。乙庚为土之子，生于巳为实。有乙无庚，以申代之；有庚无乙，以卯代之，得此方为贵格。如寅、午、戌三宫，一位、二位为贵。申、卯代乙、庚，庚卯、乙申用巳炎上火，而清贵显达也。

包成台禄

巳人正月正为魁，更于寅午戌相陪。局内不逢真火数，定知文武佐功来。

丙、辛为真水数，巳人见丙寅为食神之魁。盖火生土，又得寅、午、戌炎上之火气接济，若无水，损禄；天元有滋养，荣名厚利，何患无之。

秀特逢生

六己相加巳是功，申子辰位甲须丰。更得金神同水化，定知名誉至三公。

申、子、辰，水之位，就中见甲，则木乘水旺气为福，基甚厚。金同水地，则水益壮旺。甲自然发生，此五行阴阳消息，不必见其形而默会之可也。若只见金而无水，金无所归，更伤甲乙之木，惟有水地，则自生出水，不必见水深，且详之。

论曰："若见水加亥、卯、未上，禄元有所养，为福无穷矣。"

庚四金阳之数

六庚真数少人知，戊癸相逢遇者稀。大小吉神逢一二，名播中华福禄辉。

夫真白虎数用，有子生焉。戊、癸乃火之真数，为庚金之真官。有戊无癸，以子代之；有癸无戊，以巳代之，方为秀实之气。戊、癸化火，能生二吉。丑未为大、小吉，二吉既旺，能助庚金，乃为至贵。子、巳代戊、癸，庚金生巳，戊、癸之火发用，丑、未贵矣。

声誉远驰

庚人巳午逢刚木，学问过人世所稀。但无金神并水属，少驰声誉掌枢机。

火正南方，官神得地，更逢刚木，滋养无穷，所谓本源深而气壮。若见金神，并见水，水又生起，便制其火，虽得正位，终被销烁。此有木无金水，然后为贵。论曰："火加巳、午官星得地。若使纳音带得木来，火聚南方，高明豁达，所惮者水耳。稍无犯分，则挺特出群。"

相参成庆

庚人爱得土来亲，火数相乘位显伦。春夏季中生月属，又加木属主光荣。

金得土扶，禄元有借。更加火临辰、未两月中，其福愈壮。盖火生三月，木墓六月，所谓源远相参，发福有自。其为气也，妙在适其用耳。

禄鬼孤害

六庚火禄向甲申，水数才多不可逢。更值金神重叠见，到头辛苦禄难崇。

庚人以火为福，却遇甲申，更有别位见金神，则生出水。水有汗漫不绝之状，丙、丁如此，无以发生，又何禄之有？终难显达。《珞琭子》云："遇而不遇，禄马之说，要在穷究，曲尽其理，方知禄马归著。"

六辛夭之水数

天数当先号六辛，喜逢亲子系丁壬。天魁合会功曹盛，名达朝堂职位清。

辛数，乾天之子。天乙生水，木数合之，乃阴从母生其子；有丁无壬，以亥代之；有壬无丁，以未代之，故为秀实之气，天魁戌功曹寅也。亥、未代丁、壬，有丁、壬、亥、未用寅、午、戌之势，为贵盛也。

威高志远

六辛要得火相亲，带水须凭见木神。文中却作武中虎，武禄还须静塞尘。

水能生木，木生火，展转相生，无有穷尽。辛金得火，六气相亲，若见水，则有损五行。若又见木，水却随木化，不伤于火。辛人如此，岂不快哉！

先凶后吉

辛人卯酉值非善，又逢水属主迟蒙。若见火神当胜位，定知烜赫众难同。

辛以丙为官，以火为福，卯、酉乃火死败之地，更加水损，何由得福？五行若得火神位，寅、午、戌即还元。如此，则转祸为福也。

禄气退休

辛人火居西北地，无木相扶仕禄艰。纵得少年膺爵命，亦须衰蹇见休官。

火居西北，无气之乡，又无木来助，岂免迍剥。火在水乡，终难显达，得木卫护，犹且庶几。稍若关此，终当偃蹇。

壬为真木数三

六壬逢火自然光，丙辛交会势堂堂。太冲还共登明会，必是金门紫绶章。

壬为阳木，数当三，用周天火数，当其二数。二三合五，乃受己之数。为壬之官，水数生木，乃母生其子。有丙无辛，以酉代之；有辛无丙，以巳代之，为秀实之气。太冲为卯，登明为亥，乃木乘旺之气，为酝藉。巳、酉代丙、辛，壬人有丙、辛、丙酉、辛巳，以火用于木气，为真数入格。

相呼集福

六壬己亥不为官，忽逢水数禄须还。更值五行多火局，定期高宦达金銮。

己、亥为生成之木，下残切上干头，己土所以不为壬人之官。若五行带得火数多，己亥之木又随火化，藏己宫之土，却得还元，不必更见水。盖水能生木，木能克土，即为坏官故也。

火奇续贵

六壬丑未兼申子，四位如逢火数奇，更值五行多土局，少年名位拥旌旗。

丑、未土成实之地，申、子乃土旺之乡。干音带得火来，五行中更加土多，壬人福禄，自然显著，岂不早年亨快。

反凶成庆

六壬若逢繁刚木，须得干音带火来。若是寅宫并午位，必作朝中将相才。

甲辰、甲戌皆干音火木，更又庚寅、壬午俱来资助，火旺则土盛，气数纯全，福基自壮矣。

天鬼相交

六壬最怕干头戊，或加辰戌主伤残。不见甲来为救应，定主身中带不安。

壬人见戊为干鬼，若加魁罡之地，则祸害之端。五行若有甲干，阳木又能克戊土，即有所救。不然鬼气太重，壬人所惧。

癸为真火数二

六癸生逢曲直加，如临甲己最为佳。更加传送还为贵，禄仕千钟福寿遐。

曲直，亥、卯、未之气也。癸，阴火，须逢木而生。甲己者，土合火之子数，阴从母生，其子为成。有甲无己，以未代之；有己无甲，以寅代之，及为贵气。传送者及甲己生处。甲、己、未、寅，为秀实之气，癸人有甲、己，旺中带木气，为清奇之格。

互相福应

六癸人生多亥子，不逢土数自光荣。若得土加寅巳上，不须亥、子即为清。

亥、子乃水会之地，癸人得之，聚成一气，不必见土。见土则水争强，反为不好。若寅、巳上却见土神，癸人之官，又不必见亥、子。见之则土争雄，反为交杂。

天鬼为滞

六癸人逢己是殃，不逢甲数尽乖张。莫教丑未乘于火，定知贫贱永无粮。

癸人以戊为官，见己为阴阳失序，反为鬼。五行中若得甲木之气解救，尚可免迍驳。若见己丑、己未之类夹攻之，癸人福气藐然。

滋荫福元

木逢癸亥正长生，荫益根元必大亨。更有金临西北位，定主清华禄自存。

木生在亥，就其位，得癸亥之水滋养，生中逢生，最为喜会。更得西北带金，生出水来，木转壮健，源深达远，禄福崇峻。

变鬼为官

木人最怕逢壬申，若逢癸酉祸增新。但得水临西北地，返作清达显赫人。

壬申、癸酉乃剑锋金，乘临官旺地，克木，甲、乙最怕之。忽若亥、子上见水神，化藏金毒，金虽承天将之利，终不能害木。大抵福欲乘之，鬼欲制之，然后可观。

破祸成福

木逢辛亥不长生，不逢火制禄难存。火神与木俱繁盛，何虑功名事不成。

木生在亥，却于生处逢金，谓之生地见鬼。得火救之，金不敢用事，木乃出焉。此谓通变，自有轻重。五行须明，胜负不可一途取轨。火木繁盛，金自销铄。虽是辛亥作祸，得火与木繁盛，始免金生杀。若非辛亥见火，木繁多俱旺，又不便也。

鬼气临官

木人怕见火神兴，无水相临主祸迎。更被金来加局内，一生险难不安宁。

木人火盛则灰飞烟灭，得水可制火局。不见水又如从革金局，其神锐利，甲乙之木，窘气可知。

根源浑厚

火人月日时遭水，须逢曲直乙为干。若得炎宫金纳地，定知食禄是清官。

火人月日时带水神，则火无发露。若亥、卯、未上干头带阴木，水却又来生木，木又生火，火生不绝，火神得地，更若寅、午、戌上，纳音见金，又却来克木，木神受制，生出火官，五行脱体还元，乃为高上之福。

兑宫生鬼

火神败地莫逢金，见水加来愈不禁。不见伤残并夭折，定须受病肺连心。

火败地，本自衰微，逢水则金不能为财，而与水为鬼。论曰："火至败地，见金则生出水来，力既不能胜，安得不伤残也。"

迍蹇多灾

众火须防水在寅，平生迍坎谩劳神。资财必竟难充溢，到老身孤背六亲。

火神稍众，于生地却见水，如甲寅之类，何以堪然。火神既多，须得少木资之，则有不穷之象。稍多于此，终为害也。

气数淳厚

土人土重火炎扬，职位清华禄益强。火加巳午逢诸土，盛德高风处处彰。

土数既重，必借火扶持，为生生不穷之意。若更见火加巳、午火旺之地，土又强壮，设或见水，终不能胜火，土则为财库之气矣。

五木成烟

土人借木为文曲，四位之中带火来。重见木神临巽地，高甲升名福庆开。

土无火不能通爽其气，木无土不能安植其根，二者相须，皆不可阙。五行中若带火来，又于己土见木，展转生育，聚成一体，气数壮实，火神有所倚借矣。

救助减福

土人强位逢诸火，更加火旺生灾祸。就中若见水神波，纵免灾殃还坎坷。

火数既旺且多，并来生一土，其气大段燥。忽见水返来制火。五行虽有救解，终不为吉兆。

基本衰弱

土人若重嫌巳酉，区区终是谩劳生，水近土傍犹见祸，卖尽田园无地耕。

巳、酉乃土水败地，重重见之则困，若相陵，终不为福，盖水能胜于火矣。司马季主曰："水逢沐浴如逢土，土到衰乡水不如。土到酉宫真败地，却逢癸酉禄盈余。"二气各有胜负尔。

滋荫成官

金多逢土不为灾，切忌金神带水来，木逐火神生旺土，发荣名位足资财。

只怕生旺被鬼所制，金多又自带旺火，不为害。自己寡弱，则克我者始得志也。

天盗离乡

金遭乙巳大乖张，木数来逢主夭亡。便使水多难抑制，定残骨肉远离乡。

金生处见乙巳火，被火截住，加以木来扶，火之势益壮，金自销烁。

源远流清

水人见木为本利，得火相逢凶害至。更无火木见金神，决主少年登显第。

金为水本源，木得水滋深为利用，见木却生火，旺则反伤于金。五行中若无水、火，但得金气发露，则生出水禄，自然清彻。

无救成凶

水人切忌戊申寅，截断根源主祸频。局内不逢金发露，半生波险受艰辛。

戊申、戊寅，乃土成实之地。水人生处受制，病处见鬼，故曰"截断根源"。五行中若见魁罡，则鬼气无以化藏。水神如此，可谓困矣。

长鬼为殃

水人大怕火炎扬，寅午相逢转更忙。若见丙加辰、戌位，定知夭折见悲伤。

寅、午乃火生旺之地，炎炽可知。水神如此，则竭矣。五行若见魁罡，如丙辰、丙戌之类，转衰丧矣。

第四十章　星命汇考四十

《三命通会》十二

论古人立印、食、官、财名义

徐子平论格局，独以印、食、官、财四者为纲。其立名之义何？盖造化流行天地间，不过阴阳五行而已。阴阳五行交相为用，不过生克制化而已。今指甲乙为例：以日干论甲乙，在五行属木，甲阳而乙阴也。如人命得甲乙，生谓之日主属我。生我者，壬癸水；我生者，丙丁火。克我者，庚辛金；我克者，戊己土。而十干尽之矣。生我者，有父母之义，故立名"印绶。"印，荫也；绶，受也。譬父母有恩德荫庇子孙，子孙得受其福。朝廷设官分职，畀以印绶，使之掌管。官而无印，何所凭据？人无父母，何所怙恃？其理通一无二，故曰："印绶"。我生者，有子孙之义，故立名"食神"。食者，如虫食物，盖伤之也。虫得食物则饱，人得食则益，物被食，则损造化。以子成而致养，即人子致养父母之道也。故曰："食神"。克我者，我受制于人之义，故立名"官杀"。官者，棺也；杀者，害也。朝廷以官与人，此身属之公家，任其驱使，赴汤蹈火，不敢有违。至于盖棺而后已，是官害之也。凡人梦棺则得官，亦是此意，故曰"官杀"。我克者，是人受制于我之义，故立名"妻财"。如人娶妻，而妻有妆奁田土赍以事我，终身无违，我得自然享用，不致困乏。况人成家立产，须得妻室内助，故曰"妻财"。是四者，术家立名之大义。然生近乎身，克隔乎位，造化喜生恶杀，乃自然之理也。中间阴阳从类，阴阳配合，各有至理存焉。生我我生，如壬生甲，癸生乙；甲食丙，乙食丁；是阴生阴，阳生阳；阴食阴，阳食阳，为阴阳各从其类。故甲喜壬生，死木滋死水中，则多年不坏；不喜癸生，死木被雨水淋漓，不逾年则朽。甲喜食丙，以丙能制庚杀，而甲始得安其身；不喜食丁，以丁能伤官，而甲不得成其材。此其义也。克我我克，如辛克甲，庚克乙，甲克己，乙克戊，是阴克阳，阳克阴；阴匹阳，阳匹阴，乃阴阳配合之理。故甲见辛为正官，见庚为偏官。官喜正，不喜偏，掌印佐贰，职有不同。甲见己为正妻，见戊为偏妻。妻贵正不贵偏，敌体侍立，分则有别，此其理也。至若官怕伤，被伤则祸；财怕劫，被劫则分；印怕财，贪财则坏，食怕枭，逢枭则夺。其理与人事无二。学者明于人事，斯可以言造化矣。夫五行展转生克，皆子为父母复仇之义。故甲乙生丙丁为子，甲乙畏庚辛，赖丙丁克制之；丙丁生戊己为子，丙丁畏壬癸，赖戊己克制之；戊己生庚辛为子，戊己畏甲乙，赖庚辛克制之；庚辛生壬癸为子，庚辛畏丙丁，赖壬癸克制之；壬癸生甲乙为子，壬癸畏戊己，赖甲乙克制之。地支十二，其理亦同。虽动静不同，方圆有异，而生克一也。试言之：北方亥子水，生东方寅卯木；东方寅卯木，生南方巳午火；土寄旺于火，生西方申酉金；西方申、酉金，生北方亥子水；然亥子间丑一位，而后接寅卯；寅卯间辰一位，而后接巳午；巳午间未一位，而后接申酉；申酉间戌一位，而后接亥子；土立四维，五行均赖。故巳酉合丑为金局；申子合辰为水局；亥卯合未为木局；寅午合戌为火局。金生水，水生木，木生火，火生土，土生金，相生而无间也。丑为金库，生亥子，而克寅卯；辰为水库，生寅卯，而克巳午；未为木库，生巳午，而受金克；戌为火库，克申酉，而受水制。东南主生，西北主杀，此天地之大机也。且辰、戌、丑、未，奠安四维，金、木、水、火，咸赖之以生藏。《易》曰："成言乎艮，终言乎坤。"此土之功用，在五行为尤大也。舍干支而总言之：甲生亥死午，乙生午死亥，就禄于寅卯，是甲乙寅卯同也。丙生寅死酉，丁生酉死寅，就禄于巳午，是丙丁巳午同也。庚生巳死子，辛生子死巳，就禄于申酉，是庚辛申酉同也。壬生申死卯，癸生卯死申，就禄于亥、子，是壬癸亥子同也。戊生寅死酉，己生酉死寅，就禄于巳午，与火同位，子随母旺之义，而辰戌丑未，乃其正位也。由是天干地支相合配耦，生克制化，旺相休囚，其名为印为枭，为食为伤，为官为杀，为财为劫，刑冲破害，虚邀暗合，而变化无穷矣。徐子平识破此理，故只论财、官、印、食，分为六格，而人命之富贵贫贱，寿夭穷通，举不外是。其余格局，不过自此而推之耳。

论正官

喜身旺：印绶、食神，以财为引，逢官看财。忌身弱：偏官、伤官、刑冲、泄气、贪合、入墓。一曰正官 二曰禄神。

正官者，乃甲见辛、乙见庚之例。阴阳配合，相制有用，成其道也。故正官为六格之首，止许一位，多则不宜。正官先看月令，然后方看其余。以五行之气，惟月令当时为最。况四柱各管年限，年管十五，失之太早；时管五十后，失之太迟。故只此月令为正，余格例此。甲日生酉月，乙生申、巳，丙生子，丁生亥，戊生卯，巳生寅、庚生午，辛生寅、己，壬生午、未、丑，癸生辰、巳、戌月，皆为正气。官星更天干透出，如甲见辛酉，乙见庚申之例，谓之支藏干透，余位不宜再见。又须日主健旺，得财、印两扶，柱中不见伤、杀，行运引至官乡，大富大贵命也。大忌刑冲、破害、伤官、七杀、贪合、忘官、劫财、分福，为破格。如甲生酉月，见卯为冲，酉为刑，午为破，戌为害，丙为合，乙为劫，丁为伤克，庚为混杂，须是官星纯一，五行和粹，方以正官论。若见前忌柱中，虽有物去之，亦不纯粹。若官星结局，又有财资扶，非行身旺地不发。官止一二，无财有印，身弱无妨。若四柱皆归背禄，宜推岁运向背，财官旺地何如。若财官满日，日主衰弱，不能负荷，徒劳无用。运至财杀旺乡，多染痨瘵，但有七杀行运复遇，便是徒流之命。又曰：甲生酉月，辛金正禄，若见丁伤，支中无局，时引归衰败死绝之地，或有制合去之衰绝之火，岂能伤其旺禄。若时引官星临衰败死绝之位，反引丁火归生旺之乡，或临杀地，降官失职，祸生无疑。时为归息之地，吉凶全在时消息。日主用神太盛，宜时以节制之；日主用神渐衰，宜时以补助之。柱中虽有凶神，时能节制，亦不能为祸。此看命之要法也。又曰：甲生丑月，内有辛金，又值酉时，已是重犯，若天干复透辛多，更行西方，力不胜任，变官为鬼，旺处必倾，多致灾夭。须有合制方吉。若自身乘旺，如甲寅、乙卯等日，更有印生助，官星虽多亦不为害。甲生戌月，虽坐火库，若不成局，无党不能为害。以辛刃在戌，戌中有旺戊生辛，如透庚混杂，戌月无气，略有制合，亦不为虑。又云：凡用官，日干自坐财印，终显。如甲子、甲辰之类，自坐伤、杀，终有节病。如甲午、甲戌，甲申之类，须斟酌。又曰：取官星不必专泥月令、支辰，或月干，或年、日、时支干，只一处有，不曾损伤，皆可取用。故经云：明干有气明干取，明干无气暗中取。若明干无气，引归地支，或有助托，运行得地，亦不减月内官星之福。又曰：凡论官星，略见一位食神坐实，便能损局，惟月令隐禄见食，却为三奇之贵，大要看官食虚实何如，若官星坐实，合神略虚，随官助贵；合神坐实，官星渐弱，官随合神，谓之贪合忘官。又曰：正官格要行印乡，即是逢官看印。柱中原有印随，官印轻重，日干强弱，以观所行之运。身弱印轻，要补其印；身旺官轻，要补其官。行伤官运，即是背禄；行身旺运，即是逐马。《珞琭子》云："背禄逐马，守穷途而恓惶。"行杀运即是杀来混官，行墓运即是官星入墓。经云："杀官混杂，不贫则夭。旺杀投墓，住寿难延。"所以正官格只喜向禄临财，如此消详，万无一失。《三命钤》云："凡禄命身三等官，各禀五行，率以其性推之。"如以金为官，主职位清峻，多掌刑狱、钱谷之任，决断明敏，遇行年太岁在丑为官库，主喜，亦取旺相休囚、有气无气言之。若以木为官，主品秩清高，和俗守慎，遇行年太岁在未为官库。以火为官，主官序炎赫，为性猛烈，用刑惨酷，亦主发歇不常，遇行年太岁在戌为官库。以水为官，主职卑位下，级升序进，谦和得众，矜恤孤寡，亦有道性，遇行年太岁在辰为官库。以土为官，主官序稳当，难侵犯，厚重质直，法令分明，遇行年太岁在辰为官库。凡五行之官，各随其性则吉，若失其性，则主为官不久。假令癸丑木命人，以土为禄官，木为命官，金为身官，皆以三命尊卑、五行休旺言之。禄命身三等官库。如甲子金，甲为禄，属木，木被金克，故为禄官，金墓丑是为禄官库也。命与身官库仿此。西蜀知命者云："凡人年、月、日、时四干迭相，官印足者主贵。"历观大命，遇两印者颇多。如吕吉甫学士，壬申、己酉、丁巳、庚子，壬与己、庚与丁为官；壬与庚、己与丁为印章。子厚相公，丁亥、戊子、丁未、壬寅，己卯胎，戊与乙、壬与己、丁与壬为官；乙与壬、戊与丁为印。少遇两官者，又须四贵华盖上遇正官者大贵，此亦一偏之见也。又云："看官星有天官乡，取月干制岁干。"如六甲年正月建丙寅，五月庚午，六月辛未，庚辛金能制甲木，戊癸即相带而行，甲癸人在午未，乙丙人在辰巳，丁戊人在寅卯，己庚人在戌亥，辛壬人在申酉，若人遇之，当食天禄，贵处朝伦。有地官乡，取月建制岁干。如岁干是甲、乙属木，七、八月见申，属金，金能制木，甲乙人在申酉；丙丁人在亥子，戊己人在寅卯，庚辛人在巳午，壬癸人在辰戌丑未，若人遇之，主早承休荫，官序易升。有真官乡，取命前三辰月干，与命干合。如丙子人，二月生，为命前三辰，是辛、卯、丙与辛合，故丙、子二月生人，为真官中生之类，君子遇之，职居近侍；小人遇之，亦主富豪。如刘行素御史，丙子、辛卯、丙子、辛卯，正合此说。又云："术者以甲见辛为官，不知真五行克纳音为真官，此最紧福神。干头自见官而得合者为上，有诸神来朝者最佳。"如甲寅生，纳音水得巳亥、甲己为真土，是纳音见真五行克也。若不见太岁本干克，但于日、月、时上见乙、庚，亦是。若止见庚，谓之偏官，比之全者减力。又不见乙庚，止见乙巳、乙丑、乙酉，余位中多见申，不见申止得三五分力。余仿此。又如己酉、己卯，见丁壬，壬子，壬午，见乙庚，虽纳音见真五行克为官，奈本干同受克，故不作真官，而作真鬼断之，大小运流年逢之，灾尤重。此亦看官星者所当知。《喜忌篇》云："五行正官，忌冲刑克破之官。"《继善篇》云："登科及第，官星临，无破之官。"又云："有官有印无破，作廊庙之才。"又云："名标金榜，须要身旺逢官。身弱遇官，得后徒然费力。"《五言》云："有官要有印，无刑足可夸。不为金殿客，也作富豪家。"《通明赋》云："真官时遇命强，早受金紫之封。"经云："官贵太盛，才临旺处必倾。"《三命》云："根元浅薄，遇官贵而不荣。身弱喜印绶生身，比肩阳刃扶身。"《定真》云："最贵者，官星为命，日、时得偏正财为福。"又云："官星如遇劫财，虽官非贵。"《秘诀》云："罢职休官，只为官逢运合。"又云："官星重见，只作杀推，再至官乡，灾非难免。若是太多，制之为福。"《指迷赋》云："日遇真官，贵则时加禄命，时日生遇官印，须凭有气之乡。若遇冲破、空亡，此等遇而不遇。官印遇鬼，官印如无。鬼旺鬼衰，详其胜负。官刑命喜，莫教命反。刑官官印，受刑不戒。即吏官印，明无暗有。比如玉带，重重时日。相逢福德，胜坐十倍。有官无印，难求清显之名；有印无官，发不在迅速之内。"《渊源赋》云："正官乃忠信尊重之名，治国齐家之号。四柱得天时地利，早登科甲而封妻荫子。岁运行官印之乡，万鼎千钟，双旌五马。若是庸流，常招官事之扰。如或女命，当膺邑号之封。女命如平，贱中却贵；男命不遇，靠贵而发。"《相心赋》云："官星恺悌，贵气轩昂；抱优渥而仁慈宽大，怀豁达而声韵和扬；丰姿美而秀丽，性格敏而聪明。"《要诀》云："正官为人悭吝。"《万棋赋》云："官星者，荣身之主，掌禄之源，逢财则从容显达，遇刃则偃蹇伶仃。喜印绶以为顺意，忌偏党以为伤神。所以功名特达者，身强官旺；利禄亏盈者，身弱官衰。身旺官微，财名寡合。伤官若重，再喜印滋；身轻忌曜，如强偏爱，印绶生制。"古歌云："正气官星用月支，喜逢财印到年时，破害冲空俱不犯，富贵双全报尔知。"又："官星不可被刑冲，官杀同来吉变凶。化杀为官方是吉，化官为杀祸重重。"又："官星大抵要身强，身弱须求气旺方。印绶兼行财旺地，无冲伤破是荣昌。"又："生月官星坐禄乡，日辰生旺福无疆。有财有印无伤破，年少成名坐玉堂。"又："月逢正禄号真官，不犯刑伤禄最宽。日主兴隆名利显，运逢财印步金銮。"又："印多官多为贵命，官旺身衰反为病。官多身旺化为财，财旺身衰贫病并。"又："正官大抵要纯和，四柱无伤掇显科。时上喜逢财健旺，柱中欣见印生多。提纲独遇为真贵，年位重逢乃太多。别处若有杀来混，反为辛苦受奔波。"合诸说观，正官喜忌见矣。

天福贵人

谓官星坐处，见禄如人，有官得禄，莫非天福。甲生人以辛为官，辛禄在酉，是以甲人见酉，乙人见申之例。甲用辛官，柱有辛酉，更得福神助之，生旺有气为佳。一名"禄干福神"，遇者主科名巍峨，官职尊崇，多掌丝纶文翰之美。

天官贵人

谓官星所居之地，出本旬遁见。如甲人以辛为官星，本旬遁得辛、未，乙人遁得庚、辰，丙人遁得癸、巳之例。十干官星，坐天乙贵人。如甲人见辛、未，丙见癸、巳，谓之贵人。头上戴官星，更得印绶，禄贵全见，天元清秀，不反伤纳音，尤吉。有反伤、冲克不顺、无气，则天官恶而吉去矣。一名"官贵堂格"。

天元坐禄

经云："金若遇火，有重权，防御刺史官。水若遇土，入官局，可沾侍郎禄。木若遇金、主伤衰化杀，为权势若雷。火若遇水，主兵权、为将镇三边。土若遇木为正禄，八座三台福。"此即白虎持世等格，要日主与官贵相停，偏枯则不成造化，大忌刑冲、破害，伤损贵气，不成格矣。如庚午日，坐丁官，喜见甲、乙财生官，戊己印生身；忌丙杀杂官，癸水伤官，子冲破午。余干例推。又曰："日主自坐官星，不大忌冲。"譬执物在手，无可夺之理。主为人伶俐好色，机变有谋。若只日下一位，行财官运方发。若生月带禄，支坐财官，生时得地，方为真贵。壬午日是禄、马同乡，更逢庚戌时为妙。壬自坐禄，有庚辛制甲乙，使壬得己土为官贵。如戊辰日，辰中乙木为戊之官，春生贵重，秋生虚誉，无禄。古歌曰："座下官星最是奇，多因祖荫见根基。若还行往印乡去，脱却青衣换紫衣。"

岁德正官

取年上干支官为岁德，喜忌与月令正官同论。遇此必生宦族，或荫袭祖父之职。若月居财官分野，运向财官旺地，日主健旺，贵无疑矣。凡年干遇官，福气最重，发达必早。如癸酉、庚申、丙子、丙申，年上官星，柱中会官局，归禄日下；

丙克申酉金，为财官双美。二丙身旺，十七、八运行戊午，虽午冲子，申子会局，冲不能动，日主并旺，及第早发。古歌云："年中正禄是根芽，必主生身富贵家。运气喜逢身旺地，财生印助福无涯。"又："年上官星为岁德，喜逢财印旺身宫。不逢七杀偏官位，富贵荣华莫与京。"

时上正官

如甲日酉辛时，乙日申庚时例。时上官星与月亦同，但力轻微，发福多在晚年。或生贤子，要有印助。月令通生旺官气，及见财生，或行财官，印生旺运，方可发福，破伤不中。如辛未、辛卯、庚戌、壬午，时上正官，午戌会官局，卯未会木局，运至丁亥财局，三合全生起丁官，贵为学士。丙戌运官旺，禄位光华，虽见丙杀，有壬制辛合，不损贵气。古歌云："正官有用不须多，多则伤身少则和。日旺再逢生印绶，定须平步擢高科。"

向禄临官

经云："向禄临官格最稀，逢之官早拜丹墀。"如戊戌、己未、乙丑、丁丑，坐下癸水为印，金库为官，生于六月中气后，土旺生金，运行西方，乙木向禄，贵也。

官、印、禄、杀俱全

经云："官印禄杀俱全，八座钧衡之任。"如戊申、己未、壬子、辛亥，壬坐子自旺；归禄于亥，己为正官，坐未带刃自旺；戊为七杀，坐申自生；亥为壬禄，秉辛受生为壬，正印临官居申，四者皆旺，为最贵造化。

真官真马

经云："真官真马合月建，两府官清显。"如甲见辛、巳、乙、戊、庚、丙、辛、癸之例，又名"上下官印"，又名"十样锦"，主甲科，官居禁地，常人亦不至艰辛。逐年太岁带禄在第三位，秀才请举及第，常调改官，两府人相。古歌云："若人三处遇，食禄定封侯。"

禄马官印

经云：“命中禄马并官印，福禄金珠准。”如戊申、辛酉、癸丑、丁巳，癸坐丑自旺，辛坐酉禄旺为印，时逢丁巳财官，又是天乙贵人，俱各有气，故贵。

官印禄库

经云：“官中见禄库逢财，金玉自天来。”如甲乙逢乙丑，丙丁逢庚午，戊己逢壬辰，庚辛见乙未，壬癸逢丙戌是也。一命：丁丑、辛亥、癸酉、壬戌，癸用丙为财，戌为财库，用戊为官，戌中戊土正旺，财库生助，酉为癸印，丑为印库，财官印俱逢，库旺无冲破为贵。

相刑遇贵

经云：“日时相刑得遇贵，执法有权势。”又云：“寅刑巳，巳刑申，庚辛逢寅是贵人。卯刑子子刑卯，癸乙双双富又清。未刑戌，戌刑未，甲戊逢羊贵自荣。”不利文官主武权。如刘应节尚书：癸未、乙卯、丙戌、戊子，子卯刑而得乙癸，未戌刑而得戊，所以官历兵、刑，纵有文名，不居学翰。又：壬寅、壬辰、丙申、癸巳，丙日癸巳时，官星日禄刑入主申，合格。

三合遇贵

经云：“三合若是遇贵禄，平生多财谷。”如乙巳、乙丑、乙巳、辛巳，乙为日主，用庚为贵，天干无庚，却巳、酉、丑三合官局，故为“三合遇贵”，又名“暗官格”。

月时逢贵

经云：“月逢贵地，禄马重加。少年及第，名播京华。”如甲日遇酉、戌月时，乙日遇申、庚月时，及巳、酉丑日时同犯者，名重禄。要不在休囚之地方，逢刑冲、伤害，方可用。

五官会聚

如甲乙人遇庚、辛、申、酉、戊、己、丑纯官，四柱原有丙、丁火制伏则吉。或日主自旺，比劫相助，亦吉。如无制伏，再行金地，祸患不可胜言。一名"聚鬼"，又名"夭折杀"。遇鬼有气之月，君子主贵显，常人夭横。无气，君子反夭折，常人作胥吏。

五行不杂

经云："五行不相杂，为官必显达。"此格以生日为主，时为分野，月为根苗，年为本身，各归禄马之地，不相刑害。如辛丑、辛丑、癸巳、丁巳，癸日为主，天干金水相生，地支二丑、二巳，皆金分野，癸日官旺，身不相刑制，为贵。

金木间隔

经云："木若逢金间隔，作两府之官。"木无金，终不成器。如杨博尚书：己巳、庚午、乙卯、庚辰，乙坐卯自旺，生于午，得两庚间隔成器，故贵极品。又庚申、戊子、乙酉、甲申，乙为主无气，取庚为官，旺于酉，乙、庚化金，妻从夫化，成贵。月令子癸为印，申子合局生木，运行东南身旺之地，制杀之乡，故贵。又云："木官不重。"以木须要金而木适中。如两木、两金，气相停不偏，尤贵。

水火既济

经云："火若遇水成既济，兵权万里。"如辛巳、辛丑、丙子、戊子，丙日临子，坐下正官，月时引旺，重逢奇仪。丙以癸为官，癸以戊为官，互换见官，丙合辛财生官，化为真水。戊子时，戊合子中癸，化为真火，人水火既济格，故贵。

金火相成

经云："金无火制器难成。"如乙巳、辛巳、庚午、辛巳，庚坐午，人火乡官贵之地，喜生四月，逢生天干二辛相比，地支巳午纯火，金生火旺，两各有气，故贵。又云："金鬼无偏。"以金须要火而金相当。如两火两金，各居生旺，尤妙。

生成官星

如甲乙人得辛巳、庚申、辛酉，壬癸人得戊申、己亥、戊子之例，又名真官。须甲得辛，乙得庚，自然阳干配阴支，阴支合阳干。帝旺为上，临官次之，长生为下。若再遇驿马、学堂、文星、天乙，不待岁运，自然奋亨，反则无益。

交互官星

如甲申见乙酉，丙午见壬子，乙卯见戊申，庚午见壬午，丁巳见辛亥，癸亥见丁巳，彼此互见，若生旺得气，主贵显。如范文正公丙午、己亥、戊子、壬子是也。

虚夹官禄

如甲以辛为官，见癸酉为正官禄，遇壬申、甲戌夹之；乙以庚为官，见甲申为正官禄，遇癸未、乙酉夹之等例。遇者胜带正官正禄。

官星六合

如甲子见辛丑，丁亥见壬寅之类，更在一旬尤妙。古歌云："官星六合少人知，贵在旬中始是奇。生日生时如点入，太师太傅佩族旗。"如蔡京丁亥、壬寅、壬辰、辛巳是也。

官下有官

如甲人见辛月、丙日、癸时之类，主官职崇高，名位清峻。官下食合，如甲人见辛为官，辛食癸，丙与辛合，在月、日、时之类，主为官有贴职，常人有兼艺。

真官催官

如己丑得甲寅，辛丑得丙寅，命前一辰之类为真官，不贵即富。如庚辰见乙卯，戊子见癸丑，自下而上名催官之类，主功名发越。

官杀会墓

如甲乙人见辛丑，丙丁人壬辰，戊己人乙未，庚辛人丙戌，壬癸人戊辰，以官杀居墓地，君子主科甲，武人战功，常人艺业出俗。

三台拱帝座

专论纳音。如水人得甲寅，又得己亥日、时，甲寅水见甲己土，乃是真官。甲真土复见己亥木，又为官。甲贵在丑，己贵在子，在六合之间，故名。如不犯凶神、恶杀、冲破，则官入三台，有则减落断之。庚寅生见乙亥亦是。以上俱官星分出。

论偏官

喜：身旺、印绶、合杀、食制、羊刃、比肩。逢杀看印及刃，以食为引。忌：身弱、财星、正官、刑冲、入墓。一曰偏官，二曰七杀，三曰五鬼，四曰将星，五曰孤极星。

偏官者，乃甲见庚、乙见辛之例。犹二男不同处，二女不同居，不成配偶，故谓之偏。以其隔七位而相克战，故又谓之七杀。譬小人凶暴，无忌惮，若无礼法控制之，不惩不戒，必伤其主，故有制谓之"偏官"，无制谓之"七杀"。如日主健旺，有印绶助化，即经云"杀见印而显，杀助印生"。有财星生扶，即经云"逢杀看财"。如身强煞弱，有财星则吉。身弱杀强，有财引鬼盗气，非贫则夭。有食神透制，即经云"一见制伏，却为贵本"。有阳刃配合，即经云"杀无刃不显，逢杀看刃"是也。以上诸制合生化，须要无太过不及，是借小人势力卫护君子，以成威权，乃大权大贵之命。又性格聪明，忌日主衰弱，七杀重逢，三刑六害，劫亡相并，魁罡相冲，其凶不可具述。若七杀止一，而制伏有二、三处，喜行杀旺地，倘运行再遇制伏，则尽法无民，虽猛如虎狼，亦不能逞其技矣。是又不可专言制伏，要轻重得所。故经云："原有制伏，杀出为福；原无制伏，杀出为祸。"此之谓也。假如甲见庚及申，乙见辛及酉，柱中杀旺有气，宜行东南方运，制庚辛无气方发，否则生寅卯月，或自坐长生、临官、帝旺，更多带比肩，同类相扶，则能化鬼为官，化杀为权，行运引至印乡，必发富贵。倘岁运再遇杀地，祸不旋踵。假令甲寅生人为身旺，岁月见庚申为杀旺，柱中不透火制，地支子辰会印成局，则杀生印，印生身，作权贵看。年干露杀，与月令时支不同，太岁乃一生之主，最重。如甲见庚年，乙见辛年，又生申、酉、丑月，柱中金多，大运再行金乡，流年岁君并见，为凶尤甚。全生寅、午、戌及木旺之月，火制身强，金绝不能为害则吉。经云："甲逢庚，败凋零，枝叶根枯。乙遇辛，伤消乏，本根苗损。炎炎丙火遇壬，而黑焰无光。灿灿丁红见癸，而辉光自灭。戊临甲位，须防转福为殃。己坐乙乡，自是禄元有损。庚遭丙战，势自倾危。辛被丁伤，克伐为害。壬逢戊土，蹇涩难通。癸就己乡，奔波难保。干禄生旺，可以扶持。惟喜刃来，自能合制。"又云："五行遇月支偏官，只许地支一位，多则不佳，四柱纯杀有制，定居一品之尊。略见一位正官，官杀混杂反贱。四柱杀旺，运纯身旺，为官清贵。"又云："身杀俱旺无制伏，又行杀旺运，虽贵不久。"又云："柱中七杀全彰，身弱极贫无寿。"《继善篇》云："非夭即贫，必是身衰遇鬼。"又云："身强杀浅，假杀为权，煞重身轻，终身有损。"《独步》云："格格推详，以杀为重。制杀为权，何愁损用。七杀制伏，旺中取贵。元犯鬼轻，制却为非。"《通明赋》云："月中遇杀，命元强黑头将相。"又云："七杀多根，须忌始终克害。"《定真》云："七杀如逢财助，其杀愈凶。"又云："刃为兵器，无杀难存；杀为军令，无刃不尊；刃杀两显，威镇乾坤。"《元理赋》云："当权者用杀，而不用印。"又云："受职宪台之除，偏官得地。"又云："偏官之格，喜伤官而怕身强。"又云："食神制杀逢枭，不贫则夭。"《幽元赋》云："七杀佩印，足为乌台之论云。"《四言》云："杀不离印，印不离杀。杀印相生，功名显达。"《妙选赋》云："杀为武艺，印为文华。有杀无印欠文彩，有印无杀欠威风。绝妙杀印双全，宜其文武两备。"《元机赋》云："身强杀浅，杀运无妨。杀重身轻，制乡为福。"《玉匣》云："七杀咸池，杨贵妃身死于万马。"《幽元赋》云："七杀遇长生之位，女招贵夫。"《络绎赋》云："杀临子位，必招悖逆之儿。"《千里马》云："七杀有制亦多儿。"《相心赋》云："偏官七杀，势压三公。喜酒色而偏争好斗，爱轩昂而扶弱欺强。性情如虎，急躁如风。"《定真赋》云："最凶者七杀临身，日时逢二德为祥。"《要诀》云："偏官或持剑锋，海外坦服。"又云："以杀化权，定显寒门贵客。"古歌云："偏官不可例言凶，有制还他衣禄丰。干上食神支带合，儿孙满眼受褒封。"又："身逢七杀是提纲，只为干衰大受伤。正禄交差刑杀人，终身不免受灾殃。"又："七杀提纲本是愁，只因驯服喜无忧。平生正直无邪曲，职位当封万户侯。”又：“月位偏官本杀神，有制还居一品尊。假若自身荣贵晚，也须为福及儿孙。”又：“月支偏官最忌冲，伤官羊刃喜相逢。日干旺相皆为贵，制伏无过百事通。”又：“偏官有制化为权，英俊文章发少年。身旺定登台谏客，印助扶官累受宣。”又：“若逢七杀化为权，武职功名奏九天。威镇远疆功盖世，貔貅云拥尽扬鞭。”又：“杀神元有制神伤，制伏身强禄位昌。如见制伏先有损，反将富贵变灾殃。”又：“伤官七杀命中嫌，制伏调和可作权。日弱又无制伏者，兢兢如抱虎而眠。”又：“身弱杀强无制神，多生灾祸不堪论。那堪更人官强地，耽疾遭刑丧此身。”又：“偏官制伏太过时，贫儒生此更何疑。岁时若遇财旺地，杀星苏醒发权威。”又：“甲乙重杀露庚辛，月中水木喜加临。运行木火兴名利，水运行来怕火金。”又：“丙丁五月重逢杀，木火来临大有功。金水运行身有祸，子来冲破最为凶。”又：“六乙生逢巳酉丑，局中却忌财星守。忽然行运到金乡，管取平生寿不久。”又：“庚日金逢寅午戌，天干透上始为祥。重重火旺声名显，命里休囚忌水乡。”又：“六丙生人亥子多，杀星归印反中和。东方行运功名显，运至西方事转磨。”又：“阴水多逢巳字伤，杀星须要水来降。纵然名利能高显，只恐平生寿不长。”又：“土逢卯位三合全，不忌当生金水躔。火木旺乡名利显，再行坤坎祸绵绵。”又：“寅月重逢寅午戌，庚辛为主要安排。无根有土偏宜火，主旺无根怕火来。”又：“乙干提丑支全合，杀旺身强格局高。金水行来名利厚，水乡火地失坚牢。”又：“甲乙若逢申，喜印暗相生。水旺金也旺，官袍必挂身。”又：“甲乙生寅月，金多反吉昌。不宜重见水，火土是衣粮。”又：“乙未生居酉，莫逢全己丑。富贵坎离宫，贫穷坤兑守。合诸说观，偏官喜忌睹矣。”

天元坐杀

谓甲申、乙酉等日。如乙丑日，丑中自坐，辛金为杀，喜生春夏，乙木健旺，杀自有制，不喜明见，丙丁生秋月凋零，坐下藏鬼，岂不为害？凡值此等日，要日干倚旺，再无官杀复克，喜印化杀，财旺身旺为福。如杀旺有伤官合制，亦贵。如无助化，再行杀旺运，或再见杀克，为人必面目瘢痕，侏儒跛鳖，骈指瘤赘，奸贪猛暴，恃强不惮，累犯宪章。克重多夭，合格多为武贵。若身临生旺同类，印绶助身，有制中和，亦主文贵。但为人心多性急，阴险怀毒，僭伪谋害，不近人情。

时上一位贵

《喜忌篇》云："若乃时逢七杀，见之未必为凶。月制干强，其杀反为权印。"经云："时上偏官身要强，阳刃冲刑杀敢当。制多要行杀旺运，杀多制少必为殃。"盖时上偏官，要干上透出，只一位为妙，年、月、日重见，反主辛苦劳碌。若身旺，杀制太过，喜行杀旺运，或三合杀运，如无制伏，要行制伏运方发。但忌身弱，纵得运扶持发福，运过依旧不济。又曰："时上偏官，不怕冲刃。为人性重，刚直不屈。"杀无根要坐旺宫，有根不宜。若一位七杀，却有两三重制伏，虽文过李、杜，终难显达。经云："偏官时遇制伏太过，乃是贫儒。"《独步》云："时杀无根，杀旺最贵；时杀多根，杀旺不利。"《通明赋》云："时上偏官通月气，主旺膺扬。"《惊神赋》云："时上偏官有制，晚子英奇。"《独步》云："时上一位贵，藏在支中是。日主要旺强，名利方有气。"古歌云："时上偏官喜刃冲，身强制伏禄丰隆。正官若也来相混，身弱财多主困穷。"又："时上偏官不怕冲，喜逢羊刃不为凶。无冲有制为真贵，辅佐山河掌握中。"又："时上偏官一位强，日辰自旺喜非常。有财有印多财禄，定是天生作栋梁。"又："时逢七杀是偏官，有制身强好命看。制过喜行杀旺运，三合得地发何难。"又："生逢七杀在时中，定作边臣立大功。制御带合无忌破，兵权赫奕镇威风。"又："元无制伏运须见，不怕刑冲多杀攒。若是身衰惟杀旺，定知此命是贫寒。"又："时逢七杀本无儿，此理人间仔细推。岁月时中如有制，定知有子贵而迟。"

年上七杀

《经》曰："年逢贵气，不用制伏，喜日主健旺，羊刃相合，柱中带财，更行财运，发福清秀。"最忌身衰，盖七杀乃小人之象，既居祖宗之位，如朝廷老臣，祖父老仆，日主健旺，老仆则尽力以事幼主；日主衰弱，不能与小人为主，何肯尽力事之？反成害己之物。年干见此，主出身寒微。四柱行运有情，主寒门生贵子。若煞旺身衰，冲刑太过，必主贫窭，至重者带疾遭刑。又曰："岁煞一位不宜制，四柱重见却宜制。"日主健旺，制伏略多，喜行煞旺地，制伏太过，或煞旺身衰，官煞混杂，岁运如之，碌碌之辈。若制伏不及，运至身衰，煞旺乡必生祸患。一命：戊戌、庚申、壬午、癸卯，戊与癸合，卯与戌合，壬坐午支，财官俱备，为

贵。古歌云："岁德壬来见戊年，财旺身强禄自然。更得运行财旺地，为人聪慧又忠贤。"又："年干七杀莫言凶，制合为权最有功，若得身强无忌破，此身多入禁庭中。"又："岁伤日干不和同，须要干支制伏重，煞旺喜行身旺地，初年难免一场凶。"

弃命从煞

《独步》云："弃命从煞，须要会煞。从财忌煞，从煞喜财，会逢根气，命损无猜。"盖言从煞格，以煞神太重，身无所归，不得已从之，要行煞旺又财乡，四柱无一点比肩印绶方论。如遇运扶身旺，与煞为敌，从煞不专，故为祸患。经云："弃命从煞论刚柔。"言弃天干，从地支，随五行情，阴干从地支煞纯者，多贵，以阴柔能从物也。阳干从地支，煞纯者亦贵，但次于阴，以阳干不受制也。水、火、金、土，皆从，惟阳木不从。死木受斧斤，遭其伤故也。《幽元》云："身太弱，煞太重，声名遍野。"《元理赋》云："平生为富且贵，皆因煞重身柔。中途或丧或危，只为运扶干旺。"又曰："鬼多无鬼，反不为凶。"

古歌曰："五阳坐日全逢煞，弃命相从寿不坚。如是五阴逢此地，身衰煞旺吉堪言。"又："西方金位坐临柔，不怕休来不怕囚。鬼煞旺生多发福，功名催促上瀛洲。"

时煞归库

乃六乙日见辛丑时，六辛日见戊戌时，即时上一位贵，以杀坐库，故另立名。古诗曰："库内偏官名库杀，刑冲破害最为奇。运行制伏兼身旺，便是功名奋发时。"

官藏杀显

如甲生巳、酉、丑月，天干透庚，生申月，岁时辛金，坐实多透，二者不拘藏见，但无气的便不用。如用官不宜行杀运，用杀不宜行官乡，要身旺。《喜忌篇》云："杀藏官显，身弱岂得成名？杀显官藏，有制自能显达。"灾福与官杀格同。古歌曰："露杀藏官只论杀，露官藏杀只论官。身强遇此多为贵，身弱逢之祸百端。"

官杀混杂

人命官杀俱有，谓之混杂，只取财印为用。柱元有财，运行财发，大要身强，胜任其财方可。身弱官杀混，多夭贫。身旺有制亦好，无制成印局化杀，亦可。诗曰："官杀交加用命推，个中消息要详之。得时身旺分轻重，贵贱分明辨别知。"如壬辰、丙午、丙辰、癸巳，身杀俱旺，官从戊化，德秀兼备。丁亥、壬子、丁未、癸卯，丁从壬化，亥卯未会局，水木清奇。甲午、己巳、辛酉、甲午，辛日巳、丙为官，二午、丁为杀，喜旺专禄，巳酉会局胜杀，虽无制伏，初行西方，身益旺，故贵。观《三命》，不可以混杂为贱论。

会杀化印

乃支神会合杀局。如甲日见申子辰之类，最喜柱有印绶，隐显无伤为妙。大运最怕与流年相会，旺财伤印，凶危。如柱中元有克印之神，岁运更逢财星并克，必遭凶暴死。如甲辰日生子月，见申时会起庚杀化印，贵至一品。运行丁未岁，在庚戌冲起日下辰土，聚财坏印，杀无化，戌年为事，辛亥年受刑。诗曰："会杀为权福最多，支辰合印致中和。若逢克印临年运，刑戮伤身可奈何。"

专杀无制

经云："身强煞浅，假杀为权。杀重身轻，终身有损。"杀旺相，柱无制伏，日主坐旺，引身旺乡为专，七杀当权，必当骤发。倘身旺运过，岁运遇刑、冲、制伏之位，平安。忌见杀旺运专煞最怕见刃。柱元带刃，岁运再遇，苟非恶疾，必主横死。诗曰："杀旺无制引身旺，为杀专权富贵人。日主杀年伤不足，藏官露杀起灾迍。"

专禄要制

此格六度日见巳时，庚金长生之地，内有丙、戊二禄，戊生庚，丙为庚杀，柱要壬癸制丙，当为武帅持权。若逢杀运，不吉。诗曰："专禄庚来就巳位，也必制伏始为奇。武职当权为帅座，忽逢七杀祸来时。"

官杀去留并官鬼互变杂论

《喜忌篇》云："杀官混杂类，有去官留杀，亦有去杀留官。"盖言柱中官星七杀交差，月上见官，时上见杀；或月上见杀，时上见官；或四柱叠见，有物去官留杀者，即以偏官论；有物去杀留官者，即以正官论。凡看去留，要详柱中官煞孰重孰轻。天干透者易去，月支所藏者难去。须伤官、食神，去官杀之物众而有力，方才去得。五阳日食神能去煞，又能留官；五阳日伤官，但能去官，不能留杀，必须得羊刃合，方成去官留杀。假如甲日生人，甲以辛为官，庚为杀，若官重杀轻，得丙食一位克去庚金，与辛相合，此谓"去杀留官"，有情而贵。若杀重官轻，得丁火伤官克去辛金，再得乙木羊刃，与庚相合，此谓"去官留杀"，有情而贵。五阴日食神能去杀，却不能留官，日主自能留之。五阴日伤官，能去官又能留杀。假如乙日生人，以庚为官，辛为杀，若官重杀轻，得丁食一位克去辛杀，则乙与庚合，此谓"去杀留官"，有情而贵。若杀重官轻，得丙火伤官克去庚金，来合辛金，此谓"去官留杀"，有情而贵。《元理赋》云："去杀留官当论贵，去官留杀主威权。"又曰："官星七杀交差，却有合杀为贵。"此之谓也。合杀有二义：有合去、合来。合来，是去官留杀；合去，是去杀留官。假令六甲生人，透辛正官，又透庚七杀，是官杀交差，柱中却有乙木合庚七杀，有丁火克辛官星，此是去官留杀。假令六己生人，透出甲正官，又透乙七杀，是官杀交差，柱中却有庚克甲正官，来合乙七杀，是去官留杀。上是羊刃合杀，此是伤官合杀。又如甲以辛酉为官、庚申为杀，若甲申日以申为杀，又有酉为官，缘申乃水长生之地，杀化印生助甲木，柱中虽有酉金，却有午、丁字伤克，去官留杀，值此主平生心志巧妙，不受福德，不信任他人，常劳役自己。又如六庚生人，柱透丙杀，又透丁官，是官杀交差，若柱有壬克丙，又来合丁，是去杀留官。《赋》云："合官星不为贵，合七杀为不凶。"盖言合官是柱中闲神，合去官星，所以不为贵。合杀是柱中闲神，与七杀合，所以合官忘贵，合杀忘贱。若日主干支与官杀合，则为合官为贵，合杀为贱。书云："明杀合去，五行和气春风；暗杀合来，四柱刑伤害己"是也。若不分别日主与闲神，何以有合来合去之辨？盖合去之法，如年、月相合去之，不论月时相合亦去。日与年合不可去，以日与年为要。余作闲神论也。《经》曰："官杀两停，喜者存之，憎者去之。"盖言柱中正官、七杀两均相停，有物生扶会和者，其力专，宜存而留之；有物破损、伤害者，其力散，宜弃而去之。官星有生扶，杀星有破害，则去杀留官；反是，则去官留杀。若两停俱无扶合，而有破害，当斟酌柱中有力一字为用神。若是吉神，则以吉论；若两停俱有扶合，而无破害，即是官杀混杂，反为贫贱。又曰："年月日时，或有四位官四位杀，当以明者用之，藏者舍之。明见官则存其官，明见杀则存其杀，宜仔细分别。若两停无轻重，察其生助向时者用之，背时无助者弃之。去留不清，乃为混杂。"如甲生七月上旬，为杀得令，纵有丙火，亦不能去。又曰："去留二格，最宜身旺。若身果旺，虽无物去杀，亦能化杀为官。"如甲见庚为杀，甲坐寅禄旺，甲木自抱火气制杀，不须再见丙丁。如甲生秋令，却要丙丁制之，柱原无制，运到制地方发。又如丙日畏壬，丙坐巳午，或丙下抱上，则壬不能为害。丙化杀为官，须行身旺运可。又曰："地支天干合多，亦云贪合忘官。"盖言日主天元，地支人元，与当生岁月时中支干，明暗重重相合，有情贪恋，合神虽有官星，则财来盗气，官来克身，反为不利，官将不成，财将不遂，故曰"贪合忘官"。大抵凶神有物合去，则反凶为吉，吉神有物合去，则反吉为凶；吉凶神杀，看局中喜忌何神，不可执一论。《奥旨赋》云："阳日食神暗合官星，阴日食神窃侵印绶。"观此，则知四柱无官印则喜食神，有官印则忌食神。又曰："贪合忘煞忘官。"如六癸生人，干头透出己字为杀，再透甲字，是己家合神，合去己字，为不杀矣。此谓"贪合忘杀"。如庚申、甲申、甲子、乙亥，年上庚字伤甲，得亥上乙字合庚去杀，奈月令又有申，不清二申，杀重不能尽合，所以只为吏命。又如六壬生人，干头透己字为官，再见甲透，是己家合神，合去己字，不为官星，此谓"贪合忘官"。如辛丑、丙申、甲戌、己巳，甲日透出辛字，正是官星，奈因丙火合去，所以发贵不清。诀云："壬水相逢阳土时，心怀忿怒起争非。忽然癸水来相助，合住凶顽不见威。"此贪合忘杀例。又云："壬逢己土欲为官，蓦被青阳起讼端，引诱合将真贵去，致令受挫万千般。"此贪合忘官例。又曰："贪合不但忘官杀，忘印忘食亦可怜。格中惟有忘杀贵，官杀俱去不成权。"又："去杀留官仔细详，食神厨位要高强。不逢偏印来伤用，财旺生官大吉昌。"又："去杀留官造化奇，个中消息有谁知。有情克合多荣贵，月桂高攀第一枝。"又："官杀相连只是杀，官杀化各分为混杂。食神重犯作伤官，叠见官星又论杀。"又："局中官杀两头窥，羊刃重重或助之。八字纯阳偏印重，位高身显佐明时。"《精纪》云："凡命鬼多而主本，却在有气之地，其鬼化官；若主本无气，官有气，即官化鬼。"季主云："旺迅逢鬼鬼化官，衰迅逢官官化鬼。"如丁于真五行属水，凡丁人见乙，与庚为鬼，若丁亥、丁卯、丁未人见之不为鬼；若亥、卯、未全见，三丁足者尤好。盖亥、卯、未，木之正位，而又得三丁，木盛气旺，全要庚金克制之。又如丁巳、丁酉、丁丑人，生居金之正位，木弱金强，更见乙庚真金，即以鬼论。又如六丁皆真木，而见乙酉、乙亥，乙真金也，却不为鬼，而反为官，缘丁贵在酉亥故也。壬寅、壬申，见乙、庚多，皆不为鬼，取其与纳音皆比和故也。辛酉、辛丑见甲巳、己巳、己亥见丁壬、乙巳、乙亥见戊、癸，皆仿此推。《天元变化书》有"反鬼作官"。如丁未、甲辰、癸丑、癸亥，两鬼反为生气，滋助甲木，既甲木旺，则丁亦旺。又纳音从下生至火，既火旺，水人得财盛，上下皆有用矣。《尺璧》云："凡克干者，不得地干，却得地者，多鬼化为官，变官为鬼。"如甲戌纳音火，见丙辛水，为真官，若得丙申、辛酉，或辛未、辛丑，皆好。若得辛卯，系甲羊刃，变官为鬼。若别有福神救助，则为右职无气，胥吏之辈。如壬申人，纳音是成器之金，见火则坏，故壬申人见戊癸者，乃变官为鬼。又壬属木，木至申为绝乡，木绝得火，则灰飞烟灭，此为尤凶。若癸酉，虽是成器之金，然本干自带癸之官，故不为鬼，见戊尤好，当消息之。

第四十一章　星命汇考四十一

《三命通会》十三

论正财

喜身旺：印绶、食神、逢财看官、以食为引。忌：身弱、比肩、羊刃、空绝、冲合。一曰财星，二曰天马星，三曰催官星，四曰壮志神。

正财者，乃甲见己、乙见戊之类。受我克制，为我之妻。譬人娶妻，妻赍财嫁我，我必精神康强，而后可享用；若衰微不振，虽妻财丰厚，但能目视，终不得用。故财要得时乘旺，不偏正混乱，不重叠多见，自家日主有力，皆能发福；若财多身弱，柱无印助，财少身强，柱有比劫，太过不及，皆不为福。经云："伤妻叠叠，财轻身旺弟兄多。"又云："财多身弱，反为富屋贫人。"《珞琭子》云"大段天元羸弱，宫吉不及以为荣。纵邓通铸钱，终身不富而饿死"是也。若月令得财局，身衰逢印资助，当作富论。如先见印，却怕见财。《独步》云"先财后印，反成其福；先印后财，反成其辱"是也。用财不宜明露，柱见比劫，则宜透出，使人共见，则不能夺。《赋》云"财宜藏，藏则丰厚，露则浮荡"是也。凡财格喜见官星显露，别无伤损，或更食生印助，日主健旺，富贵双全。如干支见杀，亦能享用，即逢财看杀之义。大怕枭夺，则不能生；刃劫则不能享，库逢空则不能聚。如甲生午月，见壬伤丙，卯破乙夺；乙生巳月，见癸伤丁，亥破甲夺；壬生戌月甲子旬，戌落空亡之类。余以例推。又曰："财为养命之源。"凡人八字，不可无财；但不要太多，多则不清。若柱原无财而行财运，乃有名无实。如财多身弱，又行官乡财旺之地，见财盗气官克身，不惟不发禄，且祸患百出。又曰："财为马，官马禄。"二者不可缺一，实难两全。原有财星，宜行官运；原有官星，宜行财运；行财运生官，行官运发财。若柱中原无官星，只是财多，又行财运，亦能成就名利，间有登科者。盖财不畏多，多则暗生官也。须得身旺，方能胜任。若无财，官多身受其制，反不为吉。柱中无官，只取有财为福。又曰："财官与杀用月支者，所谓以支为命；日干者，所谓以干为禄。"若月支有财官，干头不露，自足为福。若地支无财官，干头明露，乃虚诈无实之命，纵行旺运，亦不济事。苟月支无，而年、时、日支有，亦可取用。月地支坐财官，谓之得时；日地支坐财官，谓之得位；时地支坐财官，谓之有成。得时为上，得位次之，有成又次之，兼得一二，尤妙。年主祖父富贵，中年后无用。又云："庚辛月生于正月，别位有火为杀，以克庚辛，虽年月见寅卯，亦无祖财，一生熬煎。遇发财处，必成灾祸。以木旺生火，害日干之金，天元羸弱，财党杀生，不能为福。"又云："正财之格，主人诚实，行事俭约，赋性聪明，惟有悭吝；若财旺身衰，主妻秉男权，持家干蛊；又主有好子，替力，反得优游之乐。运行比劫，妻妾多危。"《独步》云："财旺生官，富而且贵，露官藏财，无不高位；藏则丰厚，露则虚费，冲者宜透，实则滋利。"《玉匣》云："甲乙建逢戊己，路温两入中书。"《奥旨》云："我去克他为妻财，干强则富。"又曰："身弱财多，喜兄弟羊刃为助。"又云："财旺者，遇此无妨。"又云："财星有破费祖风，别立他乡。"又云："妻财明朗，乔木相求。财星入墓，必定刑妻。支下伏财，偏房宠妾。"《口诀》云："财星太过，愚。"又云："大运流年，三合财乡，必主红鸾吉兆。"《元机赋》云："财多身弱，畏人财乡。"又云："财多身弱，身旺运以为荣。身旺财衰，财旺乡而发福。"《通明赋》云："财逢印助，相如乘驷马之车。"又曰："日边正马有助，有生名扬天下。"《千里马》云："逢财忌杀而有煞，十有九贫。"又云："财源被劫，父命先倾。"又云："男逢财多身弱，妻话偏听；财星得位，因妻致富成家。财遇长生，田腴万顷；财旺生官，白身荣显。"《元理赋》云："大贵者，用财而不用官。"又云："财临旺地人多福。"又云："孤寡者，只为财神被劫。"《宝鉴赋》云："范单孤贫，五行财重；林皋九子，财旺生官。"《定真篇》云："财旺生官，少年承泽。"《秘诀》云："财生身旺两相停，不喜再见比肩。"《万金赋》云："只怕日干元自弱，财多生杀赶身衰。财多身弱行财运，此处方知下九台。"《万棋》云："正财逢生旺而优游享福，遇劫财则晦滞呻吟。官星若见，平生惹是招非；七杀若逢，处事少成多败。财旺身衰，祸深福浅；财多身弱，要印扶身。身旺财衰，怕劫分夺。财食入库者福厚，倒食求财者贫夭。"诗曰："正财喜旺食丰盈，日主刚强力可胜。若是财多身自弱，平生破败事无成。"又：

"正财还与月官同，最怕干支遇破冲。岁运若临财旺处，须教得富胜陶公。" 又："身弱财多力不胜，生官化鬼反来侵。财多身健方为贵，若是身衰祸更临。" 又："正财切忌动财神，破害刑冲不可论。岁运那堪逢刃地，命延不死也遭迍。" 又："财星得位正当权，日主高强名利全。印绶若逢相济助，金珠满柜福绵绵。" 又："身旺无官只取财，财神冲破却为灾。身衰财旺还知夭，官盛身强福禄媒。" 又："庚辛卯月多逢木，日主无根却怕财。离震二方多有破，若逢身旺福还来。" 又："财多全仗印扶身，乔木家声有旧名。不但妻贤儿子秀，晚年财帛累千金。" 又："财多如何不发财，只因身弱少培栽。运到比肩身旺地，富贵荣华次第来。" 又："财多身弱慢劳神，户大家虚反受贫。亲友交财常怨恨，眼前富贵似浮云。" 又："财多身弱刃刚强，身旺之乡大不祥。凤寡鸾孤寒夜怨，房中妻哭两三场。" 又："财命相当人必耐，一世安然身康泰。纵使流年有财伤，浮灾小挠无妨害。" 又："财神忌透只宜藏，身旺逢之大吉昌。切忌比劫相遇会，一生名利被分张。" 又："日无根财犯重，全凭时印助身宫。逢生必有兴家福，破印纷纷总是空。" 又："正财无破乃生官，身旺财生禄位宽。身弱财多徒费力，财轻分夺祸多端。" 又："财多身旺足荣欢，身旺财多化作官。身衰财多财累己，是非不竞起争端。合诸说观，正财喜忌见矣。"

岁带正马

如甲日午年巳，乙日巳年戌，喜忌与月干正财同。若岁带正马，生辰、戌、丑、未月，或夏令月中己土旺相，不犯刑冲分夺，日干乘旺，主受祖业丰厚。若生寅、卯月令，柱中更带比劫，或运行伤劫之地，必主贫困。

时带正马

如甲日见巳、午时之例。无冲刑、破劫，主招美妻，得外来财物，生子荣贵，财产丰厚。此非父母之财，乃身外之财，招来产业。宜俭不宜奢。

财旺生官

《继善篇》云："富而且贵，定因财旺生官。"盖财有生官之理，既取财为用，不要见官；若见官，则为财官格矣。柱有伤、食，虽财厚亦不能生官。如己以亥、子、壬、癸为财，以寅、卯、甲、乙为官，若生壬子、癸亥月，四柱不见寅、卯、甲、乙，是为财旺生官。如此元命，因富致贵，或纳粟及义宾之类。若月令财无损克，亦主登科；透庚辛则不能生，不以此格论。又云："辛见甲为正财。"四柱干支木旺，似为有火，如见壬寅，别位带子、辰、亥，即湿木，不能生丙火，则辛无官矣。又如庚合乙木为财，生丁火为官，柱见癸卯，或年、月、日、时上有水，亦是湿木，有财无官。陶朱云："庚克乙，辛克甲，而遭刑克为壬癸水，伤官故也。"十干例推。

财临库墓

经云："纳粟奏名，财库居生旺之地。"如辰为土，财库生于秋，旺于冬；丑为火，财库生于夏，旺于秋；未为金，财库生于冬，旺于春；戌为水，财库生于春，旺于夏。假令金以木为财库于未，辛未日生，是临财库；庚日生未时，亦是身临财库。生冬月，谓之财库居生地；生春月，谓之财库居旺地，主一生财帛丰厚，因财致官。古歌曰："六辛坐未休嫌弱，土透天干反有功。身旺何愁金水旺，伤提方见寿元终。"丁火旺于未，辛坐未，是谓衰弱；辛以卯中乙木为财库于未，若得四柱天干透土借印，生身变弱为强，虽金生水，水生木，财库旺甚，吾木能任为福。若提纲是卯行酉运冲提，方损寿元。辛生坐未，天干无土，以身弱论。是财库居生旺，亦要身自旺也。

天元坐财

如庚辰、辛卯日春生，甲乙木为财，喜戊己印生身，壬癸食生财，忌庚辛金劫夺，切不可岁禄官杀。即春月即弱，不能胜任，反不为福。甲午、乙未日夏生，己土为财；甲辰日夏生，戊土为财；丙戌、丁丑日秋生，辛金为财，喜忌俱与前同。惟壬午、癸巳二日，禄马同乡，不专以财论。

论偏财

何谓偏财，乃甲见戊，乙见己之例。非妻所带，乃众人之财也。切恐有姊妹、兄弟分夺，柱无官星，祸患百出。《经》曰："偏财好出，亦不惧藏。惟怕分夺，及落空亡。"有一于此，官将不成，财将不住。如财弱，必待历旺乡而荣；财盛无

往不利，但恐身势无力，不能胜任。偏财格，主人慷慨，不甚吝财，与人有情而多诈。若是得地，不止丰财，亦能旺官，以财盛自生官，运行旺相，福禄俱臻；一遇官乡，便可发福。如柱中原带官星，便作好命看。若兄弟辈出，纵入官乡，发福必渺。偏财，月令所带最重，不宜柱中多逢。年上偏财生旺，月令柱中通气，主受伯叔祖考产荫丰隆，或外祖产业恩养。大要日主兴隆，财星生旺，运向财旺之乡发福。若见刑冲、破害、比劫、分夺，或财星太衰，日主太弱，或财多生杀，皆破祖劳碌之命。凡月令有财，主少年富贵，若生时不得地，或有劫败，更运临凶地，晚年祖财破尽，终身困穷，先富后贫。若年、月本无，日时带财，别无劫败、冲克，则主自家成立，中、晚之年大发。若柱中财多身弱，少年又经休败之地，多事频并，百不如意，中、末年后忽临父母之地，或三合可以助我，则勃然而兴。若少年乘旺，老来脱局，不惟守穷途而恓惶，抑且是非蜂起，以财能利己，亦能招谤故也。若四柱相生，别带贵格，不值空亡，又行旺运，三合财星，皆是贵命，其福禄浅深，随格轻重言之。又曰："凡人命有两位财，身弱不妨，元用正财，身旺发财；元用偏财，身旺脱财。"又云："偏、正二财，喜忌大同，惟有喜官星、不喜官星小异。"有正财，不若有偏财。偏财重实，其福则厚，最怕劫败、比肩，在年最重，在月稍次，一名孤辰，一名逐马，主克妻、害子、破财、贫薄。又防阴贼、小人，同类相伤。柱中元犯此忌，运行财旺之地，亦可发福；再行比劫，退败而身死者有之，遭官破败者有之。《通明赋》云："月上偏财，无劫无败，富甲人间。"《相心赋》云："偏财透露，轻财好义。受人趋奉，好说是非。嗜酒贪花，亦系如此。"《惊神赋》云："偏财身旺，趁求商贾之人。"《奥旨》云："偏财能益算延年。"《千里马》云："出现偏财，少爱正妻多爱妾。"古歌云："偏财格遇最难明，日旺却从高路行。一世因财人谤讪，财多身弱惹灾生。"又："偏财非是自己财，最怕比肩同位来。劫败不逢日主健，家资当发孟尝财。"又："偏财元是众人财，最忌干支兄弟来。身强财旺皆为福，若带官星更妙哉。"又："若是偏财带正官，劫星若露福难干。不宜劫运重来并，此处方知祸百端。"又："偏财身旺要官星，运入官乡发利名。姊妹弟兄分夺去，功名不遂祸随生。"又："偏财财位发他乡，慷慨风流性要强。别立家园三两处，因名因利自家忙。"又："偏财别立在他乡，宠妾嫌妻更克伤。多愁多情妻妾众，更宜村酒野花香。"合诸说观，偏财喜忌可见。

时上偏财

《喜忌篇》云："时上偏财，别宫忌见。"又云："时上偏财，怕逢兄弟。"如甲日见戊辰，或甲戌时之例。喜见辛官，壬癸生助，忌庚杀、乙劫。柱中不宜再见戊、己。若身太旺，运东方寅卯则失财。余干例推。此与时上偏官格相似，只要一位，不宜多逢，元元透出为妙，支丙所藏次之，柱有官印相助，日主健旺，便作好命看。大怕年月冲破，兄弟辈出，则福气不全。《景鉴》云："偏财时上，慷慨浮轻。最宜身强财旺，切忌比类相逢。主旺兮峥嵘仕路，日柔兮纵富决贫。"《通明赋》云："时上偏财身主旺，白屋公卿。"古诗云："偏财时上喜干强，运入财乡发禄难。兄弟更来相劫夺，纵然富贵也多悭。"又："时上偏财冲最忌，兄弟之辈皆为畏。喜行身旺官禄乡，别无透出方为贵。"又："时上偏财不用多，支干须要搜罗。喜逢财旺兼身旺，冲破伤官受折磨。"又："时上偏财一位逢，不遭冲破享荣丰。比肩、劫财还无遇，富贵双全比石崇。"又："时上偏财遇劫辰，田园破尽苦还贫。伤妻损妾多遭辱，食不相资困在陈。"

专财

乃丙日见丙申时，甲日见己巳时。丙之禄在巳，丙既坐申，引巳刑出庚金，丙日克之为财；巳与申合，两干皆丙，是为专财，运行官旺，财神不背，大发财官。忌行伤官、劫财、冲刑、破禄之运。甲日己巳时，要身旺俱旺，生木旺月喜土多，生土旺月喜木多，丙日亦然。如甲辰、戊辰、丙申，丙申，癸酉、庚申、丙子、丙申，二命专财格也。古诗云："专财丙日见申时，运至官乡福更奇。须登象简金鱼贵，福寿双全事事宜。"

弃命从财

《独步》云："弃命从财，须要会财。若逢根气，命损无猜。"假如丁生酉月，柱多庚、辛，日干无气，只得弃命相从。运入北方财官旺地，乃为入格，南行灾。古歌曰："日干无气满盘财，弃命相从是福胎。运旺财官皆富贵，如逢根助反为灾。"

日坐天财

如戊、己土克水为财，水墓辰是也。古歌云："年干克下是天财，古墓之乡正库开。财入库时多谷帛，家豪金物积成堆。"如毕状元己巳、癸酉、庚辰、甲申是也。

偏正财合论

《精纪》有生成财。如甲乙见戊己土为财，申子辰上坐生旺库，戊申、戊辰、戊子支干成合是也。凡命人贵格，除贵外须主大富，仍多历钱谷之任；若不入贵格，又无福神助，亦是富豪百姓。若自生自旺，甲人见戊午、己亥之例，主富。余仿此。有生合财：如甲人见戊、癸，己人见癸、戊，庚人见甲、己等类，主成立富贵。有子母财：如木命人见火月土日时之类，主平生多见喜事。有类财杀：寅午戌人见乙庚，巳酉丑人见丁壬，申子辰人见戊癸，亥卯未人见甲己。一名"幽微杀"，主名利并行。有财会杀：寅午戌人见辛丑，巳酉丑人见乙未，申子辰人见丙戌，亥卯未人见戊辰，此妻财聚会之神，遇者主富足，及有美妻横财，却妨妻人，毒药害命。有名位财：乃食神中见库。如戊子火人见庚戌，戊食庚，火库在戌，克金为财，逢此者一生受禄。有长生财：如甲用戊己为财见戊申，癸用丙丁为财见丙寅之例。多得外财。又曰：术者多以甲见戊、乙见己类为财，不知甲己见丙辛，丙辛见戊癸等类为真财，生居有气旺相之位，主富盛。又纳音本干自见真五行，如乙亥人月、日、时中见庚，乙亥纳音火，乙庚真金，干头是财，此名"天财"，主富足优逸。若纳音反制克干头，如丁卯火却能制乙庚金，此名鬼财，主一生得世财，或为豪猾胥吏起家。戊寅、戊申得丙辛，乙丑、乙卯得戊癸，准此。更带辰戌丑未，主为艺术，大获世财。又曰：禄命身三等财库。如甲子金，甲为禄，属木，木克土，故土为禄财，土墓在辰，是为禄财库也。子为命，属水，水克火，故火为命财，火墓在戌，是为命财库也。金为身，金克木，故木为身财，木墓在未，是为身财库也。主财产丰盈，少年辛苦，渐老方遂。有岁制月建：如甲乙在辰戌丑未，丙丁人在申酉等类。若人遇之，主职位崇高，印绶显赫。若身衰不能克财，如壬寅金见戊辰木、丁卯火、癸酉金之类，不能克制，翻成损气。余仿此推。

论印绶

喜：食神、天月德、七杀。逢印看杀，以官为引。忌：刑冲、伤官、死墓。丑未印不怕木，辰戌印怕见木。一曰正印，二曰魁星，三曰孤极星。

印绶者，乃五行生我之名。如甲乙在亥子月，丙丁在寅卯月之类。乃我气之源，为生气，为父母，能护我官星，使无伤克。譬人生得物，相助相养，受现成之福，岂不为妙？此格主聪明多智慧，性慈惠，语善良迟讷，体貌丰厚，能饮食，平生少病，不逢凶横，但吝财耳。为官多为正官，受宣敕，不拘文武，皆掌印信。喜官星，以官能生印。经云："印赖官生。"又云："有官无印，即非真官；有印有官，方成厚福"是也。忌财星，以财能破印。经云："月生日干无天财，乃印绶之名。"又云："印绶被伤，倘若荣华不久。"又云："印绶生月岁时，忌见财星。运入财乡，却宜退身避位"是也。岁运同论。印绶不逢损伤，多受父母庇荫，资财见成，安享富贵，诸命相比，当以印绶多者为上。月最要，日时次之，年干虽重，须归禄月、日、时，方可取用。若年露印，月、日、时无，亦不济事，四柱原有官星为妙。若印绶少，官鬼多，或入他格，又不可专言印绶。若印绶复遇拱禄、专禄、归禄、鼠贵、夹贵、时贵等格，尤为奇特，但主少子或无子。印绶多者，清孤。《拘集》云"印多则清孤不免"是也。凡印绶，喜七杀，但杀不可太多，多则伤身。原无七杀，行运遇之则发。原有七杀，行财运或印绶死绝，或临墓地，皆凶。经云："杀能生印，畏行财乡。破印助鬼，决主不祥。"又云："印墓则寿夭难逃"是也。凡格喜身旺，惟印绶喜身弱，若元局带财伤印，运比劫，身旺亦能发福，无则不宜。如无官杀、财神，又行身旺，主平常。《渊源论》：印绶，如甲日遇子月为正印，亥月为偏印。最喜逢天月德，时要见酉、辛、正官为妙。"或申、庚七杀，却要见比劫助身，合杀为贵。畏戊己财星损印，忌丙丁食伤生财破印。乙逢亥、子月，喜忌与甲同。丙日逢卯月正印，天德在坤，月德在甲。寅月偏印，天德在丁，月德在丙，喜见子、癸正官，或壬亥七杀，却要比劫助身合杀。畏申庚酉辛财星损印，忌戊己食伤生财破印。丁逢寅卯月，喜忌与丙同。戊日逢午月正印。天德在亥，月德在丙。巳月偏印，天德在辛，月德在庚，喜逢卯乙正官，寅甲七杀，见杀却宜比劫助身合杀，忌见壬癸子财坏印，庚辛食伤，生财破印。己生巳午月，喜忌与戊同。庚日生午月正印，天德在乾，月德在丙。巳月偏印，天德在辛，月德在庚，喜见午丁官星，巳丙七杀，见杀却宜比劫助身合煞，忌甲乙寅卯旺财破坏印，壬癸伤食，生财破印。辛生巳午月，喜忌与庚同。壬日生酉月正印，天德在寅，月德在庚。申月偏印，天德在癸，月德在壬。喜时逢巳午正官，或巳戊七杀，却宜见比劫助身合杀，忌丙丁旺财坏印，甲乙伤食，生财破印。癸生申酉月，喜忌与壬同。经云："官刑不犯，印绶与天德同宫。"又曰："素食慈心，印绶喜逢于天德。"如孟重都宪：乙亥、丁亥、乙丑、丙戌，是印绶与天德同宫。一命：甲寅、丙寅、丙寅、丁酉，是天德在丁，月德在丙，印绶在寅。一命：庚申、庚辰、庚子、壬午，是天德月德俱在壬，印绶在辰是也。此格大要生旺，最忌死绝。如甲乙见亥子为印，见金成其仁义生养，印元见土则混杂，其格运行西北，官印为福，若时引归卯、辰、巳地，或运行此地，财印归死绝，流年再遇财克印，决入黄泉无疑。印绶合格，行大运，最怕印绶变了，遇地支三合，或变为伤局，或变成财局，或变成杀局，最为不吉。《赋》云："金赖土生，土厚而金遭埋没；木从水养，水盛而木必漂流；火炎土燥，则不能生物。"刚金不能生水，旺土见旺火，逢此，必主眼疾痈疽热病。粪土不能生金，燥金不能生水，绝水不能生木，遇此宜详看，不可一概印绶论。若水得金而逢秋，乃水清金白，秀丽堪夸。一水三金，号曰"体全之象"。火得木生而值春，为木秀火明，发焰红绿，见金则伤其木，灭火之焰。是金木二印多者，俱作吉论。若火印多者，火燥土烈；水印多者，水泛木浮；土印多者，土重金埋，皆不为吉。又云：甲日子月，忌己巳时，怕午冲。乙日亥月，忌戊辰时，怕巳冲。丙日卯月，忌辛卯时，怕酉冲。寅月忌庚寅时，怕申冲。丁日寅月，忌庚子时，怕申冲。卯月忌辛丑时，怕酉冲。戊日午月，忌癸卯时，怕子冲。己日巳月，怕壬子、壬戌时，忌亥冲。庚日午月，忌己卯、乙酉时，怕子冲。巳月忌戊寅时，怕亥冲。辛日巳月，忌庚寅、甲午时，怕亥冲。午月忌辛卯、乙未时，怕子冲。壬日酉月，忌丁未时，怕卯冲。申月忌丙午时，怕寅冲。酉月忌丁巳时。怕卯冲。以上十干皆喜见比肩疏通，忌见食伤、销印生财，犯此物运，又临身印衰乡财旺之地，必然贪财坏印，剥官退职。经云："印绶财星重见，百事难通。"又云："月印纯粹无财星，主文章中黄甲。"又曰："身旺印多，财运无妨。身弱有印，杀运何伤？"又曰："印绶有根，喜遇财星；印绶无根，忌见财曜。"官星者，印绶之根也。印绶有官有财，则财生官，官生印，印生身，身克财，则荣贵，故不忌。又云："印绶有根，逢财则发，逢官则显，逢合则晦，逢冲则灾。"《继善篇》云："生气印绶利官运，畏人财乡。"又云："月生日干运行，不喜财乡。"《独步》云："印绶无根，遇生发福；若见多根，福亦不足；运限逢财，破家失禄。"又云："印绶根轻，旺中荣达；印绶根多，旺中不发。"又曰："印绶比肩，喜行财乡；印无比肩，畏行财乡。"又云："印绶逢财，比肩不忌。"《天元》云："身坐休囚，不扶不济。天元无气，却宜中下兴隆。"《通明赋》云："印绶遇杀，吉甫补六龙之衮。"又曰："财、印交错，论其气禀之轻重。"若财轻而印气重，舍财取印，其贵可知；倘若印气轻而财气重，舍印取财，虽有背禄，支干重旺，反作资财。又云："月印附日无财气，乃为黄榜招贤。"又云："文章显著，荣登黄甲姓名香"。《元机》云："身旺印多，喜行财地。"又云："印旺官生，声名特达。"《宝鉴》云："印绶重逢，窃比老彭之寿。"《幽微赋》云："印绶逢生，母当贤贵。"又云："幼岁离母，只为财多印死。"又云："印绶多，而子息稀。"《幽元赋》云："印绶冲而财星重，身有车尘之苦。"《宝鉴》云："四柱印多财露，太公八十遇文王。"又曰："印绶逢财身比劫，纵有财多福不全。藏印露财身自旺，功名荣显福须完。"又云："印绶财伤，母年早丧。"又云："贪财坏印，喜行比劫之乡。"《奥旨》云："印绶太过，不喜再行身旺地。"又云："印绶被伤失宗业，抛离故里。"《络绎赋》云："印临子位，受子之荣。"《千里马》云："逢印看官而遇官，十有七贵。"又云："财星破印，宜逢比劫之宫。"又云："财印混杂，终为守困。"《骨髓歌》云："若是逢财来坏印，悬梁落水恶中亡。印不逢财身不死，如前逐一细推详。"《身命赋》云："贵人佩印，定须文武兼资。"《惊神赋》云："有印无官，享见成清高之福。"又云："知文能武，天德贵人，印绶日主，德贵兼全，佩月支印绶为妙。"《玉匣赋》云："华盖与文星共会，管仲为佐霸良臣。"《造微论》云："印绶逢华，尊居翰苑。"又云："印旺官生，必秉钧衡之任。"《搜髓论》云："印绶太多身更旺，为人刑克主贫孤。若得官杀财相会，亦为超迈贵人扶。"《定真篇》云："印绶得劫财为贵。"又云："杀化为印，早擢高科。"《要诀》云："官印在刑冲之地，意乱心忙。"《相心赋》云："印绶主多智慧，丰身自在心慈。"《开化章》云："印绶者畏见财星，得羊刃、劫财，必反为福。"《渊海》云："财多用印，运喜比肩之地；印守提纲，却要杀神相帮。"《万祺赋》云："正印见财则凶，逢官则吉。有官无印，虽富贵而伤残；有印无官，纵荣华而有失。四柱愁逢死绝，三元喜见长生。"古诗云："印绶之星福最殊，更有权杀在何居。忽然并守居元位，声振朝廷位不虚。"又："印绶生居被杀同，杀同心胆反粗雄。运亨便有军中职，只恐将来不善终。"又："命逢印绶福非轻，年少从容享见成。旺相印多偏福厚，受恩承荫立功名。"又："月逢印绶喜官星，运入官乡福必清。死绝运临身不利，再行财运百无成。"又：

"印绶无亏享福全，为官承荫有庄园。官膺宣救盈财谷，日用盘餐费万钱。"又："重重印绶格清奇，更要支中仔细推。支上咸池干带合，风流浪荡破家儿。"又："印绶重重享见成，食神只恐暗相刑。早年若不归泉世，孤苦离乡宿疾萦。"又："印绶多根不畏财，喜逢比劫福胚胎。印星败破官来救，福寿平生命带来。又：印绶不宜身太旺，总然无事也平常。除非原命多官杀，却有声名作栋梁。"又："印绶干头重见比，如行运助必伤身。莫言此格无奇妙，运入财乡福禄真。"又："印绶忌行死绝地，最怕财旺落财乡。岁运月支重临会，却主斯人定丧亡。"又："印绶生人旺气纯，官杀多逢转精神。印行死绝并财地，无救终为泉下人。"又："丙丁卯月多官杀，四柱无根怕水乡。湿木不生无焰火，身荣除是到南方。"

丙人用卯月为正印，若四柱官杀多，则水太旺，木虽生于水，而湿木又不能生火，故喜南方身旺运。如丙人卯月行子运，虽为官运，反足以坏印。观此印绶，利官运之说，不可执泥。

"木逢壬癸水漂流，日主无根枉度秋。岁运若逢财旺地，反凶为吉遇王侯。"

如乙生亥月，壬为正印，若日主无根，又遇水旺之月，为漂流之木。《元理》云："水泛木浮者活木。"此反足为祸，必须行财运，以土制水，乃能为吉。观此印绶畏入财乡之说，又不可执泥。

"壬癸逢甲嫌火破，局中有土贵方知，北方水运皆为吉，如遇寅冲总不宜。"又："壬癸逢申本月金，支干有土福为真。十分火重宜西北，外者休来望子神。"

壬癸遇申月，本为印绶，但柱有火神，则财能坏印，须柱中有土生印，又运行北方水神，方能去火全金。如遇寅冲申，则提纲被伤，祸印生矣。若火神不重，亦不宜行，子以金死，于子必十方火重方可。此即用金愁水，去病去尽之意。

戊己身衰喜见寅，生逢官杀必荣身。如逢火土兴名利，运至西方怕酉申。又："辛日丑月为印绶，干癸酉提一般神。辛金喜火嫌西北，癸水宜金怕火侵。"又："壬癸生逢七八月，财多土厚北方奇。无伤无破宜行水，帝旺临官反不宜。"又："丙丁卯月身星健，大怕庚辛酉丑伤。水运渐与木火旺，西方行运定灾殃。"又："印绶如逢月内遭，定因庇荫显英豪。多能少病谋须大，有印无官福亦高。上下最宜逢鬼旺，中间切忌与财交。运临死绝身无托，即人黄泉不可逃。"合诸说观，印绶喜忌见矣。

鬼化为印

　　经云："既济鬼化为印绶，天下登科第一人。"如乙丑、癸未、丙子、乙未，丙临子位坐官，丙为火神，子为水神，名曰既济。年、月、时，一丑、二未，皆为己土，为伤官，鬼杀销印，柱有二乙、二未，木库结局，运逆行至印旺，鬼被印化克，故主大显。

阳刃化印

　　经云："戊日午月，勿作刃看。时岁火多，却为印绶。"是戊以午中己土为刃，有丁火生助，同岁时之火，化作印绶，不以刃论。大忌水财克制，火神变为日刃，发祸，尤重日刃，是自逢劫夺，有杀制伏，便是合杀为贵。无杀制伏，见财必争，如君子逢强盗，无财可保其身，有财必被其害。如戊寅、戊午、戊午、戊午、戊为日主，坐午为刃，日、时皆是午火，当以凶论。却得年支寅中甲木，制刃生火，寅午又会火局，化成印绶。柱中全无壬癸水局，伤损印绶，又喜戊字比肩多，虽岁运遇财，亦分夺疏通，不能坏印，故大贵。

时逢生印

　　如甲日子时，取子中癸水为印，资助日主，其人足智多谋，安享食禄。年、月上要见辛官生印，运行西北，官印乃为贵命。若柱逢戊己土重，更有午字冲破，运历东南，官印衰绝，百事无成，公吏肆市人也。

胞胎印绶

　　经云："胞胎逢印绶，禄享千钟。"如庚寅、辛卯、丙申、乙酉等，日、时、月令逢印绶之地，主贵。经云："时日胞胎格，月通印绶。逢杀官印运助，诸位列三公。"

弃印就财

　　经云："弃印就财明偏正，印绶忌财，此理甚明。"正印居月令者，决不可见财，若居年、时、月令见财，只用财格，喜印生身，敌财为福。若偏印，月令、年、时见财无妨，为弃印就财，舍轻用重。如壬生申月，丙生寅月，坐长生之地，年时得财，即身旺喜见财地，如此造化，必主弃祖基而自创别业立身。

论倒食

倒食，即偏印之谓。一名吞啖杀，食神最忌见之。如甲生丙火为食，火能生土，甲之财，财旺生金，为甲之官，食神生旺，财官备矣。今甲见壬为倒食者，壬旺则克了丙火，丙被克去，不能生土，甲无财矣。壬合起丁，伤甲之辛，甲无官矣。壬克去丙，庚杀得安，来伤甲木，甲生灾矣。所谓用食忌见者，此也。凡命带倒食，福薄夭寿。若有制合，如甲日见壬辰、壬戌，辰、戌中有土制丁合；乙日见癸未、癸丑，丑、未中有己制癸；丙日见甲申，丁日见乙巳、乙酉，戊日见丙子、丙申、丙辰，己日见丁亥，庚日见戊寅、戊辰，辛日见己卯、己亥，壬日见庚午、庚戌，癸日见辛巳、辛未。此等偏印，不能为食害，有克制故也。柱中身旺，财官俱生，可取为福助身。阳日逢之，能暗合伤官生财；阴日逢之，能暗合财星。柱中无食，只以偏印论。又曰：凡命有食遇枭，犹尊长之制我，不得自由作事，进退悔懒，有始无终，财源屡成屡败，容貌欹斜，身品琐小，胆怯心虚，凡事无成，克害六亲，幼时克母，长大伤妻子。《赋》云："倒食者，名为偏印，号曰枭神，值身旺而财丰福厚，遇刑杀则寿夭身贫。财星若见，披星带月不停留。杀星若生，弛担息肩无定日。身弱重逢偏印，须愁颜子之伤。正食若遇枭神，未免韩信之祸。始遇者，精神慵懒；重犯者，容貌欹斜。"《万祺赋》云："枭神见官杀，多成多败。偏印遇财曜，反辱为荣。身旺为贵，身弱乃常。有伤官而平生丰润，值食神则处世伶仃。"《元理赋》云："丁逢卯日遇己土，饕贪之人。"《相心赋》云："枭神当权，使心机而始勤终怠，好学艺而多学少成。"《奥旨赋》云："年、时月令有偏印，凶吉未明；大运岁君逢寿星，灾殃立至。"《络绎赋》云："枭居祖位，破祖之基。"古诗云："印星偏者是枭神，柱内最喜见财星。身旺遇此方为福，身衰枭旺更无情。"如丙戌、丙申、甲戌、壬申，甲见丙食，又见壬倒食，甲生申月，受杀制无气，二丙窃气，壬水制丙，杀得施行，故主无名利。又如壬申、壬子、甲戌、丙寅，会印归禄，水精火神之妙，木火通明之象。又己未、壬申、甲子、丙寅，以杀化印归禄，得秀木火通明，水木清奇，二命俱大贵。前忌倒食，逢制合反贵。切不可一见倒食，便以凶论。

论杂气

杂气者，乃辰、戌、丑、未，辰中有乙、戊、癸为水土库，戌中有辛、戊、丁为火库，丑中有癸、辛、巳为金库，未中有丁、己、乙为木库。各随所藏之气而言，看我日干或为官，或为财，或为印。官系福身之物，财是养命之源，印乃资身之本，在人最为切要。四库各藏三件，乃天地不正之气，故以杂言也。经云："财官印绶全备，藏蓄于四季之中"是也。此格喜透露、冲刑，忌压伏，其余喜忌、消详，与前正气财官印同。假令六甲日生，得丑月，以丑中辛金为官，己土为财，癸水为印，看天干透出何字为福；次分节气浅深，何物当令。大概透财者，富；透官者，贵；印绶享父祖见成之福，受宣敕荫庇之贵；如无透出，冲刑少许兼身旺，为妙。忌身弱冲刑太过，则福聚之气散矣。如柱元有破害之物，再不可遇此等运，再行则为太过，冲坏秀气，反为不吉。元无破害，喜冲刑运。《景鉴》云"杂气财官，身旺有冲而发。若太过，反受孤贫"是也。又云："杂气财官格，要四柱财星多，便为好命。若四柱别入他格，依他格断。"又云："杂气财官，有正官格，偏官格，正财格，偏财格。杂气印绶，有正印格，偏印格，须分偏正。"若偏官旺，亦要少许制伏则可。若墓库重叠，元无刑冲，不透贵气，兼有卯己压其上，最难发于少年。故曰"财官锁闭少年，不发墓中人"是也。又曰："四库亦是衰养冠带之乡。"若时上见，为时墓格，与月上同论，但发较晚。如丁亥、戊子、丙申、己丑，丙用丑墓为财库，行木运冲丑库发财；见壬辰为官库，至戌运冲辰库发官。倘柱中别有戊辰、己丑压伏库上，则不能发财发官，难作好命看。若有冲见合，则又不能冲矣。又曰："月临库地，东西南北四隅之气。"如未木行东方，戌火行南方，辰水行北方，丑金行西方，临库墓，运行生旺之地必发。如月临辰水气，运转南方，不见会合，只以土论。又曰："古人以五行墓处为仓库。"若命中带仓库，遇太岁所克之五行加之，如木人得辛未，火人得庚戌，土人得壬辰，水人得甲辰，金人得癸丑，是谓库中有财，其人必丰富。若命带墓绝，而反值太岁所畏之五行加之，如木人得乙未，火人得壬戌，土人得戊辰，金人得己丑，水人得丙辰，谓之绝处无依，其人必迍滞。若五行递相库墓，纯粹而不破，又有福神加临，此两府之格也。若破而生旺，破而死绝，有福神加临，则减退断之。若克破而无福神，只是百姓。此库墓格局，不问贵贱，只是一生自己荣旺，不利六亲，仍难得子息。有库头鬼，乃甲乙人见辛未，忌丁巳；丙丁人见壬戌，忌戊寅；戊己人见甲辰，忌庚寅；庚辛人见丁丑，忌癸巳，壬癸人见戊辰，忌甲寅。一名"轩车杀"。若犯所忌，主车破轮、马折足，妇人疾厄，常人致盗。《神白经》云："生日犯之得用。"若遇时不犯忌，多主富贵。君子早年科甲，常人艺业出众。有库头财，乃甲乙人己未，丙丁人庚戌，戊己人壬辰，庚辛人乙丑，壬癸人丙辰，君子多主钱谷之任，常人家业从容，即透出财官论也。如金见己丑火，木见乙未金，水见丙辰土，土见戊辰木，火见壬戌水，如此之格，即墓中逢鬼，危疑者甚。

《独步》云："辰戌丑未，四土之神，天元三用，透旺为真。"又云："财官临库，不冲不发。四柱之干，喜行相合。"《玉匣赋》云："财库临三合之地，石崇作万金之主。"《元机赋》云："杂气财官，刑冲则发。"《千里马》云："辰戌丑未遇刑冲，无人不发。"《通明赋》云："主临官库财墓，开则荣对爵禄，闭则悭吝资财。"《搜髓论》云："财星入库主聚财。"古歌曰："杂气财官水月宫，天干透露始为丰。财多官旺宜冲破，切忌干支压伏重。"又："辰戌丑未为四季，印绶财官居杂气。干头透出格为真，只以财多为尊贵。"又："杂气从来自不纯，天干透出始为真。身强财旺生官禄，运入冲刑聚宝珍。"又："月令提纲不可冲，十冲九命皆为凶。惟有财官禄墓库，运行到此反成功。"又："旺处生来墓库绝，墓库发来生旺脱。生逢生旺过非宜，墓库逢凶终不拨。"又："官曜财星俱不露，却宜破害及刑冲。更详勾引成何局，又分上下与中旬。"又："时墓逢官主发迟，喜逢冲克最为奇。镇压不来临贵处，官高职显两相宜。"又："北方壬癸遇河魁，南或加临丑吉时。仓库丰盈金玉满，优游处世福相随。"又："若问财官墓库时，辰戌丑未一同推。财官俱要开库钥，压住财官未是奇。"又："要知何物能开库，冲刑、破害是钥匙。露得财官方得用，身衰鬼墓甚危疑。"又："少年不发墓中人，皆为财官闭库门。破害固能开锁钥，压藏终是受苦辛。丁壬本取辰为墓，戊土来伤富作贫。乙卯甲寅同救济，财星涌出自然荣。"又曰："杂气财官与印同，格中最忌鬼财重。但宜我多生为上，虽喜逢他要得中。若是财多宜退职，如逢官旺福无穷。贪财坏印君须记，蜗角蝇头枉用心。"又："财官杂气库中藏，最喜生身入旺乡。杀重身轻宜制伏，财多库实要冲伤。五行有取寻他格，四柱无情反有戕。岁月若临财旺地，声名日进甚高强。"又："甲乙生居丑月中，无根金旺不为凶。重行金水功名显，火土相逢破本宗。"又："丙丁丑月藏官杀，四季无根忌水乡。运到震离兼有助，须当福禄自高强。"又："戊己生逢十二月，伤官财格当时发。重行金水格清奇，运行火土杀周折。"又："庚辛丑月印绶旺，火土生临福寿齐。壬癸天干会透出，却逢戊己始相宜。"又："壬癸居干生丑提，提藏官印格中奇。顺行辰巳兴名利，逆走西方壮福基。"又："乙干提丑支金合，杀旺身强格局高。金水行来名利厚，水乡火地失坚牢。"又："丙日多根丑月逢，财官藏在令提中。水乡有旺金乡吉，火土南方总一空。"又："火日身强丑月中，天干壬癸却相逢。福轻命薄皆逆受，若显名高喜顺宫。"又："三月干支月土金，重行木火福还深。忽逢壬癸无根至，身弱财轻祸亦侵。"又："丙丁日主月逢未，金水虽凶未必凶。木火土乡须富贵，再来申酉祸重重。"又："九秋戌月藏火土，庚辛不忌日无根。格中若有财印出，运至东南福禄臻。"又："甲乙逢秋九月生，木衰金旺怕庚辛。如行木火兴家计，金水财乡祸不禁。"又："戊日戌生藏火土，或行南域或行东。不分顺逆东西走，大运由申寿必终。"又："财官印绶藏秋生，官旺身腾见卯寅。顺走北方愁子丑，逆行西怕酉和申。"又："偏官偏印最难明，上下相承有利名。四库生时为最美，等闲白屋出公卿。"又："四季财官内伏藏，刑冲破害要相当。太过不及皆为祸，运入财乡大吉祥。"合诸说观，杂气喜忌无余蕴矣。

附：论墓运

《秘诀》云："幼年不宜逢墓库，老年值此却丰隆。"又云："旺官旺印与旺财，入墓有祸；伤官食神并身旺，遇库兴灾。"又云："旺杀入墓，寿算难延。"可见凡官、印、伤官、七杀为用神者，俱忌行墓库之运，惟晚年行自库之地则吉。《赋》云"老行墓地，晚景悠悠"是也。

第四十二章　星命汇考四十二

《三命通会》十四

论伤官

喜：身旺、财星、印绶、伤尽。忌：身弱、无财、刑冲、入墓、枭印。一名剥官神，二名羊刃杀。

伤官者，我生彼之谓，乃甲见丁、乙见丙之类。甲用辛为官，丁火乘旺，盗我之气，克制辛金，使不辅甲为贵，故名伤官。伤官格，务要伤尽，方作贵看。元有官星，伤之则重。经云"伤官见官，祸患百端"是也。伤官虽凶，乃我所生，自家之物，伤尽则能生财，财旺则能生官，造化展转有情。如月令在伤官，四柱作合。结局皆在伤位，无冲无破，不见一点官星，谓之伤尽。又有月支伤官，时上伤官，四柱无官星，亦谓伤尽。更身旺，财旺或印旺，名标金榜，一品贵人。此格主多材艺傲物，气高心险无忌惮，多谋少遂，弄巧成拙，常以天下之人不如己，而人亦惮之恶之。伤官无财，主贫穷。盖生财气者，即食神伤官；盗财气者，即七煞官星。所以伤官要见财，不要见官。假如甲生午月，木不南奔，身势太柔，岂可再逢金制？金能盗土之气，所以不要见官。既无官星，而柱却无一点财可恃，虽聪明机巧，不过虚名虚利。经云"伤官无财可倚，虽巧必贫"是也。伤官格用财，亦有用印者。《天元赋》云："伤官用印宜去财，用财宜去印。"倘使财印两全，将何发福？身旺者用财，身弱者用印。用印者须去财方能发福，用财者不论。印亦主亨通，伤官用印，不忌官杀，去财方发。元犯伤官，须要见财则发。伤官最喜行财运，印绶身旺次之，不喜行官乡。四柱伤官多而见官者，不宜复行伤运，一位无妨。又曰："伤官格务要伤尽。"若柱见伤官，而官星隐显，伤之不尽，岁运再见官星，官来乘旺，再见刑冲、破害，刃杀克身，身弱财旺，必主徒流、死亡，五行有救亦残疾。若四柱无官而遇伤杀重者，运入官乡，岁君又遇，若不目疾，必主灾破。经云"伤官叠见，正官必为师冕。"又云："四柱伤官，运入官乡必破。"又云"伤官复行官运，不测灾来"是也。又曰："五行伤官，惟火人土伤官，土人金伤官，忌见官星。若金人水，水人木，木人火，不忌。"盖火以水为官，以土为伤，水畏土克，土得水无益；土以水为官，以金为伤，木畏金克，金得木无益。所以火土伤官格，忌见官星。金以水为伤，以火为官，水虽克火，若金寒水冷，不得火温，难以济物，况水得火，成既济之功；水以木为伤，以土为官，木虽克土，若水泛水浮，不得土止，难以存活，况木得土，成栽培之力；木以火为伤，以金为官，火虽克金，若木繁火熄，不得金削脱，难以通明，况金得火成器物之象，所以金水木伤官格，不忌官星。故经云："伤官火土宜伤尽，金水伤官要见官。木火见官官有旺，土金官去反成官。惟有水木伤官格，财官两见始为欢"是也。又曰："伤官伤尽，亦有不作福者；伤官见官，亦有不作祸者。"如一命：丁未、丁未、丙午、丙午，丙日坐午，日主自旺，有二午、二丁、二未，财官俱伤，虽伤官伤尽，奈四柱火气太旺，窍气又重，运行东南火旺之乡，无一点财气，身空旺无倚，至贫之人。切不可见伤官伤尽身旺，更作好命看。又如甲日生人，柱有辛为官，又有丁伤官，若生秋月，官旺。虽逢丁火，或居亥子之上，或见午伏壬癸之下，则丁不能伤官，终为有官爵之命，岁运遇剥官印绶俱吉，忌身衰败运。切不可见伤官格有官星，便不作好命看。又曰："人命原有些小伤官，不能损贵气，或运入官乡，官自旺强健；或人印运，制伏伤杀，或有财生助，或从化人于别格，不失好命。怕再行伤地，病而不起者有之。否则，文书口舌，官事破财，殃祸踵至。柱元有财，又行财运，亦可成就功名利禄。一行官杀地，或财衰败死绝地，即失财禄，非官讼，则丧服重并。"又曰："四柱伤官，惟年干伤官最重，谓之福基受伤，终身不可除去。若月支更有，甚于伤身七杀。"如甲日生人，以辛为官，见丁卯年，生寅午戌月，是伤官重犯。又有卯为劫刃，名"背禄逐马"，主为人退悔，反伤祖荫。运行官乡，流年再见，或杀旺身弱，运必祸。若月令真正伤官，又见官星，如甲日生午月，见辛未时，午中丁火伤辛；乙日生巳月，见庚或甲申时，巳中丙火伤庚；丙日午月，见戊子、癸巳时，午中己土伤癸之例。大要日主健旺，再临伤官运，可发名利。日主微弱，运历财官乡，祸不可言。又曰："伤官，如甲日见丁，喜壬合癸破；乙见丙，喜辛合壬破；丙见己，喜甲合乙破；丁见戊，喜癸合甲破，戊见辛，喜丙合丁破；己见庚，喜乙合丙破；庚见癸，喜戊合己破；癸见甲，喜己合庚破。"《万祺》云："伤官元辰无官星，又行伤官运，此为窃气太过。"即一木叠逢火位，名为散气之文，非贫则夭。喜身旺及官乡。伤官见官，再剥再滞，运人官乡局中，反吉。即伤官伤尽，却喜见官星，伤官若带财见印，祸不轻。伤官若带印，官杀不为刑。伤官多者，宜行印，即食多用印。伤官少者，又行印乡，即枭神夺食。伤官若带印，不宜逢财；伤官若带官，不宜行制伏。伤官用财，不宜行比劫；伤官用印，不忌见官杀。伤官若见官星重叠，莫作官星论。伤官用官在年、月，必要剥官；运在日、时，不宜被伤，一见被伤，祸不可言。不可临墓，住寿难延。《独步》云："伤官见官，为祸百端；运限去官，必主高迁。"又云："伤官无官，遇剥则滞；运行官乡，局中反贵。"又云："伤官有财，子宫有子；伤官无财，子宫有死。"又云："伤官之格，命中大忌。带印带财，翻成富贵。"《千里马》云："伤官见财者，又官高而财足。"又云："伤官见官，妙入印财之地。"又云："伤官逢财而有子。"《相心赋》云："伤官伤尽，多艺多能。使心机而傲物气高，多谲诈而侮人志大。颧高骨峻，眼大眉粗。"《定真篇》云："伤官若见印绶，贵不可言。"《举善篇》云："日主伤官，岁入伤官当破面。"《景鉴》云："伤官无财而带刃，行奸弄巧。"《通明赋》云："重见伤官，身必辛勒劳苦。"又云："伤官多而身旺无依，定为僧道艺术之士。"《幽元赋》云："伤官有财而佩印，岂不作一品之官？"《元机赋》云："伤官伤尽，行官运而无妨。"《宝鉴赋》云："日露伤官时露财，功名荣显肃乌台。"《秘诀》云："伤官太重，子必有亏。"又云："年带伤官，父母不全；月带伤官，兄弟不完；时带伤官，子息凶顽；日带伤官，妻妾不贤。"又云："伤官伤尽，论主兴隆，身旺则吉；身弱则凶。"又云："伤官泄气，本为败神寻。身旺宜财乃吉，遇官盛无印则凶。伤官不尽，须防不测之灾。伤官逢财，乃享优游之福。七杀同来，疾损须忧。身旺无依，孤克难免。伤官遇劫，聚财如柳絮随风；伤官印，求利似荷钱擎雨。"古歌云："伤官原是产业神，伤尽真为大贵人。若是伤官伤不尽，官来乘旺祸非轻。"又："月令逢官在伤乡，伤轻减力尚无妨。若见刑冲并破害，定知为官不久长。"又："伤官伤尽复生财，财旺生官互换来。四柱若无官显露，便言富贵莫疑猜。"又："伤官其志傲王侯，好胜场中强出头。路见不平须忿怒，抑强扶弱不干休。"又："伤官遇者本非宜，财有官无是福基。时日月伤官格局，运行财旺贵无疑。"又："伤官伤尽始为奇，又恐伤多反不宜。此格局中千变化，推详须要用心机。"又："年上伤实可嫌，重则伤身寿不延。伤官伤尽生财贵，财绝逢官祸必连。"又："年冲月令须离祖，日被提冲必损妻。时日暗冲妻子克，无冲四败一生低。"又："伤官无官最忌剥，运入官乡反见奇。岁运命中逢印绶，破为富贵定无疑。"又："伤官不忌比肩逢，七杀偏官理亦同。若是无官当忌比，如逢身旺却嫌重。"又："庚日全逢寅午戌，月逢子字是提纲。如逢金水翻作福，火土重伤破怎当。"又："日主无根午上金，月通亥子水来侵。只宜印绶扶身旺，何虑提纲损用神。"又："癸日无根木月中，局中有火反成功。当生不见南离物，火土行来数内空。"又："丙丁日主戌中旬，财透天干作用神。此格伤官官喜旺，只愁身旺反伤身。"又："伤官伤尽复生财，气质刚明实伟哉。发使祖财无分有，等闲玉帛自天来。"又："伤官伤尽最为奇，福禄峥嵘亦寿弥。岁运更行身旺地，逢财身旺贵无疑。"又："伤官不尽又逢官，斩绞徒流祸百端。月犯父子无全美，日犯自己主伤残。时伤子息多狼狈，须知富贵不周全。若是伤官居太岁，必招横祸逢斯年。"合诸说观之，伤喜官忌尽矣。

论食神

喜：身旺。宜行财乡，逢食看财。忌：身弱、比肩。一名进神，二名爵星，三名寿星。

食神者，日干所生顺数等三位，乃甲食丙、乙食丁之例。甲生丙，本为泄气，丙生戊为甲偏财。偏财是天禄，自然之财，不劳己之心力，享现成福禄。甲丙有父子之道，如子旺相，生起财禄，以奉其父母，岂不安享？又甲见庚为杀，见戊为财，其食神丙火，能制伏庚，杀使不得克伤甲木，能生戊财，使为甲木所用。凡命遇财杀之地，食神旺相，杀被食制，不敢为祸，财被食生，充裕不竭。故食神一名寿星，一名爵星，良有以也。此格要日主、食神俱生旺，无冲破，主人财厚食丰，福量宽弘，肌体肥大，优游自足，有子息，有寿考。四柱见财，食在岁月上，祖父荫业丰隆；在日、时，妻男获福。怕母子俱衰绝，两皆无成。故经云："食神宜食生食旺，不可食衰食绝。"又云："食神生旺，胜似财官是也。"又曰："食神大忌偏印为倒食，主为人有始无终，容貌欹邪，身材琐小，心性局促，多欲无成。假如甲见丙为食，柱中有壬作甲木偏印，克制丙火，不能生戊土，不能制庚金，使甲木受制退财，岂不窘乎？"《元理赋》云："食神制杀逢枭，不贫则夭。"一行云"五行休废遇奇救，灾祸必轻；四柱消息值平和，福德增重。若逢倒食之神，决主财多耗散"是也。又曰："阳日食神，暗合官星；阴日食神，暗合正印。官印不要明显，但得食神纯粹，主贵而有禄，富而有寿。食神只宜一位，不宜太多，恐窃本元之气。"经云："一木叠逢火位，名为散气之文是也。食神多者，宜行印运；食少者不宜，是枭神夺食。"故食喜旺禄相助，月令建禄最佳，时禄次之。更逢贵人运行食神生旺之地，大发福禄。忌身衰枭旺，柱中虽喜见财，亦不宜多，多则不清，不过一富翁而已。食神重见，变为伤官，令人少子，纵有或带破拗性。又不可入墓，即是伤官入墓，住寿难延。大忌空亡，更有官杀显露，为太医、师巫、术数、九流之士。若食神逢克，又遇空亡，则不贵。再行死绝，或枭运，则因食上气上生灾，翻胃噎食，缺衣食，忍饥寒而已。又曰："甲日食丙，柱中无壬癸亥子方好。"如有水气，丙自受制，屈伏于人，己身不能卓立，岂能生物以养其父。如无此制，又要生旺向禄。如丙生夏月，运历东南，火土俱旺，其甲用财必厚。若生三春甲旺，丙火虽得生，不知戊己气薄，须历南方，火土俱旺，方许发福。又如庚以壬为食，运历北方水旺之地，发财必厚；东方木旺之乡，发福必紧。细论之：庚以壬为食，长生于申，当断申地福重，暴败在酉，壬水至酉便不为佳。以壬生甲木为庚之财，即自生分发身之财，非婚配正妻之财。甲至酉地为木困金乡，壬水自败，木岂能助养其父？当断此运平平。行至戌运，如干遇壬甲，亦只断其半吉半凶。逢戊可断其有灾，见庚可断其微福，亥运当言其大吉。子运癸水伤官，伤重泄本身之气，又庚死于子，甲败于子，当断生祸身灾。运至丑，庚金之库，水旺之乡，又有己丑助庚、甲，冠带成人之地，可断此十年发。寅运亦吉，卯运有灾。余仿此推。又曰："食神忌枭，亦有不畏者。"如己亥不畏丁倒食，丁与壬合化木，而壬禄在亥；丙午不畏甲倒食，甲与己合化土，而己禄在午；乙巳不畏癸倒食，戊癸化火，乙巳亦火；癸巳不畏辛倒食，丙辛化水，癸贵在巳；庚为众阳之首，不畏戊倒食，戊，阳气归源之数，见戊作喜神论；己不倒食辛，阴气初发散之源；庚不倒食壬，阳气初发散之源；辛有丁，不畏己倒食，为丁养育辛金也，况有丁处便有己土，阴阳干涉，得清福之助。故六辛人切要丁，但从寅遁至。辛人本禄位，方知用丁为禄。更月是金家，己土火里长生，故知要火为文贵。金无父母，借火处有父母之气故也。或问：十干以隔一位为食神，何也？希尹曰：甲己化土、故食丙辛；丙辛化水，故食戊癸；戊癸化火，故食庚乙；庚乙化金，故食壬丁；壬丁化木，故食甲己，化气相克而食。食神者，十干福禄之会，君子得之，显达丰赡；小人得之，周旋给足。在福聚之地，则官崇禄厚；在祸聚之地，则职卑命薄。如以甲子论：食丙子为福星之贵，食丙寅为长生之禄，又为禄马同乡，食神学堂之贵。丙辰为正印，丙午为自刑破命，丙申为克身破禄，丙戌为身衰破空亡，余干例推。若遇生旺、库、印、天乙、天官、华盖、文星、学堂、官印、禄马之类，为福聚之地，遇克破、空亡、恶杀、刑害、休败、死绝，为祸聚之地。若有华盖、正印，虽少增培；无学堂、驿马，虽多减半。清贵之家，骄奢之族，以是别之。又曰：甲乙食丙丁，加寅、卯、巳、午之上，丙丁食戊己，加辰、戌、丑、未之上，戊己食庚辛，加巳、午、申、酉之上，庚辛食壬癸，加申、酉、亥、子之上，壬癸食甲乙，加亥、子、寅、卯之上，谓之食神见生旺，更带禄马旺相。文为两制、两省，武为建节、防团。无，亦主财帛丰厚。食神与禄全见，四柱顺当为妙。《指迷赋》云："食神一处，当用一代于三；若遇休闲；三重不逮于一。食分三二，财如落叶秋风。枭遇一重，福似朝菌暮落。食神若遇空闲，大抵难逃憔悴。"《理愚歌》云："子返哺时逢子建，更值贵人喜相见。建官又在贵人乡，凤阁鸾台历华选。"返哺者，年、月、日、时，皆自下食上，见天乙官印吉杀，主贵。《壶中子》云："食神嫌倒，争啜争哺，忽并临之，乏浆乏乳。有余则食前方丈，不足则箪食豆羹。"又云："犯倒食在命，多被人挠；重叠带者，在幼儿则言乏乳，在老人则言缺食。正食而有余者富贵，争食而不足者贫贱。"有余如甲人得两丙三丙，不足如三甲两甲此有一丙之类。又曰："凡生时干倒食年干者，曰吞，主克子。日、时俱食，主头面带破，并克母，死后无子送终。"若吞中逢吞，如甲人见壬日，时又逢庚字，主贫死沟壑，有干合解则缓。《独步》云："食神生旺，胜似财官。浊之则贱，清之则烜。重则不足，拟作伤官。泄气无用，分详多端。"《相心赋》云："食神善能饮食，丰厚而好讴歌。"《口诀》云："食神带旺贤。"《奥旨赋》云："月令值食身健旺，善饮食姿质丰肥。四柱有吉曜相扶，堆金积玉，声名显著。"又云："食神旺处劫财多，更逢偏印克食神，非寿夭须知乞化。"《幽微赋》云："食神旺相，老寿弥高。"《元理赋》云："食居前杀居后，功名显达。"《宝鉴赋》云："月露食神时露官，荣显乌台助国臣。"《秘诀》云："食神一位，胜似财官。戊日庚时，不宜火旺。"《三车》云："食神怕食耗食空，最喜食库食禄。"《心镜》云："寿星合处得其真，此说不虚陈。一座食神身坐官，三监九卿看。"《万祺赋》云："食神名为吉曜，制杀号称寿星。干强食旺，富贵之士；食旺身衰，蹭蹬之人，逢财旺则食前方丈，遇印绶则甑底生尘。见一位者钟铭鼎鼐，二三位者陋巷箪瓢。羊刃重临，平生劳碌。刑克相会，一世奔波。"古歌云："食神制杀吉非常，财旺妻荣子更强。柱中若无吞啖杀，管教金殿佐君王。"又："食神逢禄号天厨，冲克空亡官杀无。死绝运临偏印地，寿星合处福交孚。"又："食神食退好烟霞，食马心驰别立家。或食贵人并食禄，名高爵重福无涯。"又："食神印绶不宜逢，惟见财官福更隆。食神喜行身旺地，逢枭遇比总成空。"又："食神生旺最堪夸，惟行水木土金佳。官杀更无来混杂，平生衣禄享荣华。"又："食神居先杀居后，衣禄平生福最厚。杀近食神却有殃，终日尘寰漫奔走。"又："寿元合起最为奇，七杀何忧在岁时。禁凶制暴干头旺，此是人间富贵儿。"又："甲人见丙本盗气，丙去生财号食神。心广体胖衣禄厚，若临偏印主孤贫。"又："食神有气胜财官，先要他强旺本干。若也反伤夺来食，忙忙辛苦祸千般。"又："食神生旺无刑克，命逢此格胜财官。更得身旺逢财地，青春年少步金銮。"又："食神无损寿绵长，庶母逢之不可当。若无偏财来救护，命如秋草带冬霜。"又："食神月上号天厨，人命逢之富有余，切忌枭来明减福，最嫌冲去暗消除。生财化鬼兼无病，制杀为祥信有储。士子如逢科甲第，官封要职领天书。"合诸说观，食神喜忌见矣。

飞天禄马

《喜忌篇》云："若逢伤官月建，如凶处未必为凶。"内有倒禄飞冲，忌官星亦嫌羁绊。此格惟有四日：庚子、壬子、辛亥、癸亥，生十月、十一月，冬水纯阴，柱无财官方用。又须月、时或年与日同支，方能并冲。忌官星显露，禄难飞冲，合神羁绊，不能飞冲。要柱中有一字，合住，方不走了贵气。喜伤官、食神及干支本运。假令庚子日，庚以丁火为官，在子月生，是伤官月建，可谓凶处。若子字多，冲出午中丁火，则庚日得官星，未可便以凶论。柱要有未，或寅、戌，但得一字合午为妙。若有丑羁绊，子去贪合，不能冲午中之禄，见丁字为官露，丙为杀显，午字填实，戌吞啖，则减分数，岁运同。壬子日，壬以己土为官，要柱中子字多，冲午中己土，则壬日得官星，其喜忌与庚子日同。辛亥日，辛用丙火为官；癸亥日，癸用戊土为官，俱要四柱亥字多，冲出巳中丙、戊，则辛癸得官星。柱有申，或酉、丑，但得一作合为妙，多则不中。有寅羁绊，则亥贪合，不能冲巳中之禄，见丙戊己为官星显露，减分数，岁运同。又曰："庚子、壬子二日，不但忌上所犯，庚子不喜水太旺，为金沉水泛，僧道贫苦之命。或坐丑月，得酉字合丑，运行西方，如意，却不贵。壬子不宜见财，为遇丁而太过，必犯淫讹之乱。辛癸二日不论，支下但见亥子多，变能冲官。辛日惟怕巳丙，癸日惟怕己戊，余忌稍轻。"又曰："飞天无合，乃漂流之人；有冲，多是九流技艺之辈，近贵而已。既冲又合，若犯前忌，亦不入格。岁运逢之甚者，遭横逆。辛亥、癸亥见之，稍轻。"古歌曰："正冲之格是庚壬，子去冲官禄自亨。四柱更逢寅戌未，三字得一合功名。"又："庚壬子月号冲官，午动丁移己亦迁。填实破刑俱不犯，英名魁誉四方传。"又："禄马飞天识者稀，庚壬重子贵非疑。柱无羁绊官星现，平步青云到凤池。"又："辛癸冲官亥日重，己中丙戊禄来崇。更逢酉丑申居命，得一合神便贵荣。"又："日逢辛癸支临亥，酉丑加申合贵人。四柱相扶无戊己，威风千里振英声。"又："飞天禄马少人知，辛癸亥多最为宜。不见官杀并惹绊，少年富贵拜丹墀。"又："庚壬二日重逢子，辛癸年时遇亥多。冲起飞天真禄马，无官无绊定中和。"又："柱嫌丁丙并戊己，巳午无纵寅戌明。不见丑寅来羁绊，子亥冲官贵禄荣。"又："亥逢辛癸子庚壬，禄马飞天仔细寻。岁运若逢财旺地，须当权职自高升。"又："飞天禄马最难穷，正要庚壬坐子重。壬暗午中邀己禄，庚虚离位就丁功。鼠中同伴子难动，戌要相牵午共寅。庚忌丁神壬忌己，若无此犯禄丰隆。"又："辛癸生人喜亥重，巳中丙戊得逢冲。戊来合癸三元喜，丙去伏辛四柱雄。杀刃官空皆畏忌，刑冲破害总朦胧。若无填实虚有会，豪杰英雄迥不同。"按此格，止庚子、辛亥是伤官，壬子、癸亥则非。

倒冲禄

伤官月建，内有倒冲禄马格，喜忌与飞天同，惟时不论。此格止有二日：丙午、丁巳。夏月纯阳，丙以癸水为官，要柱中午多有力，冲出子中癸水，则丙日得官星。丁以壬水为官，要柱中巳多有力，冲出亥中壬水，则丁日得官星。更得丑寅或申、辰、卯、未，但有一字台住禄马为妙，多则不中。丙午日，怕未；丁巳日，怕申、辰等字羁绊，则巳午贪合，不能冲子亥中子禄。柱有亥壬子癸为杀官显露，则减分数，岁运同。又曰：丙午、丁巳，不论合禄，只嫌羁绊，年、月并冲为上。只日上有，月内无，则不能冲禄取贵。日上无，月时有，亦可取用。但丙午是刃，虽贵终凶。一见合刃，便为凶命。若月令亥子官杀合格，或透官杀有气旺相，反取合杀为大贵格，不可专以日刃论，不可全拘填实论。丁巳日或见辛亥时，柱中有巳亥，不妨格。以丁生四月巳旺，亥无气，三月亦取，喜行水乡，见火则福，只宜巳火，余火不宜。又曰："此格有六日，丙午、丙寅、丙戌、丁巳、丁未、丁卯，阳日为倒冲，阴日为正冲。丙日只有午字，却用三合寅、午、戌全，或三丙字，喜印生助，忌杀混杂。"古歌云："丙日无官局午多，倒冲禄马癸官和。不逢未字来羁绊，癸子俱无福嵯峨。"又："倒冲贵气不同伦，丙午飞冲子禄神。癸水克来为贵禄，刑伤填实是常人。"又："倒冲禄马贵非常，丙日多逢午位良。七杀不逢并惹绊，白衣平步入朝堂。"又："丙日重逢午字多，莫言羊刃失中和。如行火土翻成贵，见子刑冲无奈何。"又："丁日蛇多是倒冲，官星飞起出乾宫。柱中不见亥壬字，辰不留蛇福贵隆。"又："丁日冲官巳要强，亥为壬禄贵人乡。柱中不见辰壬癸，岁运相扶福禄昌。"又："禄马倒冲人不知，丁逢巳火亥冲宜。柱无官杀并绊者，年少荣华富贵奇。"又："丁日多逢巳字重，局中无水贵和同。伤官此格宜伤尽，见亥刑冲数必空。"又："此格无官亦自临，倒冲对位禄源深。丙宜午盛能冲子，丁用巳多堪倒壬。巳既恶辰为羁绊，午尤嫌未是牵擒。合神岁运忽相遇，更见填实祸不禁。"详诸诗，止言丙午、丁巳，其余四日并不论及，是只以此二日倒冲为正。

天厨食禄

乃甲食丙，丙禄在巳，乃食神位上就见禄，曰"天厨禄"，须干支全见者方是。若有丙无己，有己无丙，则非。此不拘年、月、时，又不专以戊日论，所以与合禄不同。人命五行有厨，月令纯粹，四柱顺食，主福慧优游；更与财库相会，主享父母财帛，居官食禄丰厚。

福星贵人

乃甲人见丙寅、丙子，乙人见丁亥、丁丑，遁得本旬中真食神，主享受自然，遇者非贵亦富。余例推。前人作《甲丙相邀入虎乡歌》是以年论，故有丙寅、丙子，若以日遁则非。

食神同窠

谓甲食丙，甲子人见丙子之类。十三位即同，乃本家物也。得此者，不贵即富。月不如日，日不如时，若互换生旺带禄，贵者大贵。如韩魏公：戊申、庚申、庚辰、庚辰；宋秦桧：庚午、己丑、乙卯、壬午；明王崇古少保：乙亥、辛巳、戊申、庚申是也。如倒食本家，甲子年见壬子时，庚子年见戊子时，亦贵，但损子。

食神带合

谓甲人见丙，有辛合；己人见辛，有丙合；乙见丁、壬，庚见壬、丁，丙见戊、癸，辛见癸、戊之例，主为官有权印。

专食合禄

《喜忌篇》云："庚申时逢戊日，名食神干旺之方，岁月犯甲丙卯寅，此乃遇而不遇。"戊以庚为食神，庚禄在申，食神健旺，戊以乙为官，庚能虚合卯中乙木为贵气，"庚申"二字合"乙卯"二字，要无甲木伤戊土，卯字填实，寅字冲提，丙字伤庚，则庚申方能转合。岁月若犯甲丙卯寅，坏了贵气，故皆不宜。喜秋冬生食旺，爱财星、印绶，怕冲刑、破害，与食格同。纯粹者贵，填实减半。戊午、戊寅二日，难作此格。月令若值财官，当以财官论。经云："搢笏垂绅事圣王，专食合禄。"《景鉴》云："格局合禄，戊日申时，畏寅卯而失贵气，逢酉未福禄非轻；填实兮官居寂寞，纯粹兮位至公卿。喜财星而怡印绶，怕刑冲七杀官星。"古歌曰："合神庚申戊日强，食神干旺贵非常。官星乙戊天元喜，六害刑冲定主伤。寅卯败甲丙戕，无冲无破坐朝堂。运行丙戊生灾害，丧子刑妻不可当。"诗曰："戊日庚申时上逢，要无官印喜秋冬。甲丙卯寅兼四字，四营岁运怕同宫。"按此格，即天厨食神，不必作合禄看。王崇古尚书，不犯甲丙寅卯，录于前。高耀尚书：甲戌、庚午、戊辰、庚申，年虽透甲、月庚制之，不犯寅卯丙字，皆纯粹。二命较之，高甲戊庚三奇，王禄马同乡，又天关地轴，乾坤清夷，所以官皆一品。而王有边功，享用优裕。又张光远长史，与王公止月癸未不同，是食格，惟建禄身旺最贵，不拘秋冬生。王公得之，所以功名远甚。然张有学善诗，亦美士也。

红鸾天印

谓丙食戊而得戊戌，辛食癸而得癸丑。壬甲辰，乙丁未，日时得之，主富贵。

墨池涌泉

谓辛巳得癸巳、癸亥。如陈朝议：辛巳、壬辰、癸巳、癸亥是也。推此类：丙寅爱戊寅，戊申爱庚申，己巳爱辛亥，庚午爱壬申，甲戌爱丙寅、壬辰爱甲申，皆同此格，主文贵。

专印合禄

乃六癸日申时。经云："暗合愁刑击，明逢怕克冲。正朝丹阙趋，专印合禄宫。"盖癸日见庚申时，庚与戊同宫，虚合巳中戊土，癸日得官星，庚暗合乙木，为癸日之爵星，丙戊同宫，为癸之财，三奇俱全。忌戊己己午及丙克庚，寅冲申，则减分数，岁运同。喜行身旺、印旺金水之运，大发。忌人火乡，格纯无坏，朝官宰辅之命。如胡懋功参将：丁酉、甲辰、癸酉、庚申，是此格也。歌曰："专印是逢癸日，庚申暗合蛇宫。财官隐隐在其中，禄运时临发动。"又："时遇庚申癸日生，此为专印合官星。官杀不逢无丙火，印身食运显功名。"又："日干癸水时庚申，生在秋冬富贵人。大忌寅来冲贵气，若生春夏惹灾迍。"按专印合禄，虽非食伤分出，与食同格，故并论之。

论阳刃

阳者，阴阳之阳；刃者，刀刃之刃。即禄前一位，言旺越其分，故险。窃详甲人见卯，卯中有乙木，乙为甲弟，能劫其兄之财，冲去酉中辛官，合其庚妻，庚乃甲之七杀，劫财冲官合杀，所以至凶。惟甲、丙、戊、庚、壬五阳干有刃，乙、丁、己、辛、癸，五阴干无刃，故曰"阳刃"。惟见伤官与阳刃同祸，故乙见丙，亦谓之刃。以丙伤其庚官，合辛杀，克其乙木，阴金克阴木至毒，所以凶与阴刃同。阳刃有三：有劫财刃，甲见乙是也，不利财官格；有护禄刃，甲见卯是也，大利归禄格；有背禄刃，乙丙是也，大利去官留杀局。《喜忌篇》云："劫财阳刃，切忌时逢。岁运并临，灾殃立至。"独阳刃以时言，重于年、月、日也。假令甲日生人，时上见乙、卯，此是真刃。命中既逢阳刃，伤妻破财，灾殃已胚胎矣。流年岁运，再遇羊刃，是谓并临。见巳酉是冲岁君，见亥未戌，是合岁君。阳刃，凶杀也；太岁，凶神也。太岁得吉神相扶合则吉。若阳刃、凶杀来冲合岁君，是谓攒凶聚杀，其祸难免。经云："阳刃冲合岁君，勃然祸至。"此之谓也。中间亦要详辨，命元浅薄，遇此诚然。若命旺，秉气深厚，或有天月德及赦文解救，止有浮灾，亦无大咎。或曰："柱原有刃，见冲或合，岁运再临冲合，大凶。若岁冲合而运不冲合，运冲合而岁不冲合，其祸减半论。"又曰："日干无气，时逢阳刃，不为凶。"

言生日天元临死绝衰病暴败之地，不通月气，不能胜任财官，若逢阳刃，能劫财化杀。譬如兄力弱财重，得弟分任，则可胜其财而为我用，所以不作凶论。夫身弱见财官，固喜阳刃分财合杀；若见食伤，身弱脱气，亦喜阳刃扶持；若见绶，则非日干无气矣。先言忌阳刃者，身强力能任财，故不喜劫夺；后言喜阳刃者，身弱力不任财，故不忌劫夺，义各有取。此格与伤官相似。凡命值之，主眼大须黄，性刚心高；无恻隐慈惠之心，有刻剥不仁之意；多带宿疾，贪暴不足；进退狐疑，偏生庶出；离祖过房，克父伤妻。或见三刑，或自刑，魁罡全，发迹边疆。如更无情，或临财旺，主凶。若刑害俱全，类皆得地，又有救神，贵不可言。又曰："阳刃格，大概不宜财乡，怕冲起。"如戊日，刃在午，忌行子正财运；壬日，刃在子，忌行午正财运；庚日，刃在酉，忌行卯正财运；独甲日，刃在卯，行巳午并辰戌丑未财运不妨，忌酉运；丙日，刃在午，行申酉庚辛丑财运不妨，忌子运。是阳刃所忌之财。戊刃午，见子财；壬刃子，见午财；庚刃酉，见卯财。皆冲之财，故忌之。至甲刃卯，不丑戊己，巳午之财，且忌酉官矣。丙刃午，不忌庚辛，申酉之财，且忌子官矣。可概谓忌财乎？若天干生官之财，正为用神，方且喜之，岂可为忌？《心镜》云："阳刃重重又见财，富贵饶金帛。"此之谓也。或曰："甲戊庚见刃逢冲，发祸多验；壬丙逢刃见子午冲，多无祸。以丙见子，壬见午，俱为正官，反作贵气论也。"又曰："甲以己为妻财，四柱却有卯乙，己土受伤，不能扶甲，故主剥丧妻子。岁运复临，劫刃旺相，诚所不免。如别位逢庚辛酉申，庚能邀乙为妻，即成眷属，不为甲之七杀，辛辅甲为贵，能克破乙杀，反凶为吉。"经云"甲以乙妹妻庚，凶为吉兆"是也。余干例此。又曰："六甲日逢乙卯凶，辛卯吉。"甲申丁卯不为刃，申中有庚，合卯中乙木为财，若有财露，亦凶。丁火伤官，乙木夺财，岁运并临，灾祸不免。乙酉日见庚辰时，非刃，乙坐庚下酉中辛金，制辰中乙木。丙子日见甲午时，非刃，子中癸水克午中丁火。丁亥日见丁未时，非刃，亥中水合丁。庚午日见乙酉时，非刃，午中丁火制辛。壬午日见庚子时，非刃，午中己土制癸。辛巳日见戊戌时，非刃，巳中丙火合辛。癸巳日见癸丑时，非刃，巳中戊土合癸。以上诸日遇者，不宜见刑冲、破害，无则以好命断之。又曰："阳刃者，天上之凶星，人间之恶杀，喜偏官、印绶，忌反吟、复吟、魁罡三合，大率与七杀相似。"故阳刃喜见七杀，七杀喜见阳刃，两凶互相制伏。犹正官喜正印，善类合善类为福。经云："杀无刃不显，刃无杀不威。"杀刃俱全，常人无有，更身旺不见伤官为妙。若命元有杀、刃，岁运又逢，或有刃无杀，岁运逢杀旺之乡，俱发大祸。如命有刃、有印、无杀，岁运逢杀，反转成厚福。若柱无刃、杀，命合财官，岁运复遇刃、杀，主一岁蹇滞，因财争竞，兄弟分居，离妻去妾。若元无刃，行刃运，虽不妨，亦主有克妻之事。元有刃，岁运切不宜再见及伤官财地，原带伤官财星，岁运再逢，祸害极重，身弱尤凶。又曰："日刃止有三日，戊午、丙午、壬子，与阳刃同法。"经云："赤黄马独卧，黑鼠守空房。"男妨妻，女妨夫，指此三日也。不喜刑冲破害，三会六合，要有七杀相制，再行官印乡，便为好命。《赋》云："日刃大忌冲合，喜官杀相制。合刑者凶，遇印者吉。有杀无刃，施为有勇无威；有刃无杀，作事浊而不显。无杀遇杀，窃恐祸患相侵；有刃遇刃，须忌灾危相犯。刃生身死，其年难作吉推。财旺官伤，此岁不作凶断。"又曰："戊午日，岁月见火多，则以印绶论。壬子日，月时见子多，则以飞天禄马论；丙午见午多，亦以倒冲禄马论，取财官入格。"故曰："刃不为大凶"。此格当推提纲，若月令合财官、印绶，或合他格，或从化类，当以他格断，不可拘以阳刃。又自刃有三日：癸丑、丁未、己未，因坐下比肩阳刃。飞刃有四日：丙子、丁丑、戊子、己丑，因坐下冲出阳刃，与前日刃，喜忌大同。年上阳刃，与时上阳刃最重。年上主破败祖基，不受父母产业，平生施恩反怨。时上主克妻子，晚无结果。四柱再逢，手足灾疾，月上稍轻，日上又轻。人命月、日干支带财多，日干衰弱，时带阳刃无害。月带七杀，时带阳刃，日主有气，大贵。如月带阳刃，时上微带官星，力不能制，亦凶。大率阳刃最坏造化，既是好命，却带刃劫，制按如法，须还他发福，后遇岁运并临，或在刑合之位，依旧有祸。刃格，福自福，祸自祸，两不相掩也。又曰："五阴干见五阳干，为败财，虽不克妻，亦主财帛消耗，阴私口舌，或小人相侵。岁时见官杀，或坐或透，皆吉。身弱逢之，遇败财受刑，亦吉。身弱行官杀，财运亦妨。若柱中原无官杀，岁运再逢败地，因财争竞，兄弟分居，遇此大吉。余同刃断。此格作事敢为，无仁义。若身太强，见此便不为贵，僧道命也。"又曰："男命见败劫，又见伤官，必克妻子；女命克夫。"《赋》云："败财者，比肩之曜，劫夺之神。财多身弱，遇之为奇；财弱身旺，见之为祸。有财遇劫，运入财乡，自可成家；无财遇劫，纵非财年，亦须见破。元劫又遇劫运，守穷途而恓惶；身旺又加印助，必荣华而发福。"又曰："阳见阳，阴见阴为比，与阳见阴、阴见阳为劫、为败，二者祸患如一。"如人命比肩重犯，马劣人微，谓之破财杀。若日主健旺，比肩坐弱，必然我旺兄弟衰；我得祖居，兄弟异处。比肩坐旺，我坐衰绝之地，却喜比助，兄弟荣华，己必艰苦，妻财衰薄。太岁重逢，官亦失脱。原有羊刃，见较灾重；原无比

肩，大运逢之，亦主破财伤妻。又曰："比肩一杀人格，有根有财神，印绶见之为祸。无根有伤官，七杀见之为福。"《独步》云："伤官不忌比，七杀要相逢。无根喜比助，身旺却嫌重。"又云："甲乙寅卯月，金多反吉昌。不宜重见水，火土保安康。"《相心赋》云："劫财羊刃，出祖离乡。外象谦和尚义，内心狠毒无知。有刻剥之意，无慈惠之心。"《心镜》云："阳刃重重又见杀，大贵登科甲。"《元机》云："阳刃极喜偏官，削平祸乱。"诀云："煞交刃兮掌兵权。"又云："阳刃倘同生气，阃外持权"《身命赋》云："阳刃持权，必作边庭将帅。"《千里马》云："阳刃偏官有制，膺事掌于兵权。"又云："男逢阳刃，身弱遇之为奇。"又云："羊刃七煞，出仕驰名。"又云："羊刃入官杀，威镇邀边疆。"《宝鉴赋》云："阳刃叠逢居阳月，名成利就。"《秘诀》云："阳刃重重有制伏，一生富贵善终身。"又云："阳刃重逢印绶，廉颇有百计之能。"又云："支刃干官时月重，逢官必显。"如甲人逢辛卯、癸卯之类。《通明赋》云："月刃日刃并时刃，兼贵杀富贵荣身。"《消息赋》云："小盈大亏，恐是劫财之地。"《玉匣赋》云："火金阳刃，绿珠堕死于高楼"。又云："阳刃重重三四，必须患疾盲聋。"《三车》云："阳刃持针雕面贼。"《惊神赋》云："满盘阳刃，必定分尸。"《通明赋》云："印生两刃终被刑。"《定真篇》云："阳刃若逢印绶，纵富而残疾在身。"《造微论》云："阳刃逢于五鬼，定要重犯徒流。"余见犯羊刃杀者，多瞽。如癸酉、戊午、戊寅、癸丑、丙寅、庚寅、丙午、乙未，丁卯、癸卯、甲子、乙亥三命，皆无目。古歌曰："阳刃在时莫看凶，身轻反助却为中。单嫌岁月重相见，莫把生时作怒宫。"又："阳刃嫌冲合岁君，流年遇此主灾迍。三刑七杀如交遇，必定阎罗出引征。"又："时逢阳刃喜偏官，若见财星祸百端。岁运相冲并相合，勃然与祸至门阑。"又："阳刃重逢有伤，主人心性气高强。刑冲太重多凶厄，有制方能保吉昌。"又："刃逢七杀慕官乡，惟怕刑冲禄不昌。会合更逢财旺运，预防灾祸致身殃。"又："比肩阳刃格非常，要见官星与杀乡。元辰若无官杀制，再行比劫祸难当。"又："劫财伤刃不堪亲，四柱无财一世贫。出姓归宗还俗客，不然残疾亦伤身。"又："日干旺盛于年月，身旺专禄财官绝。那堪劫刃又相逢，百般机巧翻成拙。"又："日干旺甚于依倚，却喜岁运逢财地。元命有财见财发，无财见财寿夭折。"又："财星轻弱刃刚强，身旺之乡大不祥。凤寡鸾孤寒夜怨，等闲妻克两三双。"又："气神元旺日干强，四柱无财被克伤。重犯空亡华盖位，缁袍冠冕拜虚皇。"又："刃逢七杀运官乡，破害刑冲贵异常。切忌合逢财旺地，必遭灾祸反刑伤。"又："日中阳刃宜逢杀，运转财乡贵必迁。刑害俱全为吉地，财神会合是灾年。"又："戊己生逢五月中，忽逢阳刃在天宫。金多有水方为贵，火重须逢比劫同。"又："春木夏火逢时旺，秋金冬水一般同。不宜阳刃天干露，岁运相逢事事凶。"又："丙丁离巽是刃根，运到江湖利名真。官旺喜行寅午戌，无官却要申子辰。"又："秋金酉月重生旺，除非火炼器方成。东南行运财名发，西北相逢祸便迎。"又："水归冬旺本无忧，透印藏官利禄周。逆须不分还富贵，伤刑还破月提休。"又："水旺又生亥子宫，水多火弱格中重。重行火土财官旺，运到西方步步凶。"又："日刃还如羊刃同，官星七杀喜支逢。岁君若也无伤刃，支上冲刑立武功。"又："壬子休来见午宫，午宫又怕子来冲。丙干坐午休重见，会合身宫事有凶。"又："羊刃常居在禄前，性刚果毅少慈怜。不宜会合防灾至，若见财星祸必缠。有官有杀名显达，无冲无破禄荣迁。更加刑害魁罡并，发迹边疆掌重权。"又："离火怕重逢，北方喜有功。虽然宜见水，犹恐对提冲。如一命：壬申、壬子、戊午、乙卯，自坐阳刃二壬，申子财旺且多，子午虽冲，申子会午不能冲时，官星制伏阳刃，只作财官格看，所以大贵。又一命：丙戌、癸巳、戊午、丁巳，戊归禄，巳午虽羊刃，所以护禄，又印绶化刃，故贵。"

论建禄

建禄者，乃甲日寅月，乙日卯月，五行临官之位是也。甲用金为官，金绝在寅，用土为财，土病于寅，以身旺太过，财官俱不得，若别无财官可取，再遇劫夺，马既不扶，禄又不养，必主贫贱。颇宜时带偏官、偏财或食神，更看午时上露多者取用。若略见财官，反争夺不吉。凡命月令建禄，难招祖业，必主平生见财不聚，却病少寿长。行运再见比肩，克妻，妨父，损子，或官非破财，或因妻孥财帛争夺。如八字内外元有财官，引旺得地，官星有助，运临官星有气之地，亦贵。财星有助，运临财旺之地，亦富。财官俱旺，乃富贵之命。若时逢财库，运至财乡，必主晚年大富。年上财官有助，必享祖荫。若四柱元无财官，纵运行财官之地，亦止虚化而已。命无财官，岁运又行比肩，一生贫蹇。《赋》云："根在苗先，实在花后。"言先有根然后长苗，有花然后结果。若当生岁元无财官，虽遇财官吉运，发福不大。假如甲日、寅月，柱中乙、卯、未字多，主无祖财，克妻，一世孤贫，作事虚诈，为人大模样。乙日生卯月，柱有"庚辛巳酉丑申"及"戊己巳午辰戌"等字，财官多则贵。壬癸申子辰亥，水印成局亦佳，更运逢之尤妙。若柱不见财官、印食，同前断。丙生巳月，岁时干支，水金成局，运历财官旺地，亦主富贵。

丁生午月，金败水绝，财官俱背，顺运克妻，逆运克三妻。若柱有巳酉丑庚辛壬癸亥申子辰，运临财官旺地亦发。用杀或印，以多为贵。若止建禄，亦同前断。戊日巳月，年、日、时无水，主克妻，无祖业，子多不肖。柱中多有官则吉，如见偏官，主尊贵。岁月若是火多，反成印绶，虽无财官，主吉。若柱内隐显壬癸亥、申子辰水局，晚子一二。有甲寅乙、卯亥未木局，运至财官旺地亦发。己生午月，以壬水为财，五月水囚，主无祖财，克妻，子亦不多。岁时透出寅甲为正官，五月甲死，官必卑小，喜见亥卯未乙，身旺见官杀为妙，偏财亦美。庚日申月上旬生，近木余气，略无祖财，虽节气临木绝之乡，尚有三四分库财为福，运至丙戌财尽矣。若年、日、时多带财，好命看。见丙丁巳午寅戌火局，则有官，以杀化官也，官小亦不清显，怕壬癸亥子克官不成。辛日酉月，无祖财，柱中多见分夺，孤贫无妻，或克妻无财。若带木火生旺，又当富贵。原无财官，又行生地，其劫祸尤重。或见辛酉，则为专禄，更有财官印食之神，岁运再逢尤好。逆运南方，则吉；顺运北方，百事无成。若辛卯、辛未日，身自坐财，可许衣禄。辛巳日，有贵，官禄亦轻。壬日亥月，癸日子月，俱无祖业。柱中多见火土，主自成立有官。如见水多泛滥，无成、克妻、贫薄。又曰：甲日寅月，宜壬申时；乙日卯月，宜辛巳时；丙日巳月，宜己亥时；丁日午月，宜庚子时；戊日巳月，宜甲寅时；己日午月，宜乙丑时；庚日申月，宜丙戌时；辛日酉月，宜丁酉时；壬日亥月，宜戊申时；癸日子月，宜己未时。是见取杀取贵，然亦不可太多。岁运再逢杀地，主夭折。如一命：丙戌、丁酉、辛酉、乙未，月令建禄，又是专禄日主，寿止四十八，壬寅运壬申年不禄，岁运冲，且会伤官杀也。建禄用财官，伤去丙火，故夭。《独步》云：“月令建禄，多无祖屋。一见财官，自然成福。”又云：“建禄生提月，财官喜透天。不宜身再旺，惟喜茂财元。”《百章歌》云：“提纲建禄将何取，须看年时多透露。局中六格自分明，莫泥提纲反为误。”又：“癸禄居子生冬月，天干最喜透财官。如行火土兴财禄，水旺堤防破贵元。”《明通赋》云：“建禄坐禄或居禄，独遇财官印绶，富贵长年。”合诸说观之，子平论建禄与古人论禄，其取用迥不同矣。余按：阳刃、比肩、败财、建禄，名虽不同，实一家同气之神。在地支者，曰刃、曰禄；在天者，曰比、曰劫。其取用大略相同，故以建禄继阳刃之后。建禄旧无格，近亦取以月支无可取之格，而天干倘有财官、贵气，故取建禄若比劫，持发明其义耳。